工业和信息化普通高等教育
"十二五"规划教材立项项目

U0625697

ECONOMIC
MATHEMATICS-CALCULUS

经济数学
——微积分

✚ 杨慧卿 主编

刘李

张梅
15385016112

zhangmeirain@126.com.

ECONOMICS
AND
MANAGEMENT

人 民 邮 电 出 版 社
北 京

图书在版编目（CIP）数据

经济数学. 微积分 / 杨慧卿主编. -- 北京 ：人民
邮电出版社, 2014.9
21世纪高等学校经济管理类规划教材. 高校系列
ISBN 978-7-115-35548-5

Ⅰ. ①经… Ⅱ. ①杨… Ⅲ. ①经济数学－高等学校－
教材②微积分－高等学校－教材 Ⅳ. ①F224.0②O172

中国版本图书馆CIP数据核字(2014)第144317号

内 容 提 要

本书针对应用型本科经济管理类专业的需求,根据教育部高等学校数学与统计教学指导委员会制订的
《经济管理类数学基础课程教学基本要求》,并参考硕士研究生考研大纲数学三的要求编写而成.全书共分 6
章,包括函数、极限和连续,一元微分学——导数、微分及其应用,一元函数积分学——不定积分、定积
分及其应用,多元函数微分积分学,微分方程与差分方程,无穷级数.

本书注重数学概念的引入和数学思想方法的分析,并利用几何直观和数值计算等方法介绍抽象的数学
原理,强调知识间的联系和微积分知识在经济问题中的应用.本书结构紧凑,语言通俗,深入浅出,例题
丰富,可读性强,便于自学,可作为高等学校经济管理类专业本科专科的教材或教学参考书.

◆ 主　　编　杨慧卿
　　责任编辑　张孟玮
　　执行编辑　税梦玲
　　责任印制　彭志环　杨林杰

◆ 人民邮电出版社出版发行　　北京市丰台区成寿寺路 11 号
　　邮编　100164　　电子邮件　315@ptpress.com.cn
　　网址　http://www.ptpress.com.cn
　　北京圣夫亚美印刷有限公司印刷

◆ 开本：787×1092　1/16
　　印张：20.25　　　　　　　　　2014 年 9 月第 1 版
　　字数：479 千字　　　　　　　2014 年 9 月北京第 1 次印刷

定价：45.00 元
读者服务热线：**(010)81055256**　印装质量热线：**(010)81055316**
反盗版热线：**(010)81055315**

前 言 Foreword

本书是安徽省精品资源共享课程《高等数学》的建设成果，是在考虑应用型本科高校经济管理类专业"高等数学"课程的教学现状基础上，针对应用型本科高校经济管理类专业的需求，根据教育部高等学校数学与统计教学指导委员会制订的《经济管理类数学基础课程教学基本要求》，并参考了最新《全国硕士研究生入学统一考试（数学三）》考试大纲的要求编写而成.

本书在编写过程中，参考了近年来国内外出版的多本同类教材，在教材体系、内容安排和例题配置等方面吸取了它们的优点，同时结合我们多年来在"高等数学"课程教学上的经验，形成了本书的以下主要特点：

（1）在书的体系和内容上，对有关内容进行了整合，调整了一些内容的先后顺序，显得更加紧凑，加强了知识间的联系.

（2）对于抽象的概念和定理尽量通过几何直观和数值计算帮助学生进行理解，对于部分理论要求较高的定理的证明采取小字处理，供学生选读.

（3）注重与中学数学在内容上的衔接，安排了中学未学而又需要用到的相关内容.

（4）注重数学知识的实际应用，选编了大量与生活、经济密切相关的实际问题，为学生后续课程的学习提供方便.同时在涉及经济学相关符号的表达上，与现行的经济学教材保持统一.

（5）注重学法指导.每节前列出学习要求，使学生明确目标，帮助学生把握学习重点.设置【思考】栏目，提出一些启发性的问题激发学生思考.

（6）注重数学知识中所蕴含的数学思想方法的分析与揭示，使读者受到一定的数学思想方法的训练.

（7）在习题的配备上，为不同学习阶段和不同需求的学生提供了更多的选择.课后习题分为每节后习题和每章后复习题（A）组、（B）组.每节后的习题注重基本要求知识的巩固和理解；每章后复习题（A）组在题型上更为多样，在难度上较每节后的习题有所提高，每章后复习题（B）整理汇编了自 2009 年以来的考研真题，可供学有余力和有志报考研究生的学生选用.

（8）内容简明，层次清晰，语言表述准确、通俗易懂、例题丰富，可读性强，便于自学.

本书各章课时安排建议如下.

第1章	函数、极限和连续	18 课时（含 2 课时习题课）
第2章	一元函数微分学——导数、微分及其应用	26 课时（含 4 课时习题课）
第3章	一元函数积分学——不定积分、定积分及其应用	26 课时（含 4 课时习题课）
第4章	多元函数微积分学	28 课时（含 4 课时习题课）
第5章	微分方程与差分方程	12 课时（含 2 课时习题课）
第6章	无穷级数	14 课时（含 2 课时习题课）
合　计	124 课时（含 18 课时习题课）	

本书由杨慧卿任主编，程潘红、胡贝贝、张梅、范媛媛等老师参与了课后习题的演算和习题参考答案的编写.

在本书的编写过程中，得到了滁州学院教务处、数学与金融学院、经济与管理学院的大力支持，得到了数学与金融学院大学数学教研室、经济与管理学院经济学系多位老师的帮助，特别是王雄亮、金洪、李宏亮、周晖、张晴等老师对本书提出了许多宝贵的意见和建议. 在此一并表示衷心感谢.

虽然我们希望编写一本质量较高、适合当前教学实际的教材，但限于水平，书中仍可能有未尽人意之处，敬请读者批评指正.

编　者

2014 年 4 月

目 录 Content

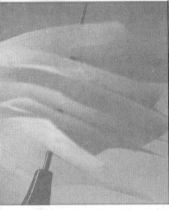

第4章　多元函数微积分学

第1章 函数、极限与连续

函数表示了变量之间的相依关系,是微积分的研究对象. 极限是一种有关无穷变动的量的运算,是研究微积分的重要工具. 连续则是函数的一种性质. 本章将在回顾函数的概念和性质的基础上,进一步认识反函数和复合函数,在介绍极限的概念和运算的基础上,讨论函数的连续性,并介绍常见的几种经济函数.

1.1 函数的概念和性质

学习要求

1. 理解函数的概念,掌握函数的表示法,会求函数的定义域,会建立应用问题的函数关系.
2. 了解函数的单调性、周期性、奇偶性和有界性,会判断函数的奇偶性和有界性.

1.1.1 区间和邻域

区间是一类常用的数集,分为**有限区间**和**无限区间**.

设 a 和 b 均为实数,且 $a < b$,则有限区间表示如下.

$$开区间 \quad (a,b) = \{x \mid a < x < b\}$$

$$闭区间 \quad [a,b] = \{x \mid a \leqslant x \leqslant b\}$$

$$半开半闭区间 \quad [a,b) = \{x \mid a \leqslant x < b\}$$

$$(a,b] = \{x \mid a < x \leqslant b\}$$

引入记号 $+\infty$,$-\infty$,则无限区间表示如下.

$$[a,+\infty) = \{x \mid a \leqslant x\}$$

$$(-\infty,b] = \{x \mid x \leqslant b\}$$

$$(a,+\infty) = \{x \mid a < x\}$$

$$(-\infty,b) = \{x \mid x < b\}$$

$$(-\infty,+\infty)$$

邻域是一种特殊的区间,是后续学习中常用的一个重要概念.

定义 1.1 设 a 与 δ 是两个实数,且 $\delta > 0$,数集 $\{x \mid |x-a| < \delta\}$ 称为点 a 的 δ **邻域**,记为 $U(a,\delta)$,即

$$U(a,\delta) = \{x \mid |x-a| < \delta\}$$

点 a 称为 $U(a,\delta)$ 的中心,δ 称为 $U(a,\delta)$ 的半径(如图 1.1 所示).

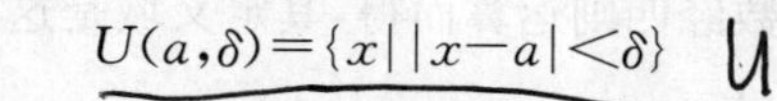

图 1.1

两要素：定义域与对应法则

在数轴上，$U(a,\delta)$ 表示到点 a 的距离小于 δ 的点的全体.

点 a 的 δ 邻域去掉中心 a，称为点 a 的**去心 δ 邻域**，记作 $\mathring{U}(a,\delta)$，即

$$\mathring{U}(a,\delta)=\{x\mid 0<|x-a|<\delta\}=(a-\delta,a)\bigcup(a,a+\delta)$$

其中，$(a-\delta,a)$ 称为点 a 的**左 δ 邻域**，记为 $U^-(a,\delta)$，$(a,a+\delta)$ 称为点 a 的**右 δ 邻域**，记为 $U^+(a,\delta)$.

1.1.2 函数的概念

$V(a)$ 以 a 为中心，δ 某个邻域.

在实际问题中，常常涉及多个变量，这些变量并不是彼此孤立存在，而是按照一定的规律相互联系着. 例如，圆的面积 S 与圆的半径 r 之间的关系就是 $S=\pi r^2$；一天中每个时刻 t 都对应着一个确定的气温值 T. 这种存在于变量之间的相依关系，就是函数关系.

定义 1.2 设 x,y 是两个变量，D 是一个非空的数集（实数域）. 如果按照某个对应法则 f，对于每个 $x\in D$，变量 y 都有唯一确定的值与之对应，则称这个对应法则 f 为**定义在 D 上的函数**. 数集 D 称为这个函数的**定义域**，x 称为**自变量**，y 称为**因变量**.

函数 f 的定义域 D 通常记为 D_f. 当 $x_0\in D_f$ 时，与自变量 x_0 对应的因变量 y 的值 $f(x_0)$，称为函数 f 在点 x_0 处的**函数值**，当 x 遍取 D_f 的所有数值时，对应的全体函数值所组成的数集

$$W_f=\{y\mid y=f(x),x\in D_f\}$$

称为函数 f 的**值域**.

值域

按照上述定义，f 与 $f(x)$ 的含义是有区别的（【思考】区别在哪里?）. 但习惯上也常用 $f(x)$ 或 $y=f(x)$ 表示函数.

函数的记号 f 也可改用其他字母表示，如 F,φ 等，相应地，函数可记作 $y=F(x),y=\varphi(x)$ 等. 有时还直接利用因变量的记号来表示函数，如 $y=y(x)$，这里字母 y 既表示因变量，又表示函数.

从函数的定义可知，定义域和对应法则是函数的两个要素. 只有两个函数具有相同的定义域和相同的对应法则时，它们才是相同的函数；否则，就不是相同的函数.

函数的定义域通常按如下两种情形来确定：一是对于具有实际背景的函数，其定义域由变量的实际意义确定；二是对于由抽象的算式表达的函数，其定义域就是使得算式有意义的一切实数所组成的集合，称为函数的**自然定义域**. 在求函数的自然定义域时，常考虑以下几点.

(1) 偶次方根下被开方数大于或等于零；

(2) 分母不能为零；

(3) 对数的真数大于零；   对数的真数

(4) 在 $y=\tan x$ 中，$x\neq k\pi+\dfrac{\pi}{2}$；$y=\cot x^*$ 中，$x\neq k\pi$；

(5) 在 $y=\arcsin x$，$y=\arccos x^{**}$ 中，$|x|\leqslant 1$.

若一个函数是由有限个函数经四则运算而得，其定义域是这有限个函数的定义域的交集，并去掉使分母为零的点.

---

* $y=\cot x$ 称为余切函数，将在本章第 2 节介绍.

** $y=\arcsin x$，$y=\arccos x$ 分别称为反正弦函数和反余弦函数，将在本章第 2 节介绍.

【例 1.1】 求函数 $f(x)=\sqrt{9-x^2}+\dfrac{1}{\ln(x-1)}$ 的定义域.

【解】 为使 $f(x)$ 有意义,应有

$$\begin{cases} 9-x^2 \geqslant 0 \\ x-1 > 0 \\ x-1 \neq 1 \end{cases} \quad 即 \quad \begin{cases} -3 \leqslant x \leqslant 3 \\ x > 1 \\ x \neq 2 \end{cases}$$

所求函数的定义域为 $D_f=(1,2)\cup(2,3)$.

1.1.3 函数的表示法

函数的表示方法主要有表格法、图形法和解析法(公式法). 其中图形法可以帮助我们直观地理解函数的性质,在微积分的学习中非常有用. 在平面直角坐标系 xOy 中,点集

$$G=\{(x,y)\mid y=f(x), x\in D_f\}$$

称为函数 $y=f(x)$ 的**图形**(如图 1.2 所示).

下面再认识几个特殊的函数.

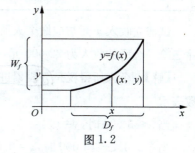

图 1.2

【例 1.2】 $f(x)=|x|=\sqrt{x^2}=\begin{cases} x, x\geqslant 0 \\ -x, x<0 \end{cases}$ 称为**绝对值函数**,

其定义域 $D_f=R$,值域 $W_f=[0,+\infty)$,其图形如图 1.3(a)所示.

【例 1.3】 $f(x)=\text{sgn}\,x=\begin{cases} 1, x>0 \\ 0, x=0 \\ -1, x<0 \end{cases}$ 称为**符号函数**,其定义

域 $D_f=R$,值域 $W_f=\{-1,0,1\}$,对任意实数 x,都有 $x=\text{sgn}\,x\cdot|x|$,其图形如图 1.3(b)所示.

【例 1.4】 $f(x)=[x]$ 称为**取整函数**,表示不超过 x 的最大整数.

如 $[8.2]=8$,$[-3.5]=-4$,$[0.5]=0$. 对任意实数 x,都有 $[x]\leqslant x<[x]+1$. 其图形如图 1.3(c)所示,好像阶梯,因此又称为**阶梯函数**. 其定义域 $D_f=R$,值域 $W_f=Z$.

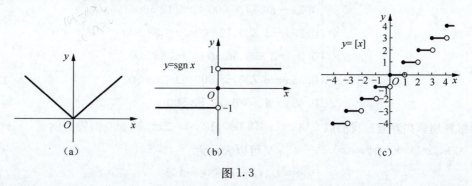

图 1.3

以上 3 个例子中的函数都具有这样的特点:在其定义域的不同部分,函数分别用不同的算式表示,这类函数称为**分段函数**(**注意**:分段函数在其定义域上是一个函数,而不是多个函数). 分段函数在实际问题中经常遇到.

【例 1.5】 自 2011 年 9 月 1 日起,我国执行新的个人所得税税率,起征点由 2 000 元调到 3 500 元,累进税率见表 1.1.

表 1.1 个人所得税税率表

级 数	含税级距	税率(%)	速算扣除数
1	0~1 500	3%	0
2	1 500~4 500	10%	105
3	4 500~9 000	20%	555
4	9 000~35 000	25%	1 005
5	35 000~55 000	30%	2 755
6	55 000~80 000	35%	5 505
7	80 000 以上	45%	13 505

试建立收入 x 元与应缴个人所得税 y 元之间的函数关系.怎样解释速算扣除数? 若张某本月扣除三险一金后的收入为 22 000 元,他应缴个人所得税多少元?

【解】 个人所得税是分段累进计税,所以收入与应缴个人所得税之间的函数关系可以用分段函数表示.

当 $x \leqslant 3\,500$ 时,$y=0$.

当 $3\,500 < x \leqslant 5\,000$ 时,$y=0.03(x-3\,500)$.

当 $5\,000 < x \leqslant 8\,000$ 时,$y=0.03 \times 1\,500 + 0.1(x-5\,000) = 0.1x-455$.

当 $8\,000 < x \leqslant 12\,500$ 时,$y=0.03 \times 1\,500 + 0.1(4\,500-1\,500) + 0.2(x-8\,000) = 0.2x-1\,255$.

第 4、5、6、7 级类似计算,可得如下结果.

$$y = \begin{cases} 0, & x \leqslant 3\,500 \\ 0.03x-105, & 3\,500 < x \leqslant 5\,000 \\ 0.1x-455, & 5\,000 < x \leqslant 8\,000 \\ 0.2x-1\,255, & 8\,000 < x \leqslant 12\,500 \\ 0.25x-1\,880, & 12\,500 < x \leqslant 38\,500 \\ 0.3x-3\,850, & 38\,500 < x \leqslant 58\,500 \\ 0.35x-6\,730, & 58\,500 < x \leqslant 83\,500 \\ 0.45x-15\,080, & x > 83\,500 \end{cases}$$

怎样解释速算扣除数? 我们以 $5\,000 < x \leqslant 8\,000$,$12\,500 < x \leqslant 38\,500$ 两段为例.

当 $5\,000 < x \leqslant 8\,000$ 时,$y=0.1x-455$ 又可以表示为

$$y=0.1(x-3\,500)-105 \tag{1.1}$$

当 $12\,500 < x \leqslant 38\,500$ 时,$y=0.25x-1\,800$ 又可以表示为

$$y=0.25(x-3\,500)-1\,005 \tag{1.2}$$

式(1.1)、式(1.2)中的 105 和 1 005 就是相应级数所对应的速算扣除数.实际上,税务部门在计算个人所得税时,就是先将收入 x 归入相应的级数,然后用该级数对应的税率乘以收入 x 与 3 500 的

差,再减去该级数对应的速算扣除数.

张某本月收入 22 000 元,应归入第 4 级,税率为 25%,所以应缴个人所得税为
$$y = 0.25 \times (22\,000 - 3\,500) - 1\,005$$
$$= 3\,620(元)$$

1.1.4 函数的几何特性

研究函数的目的就是为了了解它所具有的一些性质,以便掌握它的变化规律. 函数的几何特性主要包括单调性、奇偶性、周期性和有界性等.

1. 单调性

定义 1.3 如果函数 $y = f(x)$ 定义域为 D,区间 $I \subset D$,如果对于区间 I 内的任何两点 x_1 和 x_2,当 $x_1 < x_2$ 时,恒有
$$f(x_1) < f(x_2)$$

那么称函数 $y = f(x)$ 在区间 I 内**单调增加**,常用符号"↗"表示,I 称为**单调增区间**;如果函数 $y = f(x)$ 对于区间 I 内的任何两点 x_1 和 x_2,当 $x_1 < x_2$ 时,恒有
$$f(x_1) > f(x_2)$$

那么称函数 $y = f(x)$ 在区间 I 内**单调减少**,常用符号"↘"表示,I 称为**单调减区间**.

单调增加或单调减少的函数,统称为**单调函数**,单调增区间和单调减区间统称为**单调区间**. 在单调增区间内,函数的图形随 x 的增大而上升(如图 1.4(a)所示);在单调减区间内,函数的图形随 x 的增大而下降(如图 1.4(b)所示).

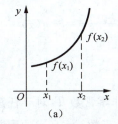 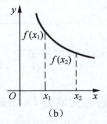

(a)　　　　　(b)

图 1.4

【例 1.6】 证明函数 $f(x) = x^3$ 在 $(-\infty, +\infty)$ 内是单调增加的.

【证】 任取 $x_1, x_2 \in (-\infty, +\infty)$ 且 $x_1 < x_2$,则有
$$f(x_2) - f(x_1) = x_2^3 - x_1^3 = (x_2 - x_1)(x_2^2 + x_2 x_1 + x_1^2)$$
$$= (x_2 - x_1)\left[\left(x_2 + \frac{1}{2}x_1\right)^2 + \frac{3}{4}x_1^2\right] > 0$$

即 $f(x_2) > f(x_1)$,也就是说 $f(x) = x^3$ 在 $(-\infty, +\infty)$ 内是单调增加的.

函数的单调性与所讨论的自变量的区间有关. 例如,函数 $y = x^2$ 在区间 $(-\infty, 0]$ 内是单调减少的,在 $[0, +\infty)$ 内是单调增加的,而在 $(-\infty, +\infty)$ 内是不单调的.

用单调性的定义直接判断函数的单调性有时还是比较困难的,我们将在第 3 章运用导数的有关知识进一步去讨论.

2. 奇偶性

定义 1.4 设函数 $y=f(x)$ 的定义域关于原点对称,如果对于任意的 $x\in D$,$-x\in D$,恒有 $f(-x)=-f(x)$,那么称 $y=f(x)$ 为**奇函数**;如果对任意的 $x\in D$,恒有 $f(-x)=f(x)$,那么称 $y=f(x)$ 为**偶函数**.

例如,$y=x^2$ 在 $(-\infty,+\infty)$ 内是偶函数,$y=x^3$ 在 $(-\infty,+\infty)$ 内是奇函数,而 $y=x+\cos x$ 是非奇非偶函数.

偶函数的图形关于 y 轴对称;奇函数的图形关于坐标原点对称(如图 1.5 所示).

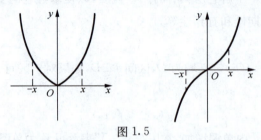

图 1.5

【例 1.7】 判断函数 $f(x)=\dfrac{e^x+e^{-x}}{2}$ 与函数 $g(x)=\dfrac{e^x-e^{-x}}{2}$ 的奇偶性.

【解】 对于任意的 $x\in R$,恒有

$$f(-x)=\frac{e^{-x}+e^x}{2}=f(x)$$

所以 $f(x)$ 在定义域 $(-\infty,+\infty)$ 内是偶函数.

对于任意的 $x\in R$,恒有

$$g(-x)=\frac{e^{-x}-e^x}{2}=-\frac{e^x-e^{-x}}{2}=-g(x)$$

所以 $g(x)$ 在定义域 $(-\infty,+\infty)$ 内是奇函数.

3. 周期性

定义 1.5 设 $y=f(x)$ 的定义域为 D,如果存在非零常数 T,对于任意的 $x\in D$,$x+T\in D$,都有 $f(x+T)=f(x)$,那么称 $y=f(x)$ 为**周期函数**,称 T 为函数 $y=f(x)$ 的**周期**.

容易证明,如果 T 为 $f(x)$ 的一个周期,那么 T 的任意非零整数倍数都是 $f(x)$ 的周期.因此,周期函数有无穷多个周期.通常所说的周期是指周期函数的**最小正周期**.

例如,正弦函数 $y=\sin x$ 中,$\pm 2\pi$,$\pm 4\pi$,$\pm 6\pi$,$\cdots$ 都是它的周期,其最小正周期 $T=2\pi$.又如,函数 $y=\sin(\omega x+\varphi)$,其最小正周期为 $T=\dfrac{2\pi}{|\omega|}$.

4. 有界性

定义 1.6 设函数 $y=f(x)$ 的定义域为 D,数集 $X\subset D$.如果存在正数 M,对于任意的 $x\in X$,都有

$$|f(x)|\leqslant M$$

那么称函数 $y=f(x)$ 在 X 上**有界**,或称 $y=f(x)$ 是 X 上的**有界函数**(如图 1.6 所示).否则称 $y=f(x)$ 在 X 上无界,$y=f(x)$ 也

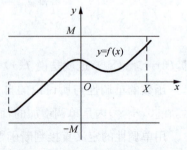

图 1.6

就称为 X 上的**无界函数**.

【思考】 如果函数 $y=f(x)$ 在 X 上有界,那么存在多少个这样的 M,能够使得 $|f(x)|\leqslant M$?

函数的有界性同样与所讨论的自变量的区间有关. 例如,函数 $y=\dfrac{1}{x}$ 在 $(0,+\infty)$ 内无界,而在 $[1,+\infty)$ 内有界.

$y=\dfrac{x^2}{1+x^2}$ $|y|<1$ 有界

【例 1.8】 讨论下列函数在各自定义域上是否有界.

(1) $y=\sin x$. (2) $y=e^x$.

【解】 (1) 对于任意的 $x\in R$,存在 $M=1$,恒有
$$|\sin x|\leqslant 1$$

所以 $y=\sin x$ 在 $(-\infty,+\infty)$ 上有界.

(2) 对于任意的 $x\in R$,不存在 $M>0$,使得
$$|e^x|\leqslant M$$

所以 $y=e^x$ 在 $(-\infty,+\infty)$ 上无界.

值域:表画

习题 1.1

定义域 D

1. 判断下列各组函数是否相同,并说明理由.

x^2

$\times$ (1) $y=\ln x^2$, $y=2\ln x$ $x>0$ $\times$ (2) $y=\sqrt{1-x}\,\sqrt{2+x}$, $y=\sqrt{(1-x)(2+x)}$ 同号

$\checkmark$ (3) $y=\sqrt{x^2}$, $y=|x|$ R.   (4) $y=\dfrac{x^2-1}{x+1}$, $y=x-1$ $x\neq-1$.

2. 求下列函数的定义域.

(1) $y=\ln(x^2+2x-3)$ $(-\infty,-3)\cup(1,+\infty)$ (2) $y=\sqrt{x^2-1}$

(3) $y=\dfrac{\sqrt{x-1}}{x-2}$ (4) $y=\dfrac{\sqrt{4-x^2}}{\ln(x-1)}$

3. 已知函数 $f(x)=\begin{cases}\sqrt{1-x^2}, & |x|\leqslant 1 \\ x^2-1, & 1<|x|<2\end{cases}$,确定函数的定义域,求 $f(-0.5)$, $f(1)$, $f(1.5)$ 的值,并作出函数图形.

4. 讨论下列函数的奇偶性.

(1) $f(x)=a^x-a^{-x}(a>0$,且 $a\neq 1)$ (2) $f(x)=x^3+x\cos x$

(3) $f(x)=x+\cos 2x$ (4) $f(x)=\ln(1+\sqrt{x^2+1})$

(5) $f(x)=\begin{cases}1-x, & x<0 \\ 1, & x=0 \\ 1+x, & x>0\end{cases}$ (6) $f(x)=\ln(\sqrt{x^2+1}-x)$

$f(x)+f(-x)$
$=\ln(\sqrt{x^2+1}-x)+\ln(\sqrt{x^2+1}+x)$
$=\ln(\sqrt{x^2+1}-x)\cdot\sqrt{x^2+1}+x$
$=\ln(x^2+1-x^2)$
$=\ln 1=0$
$\therefore f(x)=-f(x)$.
$\therefore f(x)$ 为奇函数.

5. 讨论下列函数在各自定义域上的有界性.

(1) $y=\sin\dfrac{1}{x}$ $\times$ (2) $y=\dfrac{1}{1-x}$ $\checkmark$ 指数函数 $\checkmark$ (3) $y=e^{-|x|}$ $\checkmark$ (4) $y=\dfrac{x^4}{1+x^4}$

$\checkmark$ 反函数

6. 设下面所讨论的函数的定义域关于原点对称,试研究函数的奇偶性.

(1)两个偶函数的和;两个奇函数的和;偶函数与奇函数的和;

(2)两个偶函数的积;两个奇函数的积;偶函数与奇函数的积.

7. 从 2012 年 7 月 1 日起,全国 29 个省份同步实施阶梯电价. A 省具体方案是:首档电量为 180 度以内,这档电量将按照目前的价格,每度 0.565 3 元. 第二档电量为 181 度至 350 度,这档电量电价每度涨 5 分钱. 第三档电量为 350 度以上,这档电量每度涨 3 毛钱. 以一个年度为计量周期,月度滚动使用.

若以 y 表示应缴电费(单位:元),x 表示用电量(单位:度),试建立 y 与 x 之间的函数关系. 若某户在 2013 年全年共用电 3 000 度,问该户需缴电费多少元?

1.2 反函数与复合函数

学习要求

1. 理解反函数、复合函数的定义,会求函数的反函数,会进行函数的复合与分解.

2. 了解余切函数、正割函数、余割函数、几种反三角函数的定义域、图形和性质.

3. 了解基本初等函数、初等函数的概念.

1.2.1 反函数

定义 1.7　设函数 $y=f(x)$ 的定义域为 D,值域为 W. 如果对 W 中的任何一个实数 y,都有唯一的一个 $x\in D$,使 $f(x)=y$ 成立. 那么把 y 看成自变量,x 看成因变量,由函数的定义,x 就成为 y 的函数,称这个函数为 $y=f(x)$ 的**反函数**,记为 $x=f^{-1}(y)$,其定义域是 W,值域是 D.

函数 $y=f(x)$ 的图形与其反函数 $x=f^{-1}(y)$ 的图形是坐标平面内的同一条曲线(如图 1.7 所示).

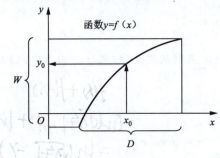
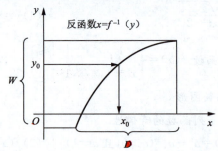

图 1.7

按照习惯,我们总是取 x 为自变量,y 为因变量,这样函数 $y=f(x)$ 的反函数就写成

$$y=f^{-1}(x)$$

如果把 $y=f(x)$ 与其反函数 $y=f^{-1}(x)$ 的图形画在同一坐标平面上,那么这两个图形关于直线 $y=x$ 对称(如图 1.8 所示).

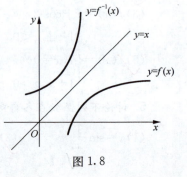

图 1.8

显然，$y=f(x)$ 也是 $y=f^{-1}(x)$ 的反函数，或者说，$y=f(x)$ 与 $y=f^{-1}(x)$ 是互为反函数，前者的定义域与后者的值域相同，前者的值域与后者的定义域相同.

定理 1.1（反函数存在定理）　单调函数 $y=f(x)$ 必存在单调的反函数，且具有与 $y=f(x)$ 相同的单调性.

【例 1.9】　求 $y=\sqrt{1+e^x}$ 的反函数.

【解】　$y=\sqrt{1+e^x}$ 的定义域为 R，值域为 $y>1$. 由 $y=\sqrt{1+e^x}$，得

$$e^x=y^2-1$$

即

$$x=\ln(y^2-1)$$

因此，所求的反函数为

$$y=\ln(x^2-1),x\in(1,+\infty)$$

eg: 若 $y=1+\ln(x-1)$ 求反函数
$\ln(x-1)=y-1$
$x-1=e^{y-1}$
$x=1+e^{y-1}$
则反函数. $y=1+e^{x-1}$ $x\in R$

三角函数定义切.

1.2.2　三角函数与反三角函数

1. 三角函数

在中学，同学们已经学习过 $y=\sin x,y=\cos x,y=\tan x$ 等几种三角函数，并熟悉它们的定义域、图形和性质. 下面再介绍几种三角函数.

（1）余切函数 $y=\cot x$. *tan x的倒数*

$y=\cot x=\dfrac{1}{\tan x}$，其定义域为除去 $x=k\pi(k=0,\pm1,\pm2,$ $\cdots)$ 的全体实数，以 π 为周期，且为奇函数（如图 1.9 所示）.

（2）正割函数 $y=\sec x$.

$y=\sec x=\dfrac{1}{\cos x}$，其定义域为除去 $x=k\pi+\dfrac{\pi}{2}(k=0,\pm1,$ $\pm2,\cdots)$ 的全体实数，以 2π 为周期，且为偶函数（如图 1.10 所示）.

（3）余割函数 $y=\csc x$. ~~余x的倒数~~

$y=\csc x=\dfrac{1}{\sin x}$，其定义域为除去 $x=k\pi(k=0,\pm1,\pm2,\cdots)$ 的全体实数，以 2π 为周期，且为奇函数（如图 1.11 所示）.

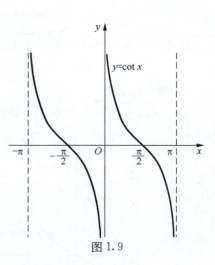

图 1.9

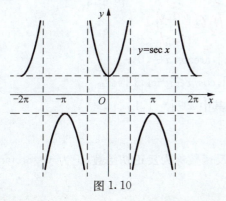

图 1.10

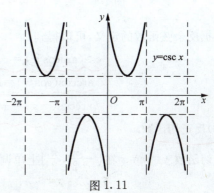

图 1.11

2. 反三角函数

三角函数 $y=\sin x$，$y=\cos x$，$y=\tan x$，$y=\cot x$ 都是周期函数，对于值域内的每个 y 值，x 有无穷多个值与它对应．例如，正弦函数 $y=\sin x$，对于 $y=\dfrac{1}{2}$，x 有 $\dfrac{\pi}{6}$，$\dfrac{5\pi}{6}$，…无穷多个值与它对应．因此，三角函数 $y=\sin x$，$y=\cos x$，$y=\tan x$，$y=\cot x$ 在它们各自的定义域上，并不存在反函数．但根据反函数存在定理，如果将这些三角函数限制在一个单调区间上，那么可以建立起它们各自的反函数，即反三角函数．

(1)反正弦函数.

$y=\arcsin x,\ x\in[-1,1],\ y\in\left[-\dfrac{\pi}{2},\dfrac{\pi}{2}\right]$

正弦函数 $y=\sin x$ 在 $\left[-\dfrac{\pi}{2},\dfrac{\pi}{2}\right]$ 上单调增加，它的反函数称为**反正弦函数**，记为 $y=\arcsin x$，其定义域为 $[-1,1]$，值域为 $\left[-\dfrac{\pi}{2},\dfrac{\pi}{2}\right]$，在定义域上单调增加（如图 1.12 所示）．

根据反正弦函数的定义，可以得到

$$\sin(\arcsin x)=x,x\in[-1,1],\arcsin x\in\left[-\frac{\pi}{2},\frac{\pi}{2}\right]$$

$$\arcsin(\sin x)=x,x\in\left[-\frac{\pi}{2},\frac{\pi}{2}\right],\sin x\in[-1,1]$$

由于函数 $y=\arcsin x$ 在 $[-1,1]$ 上是一个奇函数，因此有

$$\arcsin(-x)=-\arcsin x,x\in[-1,1]$$

(2)反余弦函数.

余弦函数 $y=\cos x$ 在 $[0,\pi]$ 上单调增加，它的反函数称为**反余弦函数**，记为 $y=\arccos x$，其定义域为 $[-1,1]$，值域为 $[0,\pi]$（如图 1.13 所示）递减

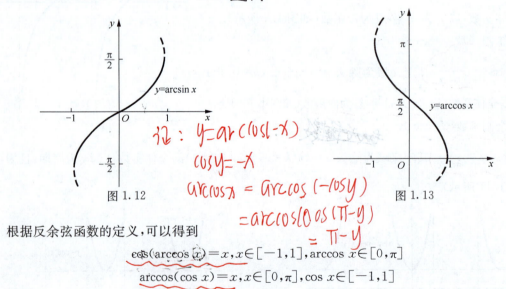

注：$y=\arccos(-x)$
$\cos y=-x$
$\arccos x=\arccos(-\cos y)$
$=\arccos(\cos(\pi-y))$
$=\pi-y$

图 1.12   图 1.13

根据反余弦函数的定义，可以得到

$$\cos(\arccos x)=x,x\in[-1,1],\arccos x\in[0,\pi]$$

$$\arccos(\cos x)=x,x\in[0,\pi],\cos x\in[-1,1]$$

$$\arccos(-x)=\pi-\arccos x,\text{其中 }x\in[-1,1]$$

(3)反正切函数.

正切函数 $y=\tan x$ 在 $\left(-\dfrac{\pi}{2},\dfrac{\pi}{2}\right)$ 上单调增加，它的反函数称为**反正切函数**，记为 $y=\arctan x$，其

定义域为 $(-\infty, +\infty)$，值域为 $\left(-\dfrac{\pi}{2}, \dfrac{\pi}{2}\right)$（如图 1.14 所示）.

根据反正切函数的定义，可以得到

$$\tan(\arctan x)=x, x\in(-\infty, \infty), \arctan x\in\left(-\frac{\pi}{2}, \frac{\pi}{2}\right)$$

$$\arctan(\tan x)=x, x\in\left(-\frac{\pi}{2}, \frac{\pi}{2}\right), \tan x\in(-\infty, +\infty)$$

由于函数 $y=\arctan x$ 是一个奇函数，因此有

$$\arctan(-x)=-\arctan x$$

（4）反余切函数.

余切函数 $y=\cot x$ 在 $(0, \pi)$ 上单调递增，它的反函数称为**反余切函数**，记为 $y=\operatorname{arccot} x$，其定义域为 $(-\infty, +\infty)$，值域为 $(0, \pi)$（如图 1.15 所示）.

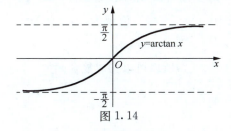

图 1.14

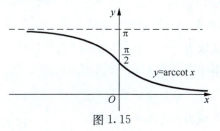

图 1.15

根据反正切函数的定义，可以得到

$$\cot(\operatorname{arccot} x)=x, x\in(-\infty, \infty), \operatorname{arccot} x\in(0, \pi)$$

$$\operatorname{arccot}(\cot x)=x, x\in(0, \pi), \cot x\in(-\infty, +\infty)$$

$$\operatorname{arccot}(-x)=\pi-\operatorname{arccot} x, x\in(-\infty, +\infty)$$

【例 1.10】 求下列各式的值.

（1）$\arcsin\dfrac{\sqrt{3}}{2}$. （2）$\arctan\left(-\dfrac{\sqrt{3}}{3}\right)$. （3）$\sin\left(\arcsin\dfrac{1}{2}\right)$. （4）$\arcsin\left(\sin\dfrac{2\pi}{3}\right)$.

【解】 （1）$\arcsin\dfrac{\sqrt{3}}{2}=\dfrac{\pi}{3}$.

（2）$\arctan\left(-\dfrac{\sqrt{3}}{3}\right)=-\arctan\dfrac{\sqrt{3}}{3}=-\dfrac{\pi}{6}$.

（3）$\sin\left(\arcsin\dfrac{1}{2}\right)=\dfrac{1}{2}$.

（4）$\arcsin\left(\sin\dfrac{2\pi}{3}\right)=\arcsin\left(\dfrac{\sqrt{3}}{2}\right)=\dfrac{\pi}{3}$.

1.2.3 复合函数

对于一些函数，例如，函数 $y=\tan(2x+1)$，我们可以把它看成是将 $u=2x+1$ 代入 $y=\tan u$ 中而得. 像这样在一定条件下，将一个函数"代入"到另一个函数中的运算在数学上称为函数的复合运算，由此而得的函数就称为复合函数.

定义 1.8 设函数 $y=f(u)$，定义域为 D_f；$u=g(x)$，定义域为 D_g，值域为 W_g．如果 $W_g \bigcap D_f \neq \varnothing$，那么称函数

$$y=f[g(x)], x \in \{x \mid g(x) \in D_f\}$$

为由函数 $y=f(u)$ 和 $u=g(x)$ 构成的**复合函数**，其中 y 为因变量，x 为自变量，u 称为**中间变量**．$\{x \mid g(x) \in D_f\}$ 就是复合函数的定义域．习惯上称函数 $u=g(x)$ 为**内函数**，函数 $y=f(u)$ 为**外函数**．

应该注意的是，不是任意两个函数都可以复合成一个复合函数的．例如，$y=\arccos u$ 及 $u=3+x^2$ 就不能复合成一个复合函数，因为外函数的定义域与内函数的值域的交集为空集．换句话说，自变量 x 在内函数的定义域内取任意值，对应的函数值 u 都使得外函数无意义．

复合函数不仅可以有一个中间变量，还可以有多个中间变量．例如，函数 $y=e^{1+\cos^2 x}$，可看作由 $y=e^u, u=1+v^2$ 及 $v=\cos x$ 复合而成，其中 u, v 为中间变量．

【**例 1.11**】 设 $y=\ln u, u=v^2, v=\sin x$，将 y 表示成 x 的复合函数，并求复合函数的定义域．

【**解**】 $y=\ln u$ 的定义域为 $(0,+\infty)$；$u=v^2$ 的定义域为 $(-\infty,+\infty)$，值域为 $[0,+\infty)$；$v=\sin x$ 的定义域为 $(-\infty,+\infty)$，值域为 $[-1,1]$．

由于 $[-1,1] \bigcap (-\infty,+\infty) \neq \varnothing$，$[0,+\infty) \bigcap (0,+\infty) \neq \varnothing$，所以可以构成复合函数

$$y=\ln(\sin x)^2$$

其定义域为 $\{x \mid x \neq k\pi, k \in Z\}$．

【**例 1.12**】 函数 $y=\sin^2(2+\sqrt{1+x^2})$ 由哪些函数复合而成？

【**解**】 $y=\sin^2(2+\sqrt{1+x^2})$ 由函数 $y=u^2, u=\sin v, v=2+t, t=\sqrt{h}, h=1+x^2$ 复合而成，定义域为 $(-\infty,+\infty)$．

1.2.4 基本初等函数与初等函数

我们接触到的函数大部分都是由几种最常见、最基本的函数经过一定的运算而得到，以下几种函数是大家已经学习过的，它们是：

常值函数 $y=C$（C 为常数）

幂函数 $y=x^\mu$（μ 为常数）

指数函数 $y=a^x$（$a>0$ 且 $a \neq 1$）

对数函数 $y=\log_a x$（$a>0$ 且 $a \neq 1$）

三角函数 $y=\sin x, y=\cos x, y=\tan x, y=\cot x, y=\sec x, y=\csc x$

反三角函数 $y=\arcsin x, y=\arccos x, y=\arctan x, y=\text{arccot } x$

以上这 6 种函数统称为**基本初等函数**．对于基本初等函数的解析式、定义域和值域、图形和性质，要非常熟悉．

初等函数是由常数和基本初等函数经过有限次的四则运算及有限次复合运算所得到的，并可以用一个式子表示的函数．例如

$$y=\cos x+2^{x^2-1}, y=\frac{\ln x^2}{\sin x}, y=3e^{\tan(5x+2)}$$

都是初等函数. 初等函数在其定义域内具有很好的性质,是经济数学课程中的主要研究对象. 一般来说,分段函数不是初等函数. 但绝对值函数例外,因为 $y=|x|$ 又可表示为 $y=\sqrt{x^2}$,所以绝对值函数是初等函数.

形如 $[f(x)]^{g(x)}$ 的函数称为**幂指函数**,其中 $f(x),g(x)$ 均为初等函数,且 $f(x)>0$,由恒等式

$$[f(x)]^{g(x)}=e^{g(x)\ln f(x)}$$

因此,幂指函数是初等函数. 例如,$x^x(x>0),(\sin x)^x(x>0),(x-1)^{1/x}(x>1)$ 等都是初等函数.

eg. $y=x^x=e^{\ln x^x}=e^{x\ln x}$.

$y=25m$

习题 1.2

1. 求下列各式的值.

(1) $\arcsin\dfrac{\sqrt{2}}{2}$

(2) $\operatorname{arccot}(-\sqrt{3})$

(3) $\cos\left(\arcsin\dfrac{\sqrt{3}}{2}\right)$

(4) $\arccos\left[\cos\left(-\dfrac{\pi}{3}\right)\right]$ $\arccos\dfrac{1}{2}=\dfrac{\pi}{3}$

2. 求下列函数的反函数及其定义域.

(1) $y=\dfrac{1+x}{1-x}$

(2) $y=\sqrt[3]{3x-5}$

(3) $y=\ln(1-x)-1$

(4) $y=3^x+1$

(5) $y=2\sin\dfrac{x}{3}$

(6) $y=\arctan x+1$

3. 判断下列各组函数能否复合成复合函数,若能,写出复合函数并求其定义域.

(1) $y=\ln u,u=\sqrt{v+1},v=\sin x$

(2) $y=\arctan u,u=1+\sqrt{x}$

4. 分析下列函数由哪些简单函数复合而成,并求复合函数的定义域.

(1) $y=\sqrt[3]{\ln\sin^2 x}$

(2) $y=e^{\arctan x^2}$

(3) $y=(1+\ln^2 x)^3$

(4) $y=\log_2\sqrt{\cot\dfrac{x}{2}}$

5. 已知 $f(x)=x^3-x,\varphi(x)=\sin 2x$,求 $f[\varphi(x)],\varphi[f(x)]$.

1.3

常用的经济函数介绍

学习要求

掌握常用的经济函数的含义、数学表达,会建立简单实际问题的数学模型.

在经济分析中,常常需要建立经济问题的数学模型,即建立变量间的函数关系,然后通过对数学模型的研究,达到解决实际问题的目的. 下面介绍几个常用的经济函数.

1.3.1 单利与复利公式

1. 单利公式

单利是指仅对本金计息,利息不计息的增值方式.

设现有本金 A_0,每期利率为 r,期数为 n,则

第一期末的本利和为

$$A_1 = A_0 + A_0 r = A_0(1+r)$$

第二期末的本利和为

$$A_2 = A_0(1+r) + A_0 r = A_0(1+2r)$$

第 n 期末的本利和为

$$A_n = A_0(1+nr)$$

目前,我国银行的定期存款实行的就是单利计息的方法.

2. 复利公式

复利是指不仅本金计息,而且以前各期所产生的利息也要计息的一种增值形式,俗称"利滚利".

设现有本金 A_0,每期利率为 r,期数为 n. 如果每期结算一次,那么第一期末的本利和为

$$A_1 = A_0 + A_0 r = A_0(1+r)$$

将本利和 A_1 再存入银行,第二期末的本利和为

$$A_2 = A_1 + A_1 r = A_0(1+r)^2$$

再把本利和存入银行,如此反复,第 n 期末的本利和为

$$A_n = A_0(1+r)^n$$

这是一个以期数 n 为自变量,本利和 A_n 为因变量的函数. 如果每期按年、月和日计算,则分别得到相应的复利公式.

例如,设 A_0 为本金,按年为期,年利率为 R,则第 n 年末的本利和为

$$A_n = A_0(1+R)^n$$

1.3.2 需求函数与供给函数

1. 需求函数

某种商品的需求量是消费者愿意购买此种商品,并具有支付能力购买该种商品的数量,它不一定是商品的实际销售量. 消费者对某种商品的需求量除了与该商品的价格有直接关系外,还与消费者的习性和偏好、消费者的收入、其他可替代商品的价格甚至季节的影响有关. 在此,我们只考虑商品的价格因素,其他因素暂时取定值,商品的需求量就是该商品价格的函数,称为**需求函数**. 用 Q_D 表示对商品的需求量,P 表示商品的价格,则需求函数为

$$Q_D = Q_D(P)$$

实际中,价格 P 和需求量 Q_D 都取非负值.

一般地,需求量随价格上涨而减少,因此通常需求函数是价格的单调减少函数. 由需求函数所作

出的图形称为**需求曲线**.

实际中,常用以下函数来近似表示需求函数:

线性函数 $Q_D = -aP + b$,其中 $a > 0, b > 0$;

幂函数 $Q_D = kP^{-a}$,其中 $k > 0, a > 0$;

指数函数 $Q_D = ae^{-bP}$,其中 $a > 0, b > 0$.

需求函数 $Q_D = Q_D(P)$ 的反函数,称为**价格函数**,记为

$$P = P(Q_D)$$

它也反映商品的需求量与价格的关系,有时也称为需求函数.

2. 供给函数

某种商品的供给量是指在一定时期内,商品供应者在一定价格下愿意并能够出售商品的数量. 供给量记为 Q_S,供应者愿意接受的价格为 P,则供给量与价格之间的关系为

$$Q_S = Q_S(P)$$

称为**供给函数**,P 称为供给价格,Q_S 与 P 均取非负值. 由供给函数所作出的图形称为**供给曲线**.

一般地,商品供给量随商品价格的上涨而增加,因此,供给函数是商品价格的单调增加函数.

实际中,常用以下函数来近似表示供给函数:

线性函数 $Q_S = aP - b$,其中 $a > 0, b > 0$;

幂函数 $Q_S = kP^a$,其中 $k > 0, a > 0$;

指数函数 $Q_S = ae^{bP}$,其中 $a > 0, b > 0$.

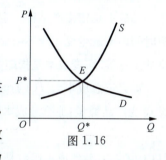

图 1.16

需求函数与供给函数密切相关,如果把需求曲线和供给曲线画在同一坐标系中(如图 1.16 所示,在经济学中,习惯上用纵坐标表示价格,横坐标表示需求量或供给量),由于需求函数是单调减少的,供给函数是单调增加的,那么它们的图形必相交于一点 $E(Q^*, P^*)$,这一点称为**均衡点**,这一点所对应的需求量或供给量 Q^* 称为**均衡数量**. 这一点所对应的价格 P^* 就是供需平衡时的价格,也称均衡价格. $Q_D = Q_S$ 称为**均衡条件**.

当市场价格 P 高于均衡价格 P^* 时,产生了"供大于求"的现象,从而使市场价格下降;当市场价格 P 低于均衡价格 P^* 时,这时会产生"供不应求"的现象,从而使市场价格上升;市场价格的调节就是这样实现的.

应该指出,市场的均衡是暂时的,当条件发生变化时,原有的均衡状态就被破坏,从而需要在新的条件下建立起新的均衡.

【例1.13】 某商品每天的需求函数和供给函数分别为

$$Q_D = 200 - 5P, \quad Q_S = 15P - 20$$

(1)求市场达到供需平衡时的均衡价格(单位:元)和均衡需求量(单位:件);

(2)假设政府对每件售出商品征税 1 元,求均衡价格和均衡需求量.

【解】 (1)由均衡条件 $Q_D = Q_S$,得

$$200 - 5P = 15P - 20$$

解得

$$P = P^* = 11$$

从而

$$Q^* = 15P^* - 20 = 145$$

即市场均衡价格为 11 元, 均衡需求量为 145 件.

(2)从生产者而言, 价格由 P 变成 $P-1$; 对消费者来说, 价格为 P. 由均衡条件, 得

$$200 - 5P = 15(P-1) - 20$$

解得

$$P = 11.75, Q = [141.25] + 1 = 142$$

即在政府征税情况下, 均衡价格为 11.75 元, 均衡需求量为 142 件.

从上例可以看出, 在市场条件发生改变的情况下, 均衡价格、均衡需求量都在发生变化. 还可以看出, 消费税并非由消费者全部承担, 而是由消费者和生产者共同承担.

1.3.3 成本函数与平均成本函数

1. 成本函数

总成本是指生产某种一定数量产品需要的费用, 它包括**固定成本**和**可变成本**. 固定成本是指在短时间内不发生变化或不明显地随产品数量增加而变化的费用, 如厂房、设备、一般管理费及管理人员的工资等. 可变成本是指随产品数量的变化而变化的费用, 如原材料、燃料及生产工人的工资等.

如果记总成本为 TC(Total Cost), 固定成本为 FC(Fixed Cost), 可变成本为 VC(Variable Cost), 设 Q 为产品数量, 那么总成本函数

$$TC(Q) = FC + VC(Q)$$

其中 $FC \geqslant 0$. 显然成本函数是单调增加函数, 它随产量的增加而增加.

2. 平均成本函数

平均成本是指生产单位产品所花费的成本, 记为 AC(Average Cost), 设 Q 为产品数量, 则平均成本函数

$$AC(Q) = \frac{TC(Q)}{Q} = \frac{FC}{Q} + \frac{VC(Q)}{Q}$$

其中 $\frac{FC}{Q}$ 称为**平均不变成本**, 记为 AFC; $\frac{VC}{Q}$ 称为**平均可变成本**, 记为 AVC. 因此, 有

$$AC = AFC + AVC$$

平均成本的大小反映出企业生产成本控制的好坏, 平均成本越小说明企业生产单位产品时消耗的资源费用越低, 效益越好.

1.3.4 收益函数与利润函数

1. 收益函数

生产者销售一定数量的产品或劳务所获得的全部收入, 称为**总收益**, 记为 TR(Total Revenue). 生

产者出售一定数量的产品时,单位产品的平均收入,即单位产品的平均售价,称为**平均收益**,记为 AR (Average Revenue).

如果记 TR 为总收益,AR 为平均收益,Q 为销售量,则 TR,AR 都是 Q 的函数

$$TR = TR(Q), AR = \frac{TR(Q)}{Q}$$

其中 TR,Q 取正值.

如果产品的销售价格 P 保持不变,销售量为 Q,则

$$TR(Q) = PQ, AR = P$$

2. 利润函数

利润是指收益与成本之差,记为 π,π 是销售量 Q 的函数,则有

$$\pi(Q) = TR(Q) - TC(Q)$$

利润函数 $\pi(Q)$ 可能会出现下列 3 种情形.

(1) $\pi(Q) = TR(Q) - TC(Q) > 0$,表示有盈余;

(2) $\pi(Q) = TR(Q) - TC(Q) < 0$,表示出现亏损;

(3) $\pi(Q) = TR(Q) - TC(Q) = 0$,表示盈亏平衡.

我们把盈亏平衡时的产量(销量) Q_0 称为**盈亏平衡点**(又称为**保本点**).盈亏平衡点在分析企业经营管理、产品定价和生产决策时具有重要意义.

【例 1.14】 某服装有限公司生产某款式服装,每天的固定成本为 1 000 元,除固定成本外,每套服装要花费 40 元.

(1) 求每天生产 x 套服装的总成本函数.

(2) 如果每天能够卖出 200 套,为了不亏本,该服装每套售价至少应定为多少元?

【解】 (1) $TC(x) = 1\,000 + 40x$.

(2) 不亏本,要求总收益不小于总成本,设此时的售价为 P 元,则

$$TR(200) - TC(200) \geqslant 0$$

即

$$200P \geqslant 1\,000 + 40 \times 200$$

解得

$$P \geqslant 45$$

所以该服装每套售价至少应定为 45 元.

【例 1.15】 某厂生产一种产品,据调查数据分析,其需求函数为 $Q = -900P + 45\,000$,生产该产品的固定成本是 270 000 元,而单位产品的可变成本为 10 元,为获得最大利润,问出厂价格应定为多少元?

【解】 成本函数 $TC(Q) = 270\,000 + 10Q$,需求函数为 $Q = -900P + 45\,000$

于是

$$TC(P) = -9\,000P + 720\,000$$

收益函数 $TR(P) = PQ = -900P^2 + 45\,000P$

利润函数 $\pi(P) = TR(P) - TC(P) = -900(P^2 - 60P + 800)$
$$= -900(P-30)^2 + 90\,000$$

当 $P = 30$ 时,取得最大利润 90 000 元

所以该产品的出厂价应定为 30 元.

习题 1.3

1. 根据中国人民银行公布的最新人民币存款基准利率,一年期存款的年利率为 3%,半年期存款的年利率为 2.8%,三个月存款的年利率为 2.6%. 如果设定好存期到期将自动转存为同样期限,现有 5 万元存款,比较两年后这三种存期的利息收益.

2. 设某商品的总成本函数为线性函数,已知产量为零时的成本为 100 元,产量为 100 时的成本为 400 元,试求以下结果.

(1)总成本函数和固定成本;

(2)产量为 200 时的总成本和平均成本.

3. 设某商品的需求函数与供给函数分别为 $Q_D = \dfrac{5\,600}{P}$,$Q_S = P - 10$.

(1)求均衡价格,并求此时的均衡数量;

(2)在同一坐标系中画出供给曲线和需求曲线;

(3)供给曲线何时过 P 轴,这一点的经济意义是什么?

4. 某商品的需求函数为 $Q_D = 75 - 2P$,供给函数 $Q_S = 3P - 25$,其中 P 为价格(单位:元),试求:

(1)市场均衡价格和均衡数量;

(2)如果每销售一件商品,政府收税 1 元,求此时的均衡价格和均衡数量.

5. 某厂生产 MP3 播放器,每台售价 110 元,固定成本为 7 500 元,可变成本为每台 60 元.

(1)要卖多少台 MP3 播放器,厂家才可保本?

(2)若卖掉 100 台,厂家盈利或亏损多少元?

(3)要获得 1 250 元利润,需要卖出多少台?

6. 某品牌蓝牙耳机每只售价 90 元,成本为 60 元. 厂家为鼓励销售商大量采购,决定凡订购量在 100 只以上的,每多订购 1 台,售价就降低 5 分,但最低价为每台 75 元.

(1)将每台的实际售价 P 表示为订购量 x 的函数;

(2)将厂家所获利润 π 表示为订购量 x 的函数;

(3)某经销商订购了 1 000 台,厂家可获利润多少元?

1.4

数列、函数的极限

学习要求

1. 了解中国古代的极限思想.

2. 理解数列极限、函数极限的描述性定义和性质.

1.4.1　中国古代数学的极限思想

1. 刘徽的割圆术

公元 3 世纪中期,魏晋时期的中国古代数学家刘徽成功地把极限思想应用于实践,首创"割圆术"."割圆术"就是以圆内接正多边形的面积,无限逼近圆的面积.具体来说,就是用圆的内接正六边形、正十二边形、……、正 $3 \cdot 2^n$ 边形的面积逐渐地接近圆面积(如图 1.17 所示).随着正多边形边数的增加,正多边形的面积越来越接近于圆面积.如果设正六边形、正十二边形、……、正 $3 \cdot 2^n$ 边形的面积分别为 $S_1, S_2, S_3, \cdots, S_n$,如此下去,就构成如下一个无穷数列.

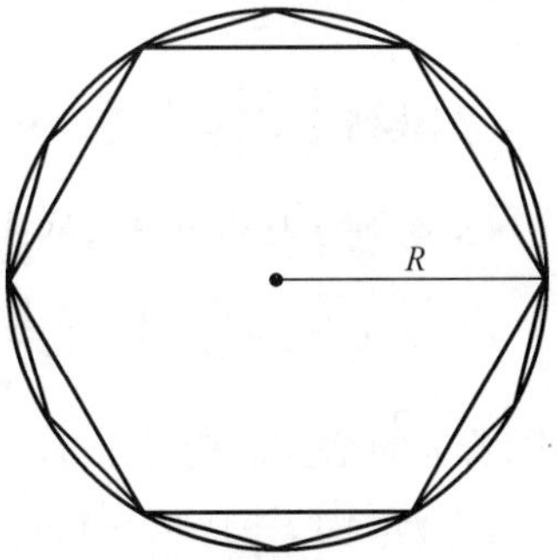

$$S_1, S_2, S_3, \cdots, S_n, \cdots$$

图 1.17

其中 $S_n = 3 \cdot 2^{n-1} R^2 \sin \dfrac{\pi}{3 \cdot 2^{n-1}}$.随着内接正多边形的边数(这里为 $3 \cdot 2^n$)的增加,正多边形面积 $S_n = 3 \cdot 2^{n-1} R^2 \sin \dfrac{\pi}{3 \cdot 2^{n-1}}$ 也越来越趋向于一个稳定的值,这个稳定值就是圆的面积 $S = \pi R^2$.

刘徽这样描述他的"割圆术":割之弥细,所失弥少,割之又割,以至于不可割,则与圆合体,而无所失矣.这是极为朴素的极限思想.后来刘徽把圆内接正多边形的面积一直算到了正三千零七十二边形,并由此而求得了圆周率为 3.14 和 3.141 6 这两个近似数值.这个结果是当时世界上圆周率计算的最精确的数据,为计算圆周率建立了严密的理论和完善的算法.

2. 截杖问题

《庄子·天下篇》中记载着梁国宰相惠施的一段话:"一尺之棰,日取其半,万世不竭."其意思是,一尺长的木棍,每天取下它的一半,永远也取不完.这充分反映了中国古代对于"极限"概念的朴素、直观的理解.这里表示出每天取下的木棍的长度.

$$\frac{1}{2}, \frac{1}{4}, \frac{1}{8}, \cdots, \frac{1}{2^n}, \cdots$$

这是一个无穷数列,通项为 $\dfrac{1}{2^n}$,当 n 无限增大时,$\dfrac{1}{2^n}$ 会无限地变小,并且无限地接近常数 0."万世不竭"表示的意思是,虽然每次取下的长度越来越小,但永远不等于 0.

"割圆术"和"截杖问题"说明,在中国古代就已经具有无限细分的思想,并对极限过程有了初步的描述.

1.4.2 数列的极限

1. 数列极限的定义

在"割圆术"和"截杖问题"中,都涉及一个无穷数列的通项随项数 n 无限增大的变化情况.

当 n 无限增大时,数列 $S_1,S_2,S_3,\cdots,S_n,\cdots$ 的通项 $S_n=3 \cdot 2^{n-1}R^2 \sin\dfrac{\pi}{3 \cdot 2^{n-1}}$ 无限趋近于 $S=\pi R^2$;数列 $\dfrac{1}{2},\dfrac{1}{4},\dfrac{1}{8},\cdots,\dfrac{1}{2^n},\cdots$ 的通项为 $\dfrac{1}{2^n}$ 无限趋近于 0.

下面再看几个数列 $\{x_n\}$ 的通项 x_n 在 n 无限增大时的变化趋势.

(1)数列 $1,\dfrac{1}{2},\dfrac{1}{3},\dfrac{1}{4},\cdots,\dfrac{1}{n},\cdots$,其通项 $x_n=\dfrac{1}{n}$ 随 n 的增大而逐渐减小,越来越趋近于 0;

(2)数列 $\dfrac{1}{2},\dfrac{2}{3},\dfrac{3}{4},\dfrac{4}{5},\cdots,\dfrac{n}{n+1},\cdots$,其通项 $x_n=\dfrac{n}{n+1}$ 随 n 的增大而增大,越来越趋近于 1;

(3)数列 $1,2,3,4,\cdots,n,\cdots$,其通项 $x_n=n$ 随 n 的增大而增大,且无限增大;

(4)数列 $1,-\dfrac{1}{2},\dfrac{1}{3},-\dfrac{1}{4},\cdots,\dfrac{(-1)^{n-1}}{n},\cdots$,其通项 $x_n=\dfrac{(-1)^{n-1}}{n}$ 随着 n 的变化在 0 的两侧跳动,并随着 n 的增大而趋近于 0;

(5)数列 $1,-1,1,-1,\cdots,(-1)^{n+1},\cdots$,其通项 $x_n=(-1)^{n+1}$ 随着 n 的增大始终交替取值 1 和 -1,而不趋向于某一个确定的常数;

(6)数列 $a,a,a,\cdots,a,\cdots$ 的各项都是同一个数 a,故当 n 越来越大时,该数列的项也总是确定的常数 a.

通过对上述数列在 n 无限增大时变化趋势的讨论,可以看出有两种情况:一是数列的通项 x_n 在 n 无限增大时无限趋近于某个确定的常数,称为"**极限存在**";二是数列的通项 x_n 在 n 无限增大时不趋近于某个确定的常数,称为"**极限不存在**".

定义 1.9 如果当 n 无限增大时,数列 $\{x_n\}$ 的通项 x_n 无限趋近于某个常数 A,那么就称数列 $\{x_n\}$ **收敛**,常数 A 称为数列 $\{x_n\}$ 的**极限**,记为

$$\lim_{n\to\infty}x_n=A \quad 或 \quad x_n\to A(n\to\infty)$$

否则称数列 $\{x_n\}$ **发散**.

根据定义,上述数列(1),(2),(4),(6)为收敛的数列,它们的极限分别是 $0,1,0,a$. 也即 $\lim\limits_{n\to\infty}\dfrac{1}{n}=0$,$\lim\limits_{n\to\infty}\dfrac{n}{n+1}=1$,$\lim\limits_{n\to\infty}\dfrac{(-1)^{n-1}}{n}=0$,$\lim\limits_{n\to\infty}a=a$. 而数列(3),(5)为发散的数列.

下面给出以后常用的一些数列极限.

(1) $\lim\limits_{n\to\infty}a=a$($a$ 为常数).

(2) $\lim\limits_{n\to\infty}\dfrac{1}{n^a}=0$($a$ 为常数且 $a>0$).

(3) $\lim\limits_{n\to\infty}q^n=0$（$q$ 为常数且 $|q|<1$）.

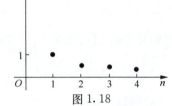
如果 $\lim\limits_{x\to+\infty}f(x)=a$

$\Longleftrightarrow$ $\lim\limits_{x\to+\infty}f(x)=a$ 且 $\lim\limits_{x\to-\infty}f(x)=a$

(4) $\lim\limits_{n\to\infty}\sqrt[n]{a}=1$（$a$ 为常数且 $a>0$）.

(5) $\lim\limits_{n\to\infty}\sqrt[n]{n}=1$.

2. 数列极限的性质

由于可以将数列看成是自变量为正整数 n 的函数 $x_n=f(n)$，因此可以描绘出数列的图形．数列的图形就是一个点列．下面观察一下前面讨论过的数列 $\left\{\dfrac{1}{n}\right\}$ 的图形（如图 1.18 所示）．

数列 $\left\{\dfrac{1}{n}\right\}$ 是一个收敛数列，从图 1.18 中可以看出，$0<x_n=\dfrac{1}{n}\leqslant 1$，由函数的有界性可知，数列 $\left\{\dfrac{1}{n}\right\}$ 是有界的．同时，当 n 无限增大时，$\dfrac{1}{n}$ 无限趋近于唯一确定的常数 0.

一般地，收敛数列具有如下性质．

性质 1　收敛数列是有界的．　　　　x 元

性质 2　收敛数列的极限是唯一的．

【思考】　有界数列一定是收敛的吗？如果是，请说明理由．如果不是，请举出反例．

1.4.3　函数的极限

数列 $\{x_n\}$ 可以看成是自变量为正整数 n 的函数 $x_n=f(n)$．下面讨论定义在某个实数集上自变量连续取值的函数 $y=f(x)$ 的极限，即讨论在自变量的某种变化趋势下，相应的函数值是否无限趋近于某个确定的常数．根据自变量的变化趋势主要分以下两种情形进行讨论：一是自变量 x 趋于无穷的情形，二是自变量 x 趋于有限值 x_0 的情形．

1. 自变量趋于无穷时的极限

自变量 x 趋于无穷（记作 $x\to\infty$）可分为两种情况：自变量 x 趋于正无穷（记作 $x\to+\infty$）和自变量 x 趋于负无穷（记作 $x\to-\infty$）．

下面先看几个具体函数，当 $x\to+\infty$ 和 $x\to-\infty$ 时，函数 $f(x)$ 的变化趋势（如图 1.19 所示）．

(1) $f(x)=\dfrac{1}{x}$.　　　(2) $f(x)=e^x$.

(3) $f(x)=\sin x$.

从图 1.19 可看出函数 $f(x)$ 的如下变化趋势．

(1) 当 $x\to+\infty$ 时有 $\dfrac{1}{x}\to 0$；当 $x\to-\infty$ 时也有 $\dfrac{1}{x}\to 0$.

(2) 当 $x\to+\infty$ 时有 $e^x\to+\infty$；当 $x\to-\infty$ 时有 $e^x\to 0$.

(3) 当 $x\to+\infty$ 或 $x\to-\infty$ 时，$\sin x$ 都不趋向于某个确定的常数．

可以看到，当 $x\to+\infty$ 或 $x\to-\infty$ 时，函数 $f(x)$ 的变化

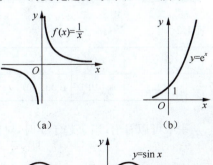
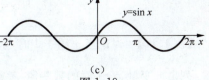

图 1.19

趋势有两种情况：一是函数 $f(x)$ 趋于某个确定的常数，称为"**极限存在**"；二是函数 $f(x)$ 不趋于某个确定的常数，称为"**极限不存在**". 一般定义如下.

定义 1.10　设函数 $y=f(x)$ 在自变量 x 充分大时总有定义，如果当自变量 x 无限增大时，函数值 $f(x)$ 无限趋近某个确定的常数 A，那么称 A 为**函数 $y=f(x)$ 当 $x\to+\infty$ 时的极限**，记作

$$\lim_{x\to+\infty}f(x)=A \quad 或 \quad f(x)\to A(x\to+\infty)$$

否则，称函数 $f(x)$ 当 $x\to+\infty$ 时的极限不存在.

定义 1.11　设函数 $y=f(x)$ 在自变量 x 充分小时总有定义，如果当自变量 x 无限减小时，函数值 $f(x)$ 无限趋近某个确定的常数 A，那么称 A 为**函数 $y=f(x)$ 当 $x\to-\infty$ 时的极限**，记为

$$\lim_{x\to-\infty}f(x)=A \quad 或 \quad f(x)\to A(x\to-\infty)$$

否则，称函数 $f(x)$ 当 $x\to-\infty$ 时的极限不存在.

例如，$\lim\limits_{x\to+\infty}\dfrac{1}{x}=0$，$\lim\limits_{x\to-\infty}\dfrac{1}{x}=0$，$\lim\limits_{x\to-\infty}e^x=0$.

在数轴上，$x\to+\infty(x\to-\infty)$ 表示自变量仅向增大（减少）方向变化，如果函数自变量 x 可以向增大、减少两个方向变化，实际上就是自变量 x 的绝对值无限增大的情况，则为 $x\to\infty$.

请读者自己写出 $\lim\limits_{x\to\infty}f(x)=A$ 的定义.

由于 $x\to\infty$ 包含了 $x\to+\infty$ 和 $x\to-\infty$ 两种情况，因此可以得到以下定理.

定理 1.2　函数 $y=f(x)$ 当 $x\to\infty$ 时极限存在的充分必要条件是函数 $y=f(x)$ 当 $x\to+\infty$ 时和 $x\to-\infty$ 时极限都存在且相等. 即

$$\lim_{x\to\infty}f(x)=A\Leftrightarrow\lim_{x\to+\infty}f(x)=\lim_{x\to-\infty}f(x)=A$$

对于上面讨论的几个具体函数，由于 $\lim\limits_{x\to+\infty}\dfrac{1}{x}=\lim\limits_{x\to-\infty}\dfrac{1}{x}=0$，所以 $\lim\limits_{x\to\infty}\dfrac{1}{x}=0$；由于 $\lim\limits_{x\to-\infty}e^x=0$，$\lim\limits_{x\to+\infty}e^x$ 不存在，所以 $\lim\limits_{x\to\infty}e^x$ 不存在；由于 $\lim\limits_{x\to+\infty}\sin x$ 不存在，$\lim\limits_{x\to-\infty}\sin x$ 不存在，所以 $\lim\limits_{x\to\infty}\sin x$ 不存在.

2. 自变量趋于有限值 x_0 时的极限

先看两个例子.

【例 1.16】　讨论当 x 趋于 1 时，函数值 $f(x)=x^2-3x+3$ 的变化趋势.

列出自变量 $x\to1$ 时的某些值，考察对应函数值的变化趋势，见表 1.2.

表 1.2

x	0.9	0.99	0.999	$\cdots$	1	$\cdots$	1.001	1.01	1.10	
$f(x)$	1.11	1.010 1	1.001 001	$\cdots$	1	$\cdots$	0.999 001	0.990 1	0.91	

从表中可以看出，当 x 趋于 1 时，对应函数值 $f(x)$ 趋于常数 1，即

$$x\to1 \text{ 时}, f(x)=x^2-3x+3\to1$$

【例 1.17】　讨论当 x 趋于 1 时，函数值 $f(x)=\dfrac{x^2-1}{x-1}$ 的变化趋势.

列出自变量 $x\to1$ 时的某些值，考察对应函数值的变化趋势，见表 1.3.

表1.3

x	0.75	0.9	0.99	0.999 9	...	1	...	1.000 001	1.01	1.25	1.5
$f(x)$	1.75	1.9	1.99	1.999 9	...		...	2.000 001	2.01	2.25	2.5

从表中可以看出,当 x 趋于 1 时,对应函数值 $f(x)$ 趋于 2,尽管 $f(x)$ 在 $x=1$ 处没有定义,但只要 x 趋于 1,$f(x)$ 就趋于 2,即

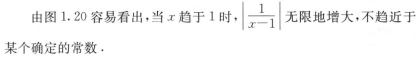

$$当\ x\to1\ 时,f(x)=\frac{x^2-1}{x-1}\to2 \quad (x\neq1)$$

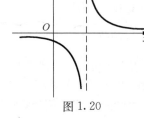

【例1.18】 讨论当 x 趋于 1 时,函数 $f(x)=\dfrac{1}{x-1}$ 的变化趋势.

观察函数 $f(x)$ 的图形(如图1.20所示).

由图1.20容易看出,当 x 趋于 1 时,$\left|\dfrac{1}{x-1}\right|$ 无限地增大,不趋近于

某个确定的常数.

图 1.20

【例1.19】 讨论当 x 趋于 0 时,函数 $f(x)=\sin\dfrac{1}{x}$ 的变化趋势.

函数 $f(x)=\sin\dfrac{1}{x}$ 的值见表1.4.

表1.4

x	$-\dfrac{2}{\pi}$	$-\dfrac{1}{\pi}$	$-\dfrac{2}{3\pi}$	$-\dfrac{1}{2\pi}$	$-\dfrac{2}{5\pi}$	...	$\dfrac{2}{5\pi}$	$\dfrac{1}{2\pi}$	$\dfrac{2}{3\pi}$	$\dfrac{1}{\pi}$	$\dfrac{2}{\pi}$
$f(x)$	-1	0	1	0	-1	...	1	0	-1	0	1

从图1.21可以看出,当 x 无限趋近于 0 时,函数 $f(x)=\sin\dfrac{1}{x}$ 的图形在 -1 与 1 之间无限次地摆动,即 $f(x)$ 不趋近于某个确定的常数.

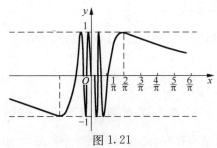

图 1.21

上述例子说明,当自变量 x 趋于有限值 x_0 时,函数值 $f(x)$ 的变化趋势有两种情况:一是趋于某个确定的常数,称为"**极限存在**",这个确定的常数存在与函数在 x_0 处是否有定义无关;二是不趋于某个确定的常数,称为"**极限不存在**".一般定义如下.

定义1.12 设函数 $f(x)$ 在 x_0 的某去心邻域 $\overset{\circ}{U}(x_0)$ 内有定义,如果当 x 无限趋向于 x_0 时,函数值 $f(x)$ 无限趋近某个确定的常数 A,那么称 A 为函数 $f(x)$ 当 $x\to x_0$ **时的极限**,记为

$$\lim_{x\to x_0}f(x)=A \quad 或 \quad f(x)\to A(x\to x_0)$$

否则,称函数 $f(x)$ 当 $x \to x_0$ 时的极限不存在.

例如,$\lim\limits_{x \to 1}(x^2 - 3x + 3) = 1$,$\lim\limits_{x \to 1}\dfrac{x^2 - 1}{x - 1} = 2$,$\lim\limits_{x \to 1}\dfrac{1}{x - 1}$ 不存在,$\lim\limits_{x \to 0}\sin\dfrac{1}{x}$ 不存在.

在数轴上,自变量 x 趋于 x_0 表示既从 x_0 的左侧趋于 x_0,又从 x_0 的右侧趋于 x_0.但有时只需要考虑自变量从 x_0 的左侧趋于 x_0 或从右侧趋于 x_0 时函数值的变化趋势.为此,引入左极限、右极限的概念.

定义 1.13 设函数 $f(x)$ 在 x_0 的左邻域 $U^-(x_0)$(x_0 可除外)内有定义,如果当自变量 x 从 x_0 的左侧趋于 x_0(记作 $x \to x_0^-$)时,函数值 $f(x)$ 趋于某个确定的常数 A,那么称 A 为函数 $f(x)$ 当 $x \to x_0$ 时的**左极限**,记为 $\lim\limits_{x \to x_0^-} f(x) = A$ 或 $f(x_0 - 0) = A$.

设函数 $f(x)$ 在 x_0 的右邻域 $U^+(x_0)$(x_0 可除外)内有定义,如果当自变量 x 从 x_0 的右侧趋于 x_0(记作 $x \to x_0^+$)时,函数值 $f(x)$ 趋于一个确定的常数 A,那么称 A 为函数 $f(x)$ 当 $x \to x_0$ 时的**右极限**,记为 $\lim\limits_{x \to x_0^+} f(x) = A$ 或 $f(x_0 + 0) = A$.

左极限和右极限统称为**单侧极限**.

由定义 1.12 和定义 1.13,可以得出以下定理.

定理 1.3 函数 $y = f(x)$ 当 $x \to x_0$ 时的极限存在的充分必要条件是函数 $y = f(x)$ 当 $x \to x_0$ 时的左极限、右极限都存在且相等.即

$$\lim\limits_{x \to x_0} f(x) = A \Leftrightarrow \lim\limits_{x \to x_0^-} f(x) = \lim\limits_{x \to x_0^+} f(x) = A$$

【例 1.20】 试讨论函数 $f(x) = \begin{cases} x+1, & x>1 \\ x, & x<1 \end{cases}$,当 $x \to 1$ 时的极限.

【解】 函数 $y = f(x)$ 的图形如图 1.22 所示,当 $x < 1$ 时,$f(x) = x$,因此当 x 趋近于 1 时,$f(x)$ 趋近于 1,即

$$\lim\limits_{x \to 1^-} f(x) = \lim\limits_{x \to 1^-} x = 1$$

同理可得

$$\lim\limits_{x \to 1^+} f(x) = \lim\limits_{x \to 1^+}(x+1) = 2$$

因为 $\lim\limits_{x \to 1^-} f(x) \neq \lim\limits_{x \to 1^+} f(x)$,所以 $y = f(x)$ 当 $x \to 1$ 时的极限不存在.

【例 1.21】 设函数 $y = f(x) = \begin{cases} x^2, & x>0 \\ -x, & x<0 \end{cases}$,求 $\lim\limits_{x \to 0} f(x)$.

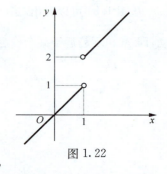

图 1.22

【解】 因为函数 $y = f(x)$ 在 $x = 0$ 的左、右邻域内有不同的表达式,所以要研究 $f(x)$ 在 $x = 0$ 处极限是否存在,必须讨论当 $x \to 0^-$ 与 $x \to 0^+$ 时函数值的变化趋势.

当 $x \to 0^-$ 时,$\lim\limits_{x \to 0^-} f(x) = \lim\limits_{x \to 0^-}(-x) = 0$.

当 $x \to 0^+$ 时,$\lim\limits_{x \to 0^+} f(x) = \lim\limits_{x \to 0^+} x^2 = 0$.

根据定理 1.3,所以 $\lim\limits_{x \to 0} f(x) = 0$.

3. 函数极限的性质

$\lim\limits_{x \to \infty} f(x) = A$ 和 $\lim\limits_{x \to x_0} f(x) = A$ 的定义都表明,在自变量的某个变化过程中,函数值 $f(x)$ 趋于某个确定的常数 A,显然极限是唯一的.

习题 1.7

1. 计算下列极限.

$(1)\lim\limits_{x\to0}\dfrac{\tan 3x}{x}$

$(2)\lim\limits_{x\to\infty}x\sin\dfrac{1}{x}$

$(3)\lim\limits_{x\to0}\dfrac{\sin 3x}{\sin 5x}$

$(4)\lim\limits_{x\to0}\dfrac{1-\cos 2x}{x\sin x}$

$(5)\lim\limits_{x\to0}\dfrac{\tan x-\sin x}{x}$

$(6)\lim\limits_{x\to0^+}\dfrac{x}{\sqrt{1-\cos x}}$

$(7)\lim\limits_{x\to0}\dfrac{\ln(1+3x)}{\sin x}$

$(8)\lim\limits_{x\to0}\dfrac{x-\sin x}{x+\sin x}$

$(9)\lim\limits_{x\to\pi}\dfrac{\sin x}{\pi-x}$

2. 计算下列极限.

$(1)\lim\limits_{x\to0}(1-x)^{\frac{1}{x}}$

$(2)\lim\limits_{x\to\infty}\left(1+\dfrac{2}{x}\right)^x$

$(3)\lim\limits_{x\to\infty}\left(1-\dfrac{1}{x}\right)^{kx}$

$(4)\lim\limits_{x\to\infty}\left(\dfrac{x}{x+2}\right)^{x+2}$

$(5)\lim\limits_{x\to\infty}\left(\dfrac{x+2}{x-2}\right)^x$

$(6)\lim\limits_{x\to\infty}\left(\dfrac{x-1}{x+2}\right)^{x+3}$

$(7)\lim\limits_{x\to0}(1+xe^x)^{\frac{1}{x}}$

$(8)\lim\limits_{x\to0}(1+\tan^2 x)^{\cot^2 x}$

$(9)\lim\limits_{x\to\infty}\dfrac{5x^2+1}{3x-1}\sin\dfrac{1}{x}$

3. 利用等价无穷小替换的方法计算第1题中的(1)~(7).

4. 利用极限存在准则计算下列极限.

$(1)\lim\limits_{n\to\infty}n\left(\dfrac{1}{n^2+\pi}+\dfrac{1}{n^2+2\pi}+\cdots+\dfrac{1}{n^2+n\pi}\right)$

$(2)\lim\limits_{n\to\infty}\left(\dfrac{1}{n^2+n+1}+\dfrac{2}{n^2+n+2}+\cdots+\dfrac{n}{n^2+n+n}\right)$

5. 计算下列极限.

$(1)\lim\limits_{x\to0}(1-2x)^{\frac{3}{\sin x}}$

$(2)\lim\limits_{x\to0}\dfrac{e^x\tan^3 x}{(1-\cos x)\ln(1+x)}$

$(3)\lim\limits_{x\to+\infty}\dfrac{x^2\sin\frac{1}{x}}{\sqrt{2x^2-1}}$

$(4)\lim\limits_{x\to0}\dfrac{e^x-e^{\sin x}}{x-\sin x}$

$(5)\lim\limits_{x\to0}(\cos x)^{\frac{1}{1-\cos x}}$

$(6)\lim\limits_{x\to\frac{\pi}{6}}\dfrac{1-2\sin x}{\sin\left(x-\frac{\pi}{6}\right)}$

$(7)\lim\limits_{x\to0}\dfrac{\sqrt{1+\tan x}-\sqrt{1+\sin x}}{x^3}$

$(8)\lim\limits_{n\to\infty}\dfrac{(n+1)^{n+1}}{n^n}\cdot\sin\dfrac{1}{n}$

6. 已知年利率为6%,如果按年复利和连续复利两种计息方式,(1)现有20 000元进行投资,问第5年末的本利和各为多少? (2)要想第5年末得到本息和20 000元,问现在各需要存入多少?

1.8 函数的连续性

学习要求

1. 理解函数连续、间断的概念.

2. 会判断间断点的类型.

3. 了解初等函数的连续性.

4. 理解闭区间上连续函数的性质(最大值和最小值定理、介值定理、零点定理).

自然界中很多现象反映出一些变量随着时间的变化在"连续不断"地变化着:如气温的变化、河水的流动、生物的生长,等等. 这些现象反映出的数学本质就是函数的连续性. 数学上对连续变量的研究,在19世纪以前仍停留在几何直观层面,即把能一笔画成的曲线所对应的函数称为连续函数. 直到19世纪中叶,在柯西等数学家建立起严格的极限理论之后,才对连续函数做出了严格的数学表述. 连续性的实质在于,自变量的微小变化仅引起因变量的微小变化. 而与"连续"相反的"间断"的实质则在于自变量的微小变化导致因变量的剧烈变化. 但"连续"和"间断"的定义还需借助于极限的概念.

1.8.1 函数的连续与间断

1. 连续与间断的定义

从几何上看,一个连续变化的函数的图形就是一条可以一笔画出的连续曲线,既无断裂,又无空隙. 而间断在图形上就表现为断裂或有空隙,图 1.26 反映了在 x_0 处出现断裂或空隙的几种可能情形,联系函数在 x_0 处存在极限的概念,图中(a)表示函数在 x_0 处无定义,但存在极限;图中(b)和(c)表示极限不存在;图中(d)表示函数在 x_0 处有定义,也存在极限,但 $\lim\limits_{x \to x_0} f(x) \neq f(x_0)$.

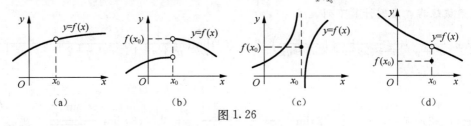

(a)   (b)   (c)   (d)

图 1.26

据此,可以给出函数在 x_0 处连续的定义.

定义 1.17 设函数 $y = f(x)$ 在 x_0 的某邻域 $U(x_0, \delta)$ 内有定义,且

$$\lim_{x \to x_0} f(x) = f(x_0)$$

则称函数 $y = f(x)$ 在 $x = x_0$ 处**连续**,x_0 称为函数 $y = f(x)$ 的**连续点**,否则,x_0 称为函数 $y = f(x)$ 的**间断点**.

定义 1.17 说明,函数 $f(x)$ 在 x_0 处连续就是函数 $f(x)$ 同时满足下列 3 个条件.

(1)函数 $f(x)$ 在 x_0 的某邻域 $U(x_0, \delta)$ 内有定义;

(2)函数 $f(x)$ 在 x_0 处的极限存在;

(3)函数 $f(x)$ 在 x_0 处的极限等于该点的函数值,即 $\lim\limits_{x \to x_0} f(x) = f(x_0)$.

上述 3 个条件中只要有一个不满足,函数 $f(x)$ 在 x_0 处就是间断的.

由于 $\lim\limits_{x \to x_0} f(x) = f(x_0)$ 的等价形式是

$$\lim_{x \to x_0} [f(x) - f(x_0)] = 0 \ \text{或} \ \lim_{x - x_0 \to 0} [f(x) - f(x_0)] = 0$$

习惯上,设 $x - x_0 = \Delta x$,称 Δx 为**自变量 x 在 x_0 处的增量**(增量可正可负),这时 $x = x_0 + \Delta x$,则

$$\Delta y = f(x) - f(x_0) = f(x_0 + \Delta x) - f(x_0)$$

称 Δy 为函数 $y=f(x)$ 在 x_0 处的对应增量(如图 1.27 所示).

利用增量表示可以得到连续的一个等价定义.

定义 1.18 设函数 $y=f(x)$ 在 x_0 的某邻域 $U(x_0,\delta)$ 内有

定义,若

$$\lim_{\Delta x \to 0}\Delta y=0 \quad \text{或} \quad \lim_{\Delta x \to 0}[f(x_0+\Delta x)-f(x_0)]=0$$

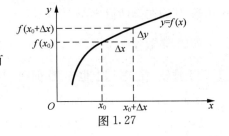

图 1.27

则称函数 $f(x)$ 在 x_0 处连续.

定义 1.18 更能反映出连续的实质:当自变量发生微小变化时,对应的函数也仅产生微小变化.

【例 1.49】 证明函数 $y=x^2$ 在 x_0 处连续.

【证】 因为 $\Delta y=(x_0+\Delta x)^2-x_0^2=2x_0\Delta x+(\Delta x)^2$

$$\lim_{\Delta x \to 0}\Delta y=\lim_{\Delta x \to 0}[2x_0\Delta x+(\Delta x)^2]=0$$

所以 $y=x^2$ 在 x_0 处连续.

【例 1.50】 证明函数 $f(x)=\begin{cases} x\sin\dfrac{1}{x}, & x\neq 0 \\ 0, & x=0 \end{cases}$ 在 $x=0$ 处连续.

【证】 因为 $\lim_{x \to 0}f(x)=\lim_{x \to 0}x\sin\dfrac{1}{x}=0=f(0)$

所以该函数在 $x=0$ 处连续.

2.左连续与右连续

根据函数在 x_0 处连续的定义以及函数在 x_0 处左极限、右极限的概念,可以得到左连续和右连续的概念.

定义 1.19 如果函数 $f(x)$ 在 x_0 的左 δ 邻域 $(x_0-\delta,x_0]$ 内有定义,且 $\lim_{x \to x_0^-}f(x)=f(x_0)$,则称函数 $y=f(x)$ 在 $x=x_0$ 处**左连续**;如果函数 $f(x)$ 在 x_0 的右 δ 邻域 $[x_0,x_0+\delta)$ 内有定义,且 $\lim_{x \to x_0^+}f(x)=f(x_0)$,则称函数 $y=f(x)$ 在 $x=x_0$ 处**右连续**.

根据函数在 x_0 处极限存在的充分必要条件,容易得到以下定理.

定理 1.9 函数 $y=f(x)$ 在 $x=x_0$ 处连续的充分必要条件是函数 $y=f(x)$ 在 $x=x_0$ 处既左连续又右连续,即

$$\lim_{x \to x_0}f(x)=f(x_0)\Longleftrightarrow \lim_{x \to x_0^+}f(x)=\lim_{x \to x_0^-}f(x)=f(x_0)$$

【例 1.51】 判断函数 $f(x)=\begin{cases} 2x, & 0\leqslant x<1 \\ 3-x, & 1\leqslant x\leqslant 2 \end{cases}$ 在 $x=1$ 处是否连续.

【解】 因为 $\lim_{x \to 1^-}f(x)=\lim_{x \to 1^-}2x=2=f(1)$

$$\lim_{x \to 1^+}f(x)=\lim_{x \to 1^+}(3-x)=f(1)=2$$

所以,函数 $f(x)$ 在 $x=1$ 处既左连续又右连续,由定理 1.9,函数 $f(x)$ 在 $x=1$ 处连续.

3.区间上连续

如果函数 $f(x)$ 在区间 I 上每一点处都连续,那么称函数 $f(x)$ 在**区间 I 上连续**,或称函数 $f(x)$ 是**区间 I 上的连续函数**. 如果函数 $f(x)$ 在 $[a,b]$ 内任一点处连续,且在 a 点右连续,在 b 点左连续,那么

称函数 $f(x)$ 在 $[a,b]$ 上连续.

例如,函数 $y=x^2$ 在 $(-\infty,+\infty)$ 上连续;函数 $y=\sin x$ 在 $(-\infty,+\infty)$ 上连续;函数 $f(x)=\dfrac{1}{x}$ 在 $[1,2]$ 上连续,在 $(0,1]$ 上也连续,但在 $[0,1]$ 上不连续,因为它在 $x=0$ 处没有定义.

区间上的连续函数的图形是一条连续不间断的曲线.

【例 1.52】 证明 $y=\sin x$ 在 $(-\infty,+\infty)$ 上连续.

【证】 任取 $x_0 \in (-\infty,+\infty)$,则

$$\Delta y = \sin(x_0 + \Delta x) - \sin x_0 = 2\sin\frac{\Delta x}{2} \cdot \cos\left(x_0 + \frac{\Delta x}{2}\right)$$

由 $\left| \cos\left(x_0 + \dfrac{\Delta x}{2}\right) \right| \leqslant 1$,得

$$0 \leqslant |\Delta y| \leqslant 2 \cdot \left| \sin\frac{\Delta x}{2} \right|$$

又

$$\lim_{\Delta x \to 0} 2\left| \sin\frac{\Delta x}{2} \right| = 0$$

于是,当 $\Delta x \to 0$ 时,由夹逼准则得 $|\Delta y| \to 0$,即 $\lim\limits_{\Delta x \to 0}\Delta y = 0$. 所以函数 $y=\sin x$ 在 x_0 处连续,由 x_0 的任意性,得到 $y=\sin x$ 在 $(-\infty,+\infty)$ 上连续.

可以证明,**基本初等函数在其定义域内是连续的**.

4. 间断点的分类

函数在一点连续必须满足 3 个条件,3 个条件中只要有一个不满足,函数在该点就是间断的. 这是判别函数间断点及其类型的重要依据.

根据函数 $y=f(x)$ 在间断点处左极限和右极限的存在情况,可以把间断点分成两类,即第一类间断点与第二类间断点.

如果函数 $y=f(x)$ 在间断点 $x=x_0$ 处的左极限和右极限都存在,那么称 x_0 为函数的**第一类间断点**. 如果函数在间断点处左极限和右极限都存在且相等,那么称 $x=x_0$ 为函数 $y=f(x)$ 的**可去间断点**,这类间断点可以通过改变定义或补充定义的方式使函数在该点连续;如果函数在间断点处的左极限和右极限都存在但不相等,那么称 $x=x_0$ 为函数 $y=f(x)$ 的**跳跃间断点**.

如果函数 $y=f(x)$ 在间断点 $x=x_0$ 处的左、右极限至少有一个不存在,那么称 x_0 为函数 $y=f(x)$ 的**第二类间断点**. 常见的第二类间断点有**无穷间断点**(左极限或右极限中至少有一个为无穷大)和**振荡间断点**(在 $x \to x_0$ 的过程中,函数 $f(x)$ 无限振荡,极限不存在). 例如,$x=\dfrac{\pi}{2}$ 是函数 $y=\tan x$ 的无穷间断点,$x=0$ 是函数 $f(x)=\sin\dfrac{1}{x}$ 的振荡间断点.

【例 1.53】 讨论函数 $f(x) = \begin{cases} \mathrm{e}^x, & x<0 \\ x+1, & 0<x\leqslant 1 \\ \dfrac{x-1}{1-\sqrt{2-x}}+1, & x>1 \end{cases}$ 在 $x=0$ 和 $x=1$ 处的连续性,并判别间断点的类型.

【解】 在 $x=0$ 处,因为,$\lim\limits_{x \to 0^-} e^x = 1$,$\lim\limits_{x \to 0^-}(x+1)=1$,

所以

$$\lim_{x \to 0} f(x) = 1$$

但函数 $f(x)$ 定义域中不含 $x=0$,在 $x=0$ 处无定义.可采取补充定义的方式,令 $f(0)=1$,使函数在 $x=0$ 处连续,所以 $x=0$ 是函数 $f(x)$ 的可去间断点.

在 $x=1$ 处,因为

$$\lim_{x \to 1^-} f(x) = \lim_{x \to 1^-}(x+1) = 2, \lim_{x \to 1^+} f(x) = \lim_{x \to 1^+}\left(\frac{x-1}{1-\sqrt{2-x}}+1\right) = 3$$

所以 $\lim\limits_{x \to 1} f(x)$ 不存在. 因此,函数 $f(x)$ 在 $x=1$ 处间断. 由于函数在 $x=1$ 的左极限和右极限不相等,所以 $x=1$ 是函数 $f(x)$ 的跳跃间断点.

【例 1.54】 设 $f(x) = \dfrac{(e^x-1)\sin x}{x^2(x-1)}$,求 $f(x)$ 的间断点并判别其类型.

【解】 根据 $f(x)$ 的定义域可知,函数 $f(x)$ 仅在 $x=0$ 和 $x=1$ 处无定义,所以 $x=0$ 和 $x=1$ 是函数 $f(x)$ 的间断点.

在 $x=0$ 处,有 $\lim\limits_{x \to 0} f(x) = \lim\limits_{x \to 0} \dfrac{(e^x-1)\sin x}{x^2(x-1)} = \lim\limits_{x \to 0} \dfrac{x \cdot x}{x^2(x-1)} = \lim\limits_{x \to 0} \dfrac{1}{x-1} = -1$

所以,$x=0$ 是函数 $f(x)$ 的可去间断点.

在 $x=1$ 处,有 $\lim\limits_{x \to 1} f(x) = \lim\limits_{x \to 1} \dfrac{(e^x-1)\sin x}{x^2(x-1)} = \infty$

所以,$x=1$ 是函数 $f(x)$ 的无穷间断点.

1.8.2 连续函数的性质及初等函数的连续性

函数连续的概念是建立在极限理论基础上的,由极限的四则运算法则和复合函数的极限运算法则可以得到连续函数的性质.

定理 1.10 （1）连续函数的和、差、积、商（分母不为零）是连续函数；

（2）连续函数的复合函数是连续函数.

设函数 $u = \varphi(x)$ 在 x_0 处连续,而函数 $y = f(u)$ 在 $u_0 = \varphi(x_0)$ 处也连续,则复合函数 $y = f[\varphi(x)]$ 在 $x = x_0$ 处连续,即有

$$\lim_{x \to x_0} f[\varphi(x)] = f[\lim_{x \to x_0} \varphi(x)] = f[\varphi(x_0)]$$

上式中 $\lim\limits_{x \to x_0} f[\varphi(x)] = f[\lim\limits_{x \to x_0}\varphi(x)]$ 表明,在计算连续复合函数的极限时,可以将极限符号 $\lim\limits_{x \to x_0}$ 与外函数的符号 f 交换次序.

【例 1.55】 求 $\lim\limits_{x \to \sqrt{\frac{\pi}{2}}} \sin x^2$.

【解】 函数 $y = \sin x^2$ 由函数 $y = \sin u$,$u = x^2$ 复合而成,因为函数 $u = x^2$ 在 $x = \sqrt{\dfrac{\pi}{2}}$ 处连续,而函数 $y = \sin u$ 在 $u = \dfrac{\pi}{2}$ 也连续,故函数 $y = \sin x^2$ 在 $x = \sqrt{\dfrac{\pi}{2}}$ 处连续,即

$$\lim_{x \to \sqrt{\frac{\pi}{2}}} \sin x^2 = \sin\left(\lim_{x \to \sqrt{\frac{\pi}{2}}} x^2\right) = \sin \frac{\pi}{2} = 1$$

【思考】 多项式函数在点 x_0 处的极限 $\lim\limits_{x \to x_0} P(x) = P(x_0)$ 的理由是什么?

前面已经得出,**基本初等函数在其定义域内是连续的**,再由初等函数的定义及连续函数的性质,可得出下面的定理.

定理 1.11 一切初等函数在其定义区间上都是连续的.

需要注意的是,定义区间指的是包含在定义域内的区间. 初等函数仅在其定义区间上连续,在整个定义域内不一定连续. 例如,函数 $y = \sqrt{x^2(x-2)^3}$ 的定义域为 $\{0\} \cup [2, +\infty)$,而函数在点 $x = 0$ 的邻域内没有定义,在该点不连续,但函数在定义区间 $[2, +\infty)$ 上连续.

根据定理 1.11,求初等函数在其定义区间上的点 x_0 处的极限时,只需求出函数在 x_0 处的函数值就可以了.

【例 1.56】 求 $\lim\limits_{x \to 0}\left[\dfrac{\ln(100+x)}{a^x + \arcsin x}\right]^{\frac{1}{2}}$ ($a > 0$ 且 $a \ne 1$).

【解】 因为初等函数 $f(x) = \left[\dfrac{\ln(100+x)}{a^x + \arcsin x}\right]^{\frac{1}{2}}$ 在 $x = 0$ 处有定义,故由初等函数的连续性得

$$\lim_{x \to 0}\left[\frac{\ln(100+x)}{a^x + \arcsin x}\right]^{\frac{1}{2}} = \left[\frac{\ln(100+0)}{a^0 + \arcsin 0}\right]^{\frac{1}{2}} = \sqrt{2\ln 10}$$

【例 1.57】 求下列极限.

(1) $\lim\limits_{x \to 0} \dfrac{\ln(1+x)}{x}$.　　　　　　　　　(2) $\lim\limits_{x \to 0} \dfrac{a^x - 1}{x}$ ($a > 0, a \ne 1$).

【解】 (1) 该极限在例 1.42 中解决过,采用的是变量替换的方法,这里将用函数的连续性来解决. 由于 $\lim\limits_{x \to 0}(1+x)^{\frac{1}{x}} = e$,函数 $\ln u$ 在 $u = e$ 处连续,于是有

$$\lim_{x \to 0}\frac{\ln(1+x)}{x} = \lim_{x \to 0}\ln(1+x)^{\frac{1}{x}} = \ln\left[\lim_{x \to 0}(1+x)^{\frac{1}{x}}\right] = \ln e = 1$$

(2) 令 $u = a^x - 1$,则 $x = \dfrac{\ln(1+u)}{\ln a}$. 由指数函数 a^x 的连续性可知,$x \to 0$ 时,$u \to 0$,于是由本例(1),得

$$\lim_{x \to 0}\frac{a^x - 1}{x} = \lim_{u \to 0}\frac{u\ln a}{\ln(1-u)} = \ln a \cdot \lim_{u \to 0}\frac{u}{\ln(1+u)} = \ln a$$

例 1.57(2) 是一个很重要的极限,在后续学习中常会用到. 实际上,当 $a = e$ 时,就得到

$$\lim_{x \to 0}\frac{e^x - 1}{x} = 1$$

1.8.3 闭区间上连续函数的性质

闭区间上的连续函数具有其他区间上(如开区间)连续函数所没有的一些重要性质,这里将不加证明地介绍最值定理和介值定理及其推理.

定义 1.20 设函数 $y = f(x)$ 在区间 I 上有定义,如果存在 x_1、$x_2 \in I$,使得对任意的 $x \in I$,有

$$f(x_2) \le f(x) \le f(x_1)$$

那么称 $f(x_1)$,$f(x_2)$ 分别为函数 $y = f(x)$ 在 I 上的**最大值**和**最小值**,最大值与最小值统称为最值. 点

x_1, x_2 分别称为 $y = f(x)$ 的**最大值点**和**最小值点**.

定理 1.12(最值定理) 如果函数 $y = f(x)$ 在 $[a,b]$ 上连续,那么 $y = f(x)$ 在 $[a,b]$ 上必取得最大值和最小值.

定理中闭区间这个条件很重要,若是开区间,则未必有这个结论. 例如,函数 $y = x^2$ 在 $(0,1)$ 上连续,但在 $(0,1)$ 上取不到最大值和最小值.

由定理 1.12 可得出下面的推论.

推论 1(闭区间上连续函数的有界性定理) 若函数 $y = f(x)$ 在 $[a,b]$ 上连续,则函数 $y = f(x)$ 在 $[a,b]$ 上有界.

定理 1.13(介值定理) 设函数 $y = f(x)$ 在闭区间 $[a,b]$ 上连续,且 $f(a) = A, f(b) = B, A \neq B$,则对于 A 与 B 之间任意实数 C,至少存在一点 $\xi \in (a,b)$,使得

$$f(\xi) = C \quad (a < \xi < b)$$

如图 1.28 所示,在闭区间 $[a,b]$ 上连续的曲线 $y = f(x)$ 与直线 $y = C$ 有三个交点 ξ_1, ξ_2, ξ_3,即

$$f(\xi_1) = f(\xi_2) = f(\xi_3) = C \quad (a < \xi_1, \xi_2, \xi_3 < b)$$

定理 1.14(零点定理) 如果函数 $y = f(x)$ 在 $[a,b]$ 上连续,且 $f(a)f(b) < 0$,那么在 (a,b) 内至少存在一点 ξ,使得 $f(\xi) = 0$.

观察图 1.29,这个结论是很明显的. 如果点 $A(a, f(a))$ 与点 $B(b, f(b))$ 分别在 x 轴的上下两侧,则连接 A 与 B 的连续曲线 $y = f(x)$ 与 x 轴至少有一个交点. 图 1.29 中有 3 个交点 ξ_1, ξ_2, ξ_3,即 $f(\xi_1) = f(\xi_2) = f(\xi_3) = 0$

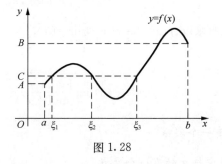

图 1.28

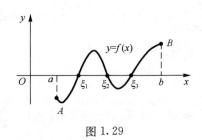

图 1.29

如果用方程的观点来表述零点定理,即:如果 $y = f(x)$ 在 $[a,b]$ 上连续,且 $f(a), f(b)$ 异号,那么方程 $f(x) = 0$ 在 (a,b) 内至少有一个根.

因此,零点定理可以用于判别方程的根的情况.

【例 1.58】 证明方程 $x^5 - 3x = 1$ 至少有一个根介于 1 和 2 之间.

【证】 设函数 $f(x) = x^5 - 3x - 1$,则函数 $f(x)$ 在 $[1,2]$ 上连续,且 $f(1) = -3 < 0, f(2) = 25 > 0$,即

$$f(1) \cdot f(2) < 0$$

由零点定理可知,在 $(1,2)$ 内至少有一个根 ξ,使得 $f(\xi) = 0$,即方程 $x^5 - 3x = 1$ 至少有一个根介于 1 和 2 之间.

关于函数的连续性,还需要说明的是,在经济理论中,为了简化所讨论的问题,通常假设所讨论的函数是连续的. 例如,需求函数 $Q = Q(P)$,当价格 P 有微小变动时,对应的需求函数的变动也是微小

的. 因此,需求函数是连续函数. 我们还假定国民经济的增长是连续的,供给函数、成本函数、收益函数等都是连续函数. 有了这个假定,就可以用微积分方法来讨论经济问题了.

习题 1.8

1. 研究下列函数的连续性,并画出函数的图形.

$(1) f(x) = \begin{cases} -1, & x < -1 \\ x^2, & -1 \leq x \leq 1 \\ 1, & x > 1 \end{cases}$
$\qquad (2) f(x) = \begin{cases} x^2, & 0 \leq x \leq 1 \\ 2-x, & 1 < x \leq 2 \end{cases}$

2. 确定常数 a, b,使下列函数连续.

$(1) f(x) = \begin{cases} e^x, & x \leq 0 \\ x+a-1, & x > 0 \end{cases}$
$\qquad (2) f(x) = \begin{cases} \dfrac{\ln(1-2x)}{bx}, & x < 0 \\ 2, & x = 0 \\ \dfrac{\sin ax}{x}, & x > 0 \end{cases}$

3. 找出下列函数的间断点,并说明间断点的类型. 如果是可去间断点,则补充或改变函数的定义使其连续.

$(1) y = \dfrac{x^2-4}{x^2-5x+6}$
$\qquad (2) y = \dfrac{x}{\tan x}$
$\qquad (3) y = \sin\dfrac{3}{x}$
$\qquad (4) f(x) = \begin{cases} 2x-1, & x \leq 1 \\ 5-3x, & x > 1 \end{cases}$

4. 求函数 $f(x) = \dfrac{x^3-3x^2+x-3}{x^2-x-6}$ 的连续区间,并求极限 $\lim\limits_{x \to 1} f(x)$,$\lim\limits_{x \to 2} f(x)$ 及 $\lim\limits_{x \to 3} f(x)$.

5. 求下列极限.

$(1) \lim\limits_{x \to 0} \sqrt{x^2-2x+5}$
$\qquad (2) \lim\limits_{x \to \frac{\pi}{2}} \dfrac{\sin x}{x}$
$\qquad (3) \lim\limits_{x \to 0} \dfrac{\ln(1+x^2)}{\sin(1+x^2)}$

6. 证明方程 $\sin x + x + 1 = 1$ 在 $\left(-\dfrac{\pi}{2}, \dfrac{\pi}{2}\right)$ 内至少有一个实根.

7. 证明曲线 $f(x) = x^4 - 3x^2 + 7x - 10$ 在 $(1, 2)$ 内至少与 x 轴有一个交点.

8. 设 $f(x) = e^x - 2$,证明在 $(0, 2)$ 内至少有一点 ξ,使 $e^\xi - 2 = \xi$.

9. 设 $f(x)$ 在 $[0, 2a]$ 上连续,且 $f(0) = f(2a)$,证明在 $(0, a)$ 内至少存在一点 ξ,使 $f(\xi) = f(\xi+a)$.

第1章 复习题

(A)组

1. 填空题

(1) 数列 $\{x_n\}$ 有界是数列 $\{x_n\}$ 收敛的 _____ 条件.

(2) $f(x)$ 当 $x \to x_0$ 时右极限 $f(x_0+0)$ 及左极限 $f(x_0-0)$ 存在且相等是 $\lim\limits_{x \to 0} f(x)$ 存在的

_____条件.

(3) $f(x)$ 在 x_0 点有定义是 $f(x)$ 在 x_0 点连续的_____条件.

(4) 已知函数 $y=2x+1$ 与函数 $y=\sqrt{(2x+1)^2}$ 表示相同的函数,则函数的定义域为_____.

(5) 已知某商品的需求函数、供给函数分别为 $Q_D=80-2P$, $Q_S=-10+4P$, 则均衡价格 P_e

_____, 均衡数量 $Q_e=$_____.

2. 选择题

(1) 下列极限存在的是( ).

(A) $\lim\limits_{x\to\infty}\dfrac{x(x+1)}{x^2}$ (B) $\lim\limits_{x\to0}\dfrac{1}{2^x-1}$ (C) $\lim\limits_{x\to0}e^{\frac{1}{x}}$ (D) $\lim\limits_{x\to+\infty}\sqrt{\dfrac{x^2+1}{x}}$

(2) 下列变量在给定变化过程中不是无穷小量的为( ).

(A) $2^{-x}-1\,(x\to0)$ (B) $\dfrac{\sin x}{x}\,(x\to0)$

(C) $\dfrac{x}{\sqrt{x^3-3x+1}}\,(x\to+\infty)$ (D) $\dfrac{1}{e^x}\,(x\to\infty)$

(3) 下列变量在给定变化过程中不是无穷大量的为( ).

(A) $\dfrac{x^2}{\sqrt{x^3+1}}\,(x\to+\infty)$ (B) $\ln x\,(x\to0^+)$ (C) $e^{-\frac{1}{x}}\,(x\to0^-)$ (D) $\dfrac{x-3}{\sqrt{x^2-5x+6}}\,(x\to3^+)$

(4) 当 $x\to0$ 时,与 x 不是等价无穷小的是( ).

(A) $\sin x$ (B) $\ln(1+x)$ (C) $x^2(x+1)$ (D) $\sqrt{1+x}-\sqrt{1-x}$

(5) 设函数 $f(x)=\begin{cases}(1+kx)^{\frac{m}{x}}, & x\neq0 \\ b, & x=0\end{cases}$ (其中 k,m 均为不等于零的常数) 在 $x=0$ 处连续,则 $b=$

( ).

(A) e^m (B) e^k (C) $e^{\frac{m}{k}}$ (D) e^{km}

3. 求函数 $y=\ln\sqrt{5-x}+\arcsin\dfrac{3-2x}{5}$ 的定义域.

4. 设函数 $f(x)$ 的定义域是 $[0,1)$, 求 $f\left(\dfrac{1}{x+1}\right)$ 的定义域.

5. 判别下列函数的奇偶性.

(1) $f(x)=\ln\dfrac{1}{\sqrt{1+x^2}+x}$ (2) $f(x)=\begin{cases}x-1, & x<0 \\ 0, & x=0 \\ x+1, & x>0\end{cases}$

6. 求下列函数的反函数.

(1) $y=\dfrac{1-\sqrt{1+2x}}{1+\sqrt{1+2x}}$ (2) $y=\dfrac{e^x-e^{-x}}{2}$

7. 求下列函数的定义域,并将这些复合函数分解成简单函数.

(1) $y=\sqrt{5-x}$ (2) $y=(1+\ln x)^3$

(3) $y=\sqrt{\ln\sqrt{x}}$ (4) $y=\ln(\arcsin x^3)$

(5) $y=e^{\sqrt{1+x}}$ (6) $y=\arctan^2(1+x)$

8. 求下列数列的极限.

(1) $\lim\limits_{n\to\infty}\dfrac{5n^2-1}{8n^2+n}$ (2) $\lim\limits_{n\to\infty}(\sqrt{n+1}-\sqrt{n})$

(3) $\lim\limits_{n\to\infty}\dfrac{1+3+\cdots+(2n-1)}{n^2}$ (4) $\lim\limits_{n\to\infty}\dfrac{(-2)^n+5^n}{(-2)^{n+1}+5^{n+1}}$

(5) $\lim\limits_{n\to\infty}2^n\cdot\sin\dfrac{\pi x}{2^n}(x\neq 0)$ (6) $\lim\limits_{n\to\infty}\left(\dfrac{n+3}{n+1}\right)^n$

(7) $\lim\limits_{n\to\infty}\left(\dfrac{1}{3}+\dfrac{1}{15}+\cdots+\dfrac{1}{4n^2-1}\right)$ (8) $\lim\limits_{n\to\infty}\left(\dfrac{1}{n^2+1}+\dfrac{2}{n^2+2}+\cdots+\dfrac{n}{n^2+n}\right)$

9. 求下列函数的极限.

(1) $\lim\limits_{x\to 0}\dfrac{x^2-2}{4x^2+x+3}$ (2) $\lim\limits_{x\to 1}\dfrac{x-1}{\sqrt{x}-1}$ (3) $\lim\limits_{x\to 4}\dfrac{x^2-6x+8}{x^2-5x+4}$

(4) $\lim\limits_{x\to 0}\dfrac{\sqrt{4+x^2}-2}{x}$ (5) $\lim\limits_{x\to\infty}\left(2-\dfrac{1}{x}\right)\left(5+\dfrac{1}{x}\right)$ (6) $\lim\limits_{x\to\infty}\dfrac{\sin x}{x}$

(7) $\lim\limits_{x\to 0}\dfrac{\sin 2x}{\tan 3x}$ (8) $\lim\limits_{x\to 0}\dfrac{1-\cos 2x}{x\sin x}$ (9) $\lim\limits_{x\to 0}(1+3x)^{\frac{1}{x}}$

(10) $\lim\limits_{x\to\infty}\left(\dfrac{1+x}{x}\right)^{2x}$ (11) $\lim\limits_{x\to\infty}\dfrac{x^2+1}{x^3+x}(2+\sin x)$ (12) $\lim\limits_{x\to 0}\dfrac{\sin 3x}{\ln(1+2x)}$

(13) $\lim\limits_{x\to 0}\left(\dfrac{1-x}{1+x}\right)^{\frac{1}{x}}$ (14) $\lim\limits_{x\to 0}(x+e^x)^{\frac{1}{x}}$ (15) $\lim\limits_{x\to a}\dfrac{\sin x-\sin a}{x-a}$

(16) $\lim\limits_{x\to 0}(\cos x)^{\frac{1}{1-\cos x}}$ (17) $\lim\limits_{x\to 0}\dfrac{\sin x-\tan x}{x^3}$ (18) $\lim\limits_{x\to +\infty}x(3x-\sqrt{9x^2-6})$

10. 讨论函数 $f(x)=\begin{cases}\dfrac{1}{x^2}, & x<0 \\ 0, & x=0 \\ x^2-2x, & 0<x\leqslant 2 \\ 3x-6, & x>2\end{cases}$ 在 $x=0$, $x=2$ 处的连续性,如间断,判断间断点的类型.

11. 求下列函数的间断点,并判别间断点的类型.

(1) $y=\dfrac{x^3-1}{x^2-1}$ (2) $y=\dfrac{\sin x}{x}$ (3) $y=(1+x)^{\frac{1}{x}}$

12. 根据条件,求下列各式中的参数 a,b.

(1) $\lim\limits_{x\to 1}\dfrac{x^2+ax+b}{x-1}=3$ (2) $\lim\limits_{x\to\infty}\left(\dfrac{x^2+1}{x+1}-ax-b\right)=0$

(3) 函数 $f(x)=\begin{cases}1+\sin bx, & x<0 \\ 2a+b, & x=0 \\ \dfrac{\ln(1+ax)}{x}, & x>0\end{cases}$ 在其定义域内连续.

13. 证明方程 $x^4-4x=1$ 至少有一个根介于 1 和 2 之间.

14. 某商场某品牌洗衣机每台售价为 1 200 元,每月可销售 500 台,如果每台售价为 1 000 元,每月可增销 200 台,求该洗衣机的线性需求函数,并将销售收入 TR 表示成销售量 x 的函数.

15. 某企业生产的一种产品,如果每只以 1.75 元出售,生产的产品可全部卖掉,企业每天的最大生产能力为 5 000 只,每天的总成本费用是 2 000 元,每只产品的可变成本是 0.5 元,试确定每天的生产量至少要达到多少时才可以盈利?

(B)组

1.(2009 年数学三)函数 $f(x) = \dfrac{x - x^3}{\sin \pi x}$ 的可去间断点的个数为(　　).

(A)1　　　　　　(B)2　　　　　　(C)3　　　　　　(D)无穷多个

2.(2009 年数学三)当 $x \to 0$ 时,$f(x) = x - \sin ax$ 与 $g(x) = x^2 \ln(1 - bx)$ 是等价无穷小,则(　　).

(A)$a = 1, b = -\dfrac{1}{6}$　　　　　　　　(B)$a = 1, b = \dfrac{1}{6}$

(C)$a = -1, b = -\dfrac{1}{6}$　　　　　　　　(D)$a = -1, b = \dfrac{1}{6}$

3.(2011 年数学三)当 $x \to 0$ 时,函数 $f(x) = 3\sin x - \sin 3x$ 与 cx^k 是等价无穷小,则(　　).

(A)$k = 1, c = 4$　　(B)$k = 1, c = -4$　　(C)$k = 3, c = 4$　　(D)$k = 3, c = -4$

4.(2013 年数学三)当 $x \to 0$ 时,用 $o(x)$ 表示比 x 的高阶无穷小,则下列式子中错误的是(　　).

(A)$x \cdot o(x^2) = o(x^3)$　　　　　　　　(B)$o(x) \cdot o(x^2) = o(x^3)$

(C)$o(x^2) + o(x^2) = o(x^2)$　　　　　　　(D)$o(x) + o(x^2) = o(x^3)$

5.(2013 年数学三)函数 $f(x) = \dfrac{|x|^x - 1}{x(x+1)\ln|x|}$ 的可去间断点的个数为(　　).

(A)0　　　　　　(B)1　　　　　　(C)2　　　　　　(D)3

6.(2014 年数学三)设 $\lim\limits_{n \to \infty} a_n = a$,且 $a \neq 0$,则当 n 充分大时有(　　).

(A)$|a_n| > \dfrac{|a|}{2}$　　(B)$|a_n| < \dfrac{|a|}{2}$　　(C)$a_n > a - \dfrac{1}{n}$　　(D)$a_n < a + \dfrac{1}{n}$

7.(2009 年数学三)$\lim\limits_{x \to 0} \dfrac{e - e^{\cos x}}{\sqrt[3]{1 + x^3} - 1} = $ _____ .

第 2 章 | 一元函数微分学——导数、微分及其应用

导数和微分是微分学中两个重要的基本概念,它们在科学、工程技术和经济等领域中有着广泛的应用.导数反映了函数相对于自变量变化而变化的快慢程度,即函数的变化率;微分则反映了当自变量发生微小改变时,函数相应变化量的近似值.本章将以极限的方法研究函数的变化率,给出导数与微分的概念和计算方法,介绍微分学中的重要理论——微分中值定理,以及导数在求未定式的极限、函数几何性态的判别和经济学等方面的简单应用.

2.1 导数的概念

学习要求

1. 理解导数的概念及其几何意义.
2. 了解函数的可导性与连续性之间的关系.
3. 熟练掌握几个基本初等函数的求导公式.

在研究函数时,仅仅求出自变量与因变量之间的函数关系是不够的,进一步要研究的是在已有的函数关系下,由自变量变化引起的函数变化的快慢程度.例如,变速直线运动的速度,曲线切线的斜率,国民经济增长速度等问题.

2.1.1 引例

为了引出导数的概念,我们先讨论几个具体的问题:平面曲线切线的斜率、变速直线运动的瞬时速度、产品总成本的变化率.

1. 平面曲线切线的斜率

设平面曲线的方程为 $y=f(x)$,如图 2.1 所示,$M_0(x_0,y_0)$ 和 $M(x_0+\Delta x, y_0+\Delta y)$ 为曲线 $y=f(x)$ 上的两个点,连接 M_0 与 M 得割线 M_0M,当点 M 沿曲线趋向于点 M_0 时,割线 M_0M 的极限位置 M_0T 就是曲线 $y=f(x)$ 在点 M_0 处的**切线**.

如何求切线 M_0T 的斜率?

设 φ 为割线 M_0M 的倾斜角,那么割线 M_0M 的斜率为

$$\tan \varphi = \frac{MN}{M_0N} = \frac{\Delta y}{\Delta x} = \frac{f(x_0+\Delta x)-f(x_0)}{\Delta x}$$

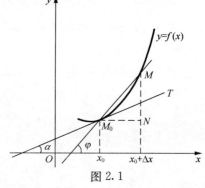

图 2.1

当点 M 沿曲线趋向于点 M_0(即 $\Delta x \to 0$)时,割线 M_0M 的极限就是切线 M_0T,因此,切线 M_0T 的斜率为

$$\tan\alpha = \lim_{\Delta x \to 0}\tan\varphi = \lim_{\Delta x \to 0}\frac{MN}{M_0N}$$

$$= \lim_{\Delta x \to 0}\frac{\Delta y}{\Delta x} = \lim_{\Delta x \to 0}\frac{f(x_0 + \Delta x) - f(x_0)}{\Delta x}$$

上式表明,曲线 $y = f(x)$ 在点 $M_0(x_0, y_0)$ 处的切线斜率就是函数的改变量 Δy 与自变量的改变量 Δx 的比值 $\dfrac{\Delta y}{\Delta x}$ 当 $\Delta x \to 0$ 时的极限.

2. 变速直线运动的瞬时速度

设一质点做变速直线运动(如图 2.2 所示),时刻 t 物体所在的位置为 $s(t)$,求质点在某一时刻 t_0 的瞬时速度.

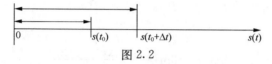

图 2.2

为求 t_0 时刻的瞬时速度,可以先考虑 t_0 附近很短一段时间内运动速度的情况.任取接近 t_0 的时刻 $t_0 + \Delta t$,在 t_0 到 $t_0 + \Delta t$ 这一段时间内,质点经过的路程为

$$\Delta s = s(t_0 + \Delta t) - s(t_0)$$

该时间段内的平均速度为

$$\bar{v} = \frac{\Delta s}{\Delta t} = \frac{s(t_0 + \Delta t) - s(t_0)}{\Delta t}$$

当 $|\Delta t|$ 很小时,可以考虑用 $\bar{v}$ 来近似代替 t_0 时刻的速度,并且 $|\Delta t|$ 越小,$\bar{v}$ 越接近于 t_0 时刻的速度.因此,该质点在 t_0 时刻的瞬时速度为

$$v(t_0) = \lim_{\Delta t \to 0}\frac{\Delta s}{\Delta t} = \lim_{\Delta t \to 0}\frac{s(t_0 + \Delta t) - s(t_0)}{\Delta t}$$

可以看到,质点在某一时刻 t_0 的瞬时速度就是函数的改变量 Δs 与自变量的改变量 Δt 的比值当 $\Delta t \to 0$ 时的极限.

3. 产品总成本的变化率

设某产品的总成本 TC 是产量 Q 的函数,即 $TC = TC(Q)$,求产量为 Q_0 时的总成本的变化率.

如果给产量 Q_0 一个增量 ΔQ,当产量由 Q_0 变化到 $Q_0 + \Delta Q$ 时,总成本相应的改变量为

$$\Delta TC = TC(Q_0 + \Delta Q) - TC(Q_0)$$

总成本的平均变化率为

$$\frac{\Delta TC}{\Delta Q} = \frac{TC(Q_0 + \Delta Q) - TC(Q_0)}{\Delta Q}$$

当 $\Delta Q \to 0$ 时,

$$\lim_{\Delta Q \to 0}\frac{\Delta TC}{\Delta Q} = \lim_{\Delta Q \to 0}\frac{TC(Q_0 + \Delta Q) - TC(Q_0)}{\Delta Q}$$

因此,产量为 Q_0 时的总成本的变化率就是函数的改变量 ΔTC 与自变量的改变量 ΔQ 的比值当 $\Delta Q \to 0$ 时的极限.

2.1.2 导数的概念

上面所讨论的 3 个问题,虽然问题的背景不一样,变量的实际意义不同,但从抽象的数量关系来看,讨论的都是函数随自变量的变化而变化的快慢程度的问题,在数学上就是所谓的函数的变化率问题,解决这些问题的数学思想方法是相同的,结果的形式也是相同的,都表示为:当自变量的改变量趋向于 0 时,函数的改变量与自变量的改变量之比的极限. 导数的定义就是函数变化率这一概念的精确描述,纯粹从数量方面刻画了变化率的本质.

定义 2.1 设函数 $y=f(x)$ 在 x_0 的某个邻域 $U(x_0,\delta)$ 内有定义,当自变量 x 在 x_0 处取得增量 Δx 时,$x_0+\Delta x \in U(x_0,\delta)$,相应地,函数 y 取得增量

$$\Delta y = f(x_0+\Delta x) - f(x_0)$$

如果当 $\Delta x \to 0$ 时,极限

$$\lim_{\Delta x \to 0} \frac{\Delta y}{\Delta x} = \lim_{\Delta x \to 0} \frac{f(x_0+\Delta x) - f(x_0)}{\Delta x}$$

存在,那么称函数 $y=f(x)$ 在点 x_0 处**可导**,并称该极限为函数 $y=f(x)$ 在点 x_0 处的**导数**,记为

$$f'(x_0), y'|_{x=x_0}, \frac{\mathrm{d}y}{\mathrm{d}x}\Big|_{x=x_0} \text{ 或 } \frac{\mathrm{d}f(x)}{\mathrm{d}x}\Big|_{x=x_0}$$

导数的定义还有其他不同的表达形式. 在上述定义的极限式中,如果令 $h=\Delta x$,那么

$$f'(x_0) = \lim_{h \to 0} \frac{f(x_0+h) - f(x_0)}{h}$$

如果令 $x=x_0+\Delta x$,那么

$$f'(x_0) = \lim_{x \to x_0} \frac{f(x) - f(x_0)}{x - x_0}$$

如果定义中极限不存在,那么称函数 $y=f(x)$ 在点 x_0 处**不可导**,称 x_0 为 $y=f(x)$ 的**不可导点**.

如果函数 $y=f(x)$ 在开区间 I 内的每一点都可导,就称函数 $y=f(x)$ **在开区间 I 内可导**,或称函数 $y=f(x)$ 为开区间 I 内的**可导函数**. 此时对于任意 $x \in I$,都对应着一个确定的导数值,这样就构成了一个以 I 为定义域的新的函数,称它为原来函数 $y=f(x)$ 在 I 内的**导函数**,也简称**导数**,记为

$$y', f'(x), \frac{\mathrm{d}y}{\mathrm{d}x} \text{ 或 } \frac{\mathrm{d}f(x)}{\mathrm{d}x}$$

显然,对于可导函数 $y=f(x)$ 而言,函数 $y=f(x)$ 在 x_0 处的导数 $f'(x_0)$ 就是导函数 $f'(x)$ 在 x_0 处的函数值,即

$$f'(x_0) = f'(x)|_{x=x_0}$$

【思考】 符号 $f'(x_0)$ 与 $f'(x)$ 各表示什么?它们之间有怎样的联系和区别?

2.1.3 几种基本初等函数的导数公式

根据导数的定义,求函数 $y=f(x)$ 的导数 $f'(x)$ 的一般步骤如下.

(1)求函数的改变量 $\Delta y = f(x+\Delta x) - f(x)$;

(2)求比值 $\frac{\Delta y}{\Delta x}$;

（3）求极限 $\lim\limits_{\Delta x \to 0}\dfrac{\Delta y}{\Delta x}$.

下面来求导一些基本初等函数的导数.

【例 2.1】 求函数 $y = C$（C 为常数）的导数.

【解】 因为 $\Delta y = C - C = 0$，则 $\dfrac{\Delta y}{\Delta x} = 0$，从而有

$$y' = \lim_{\Delta x \to 0}\frac{\Delta y}{\Delta x} = 0$$

即

$$(C)' = 0$$

【例 2.2】 求幂函数 $y = x^{\mu}$（μ 为实数）的导数.

【解】 因为 $\Delta y = (x + \Delta x)^{\mu} - x^{\mu}$，从而有

$$\frac{\Delta y}{\Delta x} = \frac{(x + \Delta x)^{\mu} - x^{\mu}}{\Delta x}$$

$$y' = \lim_{\Delta x \to 0}\frac{(x + \Delta x)^{\mu} - x^{\mu}}{\Delta x}$$

$$= \lim_{\Delta x \to 0}x^{\mu} \cdot \frac{\left(1 + \dfrac{\Delta x}{x}\right)^{\mu} - 1}{\Delta x}$$

由于当 $\Delta x \to 0$ 时，有

$$\left(1 + \frac{\Delta x}{x}\right)^{\mu} - 1 \sim \mu\frac{\Delta x}{x}$$

所以有

$$y' = \lim_{\Delta x \to 0}x^{\mu} \cdot \mu\frac{\Delta x}{x} \cdot \frac{1}{\Delta x} = \mu x^{\mu - 1}$$

即

$$(x^{\mu})' = \mu x^{\mu - 1}$$

利用该公式，可以方便地求出幂函数的导数，举例如下.

$$(x)' = 1, \left(\frac{1}{x}\right)' = (x^{-1})' = -x^{-2} = -\frac{1}{x^2}, (\sqrt{x})' = (x^{\frac{1}{2}})' = \frac{1}{2}x^{-\frac{1}{2}} = \frac{1}{2\sqrt{x}}$$

【例 2.3】 求指数函数 $y = a^{x}$（$a > 0$ 且 $a \neq 1$）的导数.

【解】 因为 $\Delta y = a^{x + \Delta x} - a^{x} = a^{x}(a^{\Delta x} - 1)$，从而有

$$\frac{\Delta y}{\Delta x} = a^{x}\frac{(a^{\Delta x} - 1)}{\Delta x}$$

$$y' = \lim_{\Delta x \to 0}\frac{\Delta y}{\Delta x} = a^{x}\lim_{\Delta x \to 0}\frac{a^{\Delta x} - 1}{\Delta x} = a^{x}\ln a$$

即

$$(a^{x})' = a^{x}\ln a$$

特别地，当 $a = \mathrm{e}$ 时，有 $(\mathrm{e}^{x})' = \mathrm{e}^{x}$.

【例 2.4】 求对数函数 $y=\log_a x (a>0$ 且 $a\neq 1)$ 的导数.

【解】 因为 $\Delta y=\log_a(x+\Delta x)-\log_a x=\log_a\left(1+\dfrac{\Delta x}{x}\right)$，从而有

$$\frac{\Delta y}{\Delta x}=\frac{1}{\Delta x}\log_a\left(1+\frac{\Delta x}{x}\right)$$

$$y'=\lim_{\Delta x\to 0}\frac{\Delta y}{\Delta x}=\lim_{\Delta x\to 0}\frac{1}{x}\cdot\frac{x}{\Delta x}\log_a\left(1+\frac{\Delta x}{x}\right)$$

$$=\lim_{\Delta x\to 0}\frac{1}{x}\log_a\left(1+\frac{\Delta x}{x}\right)^{\frac{x}{\Delta x}}=\frac{1}{x}\log_a e=\frac{1}{x\ln a}$$

即

$$(\log_a x)'=\frac{1}{x\ln a}$$

特别地，当 $a=e$ 时，有 $(\ln x)'=\dfrac{1}{x}$.

【例 2.5】 求正弦函数 $y=\sin x$ 的导数.

【解】 因为 $\Delta y=\sin(x+\Delta x)-\sin x=2\cos\left(x+\dfrac{\Delta x}{2}\right)\sin\left(\dfrac{\Delta x}{2}\right)$，从而有

$$\frac{\Delta y}{\Delta x}=\cos\left(x+\frac{\Delta x}{2}\right)\frac{\sin\left(\dfrac{\Delta x}{2}\right)}{\dfrac{\Delta x}{2}}$$

$$y'=\lim_{\Delta x\to 0}\frac{\Delta y}{\Delta x}=\lim_{\Delta x\to 0}\cos\left(x+\frac{\Delta x}{2}\right)\frac{\sin\left(\dfrac{\Delta x}{2}\right)}{\dfrac{\Delta x}{2}}=\cos x$$

即

$$(\sin x)'=\cos x$$

用类似的方法可以求得

$$(\cos x)'=-\sin x$$

2.1.4 左导数与右导数

我们知道，函数 $y=f(x)$ 在 x_0 点处的导数 $f'(x_0)$ 就是极限

$$\lim_{\Delta x\to 0}\frac{f(x_0+\Delta x)-f(x_0)}{\Delta x}$$

如果 Δx 仅从一个方向趋于 0，就有了左导数和右导数的概念.

定义 2.2 设函数 $y=f(x)$ 在 x_0 的某个左邻域（或右邻域）内有定义，如果

$$\lim_{\Delta x\to 0^-}\frac{f(x_0+\Delta x)-f(x_0)}{\Delta x}\left(或\lim_{\Delta x\to 0^+}\frac{f(x_0+\Delta x)-f(x_0)}{\Delta x}\right)$$

存在，那么称该极限为函数 $y=f(x)$ 在 x_0 点处的**左导数**（或**右导数**），记作 $f'_-(x_0)$ 或 $f'_+(x_0)$.

左导数和右导数统称为**单侧导数**.

根据函数极限存在的充分必要条件容易得到以下定理.

习题 1.7

1. 计算下列极限.

$(1) \lim\limits_{x \to 0} \dfrac{\tan 3x}{x}$

$(2) \lim\limits_{x \to \infty} x \sin \dfrac{1}{x}$

$(3) \lim\limits_{x \to 0} \dfrac{\sin 3x}{\sin 5x}$

$(4) \lim\limits_{x \to 0} \dfrac{1 - \cos 2x}{x \sin x}$

$(5) \lim\limits_{x \to 0} \dfrac{\tan x - \sin x}{x}$

$(6) \lim\limits_{x \to 0^+} \dfrac{x}{\sqrt{1 - \cos x}}$

$(7) \lim\limits_{x \to 0} \dfrac{\ln(1 + 3x)}{\sin x}$

$(8) \lim\limits_{x \to 0} \dfrac{x - \sin x}{x + \sin x}$

$(9) \lim\limits_{x \to \pi} \dfrac{\sin x}{\pi - x}$

2. 计算下列极限.

$(1) \lim\limits_{x \to 0} (1 - x)^{\frac{1}{x}}$

$(2) \lim\limits_{x \to \infty} \left(1 + \dfrac{2}{x}\right)^x$

$(3) \lim\limits_{x \to \infty} \left(1 - \dfrac{1}{x}\right)^{kx}$

$(4) \lim\limits_{x \to \infty} \left(\dfrac{x}{x + 2}\right)^{x + 2}$

$(5) \lim\limits_{x \to \infty} \left(\dfrac{x + 2}{x - 2}\right)^x$

$(6) \lim\limits_{x \to \infty} \left(\dfrac{x - 1}{x + 2}\right)^{x + 3}$

$(7) \lim\limits_{x \to 0} (1 + x \mathrm{e}^x)^{\frac{1}{x}}$

$(8) \lim\limits_{x \to 0} (1 + \tan^2 x)^{\cot^2 x}$

$(9) \lim\limits_{x \to \infty} \dfrac{5x^2 + 1}{3x - 1} \sin \dfrac{1}{x}$

3. 利用等价无穷小替换的方法计算第 1 题中的 (1)～(7).

4. 利用极限存在准则计算下列极限.

$(1) \lim\limits_{n \to \infty} n\left(\dfrac{1}{n^2 + \pi} + \dfrac{1}{n^2 + 2\pi} + \cdots + \dfrac{1}{n^2 + n\pi}\right)$

$(2) \lim\limits_{n \to \infty} \left(\dfrac{1}{n^2 + n + 1} + \dfrac{2}{n^2 + n + 2} + \cdots + \dfrac{n}{n^2 + n + n}\right)$

5. 计算下列极限.

$(1) \lim\limits_{x \to 0} (1 - 2x)^{\frac{3}{\sin x}}$

$(2) \lim\limits_{x \to 0} \dfrac{\mathrm{e}^x \tan^3 x}{(1 - \cos x)\ln(1 + x)}$

$(3) \lim\limits_{x \to +\infty} \dfrac{x^2 \sin \dfrac{1}{x}}{\sqrt{2x^2 - 1}}$

$(4) \lim\limits_{x \to 0} \dfrac{\mathrm{e}^x - \mathrm{e}^{\sin x}}{x - \sin x}$

$(5) \lim\limits_{x \to 0} (\cos x)^{\frac{1}{1 - \cos x}}$

$(6) \lim\limits_{x \to \frac{\pi}{6}} \dfrac{1 - 2\sin x}{\sin\left(x - \dfrac{\pi}{6}\right)}$

$(7) \lim\limits_{x \to 0} \dfrac{\sqrt{1 + \tan x} - \sqrt{1 + \sin x}}{x^3}$

$(8) \lim\limits_{n \to \infty} \dfrac{(n + 1)^{n + 1}}{n^n} \cdot \sin \dfrac{1}{n}$

6. 已知年利率为 6%,如果按年复利和连续复利两种计息方式,(1)现有 20 000 元进行投资,问第 5 年末的本利和各为多少? (2)要想第 5 年末得到本息和 20 000 元,问现在各需要存入多少?

1.8

函数的连续性

学习要求

1. 理解函数连续、间断的概念.

2. 会判断间断点的类型.

3. 了解初等函数的连续性.

4. 理解闭区间上连续函数的性质(最大值和最小值定理、介值定理、零点定理).

自然界中很多现象反映出一些变量随着时间的变化在"连续不断"地变化着:如气温的变化、河水的流动、生物的生长,等等.这些现象反映出的数学本质就是函数的连续性.数学上对连续变量的研究,在 19 世纪以前仍停留在几何直观层面,即把能一笔画成的曲线所对应的函数称为连续函数.直到 19 世纪中叶,在柯西等数学家建立起严格的极限理论之后,才对连续函数做出了严格的数学表述.连续性的实质在于,自变量的微小变化仅引起因变量的微小变化.而与"连续"相反的"间断"的实质则在于自变量的微小变化导致因变量的剧烈变化.但"连续"和"间断"的定义还需借助于极限的概念.

1.8.1 函数的连续与间断

1. 连续与间断的定义

从几何上看,一个连续变化的函数的图形就是一条可以一笔画出的连续曲线,既无断裂,又无空隙.而间断在图形上就表现为断裂或有空隙,图 1.26 反映了在 x_0 处出现断裂或空隙的几种可能情形,联系函数在 x_0 处存在极限的概念,图中(a)表示函数在 x_0 处无定义,但存在极限;图中(b)和(c)表示极限不存在;图中(d)表示函数在 x_0 处有定义,也存在极限,但 $\lim\limits_{x \to x_0} f(x) \neq f(x_0)$.

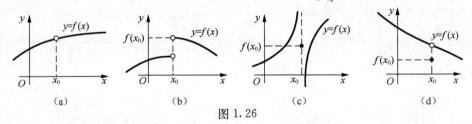

图 1.26

据此,可以给出函数在 x_0 处连续的定义.

定义 1.17 设函数 $y = f(x)$ 在 x_0 的某邻域 $U(x_0, \delta)$ 内有定义,且

$$\lim_{x \to x_0} f(x) = f(x_0)$$

则称函数 $y = f(x)$ 在 $x = x_0$ 处**连续**,x_0 称为函数 $y = f(x)$ 的**连续点**,否则,x_0 称为函数 $y = f(x)$ 的**间断点**.

定义 1.17 说明,函数 $f(x)$ 在 x_0 处连续就是函数 $f(x)$ 同时满足下列 3 个条件.

(1)函数 $f(x)$ 在 x_0 的某邻域 $U(x_0, \delta)$ 内有定义;

(2)函数 $f(x)$ 在 x_0 处的极限存在;

(3)函数 $f(x)$ 在 x_0 处的极限等于该点的函数值,即 $\lim\limits_{x \to x_0} f(x) = f(x_0)$.

上述 3 个条件中只要有一个不满足,函数 $f(x)$ 在 x_0 处就是间断的.

由于 $\lim\limits_{x \to x_0} f(x) = f(x_0)$ 的等价形式是

$$\lim_{x \to x_0} [f(x) - f(x_0)] = 0 \text{ 或 } \lim_{x - x_0 \to 0} [f(x) - f(x_0)] = 0$$

习惯上,设 $x - x_0 = \Delta x$,称 Δx 为**自变量 x 在 x_0 处的增量**(增量可正可负),这时 $x = x_0 + \Delta x$,则

$$\Delta y = f(x) - f(x_0) = f(x_0 + \Delta x) - f(x_0)$$

称 Δy 为函数 $y=f(x)$ 在 x_0 处的对应增量(如图 1.27 所示).

利用增量表示可以得到连续的一个等价定义.

定义 1.18 设函数 $y=f(x)$ 在 x_0 的某邻域 $U(x_0,\delta)$ 内有

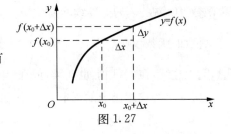

图 1.27

定义,若

$$\lim_{\Delta x \to 0} \Delta y=0 \quad \text{或} \quad \lim_{\Delta x \to 0}[f(x_0+\Delta x)-f(x_0)]=0$$

则称**函数 $f(x)$ 在 x_0 处连续**.

定义 1.18 更能反映出连续的实质:当自变量发生微小变化时,对应的函数也仅产生微小变化.

【例 1.49】 证明函数 $y=x^2$ 在 x_0 处连续.

【证】 因为 $\Delta y=(x_0+\Delta x)^2-x_0{}^2=2x_0\Delta x+(\Delta x)^2$

$$\lim_{\Delta x \to 0}\Delta y=\lim_{\Delta x \to 0}[2x_0\Delta x+(\Delta x)^2]=0$$

所以 $y=x^2$ 在 x_0 处连续.

【例 1.50】 证明函数 $f(x)=\begin{cases} x\sin\dfrac{1}{x}, & x \neq 0 \\ 0, & x=0 \end{cases}$ 在 $x=0$ 处连续.

【证】 因为 $\lim\limits_{x \to 0}f(x)=\lim\limits_{x \to 0}x\sin\dfrac{1}{x}=0=f(0)$

所以该函数在 $x=0$ 处连续.

2. 左连续与右连续

根据函数在 x_0 处连续的定义以及函数在 x_0 处左极限、右极限的概念,可以得到左连续和右连续的概念.

定义 1.19 如果函数 $f(x)$ 在 x_0 的左 δ 邻域 $(x_0-\delta,x_0]$ 内有定义,且 $\lim\limits_{x \to x_0^-}f(x)=f(x_0)$,则称函数 $y=f(x)$ 在 $x=x_0$ 处**左连续**;如果函数 $f(x)$ 在 x_0 的右 δ 邻域 $[x_0,x_0+\delta)$ 内有定义,且 $\lim\limits_{x \to x_0^+}f(x)=f(x_0)$,则称函数 $y=f(x)$ 在 $x=x_0$ 处**右连续**.

根据函数在 x_0 处极限存在的充分必要条件,容易得到以下定理.

定理 1.9 函数 $y=f(x)$ 在 $x=x_0$ 处连续的充分必要条件是函数 $y=f(x)$ 在 $x=x_0$ 处既左连续又右连续,即

$$\lim_{x \to x_0}f(x)=f(x_0) \Leftrightarrow \lim_{x \to x_0^+}f(x)=\lim_{x \to x_0^-}f(x)=f(x_0)$$

【例 1.51】 判断函数 $f(x)=\begin{cases} 2x, & 0 \leqslant x < 1 \\ 3-x, & 1 \leqslant x \leqslant 2 \end{cases}$ 在 $x=1$ 处是否连续.

【解】 因为 $\lim\limits_{x \to 1^-}f(x)=\lim\limits_{x \to 1^-}2x=2=f(1)$

$$\lim_{x \to 1^+}f(x)=\lim_{x \to 1^+}(3-x)=f(1)=2$$

所以,函数 $f(x)$ 在 $x=1$ 处既左连续又右连续,由定理 1.9,函数 $f(x)$ 在 $x=1$ 处连续.

3. 区间上连续

如果函数 $f(x)$ 在区间 I 上每一点处都连续,那么称函数 $f(x)$ 在**区间 I 上连续**,或称函数 $f(x)$ 是**区间 I 上的连续函数**. 如果函数 $f(x)$ 在 $[a,b]$ 内任一点处连续,且在 a 点右连续,在 b 点左连续,那么

称函数 $f(x)$ 在 $[a,b]$ 上连续.

例如,函数 $y=x^2$ 在 $(-\infty,+\infty)$ 上连续;函数 $y=\sin x$ 在 $(-\infty,+\infty)$ 上连续;函数 $f(x)=\dfrac{1}{x}$ 在 $[1,2]$ 上连续,在 $(0,1)$ 上也连续,但在 $[0,1]$ 上不连续,因为它在 $x=0$ 处没有定义.

区间上的连续函数的图形是一条连续不间断的曲线.

【例 1.52】 证明 $y=\sin x$ 在 $(-\infty,+\infty)$ 上连续.

【证】 任取 $x_0\in(-\infty,+\infty)$,则

$$\Delta y=\sin(x_0+\Delta x)-\sin x_0=2\sin\frac{\Delta x}{2}\cdot\cos\left(x_0+\frac{\Delta x}{2}\right)$$

由 $\left|\cos\left(x_0+\dfrac{\Delta x}{2}\right)\right|\leqslant 1$,得

$$0\leqslant|\Delta y|\leqslant 2\cdot\left|\sin\frac{\Delta x}{2}\right|$$

又

$$\lim_{\Delta x\to 0}2\left|\sin\frac{\Delta x}{2}\right|=0$$

于是,当 $\Delta x\to 0$ 时,由夹逼准则得 $|\Delta y|\to 0$,即 $\lim\limits_{\Delta x\to 0}\Delta y=0$. 所以函数 $y=\sin x$ 在 x_0 处连续,由 x_0 的任意性,得到 $y=\sin x$ 在 $(-\infty,+\infty)$ 上连续.

可以证明,**基本初等函数在其定义域内是连续的**.

4. 间断点的分类

函数在一点连续必须满足 3 个条件,3 个条件中只要有一个不满足,函数在该点就是间断的. 这是判别函数间断点及其类型的重要依据.

根据函数 $y=f(x)$ 在间断点处左极限和右极限的存在情况,可以把间断点分成两类,即第一类间断点与第二类间断点.

如果函数 $y=f(x)$ 在间断点 $x=x_0$ 处的左极限和右极限都存在,那么称 x_0 为函数的**第一类间断点**. 如果函数在间断点处左极限和右极限都存在且相等,那么称 $x=x_0$ 为函数 $y=f(x)$ 的**可去间断点**,这类间断点可以通过改变定义或补充定义的方式使函数在该点连续;如果函数在间断点处的左极限和右极限都存在但不相等,那么称 $x=x_0$ 为函数 $y=f(x)$ 的**跳跃间断点**.

如果函数 $y=f(x)$ 在间断点 $x=x_0$ 处的左、右极限至少有一个不存在,那么称 x_0 为函数 $y=f(x)$ 的**第二类间断点**. 常见的第二类间断点有**无穷间断点**(左极限或右极限中至少有一个为无穷大)和**振荡间断点**(在 $x\to x_0$ 的过程中,函数 $f(x)$ 无限振荡,极限不存在). 例如,$x=\dfrac{\pi}{2}$ 是函数 $y=\tan x$ 的无穷间断点,$x=0$ 是函数 $f(x)=\sin\dfrac{1}{x}$ 的振荡间断点.

【例 1.53】 讨论函数 $f(x)=\begin{cases}e^x, & x<0 \\ x+1, & 0<x\leqslant 1 \\ \dfrac{x-1}{1-\sqrt{2-x}}+1, & x>1\end{cases}$ 在 $x=0$ 和 $x=1$ 处的连续性,并判别间断点的类型.

【解】 在 $x=0$ 处,因为,$\lim\limits_{x \to 0^{-}} e^{x}=1,\lim\limits_{x \to 0^{-}}(x+1)=1$,

所以

$$\lim_{x \to 0} f(x)=1$$

但函数 $f(x)$ 定义域中不含 $x=0$,在 $x=0$ 处无定义. 可采取补充定义的方式,令 $f(0)=1$,使函数在 $x=0$ 处连续,所以 $x=0$ 是函数 $f(x)$ 的可去间断点.

在 $x=1$ 处,因为

$$\lim_{x \to 1^{-}} f(x)=\lim_{x \to 1^{-}}(x+1)=2,\lim_{x \to 1^{+}} f(x)=\lim_{x \to 1^{+}}\left(\frac{x-1}{1-\sqrt{2-x}}+1\right)=3$$

所以 $\lim\limits_{x \to 1} f(x)$ 不存在. 因此,函数 $f(x)$ 在 $x=1$ 处间断. 由于函数在 $x=1$ 的左极限和右极限不相等,所以 $x=1$ 是函数 $f(x)$ 的跳跃间断点.

【例 1.54】 设 $f(x)=\dfrac{(e^{x}-1)\sin x}{x^{2}(x-1)}$,求 $f(x)$ 的间断点并判别其类型.

【解】 根据 $f(x)$ 的定义域可知,函数 $f(x)$ 仅在 $x=0$ 和 $x=1$ 处无定义,所以 $x=0$ 和 $x=1$ 是函数 $f(x)$ 的间断点.

在 $x=0$ 处,有 $\lim\limits_{x \to 0} f(x)=\lim\limits_{x \to 0}\dfrac{(e^{x}-1)\sin x}{x^{2}(x-1)}=\lim\limits_{x \to 0}\dfrac{x \cdot x}{x^{2}(x-1)}=\lim\limits_{x \to 0}\dfrac{1}{x-1}=-1$

所以,$x=0$ 是函数 $f(x)$ 的可去间断点.

在 $x=1$ 处,有 $\lim\limits_{x \to 1} f(x)=\lim\limits_{x \to 1}\dfrac{(e^{x}-1)\sin x}{x^{2}(x-1)}=\infty$

所以,$x=1$ 是函数 $f(x)$ 的无穷间断点.

1.8.2 连续函数的性质及初等函数的连续性

函数连续的概念是建立在极限理论基础上的,由极限的四则运算法则和复合函数的极限运算法则可以得到连续函数的性质.

定理 1.10 (1)连续函数的和、差、积、商(分母不为零)是连续函数;

(2)连续函数的复合函数是连续函数.

设函数 $u=\varphi(x)$ 在 x_{0} 处连续,而函数 $y=f(u)$ 在 $u_{0}=\varphi(x_{0})$ 处也连续,则复合函数 $y=f[\varphi(x)]$ 在 $x=x_{0}$ 处连续,即有

$$\lim_{x \to x_{0}} f[\varphi(x)]=f[\lim_{x \to x_{0}}\varphi(x)]=f[\varphi(x_{0})]$$

上式中 $\lim\limits_{x \to x_{0}} f[\varphi(x)]=f[\lim\limits_{x \to x_{0}}\varphi(x)]$ 表明,在计算连续复合函数的极限时,可以将极限符号 $\lim\limits_{x \to x_{0}}$ 与外函数的符号 f 交换次序.

【例 1.55】 求 $\lim\limits_{x \to \sqrt{\frac{\pi}{2}}} \sin x^{2}$.

【解】 函数 $y=\sin x^{2}$ 由函数 $y=\sin u,u=x^{2}$ 复合而成,因为函数 $u=x^{2}$ 在 $x=\sqrt{\dfrac{\pi}{2}}$ 处连续,而函数 $y=\sin u$ 在 $u=\dfrac{\pi}{2}$ 也连续,故函数 $y=\sin x^{2}$ 在 $x=\sqrt{\dfrac{\pi}{2}}$ 处连续,即

$$\lim_{x \to \sqrt{\frac{\pi}{2}}} \sin x^2 = \sin\left(\lim_{x \to \sqrt{\frac{\pi}{2}}} x^2\right) = \sin\frac{\pi}{2} = 1$$

【思考】 多项式函数在点 x_0 处的极限 $\lim\limits_{x \to x_0} P(x) = P(x_0)$ 的理由是什么?

前面已经得出,**基本初等函数在其定义域内是连续的**,再由初等函数的定义及连续函数的性质,可得出下面的定理.

定理 1.11 一切初等函数在其定义区间上都是连续的.

需要注意的是,定义区间指的是包含在定义域内的区间.初等函数仅在其定义区间上连续,在整个定义域内不一定连续.例如,函数 $y = \sqrt{x^2(x-2)^3}$ 的定义域为 $\{0\} \cup [2, +\infty)$,而函数在点 $x = 0$ 的邻域内没有定义,在该点不连续,但函数在定义区间 $[2, +\infty)$ 上连续.

根据定理 1.11,求初等函数在其定义区间上的点 x_0 处的极限时,只需求出函数在 x_0 处的函数值就可以了.

【例 1.56】 求 $\lim\limits_{x \to 0}\left[\dfrac{\ln(100+x)}{a^x + \arcsin x}\right]^{\frac{1}{2}}$ ($a > 0$ 且 $a \neq 1$).

【解】 因为初等函数 $f(x) = \left[\dfrac{\ln(100+x)}{a^x + \arcsin x}\right]^{\frac{1}{2}}$ 在 $x = 0$ 处有定义,故由初等函数的连续性得

$$\lim_{x \to 0}\left[\frac{\ln(100+x)}{a^x + \arcsin x}\right]^{\frac{1}{2}} = \left[\frac{\ln(100+0)}{a^0 + \arcsin 0}\right]^{\frac{1}{2}} = \sqrt{2\ln 10}$$

【例 1.57】 求下列极限.

(1) $\lim\limits_{x \to 0} \dfrac{\ln(1+x)}{x}$.   (2) $\lim\limits_{x \to 0} \dfrac{a^x - 1}{x}$ ($a > 0, a \neq 1$).

【解】 (1) 该极限在例 1.42 中解决过,采用的是变量替换的方法,这里将用函数的连续性来解决.由于 $\lim\limits_{x \to 0}(1+x)^{\frac{1}{x}} = e$,函数 $\ln u$ 在 $u = e$ 处连续,于是有

$$\lim_{x \to 0} \frac{\ln(1+x)}{x} = \lim_{x \to 0}\ln(1+x)^{\frac{1}{x}} = \ln\left[\lim_{x \to 0}(1+x)^{\frac{1}{x}}\right] = \ln e = 1$$

(2) 令 $u = a^x - 1$,则 $x = \dfrac{\ln(1+u)}{\ln a}$.由指数函数 a^x 的连续性可知,$x \to 0$ 时,$u \to 0$,于是由本例 (1),得

$$\lim_{x \to 0} \frac{a^x - 1}{x} = \lim_{u \to 0} \frac{u\ln a}{\ln(1-u)} = \ln a \cdot \lim_{u \to 0} \frac{u}{\ln(1+u)} = \ln a$$

例 1.57(2) 是一个很重要的极限,在后续学习中常会用到.实际上,当 $a = e$ 时,就得到

$$\lim_{x \to 0} \frac{e^x - 1}{x} = 1$$

1.8.3 闭区间上连续函数的性质

闭区间上的连续函数具有其他区间上(如开区间)连续函数所没有的一些重要性质,这里将不加证明地介绍最值定理和介值定理及其推理.

定义 1.20 设函数 $y = f(x)$ 在区间 I 上有定义,如果存在 x_1、$x_2 \in I$,使得对任意的 $x \in I$,有

$$f(x_2) \leqslant f(x) \leqslant f(x_1)$$

那么称 $f(x_1)$,$f(x_2)$ 分别为函数 $y = f(x)$ 在 I 上的**最大值和最小值**,最大值与最小值统称为最值.点

x_1, x_2 分别称为 $y = f(x)$ 的**最大值点**和**最小值点**.

定理 1.12（最值定理） 如果函数 $y = f(x)$ 在 $[a, b]$ 上连续，那么 $y = f(x)$ 在 $[a, b]$ 上必取得最大值和最小值.

定理中闭区间这个条件很重要，若是开区间，则未必有这个结论. 例如，函数 $y = x^2$ 在 $(0, 1)$ 上连续，但在 $(0, 1)$ 上取不到最大值和最小值.

由定理 1.12 可得出下面的推论.

推论 1（闭区间上连续函数的有界性定理） 若函数 $y = f(x)$ 在 $[a, b]$ 上连续，则函数 $y = f(x)$ 在 $[a, b]$ 上有界.

定理 1.13（介值定理） 设函数 $y = f(x)$ 在闭区间 $[a, b]$ 上连续，且 $f(a) = A, f(b) = B, A \neq B$，则对于 A 与 B 之间任意实数 C，至少存在一点 $\xi \in (a, b)$，使得

$$f(\xi) = C \quad (a < \xi < b)$$

如图 1.28 所示，在闭区间 $[a, b]$ 上连续的曲线 $y = f(x)$ 与直线 $y = C$ 有三个交点 ξ_1, ξ_2, ξ_3，即

$$f(\xi_1) = f(\xi_2) = f(\xi_3) = C \quad (a < \xi_1, \xi_2, \xi_3 < b)$$

定理 1.14（零点定理） 如果函数 $y = f(x)$ 在 $[a, b]$ 上连续，且 $f(a)f(b) < 0$，那么在 (a, b) 内至少存在一点 ξ，使得 $f(\xi) = 0$.

观察图 1.29，这个结论是很明显的. 如果点 $A(a, f(a))$ 与点 $B(b, f(b))$ 分别在 x 轴的上下两侧，则连接 A 与 B 的连续曲线 $y = f(x)$ 与 x 轴至少有一个交点. 图 1.29 中有 3 个交点 ξ_1, ξ_2, ξ_3，即 $f(\xi_1) = f(\xi_2) = f(\xi_3) = 0$

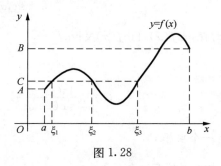

图 1.28

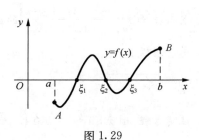

图 1.29

如果用方程的观点来表述零点定理，即：如果 $y = f(x)$ 在 $[a, b]$ 上连续，且 $f(a), f(b)$ 异号，那么方程 $f(x) = 0$ 在 (a, b) 内至少有一个根.

因此，零点定理可以用于判别方程的根的情况.

【例 1.58】 证明方程 $x^5 - 3x = 1$ 至少有一个根介于 1 和 2 之间.

【证】 设函数 $f(x) = x^5 - 3x - 1$，则函数 $f(x)$ 在 $[1, 2]$ 上连续，且 $f(1) = -3 < 0, f(2) = 25 > 0$，即

$$f(1) \cdot f(2) < 0$$

由零点定理可知，在 $(1, 2)$ 内至少有一个根 ξ，使得 $f(\xi) = 0$，即方程 $x^5 - 3x = 1$ 至少有一个根介于 1 和 2 之间.

关于函数的连续性，还需要说明的是，在经济理论中，为了简化所讨论的问题，通常假设所讨论的函数是连续的. 例如，需求函数 $Q = Q(P)$，当价格 P 有微小变动时，对应的需求函数的变动也是微小

的.因此,需求函数是连续函数.我们还假定国民经济的增长是连续的,供给函数、成本函数、收益函数等都是连续函数.有了这个假定,就可以用微积分方法来讨论经济问题了.

习题 1.8

1. 研究下列函数的连续性,并画出函数的图形.

$(1) f(x)=\begin{cases} -1, & x<-1 \\ x^2, & -1\leqslant x\leqslant 1 \\ 1, & x>1 \end{cases}$
$\qquad$
$(2) f(x)=\begin{cases} x^2, & 0\leqslant x\leqslant 1 \\ 2-x, & 1<x\leqslant 2 \end{cases}$

2. 确定常数 a,b,使下列函数连续.

$(1) f(x)=\begin{cases} e^x, & x\leqslant 0 \\ x+a-1, & x>0 \end{cases}$
$\qquad$
$(2) f(x)=\begin{cases} \dfrac{\ln(1-2x)}{bx}, & x<0 \\ 2, & x=0 \\ \dfrac{\sin ax}{x}, & x>0 \end{cases}$

3. 找出下列函数的间断点,并说明间断点的类型.如果是可去间断点,则补充或改变函数的定义使其连续.

$(1) y=\dfrac{x^2-4}{x^2-5x+6}$
$\qquad$
$(2) y=\dfrac{x}{\tan x}$
$\qquad$
$(3) y=\sin\dfrac{3}{x}$
$\qquad$
$(4) f(x)=\begin{cases} 2x-1, & x\leqslant 1 \\ 5-3x, & x>1 \end{cases}$

4. 求函数 $f(x)=\dfrac{x^3-3x^2+x-3}{x^2-x-6}$ 的连续区间,并求极限 $\lim\limits_{x\to 1}f(x),\lim\limits_{x\to 2}f(x)$ 及 $\lim\limits_{x\to 3}f(x)$.

5. 求下列极限.

$(1) \lim\limits_{x\to 0}\sqrt{x^2-2x+5}$
$\qquad$
$(2) \lim\limits_{x\to \frac{\pi}{2}}\dfrac{\sin x}{x}$
$\qquad$
$(3) \lim\limits_{x\to 0}\dfrac{\ln(1+x^2)}{\sin(1+x^2)}$

6. 证明方程 $\sin x+x+1=1$ 在 $\left(-\dfrac{\pi}{2},\dfrac{\pi}{2}\right)$ 内至少有一个实根.

7. 证明曲线 $f(x)=x^4-3x^2+7x-10$ 在 $(1,2)$ 内至少与 x 轴有一个交点.

8. 设 $f(x)=e^x-2$,证明在 $(0,2)$ 内至少有一点 ξ,使 $e^\xi-2=\xi$.

9. 设 $f(x)$ 在 $[0,2a]$ 上连续,且 $f(0)=f(2a)$,证明在 $(0,a)$ 内至少存在一点 ξ,使 $f(\xi)=f(\xi+a)$.

第 1 章 复习题

(A)组

1. 填空题

(1) 数列 $\{x_n\}$ 有界是数列 $\{x_n\}$ 收敛的_____条件.

(2) $f(x)$ 当 $x\to x_0$ 时右极限 $f(x_0+0)$ 及左极限 $f(x_0-0)$ 存在且相等是 $\lim\limits_{x\to 0}f(x)$ 存在的

_____条件.

(3)$f(x)$在x_0点有定义是$f(x)$在x_0点连续的_____条件.

(4)已知函数$y=2x+1$与函数$y=\sqrt{(2x+1)^2}$表示相同的函数,则函数的定义域为_____.

(5)已知某商品的需求函数、供给函数分别为$Q_D=80-2P$,$Q_S=-10+4P$,则均衡价格P_e_____,均衡数量$Q_e=$_____.

2. 选择题

(1)下列极限存在的是(   ).

(A)$\lim\limits_{x\to\infty}\dfrac{x(x+1)}{x^2}$ (B)$\lim\limits_{x\to0}\dfrac{1}{2^x-1}$ (C)$\lim\limits_{x\to0}e^{\frac{1}{x}}$ (D)$\lim\limits_{x\to+\infty}\sqrt{\dfrac{x^2+1}{x}}$

(2)下列变量在给定变化过程中不是无穷小量的为(   ).

(A)$2^{-x}-1\,(x\to0)$ (B)$\dfrac{\sin x}{x}\,(x\to0)$

(C)$\dfrac{x}{\sqrt{x^3-3x+1}}\,(x\to+\infty)$ (D)$\dfrac{1}{e^x}\,(x\to\infty)$

(3)下列变量在给定变化过程中不是无穷大量的为(   ).

(A)$\dfrac{x^2}{\sqrt{x^3+1}}\,(x\to+\infty)$ (B)$\ln x\,(x\to0^+)$ (C)$e^{-\frac{1}{x}}\,(x\to0^-)$ (D)$\dfrac{x-3}{\sqrt{x^2-5x+6}}\,(x\to3^+)$

(4)当$x\to0$时,与x不是等价无穷小的是(   ).

(A)$\sin x$ (B)$\ln(1+x)$ (C)$x^2(x+1)$ (D)$\sqrt{1+x}-\sqrt{1-x}$

(5)设函数$f(x)=\begin{cases}(1+kx)^{\frac{m}{x}},&x\neq0\\ b,&x=0\end{cases}$(其中$k,m$均为不等于零的常数)在$x=0$处连续,则$b=$(   ).

(A)e^m (B)e^k (C)$e^{\frac{m}{k}}$ (D)e^{km}

3. 求函数$y=\ln\sqrt{5-x}+\arcsin\dfrac{3-2x}{5}$的定义域.

4. 设函数$f(x)$的定义域是$[0,1)$,求$f\left(\dfrac{1}{x+1}\right)$的定义域.

5. 判别下列函数的奇偶性.

(1)$f(x)=\ln\dfrac{1}{\sqrt{1+x^2}+x}$ (2)$f(x)=\begin{cases}x-1,&x<0\\ 0,&x=0\\ x+1,&x>0\end{cases}$

6. 求下列函数的反函数.

(1)$y=\dfrac{1-\sqrt{1+2x}}{1+\sqrt{1+2x}}$ (2)$y=\dfrac{e^x-e^{-x}}{2}$

7. 求下列函数的定义域,并将这些复合函数分解成简单函数.

(1)$y=\sqrt{5-x}$ (2)$y=(1+\ln x)^3$

(3) $y=\sqrt{\ln\sqrt{x}}$
(4) $y=\ln(\arcsin x^3)$

(5) $y=e^{\sqrt{1+x}}$
(6) $y=\arctan^2(1+x)$

8. 求下列数列的极限.

(1) $\lim\limits_{n\to\infty}\dfrac{5n^2-1}{8n^2+n}$
(2) $\lim\limits_{n\to\infty}(\sqrt{n+1}-\sqrt{n})$

(3) $\lim\limits_{n\to\infty}\dfrac{1+3+\cdots+(2n-1)}{n^2}$
(4) $\lim\limits_{n\to\infty}\dfrac{(-2)^n+5^n}{(-2)^{n+1}+5^{n+1}}$

(5) $\lim\limits_{n\to\infty}2^n\cdot\sin\dfrac{\pi x}{2^n}(x\neq 0)$
(6) $\lim\limits_{n\to\infty}\left(\dfrac{n+3}{n+1}\right)^n$

(7) $\lim\limits_{n\to\infty}\left(\dfrac{1}{3}+\dfrac{1}{15}+\cdots+\dfrac{1}{4n^2-1}\right)$
(8) $\lim\limits_{n\to\infty}\left(\dfrac{1}{n^2+1}+\dfrac{2}{n^2+2}+\cdots+\dfrac{n}{n^2+n}\right)$

9. 求下列函数的极限.

(1) $\lim\limits_{x\to 0}\dfrac{x^2-2}{4x^2+x+3}$
(2) $\lim\limits_{x\to 1}\dfrac{x-1}{\sqrt{x}-1}$
(3) $\lim\limits_{x\to 4}\dfrac{x^2-6x+8}{x^2-5x+4}$

(4) $\lim\limits_{x\to 0}\dfrac{\sqrt{4+x^2}-2}{x}$
(5) $\lim\limits_{x\to\infty}\left(2-\dfrac{1}{x}\right)\left(5+\dfrac{1}{x}\right)$
(6) $\lim\limits_{x\to\infty}\dfrac{\sin x}{x}$

(7) $\lim\limits_{x\to 0}\dfrac{\sin 2x}{\tan 3x}$
(8) $\lim\limits_{x\to 0}\dfrac{1-\cos 2x}{x\sin x}$
(9) $\lim\limits_{x\to 0}(1+3x)^{\frac{1}{x}}$

(10) $\lim\limits_{x\to\infty}\left(\dfrac{1+x}{x}\right)^{2x}$
(11) $\lim\limits_{x\to\infty}\dfrac{x^2+1}{x^3+x}(2+\sin x)$
(12) $\lim\limits_{x\to 0}\dfrac{\sin 3x}{\ln(1+2x)}$

(13) $\lim\limits_{x\to 0}\left(\dfrac{1-x}{1+x}\right)^{\frac{1}{x}}$
(14) $\lim\limits_{x\to 0}(x+e^x)^{\frac{1}{x}}$
(15) $\lim\limits_{x\to a}\dfrac{\sin x-\sin a}{x-a}$

(16) $\lim\limits_{x\to 0}(\cos x)^{\frac{1}{1-\cos x}}$
(17) $\lim\limits_{x\to 0}\dfrac{\sin x-\tan x}{x^3}$
(18) $\lim\limits_{x\to+\infty}x(3x-\sqrt{9x^2-6})$

10. 讨论函数 $f(x)=\begin{cases}\dfrac{1}{x^2}, & x<0\\[2mm] 0, & x=0\\[2mm] x^2-2x, & 0<x\leqslant 2\\[2mm] 3x-6, & x>2\end{cases}$ 在 $x=0,x=2$ 处的连续性,如间断,判断间断点的类型.

11. 求下列函数的间断点,并判别间断点的类型.

(1) $y=\dfrac{x^3-1}{x^2-1}$
(2) $y=\dfrac{\sin x}{x}$
(3) $y=(1+x)^{\frac{1}{x}}$

12. 根据条件,求下列各式中的参数 a,b.

(1) $\lim\limits_{x\to 1}\dfrac{x^2+ax+b}{x-1}=3$
(2) $\lim\limits_{x\to\infty}\left(\dfrac{x^2+1}{x+1}-ax-b\right)=0$

(3) 函数 $f(x)=\begin{cases}1+\sin bx, & x<0\\[2mm] 2a+b, & x=0\\[2mm] \dfrac{\ln(1+ax)}{x}, & x>0\end{cases}$ 在其定义域内连续.

13. 证明方程 $x^4-4x=1$ 至少有一个根介于 1 和 2 之间.

14. 某商场某品牌洗衣机每台售价为 1 200 元,每月可销售 500 台,如果每台售价为 1 000 元,每月可增销 200 台,求该洗衣机的线性需求函数,并将销售收入 TR 表示成销售量 x 的函数.

15. 某企业生产的一种产品,如果每只以 1.75 元出售,生产的产品可全部卖掉,企业每天的最大生产能力为 5 000 只,每天的总成本费用是 2 000 元,每只产品的可变成本是 0.5 元,试确定每天的生产量至少要达到多少时才可以盈利?

(B)组

1. (2009 年数学三)函数 $f(x)=\dfrac{x-x^3}{\sin \pi x}$ 的可去间断点的个数为(　　).

(A)1　　　　　　(B)2　　　　　　(C)3　　　　　　(D)无穷多个

2. (2009 年数学三)当 $x \to 0$ 时,$f(x)=x-\sin ax$ 与 $g(x)=x^2\ln(1-bx)$ 是等价无穷小,则(　　).

(A)$a=1,b=-\dfrac{1}{6}$　　　　　　(B)$a=1,b=\dfrac{1}{6}$

(C)$a=-1,b=-\dfrac{1}{6}$　　　　　　(D)$a=-1,b=\dfrac{1}{6}$

3. (2011 年数学三)当 $x \to 0$ 时,函数 $f(x)=3\sin x-\sin 3x$ 与 cx^k 是等价无穷小,则(　　).

(A)$k=1,c=4$　　(B)$k=1,c=-4$　　(C)$k=3,c=4$　　(D)$k=3,c=-4$

4. (2013 年数学三)当 $x \to 0$ 时,用 $o(x)$ 表示比 x 的高阶无穷小,则下列式子中错误的是(　　).

(A)$x \cdot o(x^2)=o(x^3)$　　　　　　(B)$o(x) \cdot o(x^2)=o(x^3)$

(C)$o(x^2)+o(x^2)=o(x^2)$　　　　　　(D)$o(x)+o(x^2)=o(x^3)$

5. (2013 年数学三)函数 $f(x)=\dfrac{|x|^x-1}{x(x+1)\ln|x|}$ 的可去间断点的个数为(　　).

(A)0　　　　　　(B)1　　　　　　(C)2　　　　　　(D)3

6. (2014 年数学三)设 $\lim\limits_{n \to \infty} a_n=a$,且 $a \neq 0$,则当 n 充分大时有(　　).

(A)$|a_n|>\dfrac{|a|}{2}$　　(B)$|a_n|<\dfrac{|a|}{2}$　　(C)$a_n>a-\dfrac{1}{n}$　　(D)$a_n<a+\dfrac{1}{n}$

7. (2009 年数学三)$\lim\limits_{x \to 0}\dfrac{e-e^{\cos x}}{\sqrt[3]{1+x^3}-1}=$ _____ .

第2章 一元函数微分学——导数、微分及其应用

导数和微分是微分学中两个重要的基本概念,它们在科学、工程技术和经济等领域中有着广泛的应用.导数反映了函数相对于自变量变化而变化的快慢程度,即函数的变化率;微分则反映了当自变量发生微小改变时,函数相应变化量的近似值.本章将以极限的方法研究函数的变化率,给出导数与微分的概念和计算方法,介绍微分学中的重要理论——微分中值定理,以及导数在求未定式的极限、函数几何性态的判别和经济学等方面的简单应用.

2.1 导数的概念

学习要求

1. 理解导数的概念及其几何意义.

2. 了解函数的可导性与连续性之间的关系.

3. 熟练掌握几个基本初等函数的求导公式.

在研究函数时,仅仅求出自变量与因变量之间的函数关系是不够的,进一步要研究的是在已有的函数关系下,由自变量变化引起的函数变化的快慢程度.例如,变速直线运动的速度,曲线切线的斜率,国民经济增长速度等问题.

2.1.1 引例

为了引出导数的概念,我们先讨论几个具体的问题:平面曲线切线的斜率、变速直线运动的瞬时速度、产品总成本的变化率.

1. 平面曲线切线的斜率

设平面曲线的方程为 $y=f(x)$,如图 2.1 所示,$M_0(x_0,y_0)$ 和 $M(x_0+\Delta x,y_0+\Delta y)$ 为曲线 $y=f(x)$ 上的两个点,连接 M_0 与 M 得割线 M_0M,当点 M 沿曲线趋向于点 M_0 时,割线 M_0M 的极限位置 M_0T 就是曲线 $y=f(x)$ 在点 M_0 处的**切线**.

如何求切线 M_0T 的斜率?

设 φ 为割线 M_0M 的倾斜角,那么割线 M_0M 的斜率为

$$\tan\varphi=\frac{MN}{M_0N}=\frac{\Delta y}{\Delta x}=\frac{f(x_0+\Delta x)-f(x_0)}{\Delta x}$$

当点 M 沿曲线趋向于点 M_0(即 $\Delta x\to0$)时,割线 M_0M 的极限就是切线 M_0T,因此,切线 M_0T 的斜率为

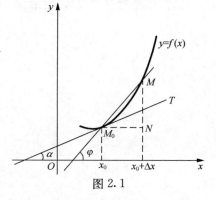

图 2.1

$$\tan \alpha = \lim_{\Delta x \to 0} \tan \varphi = \lim_{\Delta x \to 0} \frac{MN}{M_0 N}$$

$$= \lim_{\Delta x \to 0} \frac{\Delta y}{\Delta x} = \lim_{\Delta x \to 0} \frac{f(x_0 + \Delta x) - f(x_0)}{\Delta x}$$

上式表明,曲线 $y = f(x)$ 在点 $M_0(x_0, y_0)$ 处的切线斜率就是函数的改变量 Δy 与自变量的改变量 Δx 的比值 $\frac{\Delta y}{\Delta x}$ 当 $\Delta x \to 0$ 时的极限.

2. 变速直线运动的瞬时速度

设一质点做变速直线运动(如图 2.2 所示),时刻 t 物体所在的位置为 $s(t)$,求质点在某一时刻 t_0 的瞬时速度.

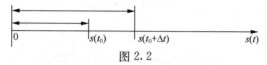

图 2.2

为求 t_0 时刻的瞬时速度,可以先考虑 t_0 附近很短一段时间内运动速度的情况. 任取接近 t_0 的时刻 $t_0 + \Delta t$,在 t_0 到 $t_0 + \Delta t$ 这一段时间内,质点经过的路程为

$$\Delta s = s(t_0 + \Delta t) - s(t_0)$$

该时间段内的平均速度为

$$\bar{v} = \frac{\Delta s}{\Delta t} = \frac{s(t_0 + \Delta t) - s(t_0)}{\Delta t}$$

当 $|\Delta t|$ 很小时,可以考虑用 $\bar{v}$ 来近似代替 t_0 时刻的速度,并且 $|\Delta t|$ 越小,$\bar{v}$ 越接近于 t_0 时刻的速度. 因此,该质点在 t_0 时刻的瞬时速度为

$$v(t_0) = \lim_{\Delta t \to 0} \frac{\Delta s}{\Delta t} = \lim_{\Delta t \to 0} \frac{s(t_0 + \Delta t) - s(t_0)}{\Delta t}$$

可以看到,质点在某一时刻 t_0 的瞬时速度就是函数的改变量 Δs 与自变量的改变量 Δt 的比值当 $\Delta t \to 0$ 时的极限.

3. 产品总成本的变化率

设某产品的总成本 TC 是产量 Q 的函数,即 $TC = TC(Q)$,求产量为 Q_0 时的总成本的变化率.

如果给产量 Q_0 一个增量 ΔQ,当产量由 Q_0 变化到 $Q_0 + \Delta Q$ 时,总成本相应的改变量为

$$\Delta TC = TC(Q_0 + \Delta Q) - TC(Q_0)$$

总成本的平均变化率为

$$\frac{\Delta TC}{\Delta Q} = \frac{TC(Q_0 + \Delta Q) - TC(Q_0)}{\Delta Q}$$

当 $\Delta Q \to 0$ 时,

$$\lim_{\Delta Q \to 0} \frac{\Delta TC}{\Delta Q} = \lim_{\Delta Q \to 0} \frac{TC(Q_0 + \Delta Q) - TC(Q_0)}{\Delta Q}$$

因此,产量为 Q_0 时的总成本的变化率就是函数的改变量 ΔTC 与自变量的改变量 ΔQ 的比值当 $\Delta Q \to 0$ 时的极限.

2.1.2 导数的概念

上面所讨论的 3 个问题,虽然问题的背景不一样,变量的实际意义不同,但从抽象的数量关系来看,讨论的都是函数随自变量的变化而变化的快慢程度的问题,在数学上就是所谓的函数的变化率问题,解决这些问题的数学思想方法是相同的,结果的形式也是相同的,都表示为:当自变量的改变量趋向于 0 时,函数的改变量与自变量的改变量之比的极限. 导数的定义就是函数变化率这一概念的精确描述,纯粹从数量方面刻画了变化率的本质.

定义 2.1 设函数 $y=f(x)$ 在 x_0 的某个邻域 $U(x_0,\delta)$ 内有定义,当自变量 x 在 x_0 处取得增量 Δx 时,$x_0+\Delta x \in U(x_0,\delta)$,相应地,函数 y 取得增量

$$\Delta y=f(x_0+\Delta x)-f(x_0)$$

如果当 $\Delta x \to 0$ 时,极限

$$\lim_{\Delta x \to 0}\frac{\Delta y}{\Delta x}=\lim_{\Delta x \to 0}\frac{f(x_0+\Delta x)-f(x_0)}{\Delta x}$$

存在,那么称函数 $y=f(x)$ 在点 x_0 处**可导**,并称该极限为函数 $y=f(x)$ 在点 x_0 处的**导数**,记为

$$f'(x_0), y'\big|_{x=x_0}, \frac{\mathrm{d}y}{\mathrm{d}x}\big|_{x=x_0} \text{ 或 } \frac{\mathrm{d}f(x)}{\mathrm{d}x}\big|_{x=x_0}$$

导数的定义还有其他不同的表达形式. 在上述定义的极限式中,如果令 $h=\Delta x$,那么

$$f'(x_0)=\lim_{h \to 0}\frac{f(x_0+h)-f(x_0)}{h}$$

如果令 $x=x_0+\Delta x$,那么

$$f'(x_0)=\lim_{x \to x_0}\frac{f(x)-f(x_0)}{x-x_0}$$

如果定义中极限不存在,那么称函数 $y=f(x)$ 在点 x_0 处**不可导**,称 x_0 为 $y=f(x)$ 的**不可导点**.

如果函数 $y=f(x)$ 在开区间 I 内的每一点都可导,就称函数 $y=f(x)$ **在开区间 I 内可导**,或称函数 $y=f(x)$ 为开区间 I 内的**可导函数**. 此时对于任意 $x \in I$,都对应着一个确定的导数值,这样就构成了一个以 I 为定义域的新的函数,称它为原来函数 $y=f(x)$ 在 I 内的**导函数**,也简称**导数**,记为

$$y', f'(x), \frac{\mathrm{d}y}{\mathrm{d}x} \text{ 或 } \frac{\mathrm{d}f(x)}{\mathrm{d}x}$$

显然,对于可导函数 $y=f(x)$ 而言,函数 $y=f(x)$ 在 x_0 处的导数 $f'(x_0)$ 就是导函数 $f'(x)$ 在 x_0 处的函数值,即

$$f'(x_0)=f'(x)\big|_{x=x_0}$$

【思考】 符号 $f'(x_0)$ 与 $f'(x)$ 各表示什么?它们之间有怎样的联系和区别?

2.1.3 几种基本初等函数的导数公式

根据导数的定义,求函数 $y=f(x)$ 的导数 $f'(x)$ 的一般步骤如下.

(1)求函数的改变量 $\Delta y=f(x+\Delta x)-f(x)$;

(2)求比值 $\frac{\Delta y}{\Delta x}$;

(3)求极限 $\lim\limits_{\Delta x \to 0} \dfrac{\Delta y}{\Delta x}$.

下面来求导一些基本初等函数的导数.

【例 2.1】 求函数 $y = C(C$ 为常数)的导数.

【解】 因为 $\Delta y = C - C = 0$,则 $\dfrac{\Delta y}{\Delta x} = 0$,从而有

$$y' = \lim_{\Delta x \to 0} \frac{\Delta y}{\Delta x} = 0$$

即

$$(C)' = 0$$

【例 2.2】 求幂函数 $y = x^\mu (\mu$ 为实数)的导数.

【解】 因为 $\Delta y = (x + \Delta x)^\mu - x^\mu$,从而有

$$\frac{\Delta y}{\Delta x} = \frac{(x + \Delta x)^\mu - x^\mu}{\Delta x}$$

$$y' = \lim_{\Delta x \to 0} \frac{(x + \Delta x)^\mu - x^\mu}{\Delta x}$$

$$= \lim_{\Delta x \to 0} x^\mu \cdot \frac{\left(1 + \dfrac{\Delta x}{x}\right)^\mu - 1}{\Delta x}$$

由于当 $\Delta x \to 0$ 时,有

$$\left(1 + \frac{\Delta x}{x}\right)^\mu - 1 \sim \mu \frac{\Delta x}{x}$$

所以有

$$y' = \lim_{\Delta x \to 0} x^\mu \cdot \mu \frac{\Delta x}{x} \cdot \frac{1}{\Delta x} = \mu x^{\mu - 1}$$

即

$$(x^\mu)' = \mu x^{\mu - 1}$$

利用该公式,可以方便地求出幂函数的导数,举例如下.

$$(x)' = 1, \left(\frac{1}{x}\right)' = (x^{-1})' = -x^{-2} = -\frac{1}{x^2}, (\sqrt{x})' = (x^{\frac{1}{2}})' = \frac{1}{2} x^{-\frac{1}{2}} = \frac{1}{2\sqrt{x}}$$

【例 2.3】 求指数函数 $y = a^x (a > 0$ 且 $a \neq 1)$的导数.

【解】 因为 $\Delta y = a^{x + \Delta x} - a^x = a^x (a^{\Delta x} - 1)$,从而有

$$\frac{\Delta y}{\Delta x} = a^x \frac{(a^{\Delta x} - 1)}{\Delta x}$$

$$y' = \lim_{\Delta x \to 0} \frac{\Delta y}{\Delta x} = a^x \lim_{\Delta x \to 0} \frac{a^{\Delta x} - 1}{\Delta x} = a^x \ln a$$

即

$$(a^x)' = a^x \ln a$$

特别地,当 $a = \mathrm{e}$ 时,有 $(\mathrm{e}^x)' = \mathrm{e}^x$.

【例 2.4】 求对数函数 $y=\log_a x (a>0$ 且 $a\neq 1)$ 的导数.

【解】 因为 $\Delta y=\log_a(x+\Delta x)-\log_a x=\log_a\left(1+\dfrac{\Delta x}{x}\right)$,从而有

$$\frac{\Delta y}{\Delta x}=\frac{1}{\Delta x}\log_a\left(1+\frac{\Delta x}{x}\right)$$

$$y'=\lim_{\Delta x\to 0}\frac{\Delta y}{\Delta x}=\lim_{\Delta x\to 0}\frac{1}{x}\cdot\frac{x}{\Delta x}\log_a\left(1+\frac{\Delta x}{x}\right)$$

$$=\lim_{\Delta x\to 0}\frac{1}{x}\log_a\left(1+\frac{\Delta x}{x}\right)^{\frac{x}{\Delta x}}=\frac{1}{x}\log_a e=\frac{1}{x\ln a}$$

即

$$(\log_a x)'=\frac{1}{x\ln a}$$

特别地,当 $a=e$ 时,有 $(\ln x)'=\dfrac{1}{x}$.

【例 2.5】 求正弦函数 $y=\sin x$ 的导数.

【解】 因为 $\Delta y=\sin(x+\Delta x)-\sin x=2\cos\left(x+\dfrac{\Delta x}{2}\right)\sin\left(\dfrac{\Delta x}{2}\right)$,从而有

$$\frac{\Delta y}{\Delta x}=\cos\left(x+\frac{\Delta x}{2}\right)\frac{\sin\left(\dfrac{\Delta x}{2}\right)}{\dfrac{\Delta x}{2}}$$

$$y'=\lim_{\Delta x\to 0}\frac{\Delta y}{\Delta x}=\lim_{\Delta x\to 0}\cos\left(x+\frac{\Delta x}{2}\right)\frac{\sin\left(\dfrac{\Delta x}{2}\right)}{\dfrac{\Delta x}{2}}=\cos x$$

即

$$(\sin x)'=\cos x$$

用类似的方法可以求得

$$(\cos x)'=-\sin x$$

2.1.4　左导数与右导数

我们知道,函数 $y=f(x)$ 在 x_0 点处的导数 $f'(x_0)$ 就是极限

$$\lim_{\Delta x\to 0}\frac{f(x_0+\Delta x)-f(x_0)}{\Delta x}$$

如果 Δx 仅从一个方向趋于 0,就有了左导数和右导数的概念.

定义 2.2 设函数 $y=f(x)$ 在 x_0 的某个左邻域(或右邻域)内有定义,如果

$$\lim_{\Delta x\to 0^-}\frac{f(x_0+\Delta x)-f(x_0)}{\Delta x}\left(\text{或}\lim_{\Delta x\to 0^+}\frac{f(x_0+\Delta x)-f(x_0)}{\Delta x}\right)$$

存在,那么称该极限为函数 $y=f(x)$ 在 x_0 点处的**左导数**(或**右导数**),记作 $f'_-(x_0)$ 或 $f'_+(x_0)$.

左导数和右导数统称为**单侧导数**.

根据函数极限存在的充分必要条件容易得到以下定理.

定理 2.1 函数 $y = f(x)$ 在 x_0 点处可导的充分必要条件是左导数 $f'_-(x_0)$ 和右导数 $f'_+(x_0)$ 都存在且相等.

【例 2.6】 讨论函数 $f(x) = |x|$ 在 $x = 0$ 处的可导性.

【解】 由 $\dfrac{f(0 + \Delta x) - f(0)}{\Delta x} = \dfrac{|\Delta x|}{\Delta x}$，得

$$f'_-(0) = \lim_{\Delta x \to 0^-} \frac{f(0 + \Delta x) - f(0)}{\Delta x} = \lim_{\Delta x \to 0^-} \frac{|\Delta x|}{\Delta x} = -1$$

$$f'_+(0) = \lim_{\Delta x \to 0^+} \frac{f(0 + \Delta x) - f(0)}{\Delta x} = \lim_{\Delta x \to 0^+} \frac{|\Delta x|}{\Delta x} = 1$$

因为 $f'_-(0) \neq f'_+(0)$，所以函数 $y = |x|$ 在 $x = 0$ 处不可导.

2.1.5　导数的几何意义

由前面关于曲线切线问题的讨论我们知道，$f'(x_0)$ 在几何上表示曲线 $y = f(x)$ 在点 $M(x_0, f(x_0))$ 处切线的斜率(如图 2.3 所示)，即

$$k_{切线} = f'(x_0)$$

因此，曲线 $y = f(x)$ 在点 $M(x_0, f(x_0))$ 处的切线方程为

$$y - y_0 = f'(x_0)(x - x_0)$$

过切点 $M(x_0, f(x_0))$ 且与切线垂直的直线称为曲线 $y = f(x)$ 在点 M 处的**法线**(如图 2.3 所示). 若 $f'(x_0) \neq 0$，则法线的斜率为

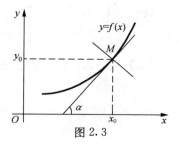

图 2.3

$-\dfrac{1}{f'(x_0)}$，从而法线的方程为

$$y - y_0 = -\frac{1}{f'(x_0)}(x - x_0)$$

若 $f'(x_0) = 0$，则过 $M(x_0, f(x_0))$ 的切线方程为 $y = y_0$，即切线平行于 x 轴.

若函数 $y = f(x)$ 在点 x_0 处的导数为无穷大，则表示曲线 $y = f(x)$ 在点 $M(x_0, f(x_0))$ 处的切线垂直于 x 轴，切线方程为 $x = x_0$.

【例 2.7】 求曲线 $y = \mathrm{e}^x$ 在点 $(1, \mathrm{e})$ 处的切线方程和法线方程.

【解】 点 $(1, \mathrm{e})$ 在曲线 $y = \mathrm{e}^x$ 上. 由导数的几何意义，得

$$k_{切线} = y' \Big|_{x=1} = \mathrm{e}^x \Big|_{x=1} = \mathrm{e}$$

所以曲线在点 $(1, \mathrm{e})$ 处的切线方程为

$$y - \mathrm{e} = \mathrm{e}(x - 1),\ 即\ \mathrm{e}x - y = 0$$

曲线在点 $(1, \mathrm{e})$ 处的法线方程为

$$y - \mathrm{e} = -\frac{1}{\mathrm{e}}(x - 1),\ 即\ x + \mathrm{e}y - 1 - \mathrm{e}^2 = 0$$

2.1.6　函数的可导与连续的关系

函数的连续与可导是微积分中的两个重要概念，它们之间有着密切联系.

假设函数 $y=f(x)$ 在点 x_0 处可导,则有

$$f'(x_0)=\lim_{x\to x_0}\frac{\Delta y}{\Delta x}=\lim_{x\to x_0}\frac{f(x)-f(x_0)}{x-x_0}$$

由于 $\lim\limits_{x\to x_0}[f(x)-f(x_0)]=\lim\limits_{x\to x_0}\dfrac{f(x)-f(x_0)}{x-x_0}\cdot(x-x_0)=0$,因此有

$$\lim_{x\to x_0}f(x)=f(x_0)$$

所以函数 $y=f(x)$ 在点 x_0 处连续. 于是函数的连续与可导有如下关系.

定理 2.2 如果函数 $y=f(x)$ 在点 x_0 处可导,那么函数在点 x_0 处一定连续.

应该注意的是,函数在 x_0 处连续是函数在 x_0 处可导的必要而不充分的条件,函数在某点连续却不一定可导. 例如,函数 $y=|x|$ 在 $x=0$ 处显然是连续的,但由例 2.6 可知,函数 $y=|x|$ 在 $x=0$ 处不可导.

推论 如果函数 $y=f(x)$ 点 x_0 处不连续,那么函数在点 x_0 处一定不可导.

【例 2.8】 设 $f(x)=\begin{cases}x+1, & x<-1\\ x^3, & -1\leqslant x\leqslant 0\\ x^2\sin\dfrac{1}{x}, & x>0\end{cases}$,讨论函数在 $x=0$、$x=-1$ 处的连续性与可导性.

【解】 $x=0,x=-1$ 都是该分段函数的分段点,讨论分段点的连续性与可导性,就是讨论其左右极限和左右导数是否存在.

在 $x=0$ 处

$$f'_+(0)=\lim_{\Delta x\to 0^+}\frac{(\Delta x)^2\sin\dfrac{1}{\Delta x}-0}{\Delta x}=0,\ f'_-(0)=\lim_{\Delta x\to 0^-}\frac{(\Delta x)^3-0}{\Delta x}=0$$

因为 $f'_-(0)=f'_+(0)$,所以函数在 $x=0$ 处可导. 再由定理 2.2,可知函数在 $x=0$ 处连续.

在 $x=-1$ 处

$$\lim_{x\to-1^-}f(x)=-1+1=0,\ \lim_{x\to-1^+}f(x)=(-1)^3=-1$$

因为 $\lim\limits_{x\to-1^-}f(x)\neq\lim\limits_{x\to-1^+}f(x)$,所以函数在 $x=-1$ 处不连续. 由定理 2.2 的推论可知,函数在 $x=-1$ 处不可导.

习题 2.1

1. 用定义求函数 $y=x^2-3x+2$ 在 $x=3$ 处的导数.

2. 已知物体的运动规律 $s=3t^2(\mathrm{m})$,求该物体在 $t=3(\mathrm{s})$ 时的速度.

3. 设 $f'(x_0)$ 存在,试利用导数的定义求下列极限.

(1) $\lim\limits_{\Delta x\to 0}\dfrac{f(x_0-\Delta x)-f(x_0)}{\Delta x}$

(2) $\lim\limits_{h\to 0}\dfrac{f(x_0-h)-f(x_0+h)}{h}$

(3) $\lim\limits_{\Delta x\to 0}\dfrac{f(x_0+\Delta x)-f(x_0-2\Delta x)}{2\Delta x}$

(4) $\lim\limits_{\Delta x\to 0}\dfrac{f[x_0+(\Delta x)^2]-f(x_0)}{2\sin^2\Delta x}$

4. 求函数 $y = x^3$ 在点 $(2,8)$ 处的切线方程与法线方程.

5. 求下列函数的导数.

(1) $y = \sqrt{x}$ (2) $y = x^{\frac{5}{2}}$ (3) $y = \dfrac{1}{x}$

(4) $y = 3^x$ (5) $y = \dfrac{1}{2^x}$ (6) $y = \log_3 x$

(7) $y = \sin x$ (8) $y = \cos x$

6. 用导数定义求 $f(x) = \begin{cases} x, & x < 0 \\ \ln(1+x), & x \geqslant 0 \end{cases}$ 在点 $x = 0$ 处的导数.

7. 讨论函数 $f(x) = \begin{cases} x^2 + 1, & 0 \leqslant x < 1 \\ 3x - 1, & x \geqslant 1 \end{cases}$ 在点 $x = 1$ 处的可导性与连续性.

8. 讨论函数 $f(x) = \begin{cases} x \sin \dfrac{1}{x}, & x \neq 0 \\ 0, & x = 0 \end{cases}$ 在点 $x = 0$ 处的可导性与连续性.

9. 设 $f(x)$ 在 $x = 1$ 处连续, 且 $\lim\limits_{x \to 1} \dfrac{f(x)}{x-1} = 2$, 求 $f'(1)$.

10. 确定常数 a, b, 使函数 $f(x) = \begin{cases} x^2, & x \leqslant 1 \\ ax + b, & x > 1 \end{cases}$ 在 $x = 1$ 处可导.

2.2

导数的运算

学习要求

1. 掌握导数的四则运算法则和复合函数求导法则.

2. 掌握隐函数的求导方法、反函数的求导法则和对数求导法.

3. 熟练掌握基本初等函数的求导公式.

4. 会求函数的高阶导数.

我们研究的对象是初等函数, 而初等函数是由基本初等函数经过有限次的四则运算及有限次复合运算而成. 因此, 为求初等函数的导数, 本节将介绍求导的几个基本法则, 并利用有关法则介绍隐函数求导法、对数求导法以及高阶导数.

2.2.1 导数的四则运算法则

定理 2.3 如果函数 $u(x), v(x)$ 在 x 点处可导, 那么它们的和、差、积、商(分母不为零)在 x 点处也可导, 且

(1) $[u(x) \pm v(x)]' = u'(x) \pm v'(x)$;

(2) $[ku(x)]' = ku'(x)$;

(3) $[u(x)v(x)]'=u'(x)v(x)+u(x)v'(x)$;

(4) $\left[\dfrac{u(x)}{v(x)}\right]'=\dfrac{u'(x)v(x)-u(x)v'(x)}{v^2(x)}$ $(v(x)\neq 0)$.

【证】 这里仅证(3),其余由读者自己证明. 给 x 增量 Δx,有

$$
\begin{aligned}
[u(x)v(x)]' &= \lim_{\Delta x\to 0}\frac{u(x+\Delta x)v(x+\Delta x)-u(x)v(x)}{\Delta x}\\
&= \lim_{\Delta x\to 0}\frac{u(x+\Delta x)v(x+\Delta x)-u(x)v(x+\Delta x)+u(x)v(x+\Delta x)-u(x)v(x)}{\Delta x}\\
&= \lim_{\Delta x\to 0}\left[\frac{u(x+\Delta x)-u(x)}{\Delta x}\cdot v(x+\Delta x)+u(x)\cdot\frac{v(x+\Delta x)-v(x)}{\Delta x}\right]\\
&= \lim_{\Delta x\to 0}\frac{u(x+\Delta x)-u(x)}{\Delta x}\cdot\lim_{\Delta x\to 0}v(x+\Delta x)+u(x)\cdot\lim_{\Delta x\to 0}\frac{v(x+\Delta x)-v(x)}{\Delta x}\\
&= u'(x)v(x)+u(x)v'(x)
\end{aligned}
$$

定理 2.3 中的公式(3),可以推广到有限个可导函数的乘积的导数. 举例如下.

$$(uvw)'=u'vw+uv'w+uvw'$$

【例 2.9】 设 $y=x^3+2\sin x-\dfrac{1}{\sqrt{x}}+5$,求 y'.

【解】
$$
\begin{aligned}
y' &= (x^3)'+(2\sin x)'-\left(\frac{1}{\sqrt{x}}\right)'+(5)'\\
&= 3x^2+2\cos x+\frac{1}{2}x^{-\frac{3}{2}}
\end{aligned}
$$

【例 2.10】 设 $y=\mathrm{e}^x\cos x$,求 y'.

【解】 $y'=(\mathrm{e}^x\cos x)'=(\mathrm{e}^x)'\cos x+\mathrm{e}^x(\cos x)'=\mathrm{e}^x\cos x-\mathrm{e}^x\sin x$

【例 2.11】 设 $y=\dfrac{\ln x}{1+x}$,求 y',$y'\big|_{x=1}$.

【解】
$$
\begin{aligned}
y' &= \left(\frac{\ln x}{1+x}\right)'=\frac{(\ln x)'(1+x)-\ln x\cdot(1+x)'}{(1+x)^2}\\
&= \frac{\dfrac{1}{x}(1+x)-\ln x}{(1+x)^2}=\frac{1+x-x\ln x}{x(1+x)^2}
\end{aligned}
$$
$$
y'\big|_{x=1}=\frac{1+1}{(1+1)^2}=\frac{1}{2}
$$

【例 2.12】 设 $y=\tan x$,求 y'.

【解】
$$
\begin{aligned}
y' &= (\tan x)'=\left(\frac{\sin x}{\cos x}\right)'=\frac{(\sin x)'\cos x-\sin x(\cos x)'}{\cos^2 x}\\
&= \frac{\cos^2 x+\sin^2 x}{\cos^2 x}=\frac{1}{\cos^2 x}=\sec^2 x
\end{aligned}
$$

即

$$(\tan x)'=\sec^2 x$$

类似可得

$$(\cot x)' = -\csc^2 x$$

【例 2.13】 设 $y = \sec x$，求 y'.

【解】
$$y' = (\sec x)' = \left(\frac{1}{\cos x}\right)' = \frac{(1)' \cdot \cos x - 1 \cdot (\cos x)'}{\cos^2 x}$$
$$= \frac{\sin x}{\cos^2 x} = \sec x \tan x$$

即

$$(\sec x)' = \sec x \tan x$$

类似可得

$$(\csc x)' = -\csc x \cot x$$

2.2.2　复合函数的求导法则

先看一个实例. 假设钢棒的长度 L（单位：mm）受气温 H（单位：℃）的影响，而气温 H 又是时间 t（单位：h）的函数，如果气温每升高 1℃，钢棒长度增加 2mm，每隔 1h，气温上升 3℃，问钢棒长度随时间变化的速度是多少？

这里很容易得到答案 6mm/h. 这是因为气温每升高 1℃，钢棒长度增加 2mm，表示钢棒随气温变化的速度为 $\frac{\mathrm{d}L}{\mathrm{d}H} = 2$ mm/℃，而每隔 1h，气温上升 3℃，表示气温随时间的变化速度为 $\frac{\mathrm{d}H}{\mathrm{d}t} = 3$℃/h，所求钢棒长度随时间的变化速度就是 $\frac{\mathrm{d}L}{\mathrm{d}t}$. 显然有

$$\frac{\mathrm{d}L}{\mathrm{d}t} = \frac{\mathrm{d}L}{\mathrm{d}H} \cdot \frac{\mathrm{d}H}{\mathrm{d}t} = 2 \text{ mm/℃} \times 3℃/\text{h} = 6\text{mm/h}$$

这里 L 与 t 之间的函数关系，可以表示为 $L = L[H(t)]$，这是一个复合函数. 由此实例得到

$$\frac{\mathrm{d}L}{\mathrm{d}t} = \frac{\mathrm{d}L}{\mathrm{d}H} \cdot \frac{\mathrm{d}H}{\mathrm{d}t}$$

那么对于一般情况下的复合函数的导数是否有此结论？

定理 2.4 如果函数 $u = \varphi(x)$ 在点 x 处可导，函数 $y = f(u)$ 在点 $u = \varphi(x)$ 处可导，那么复合函数 $y = f[\varphi(x)]$ 在点 x 处可导，且有

$$\frac{\mathrm{d}y}{\mathrm{d}x} = \frac{\mathrm{d}y}{\mathrm{d}u} \cdot \frac{\mathrm{d}u}{\mathrm{d}x} \quad \text{或} \quad y' = f'(u)\varphi'(x)$$

【证】 给 x 一个增量 $\Delta x(\Delta x \neq 0)$，$u = \varphi(x)$ 有相应增量 Δu（Δu 可能为 0），于是 $y = f(u)$ 有相应增量 Δy.

由函数 $y = f(u)$ 在点 $u = \varphi(x)$ 处可导，有

$$\lim_{\Delta u \to 0} \frac{\Delta y}{\Delta u} = \frac{\mathrm{d}y}{\mathrm{d}u}$$

根据极限与无穷小的关系，有

$$\frac{\Delta y}{\Delta u} = \frac{\mathrm{d}y}{\mathrm{d}u} + \alpha$$

其中 $\lim\limits_{\Delta u \to 0}\alpha=0$. 当 $\Delta u \neq 0$ 时,有

$$\Delta y = \frac{\mathrm{d}y}{\mathrm{d}u}\Delta u + \alpha \Delta u$$

当 $\Delta u = 0$ 时,显然有 $\Delta y = 0$. 因此,不论 Δu 是否为 0,总有

$$\Delta y = \frac{\mathrm{d}y}{\mathrm{d}u}\Delta u + \alpha \Delta u$$

由于函数 $u=\varphi(x)$ 在点 x 处可导,则 $u=\varphi(x)$ 在点 x 处连续,因而当 $\Delta x \to 0$ 时,有 $\Delta u \to 0$,故有

$$\lim_{\Delta x \to 0}\frac{\Delta y}{\Delta x}=\lim_{\Delta x \to 0}\left(\frac{\mathrm{d}y}{\mathrm{d}u}+\alpha\right)\cdot\frac{\Delta u}{\Delta x}=\left(\frac{\mathrm{d}y}{\mathrm{d}u}+\lim_{\Delta u \to 0}\alpha\right)\cdot\lim_{\Delta x \to 0}\frac{\Delta u}{\Delta x}=\frac{\mathrm{d}y}{\mathrm{d}u}\cdot\frac{\mathrm{d}u}{\mathrm{d}x}$$

即

$$\frac{\mathrm{d}y}{\mathrm{d}x}=\frac{\mathrm{d}y}{\mathrm{d}u}\cdot\frac{\mathrm{d}u}{\mathrm{d}x}$$

定理 2.4 表明,复合函数对自变量的导数等于该函数对中间变量的导数乘以中间变量对自变量的导数. 该法则又被形象地称为**链式法则**. 该法则还可以推广到多个中间变量的情况. 以复合函数有两个中间变量为例,如果函数 $y=f(u)$、$u=h(v)$、$v=\varphi(x)$ 都可导,那么复合函数 $y=f\{h[\varphi(x)]\}$ 的导数为

$$\frac{\mathrm{d}y}{\mathrm{d}x}=\frac{\mathrm{d}y}{\mathrm{d}u}\cdot\frac{\mathrm{d}u}{\mathrm{d}v}\cdot\frac{\mathrm{d}v}{\mathrm{d}x}$$

【例 2.14】 设 $y=\ln\tan x$,求 $\dfrac{\mathrm{d}y}{\mathrm{d}x}$.

【解】 $y=\ln\tan x$ 可看成 $y=\ln u$ 和 $u=\tan x$ 复合而成,因此

$$\frac{\mathrm{d}y}{\mathrm{d}x}=\frac{\mathrm{d}y}{\mathrm{d}u}\cdot\frac{\mathrm{d}u}{\mathrm{d}x}=\frac{1}{u}\cdot\sec^2 x=\cot x\cdot\sec^2 x$$

$$=\frac{1}{\sin x\cos x}=2\csc 2x$$

【例 2.15】 设 $y=\mathrm{e}^{-x^2}$,求 $\dfrac{\mathrm{d}y}{\mathrm{d}x}$.

【解】 $y=\mathrm{e}^{-x^2}$ 由 $y=\mathrm{e}^u$,$u=-x^2$ 复合而成,因此

$$\frac{\mathrm{d}y}{\mathrm{d}x}=\frac{\mathrm{d}y}{\mathrm{d}u}\cdot\frac{\mathrm{d}u}{\mathrm{d}x}=\mathrm{e}^u\cdot(-2x)=-2x\mathrm{e}^{-x^2}$$

【例 2.16】 设 $y=\sin^2 x^2$,求 $\dfrac{\mathrm{d}y}{\mathrm{d}x}$.

【解】 $y=\sin^2 x^2$ 由 $y=u^2$,$u=\sin v$,$v=x^2$ 复合而成,因此

$$\frac{\mathrm{d}y}{\mathrm{d}x}=\frac{\mathrm{d}y}{\mathrm{d}u}\cdot\frac{\mathrm{d}u}{\mathrm{d}v}\cdot\frac{\mathrm{d}v}{\mathrm{d}x}=2u\cdot\cos v\cdot 2x$$

$$=2(\sin x^2)\cdot\cos x^2\cdot 2x=2x\sin 2x^2$$

由以上例子可以看出,求复合函数的导数时,首先要分析清楚所给的函数是由哪些基本初等函数复合而成,这是复合函数求导的关键. 然后利用复合函数的运算法则,按由外到里的顺序逐次由每层函数对其自变量求导即可.

在运算比较熟练以后,可以不必再写出中间变量,只要分析清楚函数的复合关系,哪些为中间变

量,哪个是自变量,将中间变量的式子看成一个整体,然后按由外往里的顺序一层一层进行求导.

【例 2.17】 设 $y = \ln \sin x$,求 $\dfrac{\mathrm{d}y}{\mathrm{d}x}$.

【解】 $\dfrac{\mathrm{d}y}{\mathrm{d}x} = (\ln \sin x)' = \dfrac{1}{\sin x} \cdot (\sin x)' = \dfrac{1}{\sin x} \cdot \cos x = \cot x$

【例 2.18】 设 $y = \mathrm{e}^{\sin \frac{1}{x}}$,求 $\dfrac{\mathrm{d}y}{\mathrm{d}x}$.

【解】 $\dfrac{\mathrm{d}y}{\mathrm{d}x} = (\mathrm{e}^{\sin \frac{1}{x}})' = \mathrm{e}^{\sin \frac{1}{x}} \cdot \left(\sin \dfrac{1}{x} \right)'$

$$= \mathrm{e}^{\sin \frac{1}{x}} \cdot \cos \dfrac{1}{x} \cdot \left(\dfrac{1}{x} \right)' = -\dfrac{1}{x^2} \mathrm{e}^{\sin \frac{1}{x}} \cos \dfrac{1}{x}$$

2.2.3 隐函数的求导方法

前面讨论的函数,例如,$y = x^2 - \dfrac{1}{x} + \ln x$,$y = \mathrm{e}^x + \sin 2x$ 等,这些函数的特点是函数的因变量 y 是用自变量 x 的关系式 $y = f(x)$ 来表示的,这种函数称为**显函数**. 但是有时会遇到另一类函数,例如,$x^2 + y^2 = a^2$,$\mathrm{e}^{xy} + \sin y - x = 1$ 等,它们的特点是变量 x,y 之间的函数关系 $y = f(x)$ 是用方程 $F(x,y) = 0$ 来表示的,这种函数就称为由方程 $F(x,y) = 0$ 所确定的**隐函数**.

隐函数如何求导? 如果能把隐函数化为显函数,问题就解决了. 但在不少情况下,隐函数是很难甚至不可能化为显函数的. 因此,我们需要一种不经过化为显函数就可以直接求隐函数导数的方法. 该方法的相关理论,需要用到多元微分学的知识,本书将在第 4 章介绍,这里仅通过具体例子加以说明.

【例 2.19】 求由方程 $x^2 + y^2 = a^2$ 所确定的隐函数 $y = f(x)$ 的导数 y'.

【解】 方程 $x^2 + y^2 = a^2$ 两边对 x 求导,即

$$(x^2)' + (y^2)' = (a^2)'$$

这里需要注意的是,由于 y^2 是 y 的函数,而 y 又是 x 的函数,所以 y^2 是关于 x 的复合函数. 于是有

$$2x + 2yy' = 0$$

解出 y',得

$$y' = -\dfrac{x}{y}$$

【例 2.20】 求由方程 $\mathrm{e}^{xy} + \sin y - x = 1$ 所确定的隐函数 $y = f(x)$ 的导数 y'.

【解】 方程两边对 x 求导,即 $(\mathrm{e}^{xy})' + (\sin y)' - (x)' = (1)'$,注意 y 是 x 的函数,得

$$\mathrm{e}^{xy}(xy)' + \cos y \cdot y' - 1 = 0$$

即

$$\mathrm{e}^{xy}(y + xy') + \cos y \cdot y' = 1$$

解出 y',得

$$y' = \dfrac{1 - y\mathrm{e}^{xy}}{x\mathrm{e}^{xy} + \cos y}$$

下面我们利用上述隐函数的求导方法求几个反三角函数的导数.

【例 2.21】 求函数 $y=\arcsin x$ $(-1<x<1)$ 的导数.

【解】 由 $y=\arcsin x(-1<x<1)$ 可得方程

$$x=\sin y, -\frac{\pi}{2}<y<\frac{\pi}{2}$$

方程两边对 x 求导,得

$$1=\cos y \cdot y'$$

即

$$y'=\frac{1}{\cos y}$$

由于 $\sin^2 y+\cos^2 y=1, -\frac{\pi}{2}<y<\frac{\pi}{2}, \cos y>0$,可得

$$\cos y=\sqrt{1-x^2}$$

所以,有

$$(\arcsin x)'=\frac{1}{\sqrt{1-x^2}} (-1<x<1)$$

类似可得

$$(\arccos x)'=-\frac{1}{\sqrt{1-x^2}} (-1<x<1)$$

【例 2.22】 求函数 $y=\arctan x$ $(-\infty<x<+\infty)$ 的导数.

【解】 由 $y=\arctan x(-\infty<x<+\infty)$ 可得方程

$$x=\tan y, -\frac{\pi}{2}<y<\frac{\pi}{2}$$

方程两边对 x 求导,得

$$1=\sec^2 y \cdot y'$$

即

$$y'=\frac{1}{\sec^2 y}$$

由于 $\sec^2 y=1+\tan^2 y$,可得

$$\sec^2 y=1+x^2$$

所以,有

$$(\arctan x)'=\frac{1}{1+x^2} (-\infty<x<+\infty)$$

类似可得

$$(\text{arccot } x)'=-\frac{1}{1+x^2} (-\infty<x<+\infty)$$

一般地,有如下反函数的求导法则.

定理 2.5 如果函数 $x=\varphi(y)$ 在区间 I_y 内可导,且 $\varphi'(y)\neq0(y\in I_y)$,那么其反函数 $y=f(x)$ 在相

应区间 I_x 内可导,且

$$y' = \frac{1}{\varphi'(y)} \quad \text{或} \quad \frac{dy}{dx} = \frac{1}{\dfrac{dx}{dy}} \quad (y \in I_y, x \in I_x)$$

【证】 在方程 $x = \varphi(y)$ 两边对 x 求导,得

$$1 = \varphi'(y) \cdot y'$$

由 $\varphi'(y) \neq 0 (y \in I_y)$,得

$$y' = \frac{1}{\varphi'(y)} \quad \text{或} \quad \frac{dy}{dx} = \frac{1}{\dfrac{dx}{dy}}$$

【例 2.23】 求 $y = \log_a x (a > 0, a \neq 1)$ 的导数.

【解】 由 $y = \log_a x$ 的反函数 $x = a^y$ 在 $(-\infty, +\infty)$ 内单调、可导,且

$$(a^y)' = a^y \ln a \neq 0$$

由反函数的求导法则,有

$$y' = \frac{1}{(a^y)'} = \frac{1}{a^y \ln a} = \frac{1}{x \ln a}$$

该问题在本章第 1 节已经用其他方法解决,这里主要用反函数的求导法则进行验证.

2.2.4 对数求导法

在求形如 $f(x)^{g(x)} (f(x) > 0)$ 的幂指函数、由若干个函数之积或商构成的函数的导数时,如果按通常方法直接求导,其过程比较复杂,很容易出错. 可以采取等式两边取自然对数的方法把它化为隐函数来求导,这种方法就是**对数求导法**或**取对数求导法**,它将使求导过程大为简化. 下面通过一些例子来介绍这种方法.

【例 2.24】 求函数 $y = x^x (x > 0)$ 的导数.

【解】 两边取自然对数,得

$$\ln y = x \ln x$$

方程两边对 x 求导,得

$$\frac{y'}{y} = 1 + \ln x$$

于是

$$y' = y(1 + \ln x) = x^x (1 + \ln x)$$

即

$$(x^x)' = x^x (1 + \ln x)$$

【思考】 对于幂指函数,还有其他有效的求导方法吗?

【例 2.25】 求函数 $y = \dfrac{\sqrt{x+2}(3-x)^4}{(x+1)^5}$ 的导数.

【解】 两边取自然对数,得

$$\ln y = \frac{1}{2}\ln(x+2) + 4\ln(3-x) - 5\ln(x+1)$$

方程两边对 x 求导,得

$$\frac{1}{y} \cdot y' = \frac{1}{2} \cdot \frac{1}{x+2} - \frac{4}{3-x} - \frac{5}{x+1}$$

于是

$$y' = y\left(\frac{1}{2(x+2)} - \frac{4}{3-x} - \frac{5}{x+1}\right)$$

$$= \frac{\sqrt{x+2}(3-x)^4}{(x+1)^5}\left(\frac{1}{2(x+2)} - \frac{4}{3-x} - \frac{5}{x+1}\right)$$

可见,对数求导法针对幂指函数、由若干个函数之积或商构成的函数的求导非常有效.

2.2.5 基本导数公式和求导法则

基本初等函数的导数公式和各种求导法则,在初等函数的求导运算中起着重要的作用,我们必须熟练掌握它们. 现将这些导数公式和求导法则集中如下.

1. 基本初等函数的导数公式

(1) $C' = 0$.

(2) $(x^\mu)' = \mu x^{\mu-1}$.

(3) $(a^x)' = a^x \ln a (a>0, a\neq 1)$.

(4) $(\mathrm{e}^x)' = \mathrm{e}^x$.

(5) $(\log_a x)' = \frac{1}{x\ln a}(a>0, a\neq 0)$.

(6) $(\ln x)' = \frac{1}{x}$.

(7) $(\sin x)' = \cos x$.

(8) $(\cos x)' = -\sin x$.

(9) $(\tan x)' = \sec^2 x$.

(10) $(\cot x)' = -\csc^2 x$.

(11) $(\sec x)' = \sec x\tan x$.

(12) $(\csc x)' = -\csc x\cot x$.

(13) $(\arcsin x)' = \frac{1}{\sqrt{1-x^2}}$.

(14) $(\arccos x)' = -\frac{1}{\sqrt{1-x^2}}$.

(15) $(\arctan x)' = \frac{1}{1+x^2}$.

(16) $(\operatorname{arccot} x)' = -\frac{1}{1+x^2}$.

2. 四则运算的求导法则

(1) $(u \pm v)' = u' \pm v'$.

(2) $(ku)' = ku'$.

(3) $(uv)' = u'v + uv'$.

(4) $\left(\frac{u}{v}\right)' = \frac{u'v - uv'}{v^2}(v\neq 0)$.

3. 复合函数的求导法则

如果函数 $u = \varphi(x)$ 在点 x 处可导,函数 $y = f(u)$ 在点 $u = \varphi(x)$ 处也可导,那么复合函数 $y = f[\varphi(x)]$ 在点 x 处可导,且有

$$\frac{\mathrm{d}y}{\mathrm{d}x} = \frac{\mathrm{d}y}{\mathrm{d}u} \cdot \frac{\mathrm{d}u}{\mathrm{d}x} \text{ 或 } y' = f'(u)\varphi'(x)$$

4. 反函数的求导法则

如果函数 $x=\varphi(y)$ 在区间 I_y 内可导,且 $\varphi'(y)\neq 0 (y\in I_y)$,那么其反函数 $y=f(x)$ 在相应区间 I_x 内可导,且

$$y'=\frac{1}{\varphi'(y)} \text{ 或 } \frac{dy}{dx}=\frac{1}{\dfrac{dx}{dy}} \ (y\in I_y, x\in I_x)$$

2.2.6 高阶导数

由前面对导数的讨论我们知道,变速直线运动的瞬时速度 $v(t)$ 是位置函数 $s=s(t)$ 对时间 t 的导数,即

$$v(t)=s'(t) \text{ 或 } v(t)=\frac{ds}{dt}$$

如果 $v(t)$ 仍然是一个关于 t 的函数,那么它对时间 t 的导数就是物体在 t 时刻的加速度 $a(t)$,即

$$a(t)=v'(t)=[s'(t)]' \text{ 或 } a(t)=\frac{d}{dt}\left(\frac{ds}{dt}\right)$$

这种导数的导数 $[s'(t)]'$ 或 $\dfrac{d}{dt}\left(\dfrac{ds}{dt}\right)$,称为 $s(t)$ 对 t 的二阶导数,记作

$$s''(t) \text{ 或 } \frac{d^2 s}{dt^2}$$

一般地,如果函数 $y=f(x)$ 的导数 $y'=f'(x)$ 仍然是 x 的函数,并且 $f'(x)$ 仍可求导,我们就称 $y'=f'(x)$ 的导数为函数 $y=f(x)$ 的**二阶导数**,记作

$$y'', f''(x) \text{ 或 } \frac{d^2 y}{dx^2}=\frac{d}{dx}\left(\frac{dy}{dx}\right)$$

相应地,我们称 y'、$f'(x)$ 为 $y=f(x)$ 的**一阶导数**.

类似地,如果 $f''(x)$ 的导数存在,那么称这个导数为 $y=f(x)$ 的**三阶导数**,三阶导数的导数称为四阶导数……一般地,如果 $y=f(x)$ 的 $(n-1)$ 阶导数的导数存在,那么称之为 $y=f(x)$ 的 n **阶导数**,它们分别记作

$$y''', y^{(4)}, \cdots, y^{(n)}$$

或

$$\frac{d^3 y}{dx^3}, \frac{d^4 y}{dx^4}, \cdots, \frac{d^n y}{dx^n}$$

二阶及二阶以上的导数统称为**高阶导数**. 由此可见,求高阶导数并不需要新的方法和公式,只需对函数由低到高逐阶求导. 对于求一个函数的 n 阶导数,有些可通过从低阶导数中找规律而得到,有些需要利用已知的高阶导数公式,通过导数的四则运算法则、变量代换等方法间接求出.

【例 2.26】 设 $y=2x^4-7x^3+4x^2-x+1$,求 y'',y''',$y^{(4)}$,$y^{(5)}$.

【解】 $y'=8x^3-21x^2+8x-1$

$y''=24x^2-42x+8$

$y'''=48x-42$

$$y^{(4)} = 48$$

$$y^{(5)} = 0$$

【例 2.27】 设 $y = xe^x$，求 $y^{(n)}$.

【解】 $y' = e^x + xe^x = (1+x)e^x$

$$y'' = e^x + (1+x)e^x = (2+x)e^x$$

$$y''' = e^x + (2+x)e^x = (3+x)e^x$$

...

依次类推可得 $y^{(n)} = (n+x)e^x$.

【例 2.28】 设 $y = \sin x$，求 $y^{(n)}$.

【解】 $y' = \cos x = \sin\left(x + \dfrac{\pi}{2}\right)$

$$y'' = \cos\left(x + \frac{\pi}{2}\right) = \sin\left(x + \frac{\pi}{2} + \frac{\pi}{2}\right) = \sin\left(x + \frac{2\pi}{2}\right)$$

$$y''' = \cos\left(x + \frac{2\pi}{2}\right) = \sin\left(x + \frac{2\pi}{2} + \frac{\pi}{2}\right) = \sin\left(x + \frac{3\pi}{2}\right)$$

...

依次类推可得 $y^{(n)} = \sin\left(x + \dfrac{n\pi}{2}\right)$.

【例 2.29】 设 $y = \dfrac{1}{x^2 - 1}$，求 $y^{(50)}$.

【解】 由于 $y = \dfrac{1}{x^2 - 1} = \dfrac{1}{2}\left(\dfrac{1}{x-1} - \dfrac{1}{x+1}\right)$，而

$$\left(\frac{1}{x-1}\right)^{(50)} = \frac{50!}{(x-1)^{51}}, \quad \left(\frac{1}{x+1}\right)^{(50)} = \frac{50!}{(x+1)^{51}}$$

所以

$$y^{(50)} = \left(\frac{1}{x^2-1}\right)^{(50)} = \frac{1}{2}\left(\frac{1}{x-1} - \frac{1}{x+1}\right)^{(50)} = \frac{1}{2}\left[\frac{50!}{(x-1)^{51}} - \frac{50!}{(x+1)^{51}}\right]$$

【例 2.30】 设由方程 $xy + y^2 - 2x = 0$ 确定了隐函数 $y = f(x)$，求 y''.

【解】 方程两边对 x 求导，得

$$xy' + y + 2yy' - 2 = 0$$

解出 y'，得

$$y' = \frac{2-y}{x+2y}$$

于是

$$y'' = \frac{(2-y)'(x+2y) - (2-y)(x+2y)'}{(x+2y)^2}$$

$$= \frac{-y'(x+2y) - (2-y)(1+2y')}{(x+2y)^2}$$

将 $y' = \dfrac{2-y}{x+2y}$ 代入，得

$$y''=\frac{2(y-2)(x+y+2)}{(x+2y)^3}$$

习题 2.2

1. 求下列函数的导数.

(1) $y=5x+2\sqrt{x}$

(2) $y=3x^4-2^x+\mathrm{e}^x$

(3) $y=x^3\ln x$

(4) $y=\mathrm{e}^x\cos x$

(5) $y=\dfrac{x}{x^2-2}$

(6) $y=\dfrac{1-\sin x}{1+\cos x}$

(7) $y=2\tan x+\sec x-1$

(8) $y=x\log_3 x+2\pi$

(9) $y=\dfrac{\ln x}{x}$

(10) $y=x\sec x+\csc x$

(11) $y=2\arctan x-\arcsin x$

(12) $y=x\arccos x+3$

(13) $y=\sqrt[3]{x}\sin x+a^x\mathrm{e}^x$

(14) $y=\dfrac{\mathrm{e}^x}{x^2}+\ln 5$

2. 求下列函数在指定点处的导数.

(1) $y=\dfrac{x}{1-x}+2x^3$, $x=2$

(2) $y=\mathrm{e}^x(x^2+1)$, $x=0$

3. 求下列复合函数的导数.

(1) $y=(3x+5)^2$

(2) $y=\sin(1-3x)$

(3) $y=\mathrm{e}^{3x^2}$

(4) $y=\sqrt{\ln(1+x^2)}$

(5) $y=\tan\sqrt{x}$

(6) $y=\arctan(\mathrm{e}^{2x})$

(7) $y=\arcsin\dfrac{1}{x}$

(8) $y=\ln\sin x$

(9) $y=\sin^2(2x+1)$

(10) $y=\ln(x+\sqrt{x^2-a^2})$

(11) $y=\mathrm{e}^{-2x}\sin 3x$

(12) $y=\ln\dfrac{1+\sqrt{x}}{1-\sqrt{x}}$

(13) $y=\left(\arcsin\dfrac{x}{2}\right)^2$

(14) $y=\mathrm{e}^{\arctan\sqrt{x}}$

(15) $y=\sqrt{\dfrac{1-x}{1+x}}$

(16) $y=3^{x\tan x}$

(17) $y=(\ln x^2)^3$

(18) $y=x^4\cos 4x$

4. 求下列方程所确定的隐函数 $y=y(x)$ 的导数 $\dfrac{\mathrm{d}y}{\mathrm{d}x}$.

(1) $xy=\mathrm{e}^{x+y}$

(2) $x^3+y^3-3xy=0$

(3) $xy-\cos y^2=2\pi$

(4) $\sqrt{x}+\sqrt{y}=1$

(5) $y=\cos x+\sin y$

(6) $\arctan\dfrac{y}{x}=\ln\sqrt{x^2+y^2}$

5. 用对数求导法求下列函数的导数.

(1)$y=(1+x^2)^{\sin x}$ (2)$y=(\cos x)^{2x}$

(3)$y=(x^2+1)^3\,(x+2)^2$ (4)$y=\dfrac{(2x+1)^2\,\sqrt[3]{2-3x}}{\sqrt{x+2}}$

6. 设方程 $y-xe^y=1$ 确定了隐函数 $y=y(x)$,求 $y'(0)$,并求曲线上横坐标 $x=0$ 点处的切线方程与法线方程.

7. 求下列函数的二阶导数.

(1)$y=x^5+3x^2+2$ (2)$y=e^{2x-3}$ (3)$y=\sqrt{1-x^2}$

(4)$y=\dfrac{1}{x^2+1}$ (5)$y=xe^x$ (6)$y=\ln(1-x^2)$

8. 设函数 $y=y(x)$ 由方程 $e^y+xy-e=0$ 确定,求 y''.

2.3 导数在经济学中的简单应用

学习要求

1. 理解边际、弹性的经济含义.

2. 会计算经济函数的边际和弹性.

3. 会对经济函数进行边际分析和弹性分析.

2.3.1 边际与边际分析

在经济分析中,常碰到变化率的问题,通常用"边际"这个概念来描述因变量相对于自变量变化的快慢情况.

设经济函数 $y=f(x)$ 可导,反映一个经济变量 y 相对于另一个经济变量 x 的变化率,即

$$\frac{\Delta y}{\Delta x} \text{ 或 } \lim_{\Delta x \to 0}\frac{\Delta y}{\Delta x}$$

称为经济变量 y 的**边际(函数)**.

$\dfrac{\Delta y}{\Delta x}$ 是平均意义上的边际,表示 x 产生 1 个单位的变化时,y 将改变 Δy 个单位.

$\lim\limits_{\Delta x \to 0}\dfrac{\Delta y}{\Delta x}$ 是自变量在 x 处的边际,由导数的定义可知

$$\lim_{\Delta x \to 0}\frac{\Delta y}{\Delta x}=f'(x)$$

在经济学中,$f'(x)$ 在 x_0 处的值 $f'(x_0)$ 称为**边际函数值**. 当给自变量 x 在 x_0 处变化 1 个单位即 $\Delta x=1$ 时,函数的增量为 $f(x_0+1)-f(x_0)$. 由于在实际的经济问题中,x 一般是一个比较大的量,而 $\Delta x=1$ 就可以看作一个相对较小的量,因此,可以用平均意义上的边际近似地代替在 x_0 处的边际,即

$$\Delta y=f(x_0+1)-f(x_0)\approx f'(x_0)$$

上式表明在 x_0 处,当 x 产生 1 个单位的变化时,y 将近似改变 $f'(x_0)$ 个单位. 在实际应用中解释边际函数值的实际意义时,常略去"近似"二字,即边际函数值 $f'(x_0)$ 表示在 x_0 处,当 x 产生 1 个单位的变化时,y 将改变 $f'(x_0)$ 个单位.

【例 2.31】 解释下列边际函数值或函数值的实际意义.

(1)生产 Q 件衬衫的总成本是 $TC=TC(Q)$ 元,$TC(500)=48\,000$,$\left.\dfrac{\mathrm{d}TC}{\mathrm{d}Q}\right|_{Q=500}=80$;

(2)某鲜奶订购点在某个月新的预定份数 y 是当月广告投入金额 x 元的函数 $y=f(x)$,$f(300)=180,f'(300)=3$.

【解】 (1)$TC(500)=48\,000$ 表示生产 500 件衬衫共需成本 48 000 元;$\left.\dfrac{\mathrm{d}TC}{\mathrm{d}Q}\right|_{Q=500}=80$ 表示生产第 501 件衬衫时将追加的成本是 80 元.

(2)$f(300)=180$ 表示投入 300 元的广告费用时,新的预定份数为 180 份;$f'(300)=3$ 表示投入 300 元的广告费用时,如果再增加 1 元,新的预定份数将增加 3 份,即 $f(301)=183$.

1. 边际成本

总成本函数 $TC=TC(Q)$ 对产量 Q 的导数称为**边际成本**(**函数**),记作 MC,即

$$MC=\frac{\mathrm{d}TC}{\mathrm{d}Q}$$

边际成本是成本的变化率,它在经济学中表示产量增加 1 个单位时所增加的成本.

2. 边际收益

总收益函数 $TR=TR(Q)$ 对产量 Q 的导数称为**边际收益**(**函数**). 记作 MR,即

$$MR=\frac{\mathrm{d}TR}{\mathrm{d}Q}$$

边际收益是收益的变化率,它在经济学中表示产量增加 1 个单位时所增加的收益.

3. 边际利润

总利润函数 $\pi=\pi(Q)$ 对产量 Q 的导数称为**边际利润**(**函数**). 记作

$$\frac{\mathrm{d}\pi}{\mathrm{d}Q}或\pi'(Q)$$

由于 $\pi(Q)=TR(Q)-TC(Q)$,所以

$$\frac{\mathrm{d}\pi}{\mathrm{d}Q}=\frac{\mathrm{d}TR}{\mathrm{d}Q}-\frac{\mathrm{d}TC}{\mathrm{d}Q}=MR-MC$$

即边际利润为边际收益与边际成本之差.

边际利润是利润的变化率,它在经济学中表示产量增加 1 个单位时利润的变化量.

【例 2.32】 已知总成本函数为 $TC(Q)=Q^3-12Q^2+60Q+40$,求以下结果.

(1)生产 8 个单位时的总成本和平均成本;

(2)生产 8 个单位到 10 个单位时的总成本的平均变化率;

(3)生产 8 个单位的边际成本,并解释其经济意义.

【解】 (1)$TC(8)=264,AC(8)=\dfrac{TC(8)}{8}=33.$

$(2)\dfrac{\Delta TC}{\Delta Q}=\dfrac{TC(10)-TC(8)}{10-8}=\dfrac{440-264}{2}=88.$

$(3)MC(8)=(3Q^2-24Q+60)|_{Q=8}=60$，表示当产量为 8 时，再生产 1 个单位，需增加成本 60 个单位．

【例 2.33】 已知需求函数为

$$Q=20\ 000-100P$$

其中 P 为商品价格，求生产 50 个单位时的总收益、平均收益和边际收益．

【解】 由已知可得

$$P=200-\dfrac{Q}{100}$$

于是总收益函数为

$$TR=TR(Q)=P\cdot Q=200Q-\dfrac{Q^2}{100}$$

所以生产 50 个单位时的总收益为

$$TR(50)=200\times50-\dfrac{50^2}{100}=9\ 975$$

由于

$$AR=\dfrac{TR(Q)}{Q}=200-\dfrac{Q}{100}$$

所以生产 50 个单位时的平均收益为

$$AR|_{Q=50}=200-\dfrac{50}{100}=199.5$$

由总收益函数得边际收益函数

$$\dfrac{\mathrm{d}TR}{\mathrm{d}Q}=\dfrac{\mathrm{d}}{\mathrm{d}Q}\left(200Q-\dfrac{Q^2}{100}\right)=200-\dfrac{Q}{50}$$

所以生产 50 个单位时的边际收益为

$$\left.\dfrac{\mathrm{d}TR}{\mathrm{d}Q}\right|_{Q=50}=200-\dfrac{50}{50}=199$$

【例 2.34】 已知某产品的总成本函数为 $TC(Q)=0.01Q^3-Q^2+10Q+1\ 000$，而需求函数为 $Q=350-5P$，其中 P 和 Q 分别为产品售价和需求量，求边际利润函数，以及 $Q=60$ 和 $Q=80$ 时的边际利润，并解释所得结果的经济意义．

【解】 由 $Q=350-5P$，得

$$P=\dfrac{1}{5}(350-Q)$$

因此，有

$$\pi(Q)=TR(Q)-TC(Q)=PQ-TC(Q)$$
$$=\dfrac{1}{5}(350-Q)Q-0.01Q^3+Q^2-10Q-1\ 000$$
$$=-0.01Q^3+0.8Q^2+60Q-1\ 000$$

于是,边际利润函数为 $\pi'(Q)=-0.03Q^2+1.6Q+60$.

所以,$\pi'(60)=48$,$\pi'(80)=-4$.

经济意义:$\pi'(60)=48$ 表示当销售量为 60 个单位时,再多销售 1 个单位产品,利润将增加 48 个单位;$\pi'(80)=-4$ 表示当销售量为 80 个单位时,再多销售 1 个单位产品,利润将减少 4 个单位.

2.3.2 弹性与弹性分析

弹性是经济学中的另一个重要概念,用来描述一个经济变量对另一个经济变量变化的敏感程度,即一个经济变量变动 1% 会使另一变量变动百分之几. 我们先给出一般函数的弹性的概念.

1. 函数的弹性

定义 2.3 设函数 $y=f(x)$ 在点 $x=x_0(x_0\neq 0)$ 处可导,且 $f(x_0)\neq 0$,则称

$$\frac{\dfrac{\Delta y}{y_0}}{\dfrac{\Delta x}{x_0}}=\frac{\dfrac{f(x_0+\Delta x)-f(x_0)}{f(x_0)}}{\dfrac{\Delta x}{x_0}}=\frac{x_0}{f(x_0)}\cdot\frac{\Delta y}{\Delta x}$$

为函数 $y=f(x)$ 在点 x_0 与点 $x_0+\Delta x$ 之间的**平均相对变化率**,又称为**两点间的弹性**或**弧弹性**. 如果极限

$$\lim_{\Delta x\to 0}\frac{\dfrac{\Delta y}{y_0}}{\dfrac{\Delta x}{x_0}}=\lim_{\Delta x\to 0}\frac{x_0}{f(x_0)}\cdot\frac{\Delta y}{\Delta x}$$

存在,那么称此极限为函数 $y=f(x)$ 在点 x_0 处的**相对变化率**,又称为**点弹性**,记作 $E_x\Big|_{x=x_0}$,即

$$E_x\Big|_{x=x_0}=\frac{x_0}{f(x_0)}f'(x_0)$$

在 $x=x_0$ 处,当 $|\Delta x|$ 很小时,可以用平均相对变化率近似相对变化率,即

$$\frac{x_0}{f(x_0)}\cdot f'(x_0)\approx\frac{x_0}{f(x_0)}\cdot\frac{\Delta y}{\Delta x}$$

如果函数 $y=f(x)$ 在区间 (a,b) 上可导,且 $f(x)\neq 0$,那么称

$$E_x=\frac{x}{f(x)}f'(x)$$

为函数 $y=f(x)$ 在区间 (a,b) 上的**点弹性函数**,简称**弹性函数**.

函数的弹性 E_x 与任何度量单位无关. 函数 $y=f(x)$ 在点 x 的弹性反映了自变量 x 的变化幅度 $\dfrac{\Delta x}{x}$ 对因变量 y 的变化幅度 $\dfrac{\Delta y}{y}$ 的影响的大小,也就是函数 $y=f(x)$ 对 x 的变化所反应的强烈程度或灵敏度.

【例 2.35】 求函数 $f(x)=Ae^{ax}$ 的弹性.

【解】 由于 $f'(x)=Aae^{ax}$,所以

$$E_x=\frac{x}{Ae^{ax}}\cdot Aae^{ax}=ax$$

2. 弹性分析

下面以需求函数为例进行弹性分析.

定义 2.4 设某商品的需求函数 $Q=Q(P)$ 可导,称

$$E_P = \frac{P}{Q}\frac{dQ}{dP}$$

为需求函数在价格 P 处的**需求价格弹性**,简称为**需求弹性**.

需求弹性 E_P 表示某商品需求量 Q 对价格 P 变动的敏感程度. 一般情况下,由于 $P>0,Q(P)>0$,而 $\frac{dQ}{dP}<0$(需求函数为价格的单调减少函数),所以 $E_P<0$. 在经济学上,常用 $|E_P|$ 表示价格 P 变动时需求量 Q 的变化幅度,即

$$|E_P| = -\frac{P}{Q}\frac{dQ}{dP}$$

需求价格弹性 $|E_P|$ 的经济意义表示在价格为 P 时,如果价格提高(或降低)1%,需求 Q 将减少(或增加)$|E_P|\%$. 当 $|E_P|>1$ 时,称为**高弹性**或**强弹性**,此时表明价格的变动对需求量变动的影响较大,奢侈品属于此类商品. 当 $|E_P|<1$ 时,称为**低弹性**或**缺乏弹性**,此时表明价格的变动对需求量变动的影响不大,必需品属于此类商品. 当 $|E_P|=1$ 时,称为**单位弹性**,表示价格变动 1%,需求量将反向变动 1%.

在商品经济中,商品经营者关心的是价格的变化对销售总收益的影响. 利用需求弹性的概念可以分析价格变动是如何影响销售收益的,并由此得出相应的销售策略.

当价格 P 发生微小变化(即当 $|\Delta P|$ 很小时),引起的商品销售总收益 $TR=PQ$ 的变化量为

$$\begin{aligned}\Delta TR &= (Q+\Delta Q)(P+\Delta P)-PQ\\&=Q\Delta P+P\Delta Q+\Delta Q\Delta P\\&\approx Q\Delta P+P\Delta Q\\&=\left(1+\frac{P}{Q}\cdot\frac{\Delta Q}{\Delta P}\right)Q\Delta P\approx(1-|E_P|)Q\Delta P\end{aligned}$$

可以看到,当 $|E_P|>1$ 时,提价($\Delta P>0$)将使总收益减少,降价($\Delta P<0$)将使总收益增加(薄利多销策略);当 $|E_P|<1$ 时,提价($\Delta P>0$)将使总收益增加,降价($\Delta P<0$)将使总收益减少;当 $|E_P|=1$ 时,价格的变动对总收益无明显影响.

【例 2.36】 设某商品的需求函数为

$$Q=50-5P$$

求其需求价格弹性及其变化,并给出相应的销售策略.

【解】 由 $Q=50-5P>0$,得 $0<P<10$,又 $\frac{dQ}{dP}=-5$,所以

$$|E_P| = \left|\frac{P}{Q}\frac{dQ}{dP}\right| = \left|\frac{P}{50-5P}(-5)\right| = \frac{P}{10-P}$$

若 $|E_P|=1$,即 $\frac{P}{10-P}=1$,得 $P=5$;

若 $|E_P|>1$,即 $\dfrac{P}{10-P}>1$,得 $5<P<10$;

若 $|E_P|<1$,即 $\dfrac{P}{10-P}<1$,得 $0<P<5$.

由此可知,当 $P\in(5,10)$ 时,需求为高弹性,应采取降价的方法使总收益增加. 当 $P\in(0,5)$ 时,需求为低弹性,应采取提价的方法使总收益增加.

在经济学中,除需求价格弹性外,还有供给价格弹性、需求收入弹性、供给收入弹性、产量的资本投入弹性、产量的劳动投入弹性等弹性概念,读者可以根据上面介绍的需求价格弹性,对其他经济变量的弹性进行类似的分析.

习题 2.3

1. 求下列函数的边际函数与弹性函数.

(1) $y=x^2\mathrm{e}^{-x}$ (2) $y=\dfrac{\mathrm{e}^x}{x}$ (3) $Q(P)=1000\left(\dfrac{1}{4}\right)^P$

2. 设某厂每天的总成本 TC(单位:元)是日产量 Q(单位:件)的函数.

$$TC(Q)=1\,000+50Q-5Q^2+\dfrac{1}{8}Q^3$$

求日产量为 20 件时的边际成本和平均单位成本,并解释它们的经济学意义.

3. 某厂某产品的总成本 TC(单位:万元)是产量 Q(单位:吨)的函数.

$$TC(Q)=100+16Q-3Q^2+Q^3$$

如果每吨的销售价格为 40 万元,试求利润函数及边际利润为零时的产量.

4. 设一超市某食品每周的需求量 Q(单位:kg)是价格 P(单位:元)的函数.

$$Q=\dfrac{1\,000}{(P+1)^2}$$

求当价格 $P=4$ 元时,该商品的需求量和边际需求量,并说明它们的经济意义.

5. 设某商品的总收益 TR 是销售量 Q 的函数.

$$TR(Q)=100Q-0.4Q^2$$

求以下结果.

(1) 平均收益函数、边际收益函数和弹性函数;

(2) 销售量 $Q=50$ 个单位时总收益的边际收益,并解释其经济意义;

(3) 销售量 $Q=100$ 个单位时总收益 TR 对销售量 Q 的弹性,并解释其经济意义.

6. 设某商品的需求函数为 $Q=\mathrm{e}^{-\frac{P}{5}}$,求价格 $P=3$、5、6 时的需求弹性,并说明它们的经济意义.

7. 设某商品的需求函数为 $Q=100-5P$,试分别求出需求弹性大于 1、小于 1、等于 1 的商品价格的范围.

8. 设某商品的需求函数为 $Q=120-2P^2$,求以下结果.

(1)当 $P=6$ 时的需求弹性 E_D；

(2)当 $P=6$ 时，总收益对价格的弹性 E_P，若价格下降 2%，总收益变化百分之几？是增加还是减少？

9. 设某商品的供给函数为 $Q_S=-5+5P$，求供给弹性函数 E_P 及 $P=3$ 时的供给弹性，并解释其经济意义．

10. 某厂的一产品滞销，已知该产品的需求弹性在 $1.5\sim2$ 之间，现采取薄利多销的策略，试问如果降价 10%，销售量变化的百分比的范围为多少？

2.4 函数的微分

学习要求

1. 了解微分的概念，微分的几何意义，导数与微分的关系．

2. 掌握微分的运算法则和公式．

3. 会用微分进行简单的近似计算．

本节介绍微分学的另一个重要概念：微分．导数表示函数在一点处由于自变量变化所引起的函数变化的快慢程度，微分是函数在一点处由于自变量的微小变化所引起的函数改变量的近似值．两者都是研究函数在局部的性质，有着密切的联系．

2.4.1 微分的概念

先看一个具体的例子：设 S 表示边长为 x_0 的正方形金属薄片的面积，则 $S=x_0^2$. 受热膨胀后，边长 x_0 的改变量为 Δx，则面积 S 相应地有改变量 ΔS（如图 2.4 所示），即

$$\Delta S=(x_0+\Delta x)^2-x_0^2=2x_0\Delta x+(\Delta x)^2$$

上式中，ΔS 分成两部分，第一部分 $2x_0\Delta x$ 是关于 Δx 的线性函数，即图 2.4 中阴影的两个矩形的面积之和；而第二部分即图 2.4 中右上角小正方形的面积. 当 $\Delta x\to0$ 时，$(\Delta x)^2$ 是比 Δx 高阶的无穷小. 显然，当 $|\Delta x|$ 很小时，$(\Delta x)^2$ 可以忽略不计，ΔS 可用 $2x_0\Delta x$ 近似代替，即

$$\Delta S\approx2x_0\Delta x$$

对于一般函数 $y=f(x)$，能否用 Δx 的线性函数近似代替 Δy？即能否把 Δy 表示为

$$\Delta y=A\Delta x+o(\Delta x)$$

为此引入微分的定义．

定义 2.5 设函数 $y=f(x)$ 在 x_0 的某个邻域内有定义，$x_0+\Delta x$ 在该邻域内，如果函数的增量 $\Delta y=f(x_0+\Delta x)-f(x_0)$ 可以表示为

$$\Delta y=A\Delta x+o(\Delta x)$$

其中 A 是与 Δx 无关的常数，那么称**函数 $y=f(x)$ 在点 x_0 处可微**，并且称

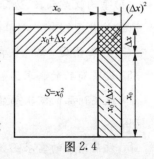

图 2.4

$A\Delta x$ 为函数 $y = f(x)$ 在点 x_0 处相应于自变量的增量 Δx 的**微分**，记为 $\mathrm{d}y\Big|_{x=x_0}$，即

$$\mathrm{d}y\Big|_{x=x_0} = A\Delta x$$

根据微分的定义，$A\Delta x$ 中的 A 是与 Δx 无关的常数，A 究竟是一个怎样的常数？什么样的函数才是可微的？下面将回答这些问题．

设函数 $y = f(x)$ 在点 x_0 处可微，由定义，有

$$\Delta y = A\Delta x + o(\Delta x)$$

两边同除以 $\Delta x (\Delta x \neq 0)$，得

$$\frac{\Delta y}{\Delta x} = A + \frac{o(\Delta x)}{\Delta x}$$

当 $\Delta x \to 0$ 时，取极限，得

$$\lim_{\Delta x \to 0} \frac{\Delta y}{\Delta x} = A = f'(x_0)$$

即函数 $y = f(x)$ 在点 x_0 处可导．

反之，设函数 $y = f(x)$ 在点 x_0 处可导，当自变量 x 从 x_0 改变到 $x_0 + \Delta x$ 时，相应的函数改变量为 $\Delta y = f(x_0 + \Delta x) - f(x_0)$，由于函数在点 x_0 处可导，则有

$$\lim_{\Delta x \to 0} \frac{\Delta y}{\Delta x} = f'(x_0)$$

根据极限与无穷小的关系，有

$$\frac{\Delta y}{\Delta x} = f'(x_0) + \alpha(x)，其中 \lim_{\Delta x \to 0}\alpha(x) = 0$$

于是，得

$$\Delta y = f'(x_0)\Delta x + \alpha(x)\Delta x$$

这表明，函数的改变量 Δy 由 $f'(x_0)\Delta x$ 与 $\alpha(x)\Delta x$ 两部分组成，$f'(x_0)\Delta x$ 是 Δx 的线性部分，而 $\alpha(x)\Delta x$ 是比 Δx 高阶的无穷小，因此，函数 $y = f(x)$ 在点 x_0 处可微．

由以上的讨论可以得到以下定理．

定理2.6　函数 $y = f(x)$ 在 x_0 点可微的充分必要条件是函数 $y = f(x)$ 在 x_0 点可导，且

$$\mathrm{d}y\Big|_{x=x_0} = f'(x_0)\Delta x$$

如果函数 $y = f(x)$ 在区间 I 内每一点处都可导，那么 $f(x)$ 在区间 I 内任意点 x 的微分，就称为**函数的微分**，记作 $\mathrm{d}y$ 或 $\mathrm{d}f(x)$，即 $\mathrm{d}y = f'(x)\Delta x$.

当 $y = x$ 时，$\mathrm{d}y = \mathrm{d}x = (x)'\Delta x = \Delta x$，即

$$\mathrm{d}x = \Delta x$$

称 $\mathrm{d}x$ 为**自变量** x **的微分**，所以，函数 $y = f(x)$ 的微分又可以记为

$$\mathrm{d}y = f'(x)\mathrm{d}x$$

如果将 $\mathrm{d}y = f'(x)\mathrm{d}x$ 两边同除以 $\mathrm{d}x$，得

$$\frac{\mathrm{d}y}{\mathrm{d}x}=f'(x)$$

这表明,函数的微分与自变量的微分的商等于该函数的导数,因此,导数也称为**微商**.

【例 2.37】 求 $y=x^3$ 在 $x_0=2$ 处,$\Delta x=0.01$ 时函数 y 的改变量 Δy 及微分 $\mathrm{d}y$.

【解】 $\Delta y=(x_0+\Delta x)^3-x_0^3=(2+0.01)^3-2^3=0.120\ 601$

而 $\mathrm{d}y=(x^3)'\Delta x=3x^2\Delta x$,所以

$$\mathrm{d}y\Big|_{\substack{x_0=2\\\Delta x=0.01}}=3\times 2^2\times 0.01=0.12$$

【例 2.38】 设函数 $y=\tan x$,求 $\mathrm{d}y$.

【解】 $\mathrm{d}y=(\tan x)'\mathrm{d}x=\sec^2 x\mathrm{d}x$

2.4.2 微分的几何意义

下面从几何的角度进一步理解微分的意义.设函数 $y=f(x)$ 在 x_0 处可导,曲线 $y=f(x)$ 上有两个点 $P_0(x_0,y_0)$ 与 $Q(x_0+\Delta x,y_0+\Delta y)$,其中 $P_0 T$ 是点 P_0 处的切线,α 为切线的倾斜角,$P_0 P$ 平行于 x 轴,PQ 平行于 y 轴(如图 2.5 所示).

从图 2.5 可知,$P_0 P=\Delta x$,$PQ=\Delta y$,则

$$PT=P_0 P\cdot\tan\alpha=P_0 P\cdot f'(x_0)=f'(x_0)\Delta x$$

即

$$\mathrm{d}y=PT$$

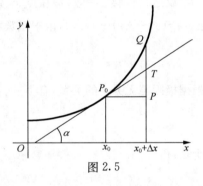

图 2.5

因此,函数 $y=f(x)$ 在点 x_0 处的微分 $\mathrm{d}y$ 等于曲线 $y=f(x)$ 在点 P_0 处切线的纵坐标对应于 Δx 的改变量,这就是微分的几何意义.

对于可微函数而言,当 $|\Delta x|$ 很小时,一方面,$\Delta y=PQ$ 可以用 $PT=\mathrm{d}y$ 来近似代替;另一方面,在 P_0 点的附近,可以用切线段 $P_0 T$ 来近似代替曲线弧 $P_0 Q$,这就是"以直代曲"局部线性化的思想,是微积分的基本思想方法之一.

2.4.3 微分在近似计算中的应用

在实际问题中,经常会遇到一些复杂的计算公式,可以用简单的微分近似计算公式来代替,从而使计算变得简单.

由前面的讨论知道,当 $|\Delta x|$ 很小时,函数 $y=f(x)$ 在点 x_0 处的改变量 Δy 可以用函数的微分 $\mathrm{d}y$ 来近似代替,即

$$\Delta y=f(x_0+\Delta x)-f(x_0)\approx f'(x_0)\Delta x$$

如果令 $x=x_0+\Delta x$,当 $|\Delta x|$ 很小时,得近似计算公式(1)

$$f(x)\approx f(x_0)+f'(x_0)(x-x_0)$$

该表达式的右端正是曲线 $y=f(x)$ 在点 x_0 处的切线,该近似公式正反映出在点 x_0 附近可以用切线段近似代替曲线弧的局部线性化思想.

【例 2.39】 半径为 50cm 的金属圆片加热后,半径伸长了 0.05cm,求面积增量的近似值.

【解】 由圆面积 $S=\pi R^2$,得

$$\Delta S \approx dS = (\pi R^2)' \cdot \Delta R$$

由已知,$R_0 = 50$,$\Delta R = 0.05$,得

$$\Delta S \approx 2\pi \times 50 \times 0.05 = 5\pi (cm^2)$$

【例 2.40】 求 $\cos 60°30'$ 近似值.

【解】 设 $f(x) = \cos x$,取 $x_0 = \dfrac{\pi}{3}$,$\Delta x = \dfrac{\pi}{360}$,$f'(x) = -\sin x$,则由近似计算公式(1)得

$$\cos 60°30' = \cos\left(\frac{\pi}{3} + \frac{\pi}{360}\right) \approx f\left(\frac{\pi}{3}\right) + f'\left(\frac{\pi}{3}\right) \cdot \frac{\pi}{360}$$

$$= \cos\frac{\pi}{3} + \left(-\sin\frac{\pi}{3}\right) \cdot \frac{\pi}{360} = \frac{1}{2} - \frac{\sqrt{3}}{2} \cdot \frac{\pi}{360} \approx 0.492\,4$$

【例 2.41】 计算 $\sqrt{1.02}$ 的近似值.

【解】 设 $f(x) = \sqrt{x}$,取 $x_0 = 1$,$\Delta x = 0.02$,$f'(x) = \dfrac{1}{2\sqrt{x}}$,则由近似计算公式(1)得

$$f(1.02) = \sqrt{1.02} \approx f(1) + f'(1)\Delta x = \sqrt{1} + \frac{1}{2\sqrt{1}} \times 0.02 = 1.01$$

【思考】 本题中 $f(x)$ 还可以设成什么形式?

在这类近似计算中,$f(x)$ 可按题意设置,而 x_0 的选取是关键,一定要注意满足近似计算公式中 $|\Delta x|$ 较小的条件.

如果取 $x_0 = 0$,$\Delta x = x$,当 $|x|$ 很小时,可以得到近似计算公式(2)

$$f(x) \approx f(0) + f'(0)x$$

应用在 $x_0 = 0$ 处的近似计算公式,可以推出一些在实际运算中常用函数的近似计算公式.

(1) $\sqrt[n]{1+x} \approx 1 + \dfrac{1}{n}x$.　　　　　(2) $e^x \approx 1 + x$.

(3) $\ln(1+x) \approx x$.　　　　　(4) $\sin x \approx x$(x 为弧度).

(5) $\tan x \approx x$(x 为弧度).　　　　　(6) $\arcsin x \approx x$(x 为弧度).

【思考】 利用近似计算公式(2)如何证明上述 6 个函数的近似计算公式.

【例 2.42】 计算 $e^{-0.001}$ 的近似值.

【解】 由近似计算公式 $e^x \approx 1 + x$,得

$$e^{-0.001} \approx 1 - 0.001 = 0.999$$

【例 2.43】 计算 $\sqrt[6]{65}$ 的近似值.

【解】 因为 $\sqrt[6]{65} = \sqrt[6]{64+1} = 2 \cdot \sqrt[6]{1 + \dfrac{1}{64}}$,由 $\sqrt[n]{1+x} \approx 1 + \dfrac{1}{n}x$,得

$$\sqrt[6]{1 + \frac{1}{64}} \approx 1 + \frac{1}{6} \times \frac{1}{64} = 1 + \frac{1}{384} \approx 1.002\,6$$

于是得

$$\sqrt[6]{65} \approx 2.005\,2$$

2.4.4 微分基本公式和微分的运算法则

从微分与导数的关系 $dy=f'(x)dx$ 可知,只要求出 $y=f(x)$ 的导数 $f'(x)$,就可以求出 $y=f(x)$ 的微分 $dy=f'(x)dx$. 由此我们可得到下列微分的基本公式和微分的运算法则.

1. 基本初等函数的微分公式

(1)$dC=0$.

(2)$d(x^\mu)=\alpha x^{\mu-1}dx$.

(3)$d(a^x)=a^x\ln adx$.

(4)$d(e^x)=e^xdx$.

(5)$d(\log_a x)=\dfrac{1}{x\ln a}dx$.

(6)$d(\ln x)=\dfrac{1}{x}dx$.

(7)$d(\sin x)=\cos xdx$.

(8)$d(\cos x)=-\sin xdx$.

(9)$d(\tan x)=\sec^2 xdx$.

(10)$d(\cot x)=-\csc^2 xdx$.

(11)$d(\sec x)=\sec x\tan xdx$.

(12)$d(\csc x)=-\csc x\cot xdx$.

(13)$d(\arcsin x)=\dfrac{1}{\sqrt{1-x^2}}dx$.

(14)$d(\arccos x)=-\dfrac{1}{\sqrt{1-x^2}}dx$.

(15)$d(\arctan x)=\dfrac{1}{1+x^2}dx$.

(16)$d(\text{arccot } x)=-\dfrac{1}{1+x^2}dx$.

2. 微分的四则运算法则

如果 $u(x),v(x)$ 可微,则

(1)$d(u\pm v)=du\pm dv$.

(2)$d(ku)=kdu$.

(3)$d(uv)=vdu+udv$.

(4)$d\left(\dfrac{u}{v}\right)=\dfrac{vdu-udv}{v^2}(v\neq 0)$.

3. 复合函数的微分法则

设 $y=f(u)$、$u=\varphi(x)$ 都可微,则复合函数 $y=f[\varphi(x)]$ 的微分为

$$dy=\{f[\varphi(x)]\}'dx=f'(u)\varphi'(x)dx=f'(u)du$$

比较复合函数的微分公式 $dy=f'(u)du$ 与 $dy=f'(x)dx$ 可见,不论 u 是自变量还是中间变量,函数 $y=f(x)$ 的微分总保持同一形式,这个性质称为**微分形式不变性**. 该性质在计算复合函数的微分时非常有用.

【例 2.44】 设函数 $y=e^x\sin x$,求 dy.

【解】 $dy=d(e^x\sin x)=\sin xd(e^x)+e^xd(\sin x)$

$\qquad\quad =e^x\sin xdx+e^x\cos xdx=e^x(\sin x+\cos x)dx$

【例 2.45】 设函数 $y=\ln\sin(e^x+1)$,求 dy.

【解】 $dy=d[\ln\sin(e^x+1)]=\dfrac{1}{\sin(e^x+1)}d[\sin(e^x+1)]$

$\qquad\quad =\dfrac{1}{\sin(e^x+1)}\cos(e^x+1)d(e^x+1)=e^x\cot(e^x+1)dx$

习题 2.4

1. 已知函数 $y=x^3-1$，在 $x=1$ 处计算当 Δx 分别为 $-0.1,0.1,0.01$ 时的增量 Δy 和微分 $\mathrm{d}y$.

2. 求下列函数的微分.

$(1)y=\dfrac{1-x}{1+x}$　　　　$(2)y=x^2\mathrm{e}^{2x}$　　　　$(3)y=\ln\sqrt{1-x^2}$

$(4)y=\arctan(\mathrm{e}^x)$　　　$(5)y=\arcsin\dfrac{1}{x}+3^x$　　$(6)y=(\mathrm{e}^x+\mathrm{e}^{-x})^2$

3. 在下列括号内填入适当的表达式,使等式成立.

$(1)\mathrm{d}\left(\dfrac{2}{3}x^4\right)=(\quad\quad)$　　　　　　$(2)\mathrm{d}(\quad\quad)=x^2\mathrm{d}x$

$(3)\mathrm{d}(\cos 2x)=(\quad\quad)$　　　　　　$(4)\mathrm{d}(\quad\quad)=\cos 2x\mathrm{d}x$

$(5)\mathrm{d}(\mathrm{e}^{-2x})=(\quad\quad)$　　　　　　$(6)\mathrm{d}(\quad\quad)=\mathrm{e}^{-2x}\mathrm{d}x$

$(7)\mathrm{d}\left(\dfrac{1}{\sqrt{x}}\right)=(\quad\quad)$　　　　　$(8)\mathrm{d}(\quad\quad)=\dfrac{1}{\sqrt{x}}\mathrm{d}x$

$(9)\mathrm{d}(\sec^2 x)=(\quad\quad)$　　　　　$(10)\mathrm{d}(\quad\quad)=\sec^2 x\mathrm{d}x$

4. 求由下列方程确定的隐函数 $y=y(x)$ 的微分.

$(1)y=x\mathrm{e}^y$　　　$(2)y=x+\arcsin y$　　　$(3)\dfrac{x^2}{a^2}-\dfrac{y^2}{b^2}=1$　　　$(4)y\cos x-x\sin y=1$

5. 计算下列函数的近似值.

$(1)\sqrt[50]{1.002}$　　　$(2)\sin 29°$　　　$(3)\mathrm{e}^{1.01}$　　　　$(4)\ln 1.002$

6. 一立方体的棱长为 $1\mathrm{m}$,如果棱长减少 $0.01\mathrm{m}$,求此立方体体积的变化量的精确值和近似值.

2.5 微分中值定理

学习要求

1. 理解罗尔定理、拉格朗日中值定理,会用罗尔定理、拉格朗日中值定理进行相关问题的证明.

2. 了解柯西中值定理.

我们已经知道闭区间上连续函数具有的性质(最值定理、介值定理、零点定理).在本节中,我们将进一步讨论可导函数所具有的性质——微分中值定理.微分中值定理是罗尔定理、拉格朗日中值定理和柯西中值定理的总称.下面我们将逐一介绍.

2.5.1 罗尔定理

定理 2.7　设函数 $y=f(x)$ 在闭区间 $[a,b]$ 上连续,在开区间 (a,b) 内可导,且 $f(a)=f(b)$,则至

少存在一点 $\xi \in (a,b)$,使得

$$f'(\xi)=0$$

【证】 因为函数 $y=f(x)$ 在闭区间 $[a,b]$ 上连续,由闭区间上连续函数的性质可知,函数 $y=f(x)$ 在闭区间 $[a,b]$ 上取得最大值 M 和最小值 m.

若 $M=m$,则 $f(x)$ 在 $[a,b]$ 上为常值函数,(a,b) 内每一点都可以取为 ξ,满足 $f'(\xi)=0$.

若 $M>m$,则由 $f(a)=f(b)$ 可知,最大值 M 和最小值 m 至少有一个在 (a,b) 内取得,不妨设最大值 M 在 $\xi \in (a,b)$ 处取得,即

$$M=f(\xi) \geqslant f(x), x \in [a,b]$$

现证明 $f'(\xi)=0$.

给 ξ 点增量 $\Delta x, \xi+\Delta x \in [a,b]$,恒有

$$f(\xi+\Delta x)-f(\xi) \leqslant 0$$

而

$$\frac{\Delta y}{\Delta x} = \frac{f(\xi+\Delta x)-f(\xi)}{\Delta x}$$

当 $\Delta x>0$ 时,$\frac{\Delta y}{\Delta x} \leqslant 0$;当 $\Delta x<0$ 时,$\frac{\Delta y}{\Delta x} \geqslant 0$

于是有

$$f'_-(\xi)=\lim_{\Delta x \to 0^-} \frac{\Delta y}{\Delta x} \geqslant 0, f'_+(\xi)=\lim_{\Delta x \to 0^+} \frac{\Delta y}{\Delta x} \leqslant 0$$

所以有

$$f'(\xi)=0$$

定理得证.

观察图 2.6,容易得到罗尔定理的几何意义,即如果在闭区间 $[a,b]$ 上的连续曲线 $y=f(x)$ 上每一点(除端点外)处都有不垂直于 x 轴的切线,且两个端点 A、B 的纵坐标相等,那么曲线 $y=f(x)$ 上至少存在一点 C,使曲线在点 C 处的切线与 x 轴平行,即导数为零.

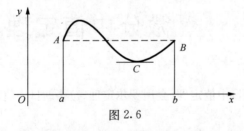

图 2.6

在罗尔定理的结论中,并未明确满足 $f'(\xi)=0$ 的点 ξ 的具体位置.事实上,由于闭区间 $[a,b]$ 上的连续函数 $y=f(x)$ 一定存在最大值与最小值,如果函数的最值在 (a,b) 内部取得,那么最值点就是满足 $f'(\xi)=0$ 的 ξ 点,当然可能还有其他满足 $f'(\xi)=0$ 的 ξ 点.

应该注意的是罗尔定理中的 3 个条件是其结论成立的充分条件,而不是必要条件.一方面,罗尔定理的 3 个条件中有一条不满足,结论可能就不成立.例如,函数 $f(x)=1-\sqrt[3]{x^2}$ 在 $[-1,1]$ 上连续,

两端点的函数值都等于 0,其导数 $f'(x) = -\dfrac{2}{3\sqrt[3]{x}}$,在 $(-1,1)$ 内任一点处的导数均不为 0,这是因为在 $(-1,1)$ 内 $x=0$ 处不可导,不满足罗尔定理的第二个条件. 另一方面,3 个条件中有部分条件不满足,甚至全部不满足时,定理结论也可能成立. 例如,$f(x) = x^2$ 在 $[-1,2]$ 上连续,在 $(-1,2)$ 内可导,但 $f(-1) \neq f(2)$,但也有 $f'(0) = 0$ 的结论.

【例 2.46】 验证函数 $y = \cos x$ 在 $[-\pi, \pi]$ 上满足罗尔定理的条件,并求出满足定理结论的 ξ.

【解】 函数 $y = \cos x$ 显然在 $[-\pi, \pi]$ 上连续,在 $(-\pi, \pi)$ 内可导,且 $\cos(-\pi) = \cos \pi$,满足罗尔定理的 3 个条件. 由罗尔定理,在 $(-\pi, \pi)$ 内至少存在一点 ξ,使得

$$(\cos x)' \big|_{x=\xi} = -\sin \xi = 0$$

解得 $\xi = 0$,即 $\xi = 0$ 为满足定理结论的点.

【例 2.47】 证明方程 $x^3 + x - 1 = 0$ 有且只有一个小于 1 的正实根.

【证】 这里需要证明两个方面:一是正实根的存在性;二是根的唯一性.

设 $f(x) = x^3 + x - 1$,$f(x)$ 在 $[0,1]$ 上连续,$f(0) = -1$,$f(1) = 1$,由零点定理可知,在 $(0,1)$ 内至少存在一点 x_1,使 $f(x_1) = 0$,即 x_1 为小于 1 的正实根.

下面要证明 x_1 是唯一的实根,这里用反证法. 设 $x_2 \in (0,1)$,$x_2 \neq x_1$,$f(x_2) = 0$,容易验证 $f(x)$ 在 $[x_1, x_2]$ 或 $[x_2, x_1]$ 上满足罗尔定理的全部条件,所以在 x_1 和 x_2 两点间至少存在一点 ξ,使得 $f'(\xi) = 0$,而 $f'(x) = 3x^2 + 1 > 0$ 与 $f'(\xi) = 0$ 矛盾,因此,方程 $x^3 + x - 1 = 0$ 在 $[0,1]$ 内不可能有两个不同的实根,所以 x_1 是唯一的小于 1 的正实根.

综上,方程 $x^3 + x - 1 = 0$ 有且只有一个小于 1 的正实根.

2.5.2 拉格朗日中值定理

罗尔定理中的第 3 个条件 $f(a) = f(b)$ 相当特殊,它使罗尔定理的应用受到限制. 如果去掉这个条件而保留其余两个条件,就可以得到在微分学中具有重要地位的拉格朗日中值定理.

如果将图 2.6 中的一个端点拉高,就变成两端点的函数值不相等的情形(如图 2.7 所示). 可以观察到,过 C 点的切线与弦 AB 的平行关系没有改变. 这也就是说,如果在闭区间 $[a,b]$ 上的连续曲线 $y = f(x)$ 上的每一点(除端点外)处都有不垂直于 x 轴的切线,那么曲线 $y = f(x)$ 上至少存在一点 C,使曲线在点 C 处的切线与弦 AB 平行.

由上述几何解释,容易得到拉格朗日中值定理.

定理 2.8 如果函数 $y = f(x)$ 在闭区间 $[a,b]$ 上连续,在开区间 (a,b) 内可导,那么至少存在一点 $\xi \in (a,b)$,使得

$$f'(\xi) = \frac{f(b) - f(a)}{b - a}$$

【证】 定理的结论就是

$$f'(\xi) - \frac{f(b) - f(a)}{b - a} = 0$$

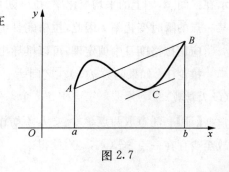

图 2.7

在此可以考虑构造一个辅助函数 $F(x)$,使其满足罗尔定理的 3 个条件. 那么

$$F'(\xi)=f'(\xi)-\frac{f(b)-f(a)}{b-a}=0$$

于是引入一个辅助函数 $F(x)=f(x)-\frac{f(b)-f(a)}{b-a}x$,显然 $F(x)$ 在 $[a,b]$ 上连续,在 (a,b) 内可导,且

$$F(a)=f(a)-\frac{f(b)-f(a)}{b-a}a=\frac{bf(a)-af(b)}{b-a}$$

$$F(b)=f(b)-\frac{f(b)-f(a)}{b-a}b=\frac{bf(a)-af(b)}{b-a}$$

即

$$F(a)=F(b)$$

所以函数 $F(x)$ 满足罗尔定理中的 3 个条件. 由罗尔定理,则至少存在一点 $\xi\in(a,b)$,使得 $F'(\xi)=0$,即

$$f'(\xi)=\frac{f(b)-f(a)}{b-a}$$

定理得证.

对于拉格朗日中值定理的结论,如果令 $f(a)=f(b)$,那么 $f'(\xi)=0$. 所以罗尔定理是拉格朗日中值定理的一种特殊情形.

由于拉格朗日中值定理在微分学中占有重要地位,有时也称该定理为**微分中值定理**,公式

$$f'(\xi)=\frac{f(b)-f(a)}{b-a}\text{和}f(b)-f(a)=f'(\xi)(b-a),\xi\in(a,b)$$

称为**拉格朗日中值公式**. 若在以 $x,x+\Delta x$ 为端点的区间上应用拉格朗日中值公式,则有

$$f(x+\Delta x)-f(x)=f'(x+\theta\Delta x)\Delta x \quad (0<\theta<1)$$

即

$$\Delta y=f'(x+\theta\Delta x)\Delta x \quad (0<\theta<1)$$

这个公式又称为**有限增量公式**. 我们知道,函数的微分 $\mathrm{d}y=f'(x)\Delta x$ 是函数增量的近似表达式,而有限增量公式则精确地表达了函数在一个区间上的增量与函数在该区间内某点处的导数之间的关系. 在某些问题中,当自变量 x 取得有限增量 Δx 而需要函数增量的准确表达式时,拉格朗日中值定理就显示出其重要价值了.

在拉格朗日公式 $f'(\xi)=\frac{f(b)-f(a)}{b-a}$ 中,左端表示在区间 $[a,b]$ 内某点 ξ 的瞬时变化率,而右端表示在区间 $[a,b]$ 上的平均变化率,拉格朗日中值定理表明,在闭区间上的平均变化率一定等于区间内某一点的瞬时变化率. 因此,拉格朗日中值定理是联结局部与整体的纽带.

应用拉格朗日中值定理,可以推导出下面两个十分有用的推论.

推论 1 如果函数 $f(x)$ 在区间 I 上的导数恒等于 0,那么 $f(x)$ 在区间 I 上为常数,即 $f(x)=C$(C 为常数).

【证】 任意取两点 x_1、$x_2\in I$,不妨设 $x_1<x_2$,$f(x)$ 在 $[x_1,x_2]$ 上满足拉格朗日中值定理的条件,故至少存在一点 $\xi\in(x_1,x_2)$,使得

$$f'(\xi) = \frac{f(x_2) - f(x_1)}{x_2 - x_1}$$

由于 $f'(\xi) \equiv 0$，故 $f(x_2) - f(x_1) = 0$，即 $f(x_1) = f(x_2)$，所以 $f(x)$ 在区间 I 上为常数.

推论 2　如果函数 $f(x)$、$g(x)$ 在区间 I 上均可导，且有 $f'(x) = g'(x)$，那么 $f(x)$ 和 $g(x)$ 至多相差一个常数，即 $f(x) - g(x) = C$（C 为常数）.

【证】　因 $f'(x) = g'(x)$，所以 $[f(x) - g(x)]' = 0$，由推论 1 可得，$f(x) - g(x) = C.$

【例 2.48】　证明：$\arcsin x + \arccos x = \frac{\pi}{2}$，$x \in [-1,1]$.

【证】　设 $f(x) = \arcsin x + \arccos x$，由 $f(x)$ 在 $[-1,1]$ 上连续，在 $(-1,1)$ 内可导，则有

$$f'(x) = \frac{1}{\sqrt{1-x^2}} - \frac{1}{\sqrt{1-x^2}} = 0, x \in (-1,1)$$

由推论 1 可得，$f(x) = \arcsin x + \arccos x = C$

令 $x = 0$，则 $C = \arcsin 0 + \arccos 0 = \frac{\pi}{2}$，于是

$$\arcsin x + \arccos x = \frac{\pi}{2}, x \in (-1,1)$$

又 $f(x)$ 在 $x = \pm 1$ 处连续，$(\arcsin x + \arccos x)\Big|_{x=\pm 1} = \frac{\pi}{2}$，所以

$$\arcsin x + \arccos x = \frac{\pi}{2}, x \in [-1,1]$$

利用拉格朗日中值定理可以证明不等式.

【例 2.49】　证明：对任意实数 x_1、x_2，恒有 $|\cos x_1 - \cos x_2| \leqslant |x_1 - x_2|$.

【证】　设 $f(x) = \cos x$，在 $[x_1, x_2]$ 或 $[x_2, x_1]$ 上，$f(x)$ 满足拉格朗日中值定理的条件，则在 x_1 与 x_2 之间存在一点 ξ，使得

$$\cos x_1 - \cos x_2 = -(x_1 - x_2)\sin \xi, \xi \text{ 在 } x_1 \text{ 与 } x_2 \text{ 之间}$$

因为 $|\sin \xi| \leqslant 1$，所以有

$$|\cos x_1 - \cos x_2| = |x_1 - x_2||\sin \xi| \leqslant |x_1 - x_2|$$

【例 2.50】　证明不等式 $\frac{1}{1+x} < \ln\left(1 + \frac{1}{x}\right) < \frac{1}{x}$　$(x > 0)$.

【证】　由于 $\ln\left(1 + \frac{1}{x}\right) = \ln(x+1) - \ln x$，故设 $f(x) = \ln x$　$(x > 0)$，在 $[x, x+1]$ 上满足拉格朗日中值定理的条件，则

$$\ln(x+1) - \ln x = \frac{1}{\xi}, \xi \in (x, x+1)$$

由 $x < \xi < x+1$ 得

$$\frac{1}{x+1} < \frac{1}{\xi} < \frac{1}{x}$$

所以

$$\frac{1}{x+1} < \ln(x+1) - \ln x < \frac{1}{x}$$

即

$$\frac{1}{1+x}<\ln(1+\frac{1}{x})<\frac{1}{x} \quad (x>0)$$

【思考】 例 2.50 中闭区间的选择有没有其他的方案? 如有,请利用该方案进行证明.

2.5.3 柯西中值定理

定理 2.9 如果函数 $f(x)$、$g(x)$ 在闭区间 $[a,b]$ 上连续,在开区间 (a,b) 内可导,且 $g'(x)\neq0$,$x\in(a,b)$,那么至少存在一点 $\xi\in(a,b)$,使得

$$\frac{f'(\xi)}{g'(\xi)}=\frac{f(b)-f(a)}{g(b)-f(a)}$$

【证】 由于 $g'(x)\neq0$,所以定理结论就是

$$f'(\xi)-\frac{f(b)-f(a)}{g(b)-f(a)}g'(\xi)=0$$

可以考虑引入辅助函数 $F(x)$,使其满足罗尔定理的三个条件. 那么

$$F'(\xi)=f'(\xi)-\frac{f(b)-f(a)}{b-a}g'(\xi)=0$$

做辅助函数

$$F(x)=f(x)-\frac{f(b)-f(a)}{b-a}g(x)$$

容易验证,$F(x)$ 在 $[a,b]$ 上连续,在 (a,b) 内可导,且 $F(a)=F(b)$,由罗尔定理,在 (a,b) 内至少存在一点 ξ,使得

$$F'(\xi)=f'(\xi)-\frac{f(b)-f(a)}{b-a}g'(\xi)=0$$

即

$$\frac{f'(\xi)}{g'(\xi)}=\frac{f(b)-f(a)}{g(b)-f(a)}$$

当 $g(x)=x$ 时,柯西中值定理即为拉格朗日中值定理,所以柯西中值定理是拉格朗日中值定理的推广.

习题 2.5

1. 验证下列函数在指定区间上是否满足罗尔定理的条件? 若满足,求出定理中的点 ξ.

(1) $f(x)=2x^2-x-3$,$[-1,1.5]$ 　　　　　(2) $f(x)=\frac{1+x^2}{x}$,$[-3,3]$

(3) $f(x)=x\sqrt{4-x}$,$[0,4]$ 　　　　　(4) $f(x)=|x|$,$[-1,1]$

2. 设函数 $f(x)=x(x-1)(x-2)(x-3)$,不求 $f'(x)$,判断方程 $f'(x)=0$ 的实根的个数,并指出各个实根所在的区间.

3. 证明方程 $x^3+2x+1=0$ 在 $(-1,0)$ 内存在唯一的实根.

4. 证明方程 $x^5+x-1=0$ 只有唯一的正根.

5. 验证函数 $f(x)=e^x$ 在 $[1,3]$ 上满足拉格朗日中值定理的条件,并求出定理中的点 ξ.

6. 判断下面的说法是否正确,并说明为什么.

一汽车 3 小时行驶 245 公里,在行驶过程中该汽车在某时刻的速度一定超过 81 公里/小时,且该车至少在两个时刻的速度正好是 80 公里/小时.

7. 证明下列恒等式.

(1) $\arctan x+\operatorname{arccot} x=\dfrac{\pi}{2},x\in(-\infty,+\infty)$

(2) $2\arctan x+\arcsin\dfrac{2x}{1+x^2}=\pi,x\in[1,+\infty)$

8. 证明下列不等式.

(1) $|\arctan a-\arctan b|\leqslant|a-b|$

(2) $\dfrac{b-a}{b}<\ln\dfrac{b}{a}<\dfrac{b-a}{a},(0<a<b)$

(3) $e^x\geqslant ex\quad(x\geqslant1)$

(4) $\ln(1+x)<x\quad(x>0)$

2.6

洛必达法则

学习要求

会用洛必达法则求未定式极限.

在函数的极限计算中我们曾碰到过下面两种情况,即当 $x\to x_0$(或 $x\to\infty$)时 $f(x)$ 与 $g(x)$ 都趋向于 0 或都趋向于 ∞,此时极限 $\lim\limits_{\substack{x\to x_0\\(x\to\infty)}}\dfrac{f(x)}{g(x)}$ 可能存在,也可能不存在,例如 $\lim\limits_{x\to0}\dfrac{\sin x}{x}=1$, $\lim\limits_{x\to0}\dfrac{\sin x}{x^3}=\infty$,通常称这种极限形式为未定式.未定式的类型主要有 $\dfrac{0}{0}$ 型、$\dfrac{\infty}{\infty}$ 型和其他型($0\cdot\infty,\infty-\infty,0^0,1^\infty,\infty^0$).对于未定式的极限不能直接运用极限四则运算法则.本节将介绍求未定式的极限的重要方法——洛必达法则.

2.6.1 $\dfrac{0}{0}$ 型、$\dfrac{\infty}{\infty}$ 型未定式

定理 2.10(洛必达法则) 设函数 $f(x),g(x)$ 满足下列条件.

(1) $\lim\limits_{x\to x_0}f(x)=\lim\limits_{x\to x_0}g(x)=0$.

(2) 在 x_0 的某去心邻域内,$f'(x)$ 与 $g'(x)$ 都存在,且 $g'(x)\neq0$.

(3) $\lim\limits_{x\to x_0}\dfrac{f'(x)}{g'(x)}=A$(或 ∞).

则有

$$\lim_{x \to x_0} \frac{f(x)}{g(x)} = \lim_{x \to x_0} \frac{f'(x)}{g'(x)} = A(\vec{\mathbb{g}} \infty)$$

【证】 根据定理结论的形式,考虑用柯西中值定理进行证明.

由于 $\lim\limits_{x \to x_0} \dfrac{f(x)}{g(x)}$ 是否存在与函数值 $f(x_0)$,$g(x_0)$ 无关,故不妨补充定义

$$f(x_0) = g(x_0) = 0$$

于是由条件(1)与(2)可知,$f(x)$ 与 $g(x)$ 在点 x_0 的某邻域内是连续的,设 x 是该邻域内的一点,那么 $f(x)$、$g(x)$ 在 $[x, x_0]$ 或 $[x_0, x]$ 上满足柯西中值定理的条件,则有

$$\frac{f(x)}{g(x)} = \frac{f(x) - f(x_0)}{g(x) - g(x_0)} = \frac{f'(\xi)}{g'(\xi)}, \text{其中 } \xi \text{ 在 } x \text{ 与 } x_0 \text{ 之间}$$

当 $x \to x_0$ 时,$\xi \to x_0$,所以有

$$\lim_{x \to x_0} \frac{f(x)}{g(x)} = \lim_{\xi \to x_0} \frac{f'(\xi)}{g'(\xi)} = \lim_{x \to x_0} \frac{f'(x)}{g'(x)} = A(\vec{\mathbb{g}} \infty)$$

定理得证.

关于洛必达法则的应用,需要注意以下 4 点内容.

(1)在应用洛必达法则前,必须判别所求极限是否为 $\dfrac{0}{0}$ 型未定式.

(2)将定理中极限过程 $x \to x_0$ 改为 $x \to x_0^-$、$x \to x_0^+$、$x \to \infty$、$x \to -\infty$、$x \to +\infty$ 时,定理仍适用.

(3)若 $\lim\limits_{x \to x_0} \dfrac{f'(x)}{g'(x)}$ 仍是 $\dfrac{0}{0}$ 型,且 $f'(x)$ 与 $g'(x)$ 也满足定理中的条件,则可继续使用洛必达法则,即

$$\lim_{x \to x_0} \frac{f(x)}{g(x)} = \lim_{x \to x_0} \frac{f'(x)}{g'(x)} = \lim_{x \to x_0} \frac{f''(x)}{g''(x)} \text{.}$$

(4)在应用洛必达法则计算极限时,要注意结合其他方法(如等价无穷小替换,利用重要极限等)简化所求极限.

对于 $\dfrac{\infty}{\infty}$ 型的未定式,有以下类似的定理.

定理 2.11 设函数 $f(x)$、$g(x)$ 满足下列条件.

(1) $\lim\limits_{\substack{x \to x_0 \\ (x \to \infty)}} f(x) = \lim\limits_{\substack{x \to x_0 \\ (x \to \infty)}} g(x) = \infty$.

(2)在 x_0 的某去心邻域内,$f'(x)$ 与 $g'(x)$ 都存在,且 $g'(x) \neq 0$.

(3) $\lim\limits_{\substack{x \to x_0 \\ (x \to \infty)}} \dfrac{f'(x)}{g'(x)} = A(\vec{\mathbb{g}} \infty)$.

则有

$$\lim_{\substack{x \to x_0 \\ (x \to \infty)}} \frac{f(x)}{g(x)} = \lim_{\substack{x \to x_0 \\ (x \to \infty)}} \frac{f'(x)}{g'(x)} = A(\vec{\mathbb{g}} \infty)$$

【例 2.51】 求 $\lim\limits_{x \to 0} \dfrac{x - x\cos x}{x - \sin x}$.

【解】 是 $\dfrac{0}{0}$ 型,由洛必达法则,得

$$\lim_{x\to 0}\frac{x-x\cos x}{x-\sin x}=\lim_{x\to 0}\frac{1-\cos x+x\sin x}{1-\cos x}\left(\text{仍为}\ \frac{0}{0}\ \text{型}\right)$$

$$=\lim_{x\to 0}\frac{\sin x+\sin x+x\cos x}{\sin x}$$

$$=\lim_{x\to 0}\left(2+\frac{x}{\sin x}\cos x\right)=2+1\times 1=3$$

【例 2.52】 求 $\displaystyle\lim_{x\to 1}\frac{x^2-3x+2}{x^2-1}$.

【解】 是 $\dfrac{0}{0}$ 型,由洛必达法则,得

$$\lim_{x\to 1}\frac{x^2-3x+2}{x^2-1}=\lim_{x\to 1}\frac{2x-3}{2x}=-\frac{1}{2}$$

【例 2.53】 求 $\displaystyle\lim_{x\to +\infty}\frac{\dfrac{\pi}{2}-\arctan x}{\dfrac{1}{x}}$.

【解】 是 $\dfrac{0}{0}$ 型,由洛必达法则,得

$$\lim_{x\to +\infty}\frac{\dfrac{\pi}{2}-\arctan x}{\dfrac{1}{x}}=\lim_{x\to +\infty}\frac{-\dfrac{1}{1+x^2}}{-\dfrac{1}{x^2}}=\lim_{x\to +\infty}\frac{x^2}{1+x^2}=1$$

【例 2.54】 求 $\displaystyle\lim_{x\to +\infty}\frac{\ln x}{x^\alpha}$.

【解】 是 $\dfrac{\infty}{\infty}$ 型,由洛必达法则,得

$$\lim_{x\to +\infty}\frac{\ln x}{x^\alpha}=\lim_{x\to +\infty}\frac{\dfrac{1}{x}}{\alpha x^{\alpha-1}}=\lim_{x\to +\infty}\frac{1}{\alpha x^\alpha}=0$$

【例 2.55】 求 $\displaystyle\lim_{x\to +\infty}\frac{x^5}{e^x}$.

【解】 是 $\dfrac{\infty}{\infty}$ 型,由洛必达法则,得

$$\lim_{x\to +\infty}\frac{x^5}{e^x}=\lim_{x\to +\infty}\frac{5x^4}{e^x}=\lim_{x\to +\infty}\frac{20x^3}{e^x}=\lim_{x\to +\infty}\frac{60x^2}{e^x}=\lim_{x\to +\infty}\frac{120x}{e^x}=\lim_{x\to +\infty}\frac{120}{e^x}=0$$

2.6.2 其他类型未定式

除了 $\dfrac{0}{0}$ 型和 $\dfrac{\infty}{\infty}$ 型两种未定型外,还有其他的未定型,如 $0\cdot\infty$、$\infty-\infty$、0^0、1^∞、∞^0 等. 由于这些未定式都可转化为 $\dfrac{0}{0}$ 型或 $\dfrac{\infty}{\infty}$ 型. 因此处理这些未定式的关键是转化为哪种类型的未定式,具体转化的步骤如下.

(1)$0 \cdot \infty$型,先化为$\frac{1}{\infty} \cdot \infty$型或$0 \cdot \frac{1}{0}$型,然后用洛必达法则求出其值;

(2)$\infty - \infty$型,先化为$\frac{1}{0} - \frac{1}{0}$型,再化为$\frac{0}{0}$型,最后用洛必达法则求出其值;

(3)0^0,1^∞,∞^0型,先化为$e^{\ln 0^0}$,$e^{\ln 1^\infty}$,$e^{\ln \infty^0}$型,再化为$e^{\frac{0}{0}}$或$e^{\frac{\infty}{\infty}}$型,最后用洛必达法则求出其值.

【例 2.56】 求$\lim\limits_{x \to 0^+} x \ln x$.

【解】 是$0 \cdot \infty$型,所以有

$$\lim_{x \to 0^+} x \ln x = \lim_{x \to 0^+} \frac{\ln x}{\frac{1}{x}} \quad \left(\frac{\infty}{\infty} 型\right)$$

$$= \lim_{x \to 0^+} \frac{\frac{1}{x}}{-\frac{1}{x^2}} = \lim_{x \to 0^+} (-x) = 0$$

【例 2.57】 求$\lim\limits_{x \to 0} \left(\frac{1}{\sin x} - \frac{1}{x}\right)$.

【解】 是$\infty - \infty$型,所以有

$$\lim_{x \to 0} \left(\frac{1}{\sin x} - \frac{1}{x}\right) = \lim_{x \to 0} \frac{x - \sin x}{x \sin x} \left(\frac{0}{0} 型\right)$$

$$= \lim_{x \to 0} \frac{1 - \cos x}{\sin x + x \cos x} \left(\frac{0}{0} 型\right)$$

$$= \lim_{x \to 0} \frac{\sin x}{\cos x + \cos x - x \sin x} = 0$$

【例 2.58】 求$\lim\limits_{x \to 0^+} x^x$.

【解】 是0^0型,所以有

$$\lim_{x \to 0^+} x^x = \lim_{x \to 0^+} e^{x \ln x} = e^{\lim\limits_{x \to 0^+} x \ln x}$$

而

$$\lim_{x \to 0^+} x \ln x = \lim_{x \to 0^+} \frac{\ln x}{\frac{1}{x}} = 0$$

故

$$\lim_{x \to 0^+} x^x = e^0 = 1$$

在使用洛必达法则求未定式的极限时,还需要注意以下两点内容.

(1)洛必达法则只适用于$\frac{0}{0}$型或$\frac{\infty}{\infty}$型,其他未定式必须先化成$\frac{0}{0}$型或$\frac{\infty}{\infty}$型,然后再用洛必达法则.

(2)洛必达法则只适用于$\lim\limits_{\substack{x \to x_0 \\ (x \to \infty)}} \frac{f'(x)}{g'(x)}$存在或无穷大时,而当$\lim\limits_{\substack{x \to x_0 \\ (x \to \infty)}} \frac{f'(x)}{g'(x)}$不存在或不能求出结果时,洛必达法则失效,需要通过其他方法来讨论,这说明洛必达法则也不是万能的.

【例 2.59】 求$\lim\limits_{x \to 0} \dfrac{x^2 \sin \frac{1}{x}}{\sin x}$.

【解】 是 $\dfrac{0}{0}$ 型,由洛必达法则,得

$$\lim_{x\to 0}\dfrac{x^2\sin\dfrac{1}{x}}{\sin x}=\lim_{x\to 0}\dfrac{2x\sin\dfrac{1}{x}-\cos\dfrac{1}{x}}{\cos x}$$

由于 $\cos\dfrac{1}{x}$ 在 $x\to 0$ 时极限不存在,所以上式右端极限不存在,洛必达法则失效,需要寻求其他方法. 事实上,

$$\lim_{x\to 0}\dfrac{x^2\sin\dfrac{1}{x}}{\sin x}=\lim_{x\to 0}\dfrac{x^2\sin\dfrac{1}{x}}{x}=\lim_{x\to 0}x\sin\dfrac{1}{x}=0$$

【例 2.60】 求 $\displaystyle\lim_{x\to+\infty}\dfrac{x}{\sqrt{1+x^2}}$.

【解】 是 $\dfrac{\infty}{\infty}$ 型,由洛必达法则,得

$$\lim_{x\to+\infty}\dfrac{x}{\sqrt{1+x^2}}=\lim_{x\to+\infty}\dfrac{\sqrt{1+x^2}}{x}\left(\text{仍为}\dfrac{\infty}{\infty}\text{型}\right)$$

$$=\lim_{x\to+\infty}\dfrac{x}{\sqrt{1+x^2}}$$

用了两次洛必达法则又回到原极限,得不到结果,洛必达法则失效,需要寻求其他方法. 事实上,

$$\lim_{x\to+\infty}\dfrac{x}{\sqrt{1+x^2}}=\lim_{x\to+\infty}\dfrac{1}{\sqrt{\dfrac{1}{x^2}+1}}=1$$

习题 2.6

1. 用洛必达法则求下列极限.

(1) $\displaystyle\lim_{x\to 0}\dfrac{\ln(1+x)}{x}$

(2) $\displaystyle\lim_{x\to 0}\dfrac{a^x-b^x}{x}(a,b>0)$

(3) $\displaystyle\lim_{x\to 0}\dfrac{x-\sin x}{x-\tan x}$

(4) $\displaystyle\lim_{x\to a}\dfrac{\sin x-\sin a}{x-a}$

(5) $\displaystyle\lim_{x\to 0^+}\dfrac{\ln\tan 5x}{\ln\tan 2x}$

(6) $\displaystyle\lim_{x\to 1}\dfrac{x^3-1+\ln x}{e^x-e}$

(7) $\displaystyle\lim_{x\to 0}\dfrac{\ln(1+x^2)}{\sec x-\cos x}$

(8) $\displaystyle\lim_{x\to\infty}\dfrac{\ln x}{x^2}$

(9) $\displaystyle\lim_{x\to+\infty}\dfrac{e^x-x}{e^x+x}$

(10) $\displaystyle\lim_{x\to+\infty}\dfrac{e^x}{\ln x}$

(11) $\displaystyle\lim_{x\to 0}x\cot 2x$

(12) $\displaystyle\lim_{x\to\infty}x(e^{\frac{1}{x}}-1)$

(13) $\displaystyle\lim_{x\to 0}\left(\dfrac{1}{x}-\dfrac{1}{e^x-1}\right)$

(14) $\displaystyle\lim_{x\to 1}\left(\dfrac{x}{x-1}-\dfrac{1}{\ln x}\right)$

(15) $\displaystyle\lim_{x\to 0}\left(\cot x-\dfrac{1}{x}\right)$

(16) $\displaystyle\lim_{x\to 0^+}(\tan x)^{\sin x}$

(17) $\displaystyle\lim_{x\to\infty}\left(1+\dfrac{a}{x}\right)^x$

(18) $\displaystyle\lim_{x\to 0^+}x^{\ln(1+x)}$

(19) $\displaystyle\lim_{x\to 16}\dfrac{x-5\sqrt{x}+4}{x-16}$

(20) $\displaystyle\lim_{x\to\frac{\pi}{6}}\dfrac{1-2\sin x}{\sin\left(x-\dfrac{\pi}{6}\right)}$

2. 验证极限 $\lim\limits_{x\to\infty}\dfrac{x+\sin x}{x}$ 存在,但不能用洛必达法则求出.

3. 讨论函数 $f(x)=\begin{cases} x^{\sin x}, & x>0 \\ 1, & x\leqslant 0 \end{cases}$ 在 $x=0$ 处的连续性.

2.7 函数的单调性、极值与最值

学习要求

1. 掌握函数单调性的判别方法,会利用函数的单调性证明不等式.

2. 了解函数极值的概念,掌握求极值的方法.

3. 掌握函数最值的求法及其应用.

同学们在高中阶段已经学习过利用导数判别函数的单调性、求函数极值和最值,这里我们主要介绍这些方法的理论依据和更进一步的方法.

2.7.1 函数的单调性

我们先来观察一下函数 $y=f(x)$ 的单调性在几何上有什么特性. 如图 2.8 所示.

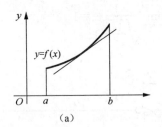

图 2.8

如果函数 $y=f(x)$ 在 $[a,b]$ 上单调增加,那么它的图形是一条沿 x 轴正向上升的曲线,曲线上除个别点外的切线斜率是正的,即 $y'=f'(x)>0$. 如果函数 $y=f(x)$ 在 $[a,b]$ 上单调减少,那么它的图形是一条沿 x 轴正向下降的曲线,曲线上除个别点外的切线斜率是负的,即 $y'=f'(x)<0$. 由此可见,函数的单调性与导数的符号有着紧密的联系,那么能否用导数的符号来判定函数的单调性呢?回答是肯定的.

定理 2.12(函数单调性的判定法) 设函数 $y=f(x)$ 在 $[a,b]$ 上连续,在 (a,b) 内可导.

(1)如果在 (a,b) 内 $f'(x)>0$,那么函数 $y=f(x)$ 在 $[a,b]$ 上单调增加;

(2)如果在 (a,b) 内 $f'(x)<0$,那么函数 $y=f(x)$ 在 $[a,b]$ 上单调减少.

【证】 (1)设 x_1、x_2 是 $[a,b]$ 上任意两点,且 $x_1<x_2$,在 $[x_1,x_2]$ 上应用拉格朗日中值定理,得

$$f'\xi=\frac{f(x_2)-f(x_1)}{x_2-x_1},\xi\in(x_1,x_2)$$

当 $f'(x)>0$ 时,$f'(\xi)>0$,于是有 $x_1<x_2$ 时,$f(x_1)<f(x_2)$,由函数单调性定义可知,$f(x)$ 在 $[a,b]$ 上单调增加.

(2)同理可证当 $f'(x)<0$ 时，$f(x)$ 在 $[a,b]$ 上单调减少.

定理 2.12 中的闭区间改为任意区间，结论仍然成立.

有些函数在它的定义域上不是单调的，但可以用导数等于 0 的点或导数不存在的点来划分函数的定义域，把函数的定义域分成若干个小区间，在这些小区间上导数或者大于 0 或者小于 0，从而可以判断函数在各个小区间上的单调性.

利用函数的单调性可以证明不等式和相关问题.

【例 2.61】 证明当 $x>0$ 时，$x>\ln(1+x)$.

【证】 设 $f(x)=x-\ln(1+x)$

$$f'(x)=1-\frac{1}{1+x}=\frac{x}{1+x}>0 \quad (x>0)$$

所以在 $(0,+\infty)$ 上，$f(x)$ 为单调增加函数. 于是当 $x>0$ 时，有 $f(x)>f(0)=0$.
即 $x-\ln(1+x)>0$.

所以 $x>\ln(1+x)$.

【例 2.62】 证明当 $0<x<\dfrac{\pi}{2}$ 时，$\sin x+\tan x>2x$.

【证】 设 $f(x)=\sin x+\tan x-2x$，得 $f(0)=0$.

$$f'(x)=\cos x+\sec^2 x-2, \quad f'(0)=0.$$

$$f''(x)=-\sin x+2\sec x\cdot\sec x\tan x=\sin x(2\sec^3 x-1)>0, \quad x\in\left(0,\frac{\pi}{2}\right)$$

所以，$f'(x)$ 在 $\left(0,\dfrac{\pi}{2}\right)$ 上是增函数，当 $x>0$ 时，$f'(x)>f'(0)=0$.

因此，$f(x)$ 在 $\left(0,\dfrac{\pi}{2}\right)$ 上是增函数，当 $x>0$ 时，$f(x)>f(0)=0$，即

$$\sin x+\tan x>2x$$

【例 2.63】 证明方程 $x^3+x-1=0$ 有且只有一个小于 1 的正实根.

【证】 在例 2.47 中用零点定理和罗尔定理对本题进行了证明. 对于本题中的唯一性还可以利用函数的单调性进行证明。在此仅就唯一性进行证明，存在性证明用零点定理同例 2.47.

设 $f(x)=x^3+x-1$，对任意实数 x，$f'(x)=3x^2+1>0$.

故 $f(x)$ 在 $(-\infty,+\infty)$ 上单调增加，因此，曲线 $y=f(x)$ 与 x 轴最多只有一个交点，也即方程 $x^3+x-1=0$ 最多只有一个实根.

2.7.2 函数的极值与求法

设函数 $y=f(x)$ 的图形如图 2.9 所示.

从图 2.9 中可以看出：在 $x=x_1$ 处，$f(x_1)$ 比 x_1 附近两侧的函数值都要小，在 $x=x_4$ 处也类似. 在 $x=x_3$ 处，$f(x_3)$ 比 x_3 附近两侧的函数值都要大，而在 $x=x_2$、$x=x_5$ 处没有出现上述情况，这种局部的最值具有重要的实际意义. 对此我们引入极值的定义.

定义 2.6 设函数 $y=f(x)$ 在点 x_0 的某邻域内有定义，如果对该邻域内任一点 $x(x\neq x_0)$，恒有

$$f(x) < f(x_0) (或 f(x) > f(x_0))$$

则称 $f(x_0)$ 为函数 $y=f(x)$ 的**极大值**（或**极小值**），点 x_0 为**极大值点**（或**极小值点**）.

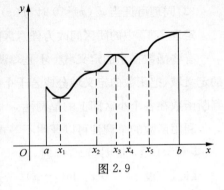

图 2.9

函数的极大值和极小值统称为**极值**，相应的极大值点和极小值点统称为**极值点**.

在图 2.9 中的点 x_1、x_4 处都取得极小值，在点 x_3 处取得极大值.

应该注意的是，极值是一个局部概念，是局部范围内的最值，而最值是一个整体概念. 由于极大值和极小值的比较范围不同，因而极大值不一定大于极小值.

从图 2.9 中还可以看出，在极值点处，或有平行于 x 轴的切线（即导数等于 0），如点 x_1、x_3；或不存在切线（即导数不存在），如点 x_4. 但同时也看到在导数等于 0 的点或者导数不存在的点也不一定就是极值点，如点 x_2 和 x_5. 因此，导数等于 0 的点和导数不存在的点仅是可能的极值点. 那么，如何寻找可能的极值点和判定是否为极值点就是需要解决的问题.

定理 2.13（极值存在的必要条件） 设函数 $y=f(x)$ 在 x_0 处可导，如果函数 $f(x)$ 在点 x_0 处取得极值，那么必有 $f'(x_0)=0$.

【证】 不妨设函数 $f(x)$ 在点 x_0 处取得极大值，由极大值定义，对任一点 $x \in \mathring{U}(x_0)$，有

$$f(x) < f(x_0)$$

于是

$$f'_-(x_0) = \lim_{x \to x_0^-} \frac{f(x) - f(x_0)}{x - x_0} \geqslant 0$$

$$f'_+(x_0) = \lim_{x \to x_0^+} \frac{f(x) - f(x_0)}{x - x_0} \leqslant 0$$

由于 $f'(x_0)$ 存在，所以 $f'_-(x_0) = f'_+(x_0) = 0$，即 $f'(x_0)=0$.

习惯上，把使得 $f'(x)=0$ 的点 $x=x_0$，称为**驻点**.

定理 2.13 表明，在导数存在的前提下，极值点必定是驻点，但驻点未必是极值点.

那么，如何判定函数在可能的极值点处是否取得极值？

定理 2.14（极值存在的第一充分条件） 设函数 $f(x)$ 在点 x_0 处连续，在点 x_0 的某去心邻域内可导.

(1) 如果 $x \in (x_0-\delta, x_0)$ 时，$f'(x) > 0$，$x \in (x_0, x_0+\delta)$ 时，$f'(x) < 0$，那么函数 $f(x)$ 在 x_0 点取得极大值 $f(x_0)$；

(2) 如果 $x \in (x_0-\delta, x_0)$ 时，$f'(x) < 0$，$x \in (x_0, x_0+\delta)$ 时，$f'(x) > 0$，那么函数 $f(x)$ 在 x_0 点取得极小值 $f(x_0)$；

(3) 如果 $x \in \mathring{U}(x_0, \delta)$ 时，$f'(x)$ 的符号保持不变，那么 $f(x)$ 在 x_0 点不取得极值.

定理 2.14 对函数的驻点和不可导点处的极值情况的判定均适用.

综上讨论，利用第一充分条件求函数 $f(x)$ 极值的一般步骤如下.

(1)求出函数的定义域；

(2)求函数的导数 $f'(x)$，并求出定义域内的所有驻点和不可导点；

(3)根据驻点和不可导点把定义域分成若干区间，列表判断各个区间的单调性，根据定理 2.14 判断驻点和不可导点是否为极值点；

(4)最后求出函数的极值．

【例 2.64】 求函数 $y=\dfrac{1}{3}x^3-2x^2+3x$ 的极值．

【解】 函数的定义域为 $(-\infty,+\infty)$．

$$y'=x^2-4x+3=(x-1)(x-3)$$

令 $y'=0$，得 $x_1=1,x_2=3$，用这两个点把定义域 $(-\infty,+\infty)$ 分成 3 个小区间，见表 2.1．

表 2.1

x	$(-\infty,1)$	1	$(1,3)$	3	$(3,+\infty)$
y'	$+$	0	$-$	0	$+$
y	↗	极大值 $\dfrac{4}{3}$	↘	极小值 0	↗

由表 2.1 可知，函数在 $x=1$ 处取得极大值 $\dfrac{4}{3}$，在 $x=3$ 处取得极小值 0．

【例 2.65】 求函数 $y=\sqrt[3]{(x-1)^2}$ 的极值．

【解】 函数的定义域为 $(-\infty,+\infty)$．

$$y'=\dfrac{2}{3\sqrt[3]{x-1}}$$

显然在 $x=1$ 处不可导，用该点把定义域 $(-\infty,+\infty)$ 分成两个区间，见表 2.2．

表 2.2

x	$(-\infty,1)$	1	$(1,+\infty)$
y'	$-$	不存在	$+$
y	↘	极小值 0	↗

由表 2.2 可知，函数在 $x=1$ 处取得极小值 0．

对于函数在驻点处是否取得极值的判定，还可以用下面的方法．

定理 2.15(极值存在的第二充分条件) 设函数 $y=f(x)$ 在点 x_0 处具有二阶导数，且 $f'(x_0)=0$，$f''(x_0)\neq 0$．

(1)如果 $f''(x_0)<0$，那么 $f(x)$ 在 x_0 处取得极大值 $f(x_0)$；

(2)如果 $f''(x_0)>0$，那么 $f(x)$ 在 x_0 处取得极小值 $f(x_0)$．

【证】 由二阶导数的定义

$$f''(x_0)=\lim_{x\to x_0}\frac{f'(x)-f'(x_0)}{x-x_0}=\lim_{x\to x_0}\frac{f'(x)}{x-x_0}$$

如果 $f''(x_0)<0$，即当 $x-x_0<0$ 时，$f'(x)>0$；当 $x-x_0>0$ 时，$f'(x)<0$，由极值存在的第一充分条件，函数 $f(x)$ 在 x_0 处取得极大值 $f(x_0)$．

如果 $f''(x_0)>0$，即当 $x-x_0<0$ 时，$f'(x)<0$；当 $x-x_0>0$ 时，$f'(x)>0$，由极值存在的第一充分条件，函数 $f(x)$ 在 x_0 处取得极小值 $f(x_0)$．

定理得证．

需要说明的是，定理 2.14、定理 2.15 虽然都是判别极值存在的充分条件，但在应用时有区别．第一充分条件对于驻点和不可导点均适用；而第二充分条件仅对满足 $f'(x_0)=0$ 且 $f''(x_0)\neq0$ 的驻点适用．当二阶导数较容易求出，并且在驻点处有 $f''(x_0)\neq0$ 时，用第二充分条件来判别极值是否存在更方便．

【例 2.66】 利用定理 2.15 求函数 $y=4x^2-2x^4$ 的极值．

【解】 函数的定义域为 $(-\infty,+\infty)$．

$$y'=8x-8x^3=8x(1-x)(1+x),\ y''=8-24x^2$$

令 $y'=0$，得 3 个驻点 $x_1=-1$、$x_2=0$、$x_3=1$．

由于 $y''(-1)=-16<0$，$y''(0)=8>0$，$y''(1)=-16<0$，由定理 2.15 可知函数 $y=4x^2-2x^4$ 在 $x_1=-1$ 处取得极大值 $f(-1)=2$；在 $x_2=0$ 处取得极小值 $f(0)=0$；在 $x_3=1$ 处取得极大值 $f(1)=2$．

2.7.3 最大值和最小值

在科学技术、经济管理及实际生活中，常常会碰到如何做才能使"产量最高"、"材料最省"、"耗时最少"、"效率最高"、"利润最大"、"成本最低"、"面积最大"等最优化问题，这些问题在数学上就归结为求某一函数（通常称为**目标函数**）的最大值和最小值问题．

1. 在闭区间 $[a,b]$ 上连续函数 $y=f(x)$ 的最大值和最小值

由闭区间上连续函数的性质可知，在 $[a,b]$ 上连续函数 $y=f(x)$ 的最大值和最小值一定存在．最值可能发生在区间的端点，也可能发生在区间的内部．而当发生在区间的内部时，最值一定是极值．因此，求闭区间 $[a,b]$ 上连续函数 $y=f(x)$ 的最值的步骤如下．

(1)求出函数 $y=f(x)$ 在 (a,b) 内所有的驻点与不可导点，并求出它们的函数值；

(2)求出两个端点处的函数值 $f(a)$ 和 $f(b)$；

(3)比较上面各函数值的大小，其中最大的就是函数 $y=f(x)$ 的最大值，最小的就是函数 $y=f(x)$ 的最小值．

【例 2.67】 求函数 $f(x)=x^3-3x^2-9x+4$ 在 $[-3,4]$ 上的最大值和最小值．

【解】 由 $f(x)=x^3-3x^2-9x+4$ 得

$$f'(x)=3x^2-6x-9=3(x-3)(x+1)$$

令 $f'(x)=0$，得驻点 $x_1=-1$、$x_2=3$．

计算可得 $f(-1)=9$，$f(3)=-23$．

又 $f(-3)=-23$，$f(4)=-16$．

所以，函数 $f(x)$ 的最大值为 9，最小值为 -23．

2. 经济问题中的最值

在实际问题中,如果 $f(x)$ 在 (a,b) 内仅有唯一的驻点 x_0,并且 $f(x)$ 在 (a,b) 内的最大值(或最小值)一定存在,那么在驻点 x_0 处取得的极大值(或极小值)$f(x_0)$ 即为所要求的最大值(或最小值).

【例 2.68】 (利润最大)已知某商品的需求函数和总成本函数分别为 $Q=1\,200-60P$,$TC=1\,000+10Q$,求利润最大时的价格(单位:元)、需求量(单位:件)和最大利润(单位:元).

【解】 价格函数

$$P=20-\frac{Q}{60}$$

总收益函数

$$TR=P\cdot Q=20Q-\frac{Q^2}{60}$$

总利润函数

$$\pi=TR-TC=10Q-\frac{Q^2}{60}-1\,000$$

令 $\dfrac{\mathrm{d}\pi}{\mathrm{d}Q}=MR-MC=10-\dfrac{Q}{30}=0$,得唯一驻点 $Q=300$.

又 $\dfrac{\mathrm{d}^2\pi}{\mathrm{d}Q^2}=-\dfrac{1}{30}<0$,故当 $Q=300$ 时取得极大值.

由于利润函数只有一个驻点且最大利润一定存在,所以 $Q=300$ 件时利润最大,这时商品的价格为

$$P=20-\frac{300}{60}=15(元)$$

最大利润为

$$\pi(300)=500(元)$$

在求解例 2.68 中用到了极值存在的必要条件和充分条件

$$\frac{\mathrm{d}\pi}{\mathrm{d}Q}=MR-MC=0 \ 和 \ \frac{\mathrm{d}^2\pi}{\mathrm{d}Q^2}<0$$

在经济学中,就是利润最大化的必要条件和充分条件,并称 $MR-MC=0$ 为厂商利润最大化或亏损最小化的基本原则.

【例 2.69】 (收益最大)某服装网店销售某款衣服,如果定价 300 元,每月可卖出 1 000 件;如果每件每降低 1 元,估计可多卖出 10 件.问每件售价为多少时可获得最大收益,每月的最大收益是多少?

【解】 设每件商品出售价为 $P(0<P\leqslant 300)$,则卖出商品件数为

$$Q=1\,000+(300-P)\times 10$$

故每周的总收益函数为

$$TR=Q\cdot P=[1\,000+10(300-P)]\cdot P=4\,000P-10P^2$$

由 $\dfrac{\mathrm{d}TR}{\mathrm{d}P}=4\,000-20P=0$,得 $P=200(元)$. 而 $\dfrac{\mathrm{d}^2TR}{\mathrm{d}P^2}\bigg|_{P=200}=-20<0$,所以 $P=200$ 为极大值点.

由于总收益函数只有一个驻点,每月的最大收益一定存在,所以价格 $P=200$ 元时的收益就是最大收益. 每月最大的总收益为

$$TR=4\,000\times200-10\times200^2=400\,000(\text{元})$$

所以,当售价为 200 元时,每月的最大收益为 400 000 元.

【例 2.70】 **(平均成本最低)** 设某企业的总成本函数为 $TC(Q)=0.3Q^2+9Q+30$,试求

(1)平均成本最低时的产出水平及最低平均成本;

(2)平均成本最低时的边际成本,并与最低平均成本作比较.

【解】 (1)由总成本函数可得平均成本函数为

$$AC=\frac{TC(Q)}{Q}=0.3Q+9+\frac{30}{Q}$$

令 $\dfrac{\mathrm{d}(AC)}{\mathrm{d}Q}=0.3-\dfrac{30}{Q^2}=0$,解得

$$Q=10(Q=-10 \text{ 舍去})$$

又 $\dfrac{\mathrm{d}^2(AC)}{\mathrm{d}Q^2}\bigg|_{Q=10}=\dfrac{60}{Q^3}\bigg|_{Q=10}>0$,故 $Q=10$ 是极小值点.

由于平均成本函数只有一个驻点且是极小值点,所以,当产出水平 $Q=10$ 时,平均成本最低. 最低平均成本为 $AC\big|_{Q=10}=0.3\times10+9+\dfrac{30}{10}=15$.

(2)由总成本函数得边际成本函数为

$$MC=0.6Q+9$$

平均成本最低时的产出水平 $Q=10$,这时的边际成本为

$$MC\big|_{Q=10}=0.6\times10+9=15$$

由以上计算可知,平均成本最低时的边际成本与最低平均成本相等,都为 15. 这个结果不是偶然的. 事实上,当平均成本最小时

$$\frac{\mathrm{d}(AC)}{\mathrm{d}Q}=\frac{\mathrm{d}\left(\dfrac{TC(Q)}{Q}\right)}{\mathrm{d}Q}=\frac{Q\cdot MC-TC(Q)}{Q^2}=0$$

得

$$\frac{MC}{Q}=\frac{TC(Q)}{Q^2}$$

即

$$MC=AC$$

所以,在产出水平 Q 能使平均成本最低时,必然有平均成本等于边际成本.

习题 2.7

1. 确定下列函数的单调区间.

(1)$f(x)=x^3-3x^2-45x+1$ 　　　　　　　　　　　　(2)$y=2x^2-\ln x$

(3) $y=\dfrac{x^2}{1+x}$ 　　　　　　　　　　(4) $y=\dfrac{2}{3}x-\sqrt[3]{x^2}$

2. 利用函数的单调性证明下列不等式.

(1) $1+\dfrac{x}{2}>\sqrt{1+x}\,(x>0)$ 　　　　(2) $e^x\geqslant 1+x$

(3) $\ln\left(1+\dfrac{1}{x}\right)>\dfrac{1}{1+x}\,(x>0)$ 　　(4) $x-\dfrac{1}{3}x^3<\arctan x<x\,(x>0)$

(5) $x-\dfrac{x^3}{6}<\sin x\left(0<x<\dfrac{\pi}{2}\right)$ 　　(6) $2^x>x^2\,(x>4)$

3. 求下列函数的极值.

(1) $y=3x-x^2$ 　　　　(2) $y=x-\ln(1+x)$ 　　　　(3) $y=x+\sqrt{2-x}$

(4) $y=x^2-e^{-x}$ 　　　　(5) $y=\dfrac{x^2}{1+x}$ 　　　　(6) $y=\dfrac{\ln^2 x}{x}$

4. 求下列函数在给定区间上的最值.

(1) $y=x^4-8x^2+2,[-1,3]$ 　　　　(2) $y=\ln(1+x^2),[-1,2]$

(3) $y=x+\sqrt{1-x},[-5,1]$ 　　　　(4) $y=x^2+\dfrac{16}{x},(0,+\infty)$

5. 已知某产品的总成本函数为

$$TC(x)=2\,500+2x+0.01x^2$$

问产量多大时,平均成本达到最低? 求最低平均成本.

6. 设生产某产品 x 台的总成本函数、价格函数分别为

$$TC(x)=2\,000+10x \text{ 和 } P=800-x\,(\text{单位:元})$$

(1) 求总收入函数 $TR(x)$、总利润函数 $\pi(x)$;

(2) 为使利润最大化,需要生产并销售多少台? 最大利润为多少?

(3) 求利润最大时的销售价格.

7. 如果在第 6 题中的总成本函数、价格函数分别为

$$TC(x)=\dfrac{1}{4}x^2+4\,000 \text{ 和 } P=150-0.5x\,(\text{单位:元})$$

求解相同问题.

8. 设某商品的需求量 Q 是价格 P 的函数

$$Q=75-P^2$$

问 P 为何值时,总收益最大?

9. 某商品的价格函数为 $P=7-0.2x(\text{万元/吨})$,x 表示商品的销售量,总成本函数为

$$TC(x)=1+3x\,(\text{单位:万元})$$

(1) 如果每销售 1 吨商品,政府要收税 t(单位:万元),求该商家获得最大利润时的销售量;

(2) 在企业获得最大利润的条件下,t 为何值时,政府税收总额最大?

10. 某电影院统计了近期该影院的票房、观众观影人次和成本情况,如果票价为 30 元,则每周观

影平均 1 200 人次;如果票价降低 1 元,则观影人次将增加 100;每周固定成本为 2 000 元,观众每增加 1 人将增加 1 元的服务成本;为使利润达到最大,问票价应定为多少?

2.8 曲线的凹凸性、拐点及函数作图

学习要求

1. 会用导数判断函数图形的凹凸性.

2. 会求函数曲线的拐点,会求曲线的渐近线.

3. 会用导数综合研究函数的单调性、凹凸性、极值、拐点和渐近线,描绘一些简单函数的图形.

2.8.1 曲线的凹凸性、拐点

从本章 2.7 节图 2.8 中可以看出,两条曲线不仅单调性不同,而且曲线的弯曲方向也不同. 所以,为了准确地描绘函数的图形,仅知道函数的单调性和极值、最值是不够的,还应知道曲线的弯曲方向以及不同弯曲方向的分界点. 这就是本节要研究的曲线的凹凸性与拐点.

定义 2.7 设函数 $y = f(x)$ 在区间 (a, b) 内可导,如果曲线 $y = f(x)$ 上每一点处的切线都位于该曲线的下方,则称曲线 $y = f(x)$ 在区间 (a, b) 内是**凹**的,并称该区间为**凹区间**,记为"$\cup$";如果曲线 $y = f(x)$ 上每一点处的切线都位于该曲线的上方,则称曲线 $y = f(x)$ 在区间 (a, b) 内是**凸**的,并称该区间为**凸区间**,记为"$\cap$".

从图 2.10 可以看出,曲线弧 $\overparen{AM_0}$ 是凸的,曲线弧 $\overparen{M_0B}$ 凹的.

曲线的凸或凹称为曲线的**凸性**,如何判别曲线的凸性?

观察图 2.10,曲线弧 $\overparen{AM_0}$ 上每一点的切线的斜率随 x 的增大而减小,也就是 $f'(x)$ 是单调减少函数,如果 $f(x)$ 存在二阶导数,那么 $f''(x) < 0$;曲线弧 $\overparen{M_0B}$ 上每一点的切线的斜率随 x 的增大而增大,也就是 $f'(x)$ 是单调增加函数,如果 $f(x)$ 存在二阶导数,那么 $f''(x) > 0$. 因此,可以类似于函数单调性的判

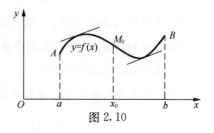

图 2.10

别,考虑利用函数的二阶导数判别曲线的凸性. 这里不加证明地直接给出判定定理.

定理 2.16 设函数 $y = f(x)$ 在区间 (a, b) 内具有二阶导数,如果在 (a, b) 内恒有 $f''(x) > 0$,那么曲线 $y = f(x)$ 在 (a, b) 内是凹的;如果在 (a, b) 内恒有 $f''(x) < 0$,那么曲线 $y = f(x)$ 在 (a, b) 内是凸的.

如果把定理中的区间改为无穷区间,结论仍然成立.

【例 2.71】 判别曲线 $y = x - \ln(1 + x)$ 的凹凸性.

【解】 函数的定义域为 $(-1, +\infty)$.

$$y' = 1 - \frac{1}{1+x}, \quad y'' = \frac{1}{(1+x)^2}$$

由于在 $(-1, +\infty)$ 内恒有 $y'' > 0$,故曲线 $y = x - \ln(1 + x)$ 在 $(-1, +\infty)$ 内是凹的.

【例 2.72】　判别曲线 $y=x^3$ 的凹凸性.

【解】　函数的定义域为 $(-\infty,+\infty)$.

$$y'=3x^2,y''=6x$$

令 $y''=6x=0$,得 $x=0$.

由于在 $(-\infty,0)$ 内恒有 $y''<0$,而在 $(0,+\infty)$ 上恒有 $y''>0$,故曲线 $y=x^3$ 在 $(-\infty,0)$ 内是凸的,而在 $(0,+\infty)$ 内是凹的(如图 2.11 所示).

点 $(0,0)$ 为曲线 $y=x^3$ 由凸变凹的分界点. 这种曲线凹凸的分界点,就是拐点.

定义 2.8　如果连续曲线 $y=f(x)$ 上的点 (x_0,y_0) 的一侧是凹的,而另一侧是凸的,那么称点 (x_0,y_0) 是曲线 $y=f(x)$ 的**拐点**.

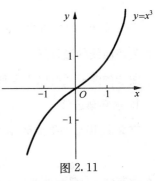

图 2.11

由于拐点是曲线凹凸的分界点,所以拐点附近左右两侧的 $f''(x)$ 必然异号,曲线拐点的横坐标 x_0 只可能是使 $f''(x)=0$ 的点或 $f''(x)$ 不存在的点. 因此,判别曲线的凹凸性与求拐点的一般步骤如下.

(1)写出函数的定义域;

(2)求函数的二阶导数 $f''(x)$,求出在定义域内使 $f''(x)=0$ 的点和 $f''(x)$ 不存在的点;

(3)以求出的点为分界点,把定义域分成若干区间并列表,然后根据定理 2.16 判别各区间的凹凸性,并根据拐点的定义判定是否为拐点.

【例 2.73】　求曲线 $y=x^4-2x^3+1$ 的凹凸区间及拐点.

【解】　函数的定义域为 $(-\infty,+\infty)$.

$$y'=4x^3-6x^2,y''=12x^2-12x=12x(x-1)$$

令 $y''=0$ 得 $x_1=0,x_2=1$. 见表 2.3.

表 2.3

x	$(-\infty,0)$	0	$(0,1)$	1	$(1,+\infty)$
y''	+	0	−	0	+
y	∪	拐点 $(0,1)$	∩	拐点 $(1,0)$	∪

由表 2.3 可知,函数的凹区间为 $(-\infty,0)$ 和 $(1,+\infty)$,凸区间为 $(0,1)$,拐点为 $(0,1)$、$(1,0)$.

【例 2.74】　求曲线 $y=1-\sqrt[3]{x-1}$ 的凹凸区间及拐点.

【解】　函数的定义域为 $(-\infty,+\infty)$.

$$y'=-\frac{1}{3\sqrt[3]{(x-1)^2}},y''=\frac{2}{9\sqrt[3]{(x-1)^5}}$$

当 $x=1$ 时,y'' 不存在,见表 2.4.

表 2.4

x	$(-\infty,1)$	1	$(1,+\infty)$
y''	−	不存在	+
y	∩	拐点 $(1,1)$	∪

由表 2.4 可知,函数的凹区间为 $(1,+\infty)$,凸区间为 $(-\infty,1)$,拐点为 $(1,1)$.

2.8.2　曲线的渐近线

为了较为准确地描绘函数的图形,我们还应该知道函数的曲线在无穷远处的变化趋势. 例如,函数 $y=\dfrac{1}{x}$,当 $x \to \infty$ 时,曲线无限逼近于 x 轴;当 $x \to 0$ 时,曲线无限逼近于 y 轴,这里 x 轴、y 轴就是曲线 $y=\dfrac{1}{x}$ 的两条渐近线. 一般定义如下.

定义 2.9　如果曲线上的点 P 沿曲线趋于无穷远时,点 P 与某条直线的距离趋于零,那么称这条直线为该曲线的**渐近线**.

曲线的渐近线有以下 3 种情况.

1. 水平渐近线

定义 2.10　如果函数 $y=f(x)$ 的定义域是无穷区间,且有

$$\lim_{x \to +\infty} f(x)=C \text{ 或 } \lim_{x \to -\infty} f(x)=C (C \text{ 为常数})$$

那么称直线 $y=C$ 为曲线 $y=f(x)$ 的**水平渐近线**.

例如,曲线 $y=\dfrac{1}{x}$,由于 $\lim\limits_{x \to \infty} \dfrac{1}{x}=0$,所以曲线 $y=\dfrac{1}{x}$ 有一条水平渐近线 $y=0$. 再如,曲线 $y=\arctan x$,由于 $\lim\limits_{x \to +\infty} \arctan x=\dfrac{\pi}{2}$ 或 $\lim\limits_{x \to -\infty} \arctan x=-\dfrac{\pi}{2}$,所以 $y=\dfrac{\pi}{2}$ 和 $y=-\dfrac{\pi}{2}$ 为曲线 $y=\arctan x$ 的两条水平渐近线.

2. 垂直渐近线

定义 2.11　如果函数 $y=f(x)$ 在 $x=x_0$ 处间断,且有

$$\lim_{x \to x_0^-} f(x)=\infty \text{ 或 } \lim_{x \to x_0^+} f(x)=\infty$$

那么称直线 $x=x_0$ 为曲线 $y=f(x)$ 的**垂直渐近线**.

例如,曲线 $y=\dfrac{1}{x}$,由于 $\lim\limits_{x \to 0} \dfrac{1}{x}=\infty$,所以曲线 $y=\dfrac{1}{x}$ 有一条垂直渐近线 $x=0$. 再如,曲线 $y=\ln(1+x)$,由于 $\lim\limits_{x \to -1^+} \ln(1+x)=\infty$,所以曲线 $y=\ln(1+x)$ 有一条垂直渐近线 $x=-1$.

3. 斜渐近线

定义 2.12　如果函数 $y=f(x)$ 的定义域是无穷区间,且有

(1) $\lim\limits_{x \to \infty} \dfrac{f(x)}{x}=a$;

(2) $\lim\limits_{x \to \infty}[f(x)-ax]=b$

那么称直线 $y=ax+b$ 为曲线 $y=f(x)$ 的**斜渐近线**.

【例 2.75】　求曲线 $y=\dfrac{x^3}{x^2+2x-3}$ 的渐近线.

【解】　由于 $\lim\limits_{x \to \infty} \dfrac{f(x)}{x}=\lim\limits_{x \to \infty} \dfrac{x^2}{x^2+2x-3}=1$

$$\lim_{x \to \infty}[f(x)-x]=\lim_{x \to \infty}\left(\frac{x^3}{x^2+2x-3}-x\right)=-2$$

故该曲线有斜渐近线 $y=x-2$.

又由于 $\lim\limits_{x \to -3}\dfrac{x^3}{x^2+2x-3}=\infty,\lim\limits_{x \to 1}\dfrac{x^3}{x^2+2x-3}=\infty$

故直线 $x=-3$ 和 $x=1$ 是该曲线的两条垂直渐近线.

2.8.3　函数作图

为了更准确、更全面地描绘曲线,我们必须确定出反映曲线主要特征的点与线. 一般有以下步骤.

(1)确定函数的定义域与值域;

(2)讨论函数的奇偶性与周期性;

(3)确定函数的单调区间与极值点、凹凸区间与拐点;

(4)考察曲线的渐近线;

(5)取辅助点,如取曲线与坐标轴的交点等;

(6)根据以上步骤,描点作出函数的图形.

【例 2.76】　作函数 $y=2x^3-3x^2$ 的图形.

【解】　(1)函数的定义域为 $(-\infty,+\infty)$、值域为 $(-\infty,+\infty)$.

(2)函数无奇偶性,也无周期性.

(3)$y'=6x^2-6x=6x(x-1)$,令 $y'=0$,得驻点 $x_1=0,x_2=1$.

$y''=12x-6=6(2x-1)$,令 $y''=0$,得 $x=\dfrac{1}{2}$.

以 $0,\dfrac{1}{2},1$ 分割区间,见表 2.5.

表2.5

x	$(-\infty,0)$	0	$\left(0,\dfrac{1}{2}\right)$	$\dfrac{1}{2}$	$\left(\dfrac{1}{2},1\right)$	1	$(1,+\infty)$
y'	+	0	−	−	−	0	+
y''	−	−	−	0	+	+	+
y	↗∩	极大值 0	↘∩	拐点 $\left(\dfrac{1}{2},-\dfrac{1}{2}\right)$	↘∪	极小值 −1	↗∪

(4)无渐近线.

(5)辅助点:$\left(-\dfrac{1}{2},-1\right),(0,0),\left(\dfrac{3}{2},0\right)$.

(6)描点作图,得函数的图形,如图 2.12 所示.

【例 2.77】　作函数 $y=\dfrac{1}{\sqrt{2\pi}}\mathrm{e}^{-\frac{x^2}{2}}$ 的图形.

【解】 (1)函数的定义域为$(-\infty,+\infty)$.

(2)该函数为偶函数,它的图形关于y轴对称.

(3)$y'=-\dfrac{1}{\sqrt{2\pi}}xe^{\frac{x^2}{2}}$,令$y'=0$,得$x=0$.

$y''=\dfrac{1}{\sqrt{2\pi}}(x^2-1)e^{\frac{x^2}{2}}$,令$y''=0$,得$x=\pm1$.

列表讨论,见表 2.6(仅讨论 $x\geqslant0$ 的部分).

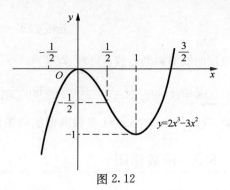

图 2.12

表 2.6

x	0	$(0,1)$	1	$(1,+\infty)$
y'	0	$-$	$-$	$-$
y''	$-$	$-$	0	$+$
y	极大值 $\dfrac{1}{\sqrt{2\pi}}$	$\searrow\cap$	拐点 $\left(1,\dfrac{1}{\sqrt{2\pi}}e^{-\frac{1}{2}}\right)$	$\nearrow\cup$

(4)渐近线.

由 $\displaystyle\lim_{x\to\infty}\dfrac{1}{\sqrt{2\pi}}e^{\frac{x^2}{2}}=0$,可知 $y=0$ 为曲线的水平渐近线.

(5)取辅助点:$M_1\left(0,\dfrac{1}{\sqrt{2\pi}}\right)$,$M_2\left(1,\dfrac{1}{\sqrt{2\pi}}e^{-\frac{1}{2}}\right)$,$M_3\left(2,\dfrac{1}{\sqrt{2\pi}}e^{-2}\right)$.

(6)描出这些点,根据函数的单调性和曲线的凹凸性作出函数 $y=\dfrac{1}{\sqrt{2\pi}}e^{\frac{x^2}{2}}$ 在$[0,+\infty)$上的图形;

再利用图形的对称性,作出函数在$(-\infty,0]$上的图形(如图 2.13 所示).

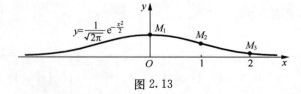

图 2.13

该曲线在概率统计中称为标准正态分布曲线.

【例 2.78】 作函数 $y=\dfrac{4(x+1)}{x^2}-2$ 的图形.

【解】 (1)函数的定义域为$(-\infty,0)\bigcup(0,+\infty)$.

(2)函数为非奇非偶函数.

(3)$y'=-\dfrac{4(x+2)}{x^3}$,令 $y'=0$,得 $x=-2$.

$y''=\dfrac{8(x+3)}{x^4}$,令 $y''=0$,得 $x=-3$.

列表讨论,见表 2.7.

表2.7

x	$(-\infty,-3)$	-3	$(-3,-2)$	-2	$(-2,0)$	0	$(0,+\infty)$
y'	$-$	$-$	$-$	0	$+$	不存在	$-$
y''	$-$	0	$+$	$+$	$+$	不存在	$+$
y	↘∩	拐点 $\left(-3,-2\dfrac{8}{9}\right)$	↘U	极小值 -3	↗U		↘U

(4)渐近线.

由于 $\lim\limits_{x\to\infty}\left[\dfrac{4(x+1)}{x^2}-2\right]=-2$,所以直线 $y=-2$ 是曲线的

水平渐近线.

又 $\lim\limits_{x\to 0}\left[\dfrac{4(x+1)}{x^2}-2\right]=\infty$,所以直线 $x=0$ 是曲线的垂直

渐近线.

(5)取辅助点:$M_1(1-\sqrt{3},0)$,$M_2(1+\sqrt{3},0)$,$M_3(1,6)$,

$M_4\left(4,-\dfrac{3}{4}\right)$.

(6)描出以上点,作出函数的图形(如图2.14所示).

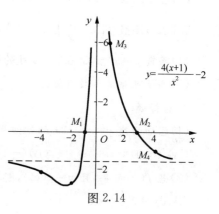

图 2.14

习题 2.8

1. 求下列函数的凹凸区间及拐点.

(1)$y=x+\dfrac{1}{x}$

(2)$y=x^3-3x^2+4x+2$

(3)$y=\mathrm{e}^{-x^2}$

(4)$y=x\mathrm{e}^{-x}$

(5)$y=\ln(2+x^2)$

(6)$y=\dfrac{x}{(x+1)^2}$

2. 求下列曲线的渐近线.

(1)$y=x+\dfrac{1}{x}$

(2)$y=\dfrac{\mathrm{e}^x}{1+x}$

(3)$y=\dfrac{1}{x}\ln(1+x)$

(4)$y=\dfrac{x^3}{(1-x)^2}$

3. 作出下列函数的图形.

(1)$y=\dfrac{1}{3}x^3-x^2-3x+1$

(2)$y=\dfrac{x^2}{x+1}$

第2章 复习题

(A)组

1. 填空题.

(1) 已知 $f'(3)=2$, 则 $\lim\limits_{h\to 0}\dfrac{f(3-h)-f(3)}{2h}=$ _____ .

(2) 已知函数 $f(x)=1+x^2$, 则 $f'[f(x)]=$ _____ .

(3) 已知函数 $f\left(x+\dfrac{1}{x}\right)=x^2+\dfrac{1}{x^2}$, 则 $f'(x)=$ _____ .

(4) 函数 $y=x^3-3x$ 在 $x=2$ 处的切线方程为 _____ .

(5) 函数可导是函数可微的 _____ 条件.

2. 选择题.

(1) 已知曲线 $y=x^2-2x$ 的切线平行于 x 轴, 则切点为 ( ).

(A) $(0,0)$ (B) $(-1,3)$ (C) $(1,-1)$ (D) $(2,0)$

(2) 若 $f(u)$ 可导, 且 $y=f(\mathrm{e}^x)$, 则有 ( ).

(A) $\mathrm{d}y=f'(\mathrm{e}^x)\mathrm{d}x$ (B) $\mathrm{d}y=f'(\mathrm{e}^x)\mathrm{d}\mathrm{e}^x$

(C) $\mathrm{d}y=[f(\mathrm{e}^x)]'\mathrm{d}\mathrm{e}^x$ (D) $\mathrm{d}y=[f(\mathrm{e}^x)]'\mathrm{e}^x\mathrm{d}\mathrm{e}^x$

(3) 函数 $f(x)$ 在点 $x=x_0$ 取得极大值, 则必有 ( ).

(A) $f'(x_0)=0$ (B) $f''(x_0)<0$

(C) $f'(x_0)=0$ 且 $f''(x_0)<0$ (D) $f'(x_0)=0$ 或在 $x=x_0$ 不可导

(4) 下面关于函数可导与连续的关系正确的说法是 ( ).

(A) 可导必连续   (B) 连续必可导

(C) 不可导必不连续   (D) 可导未必连续

(5) 已知函数 $f(x)=\begin{cases} x^2, & x\leqslant 1 \\ ax+b, & x>1 \end{cases}$ 在 $x=1$ 处可导, 则 a,b 的值为 ( ).

(A) $a=2,b=-1$ (B) $a=1,b=1$ (C) $a=2,b=2$ (D) $a=1,b=2$

3. 求曲线 $y=\sqrt[3]{x}$ 在 $x=8$ 处的切线方程和法线方程.

4. 过曲线 $y=x^2$ 上的一点 P 的切线与直线 $x+y-1=0$ 垂直, 求 P 点的坐标.

5. 设函数 $f(x)=\begin{cases} \dfrac{3}{2}+x, & x<1 \\ 2+\dfrac{1}{2}x^2, & x\geqslant 1 \end{cases}$, 讨论函数在 $x=1$ 处的连续性和可导性.

6. 讨论函数 $f(x)=\sqrt[3]{x^2}$ 在 $x=0$ 处的连续性和可导性.

7. 计算下列函数的导数和微分.

(1) $y=\sqrt{x}+\sqrt[4]{x^3}+1$ (2) $y=\dfrac{1-\ln x}{1+\ln x}$ (3) $y=\tan x-x\cot x$

(4)$y = x\ln x + \dfrac{\sin x}{x}$ (5)$y = \ln \sqrt{x^2+1}$ (6)$y = \arctan^2(e^{3x})$

8. 求下列方程所确定的隐函数 $y = y(x)$ 的导数 y' 和微分 dy:

(1)$\sin xy = y + x$ (2)$x^2 + \dfrac{1}{y} = \arctan y$

(3)$y\sin x = \cos(x-y)$ (4)$\arctan \dfrac{x}{y} = \ln \sqrt{x^2+y^2}$

9. 用对数求导法求下列函数的导数.

(1)$y = \sqrt[3]{\dfrac{x(x^2+1)^2}{x^2-1}}$ (2)$y = x^{2x} + x^{\cos x}$ (3)$y = \left(\dfrac{1-x}{x}\right)^x$

10. 用洛必达法则求下列极限.

(1)$\lim\limits_{x \to 0} \dfrac{e^x - e^{-x}}{\sin x}$ (2)$\lim\limits_{x \to \frac{\pi}{2}} \dfrac{\ln \sin x}{(\pi - 2x)^2}$ (3)$\lim\limits_{x \to \infty} \dfrac{\ln(1+x^2)}{x^2}$

(4)$\lim\limits_{x \to 1}\left(\dfrac{2}{x^2-1} - \dfrac{1}{x-1}\right)$ (5)$\lim\limits_{x \to 0} \dfrac{2^x - 2^{\sin x}}{x^3}$ (6)$\lim\limits_{x \to 0^+} x^{\sin x}$

(7)$\lim\limits_{x \to 0} x^2 e^{\frac{1}{x^2}}$ (8)$\lim\limits_{x \to 0^+} e^{-\frac{1}{x}} \ln x$ (9)$\lim\limits_{x \to e} (\ln x)^{\frac{1}{1-\ln x}}$

11. 研究下列函数的单调性、凹凸性、极值、拐点.

(1)$y = 2x^3 - 6x^2 - 18x - 7$ (2)$y = x^2 - \ln x$

(3)$y = \ln(x^2+1)$ (4)$y = xe^{-x}$

12. 求下列曲线的渐近线.

(1)$y = \dfrac{x^2 - 3x + 2}{x^2 - 1}$ (2)$y = x + e^{-x}$ (3)$y = \sqrt{1+x^2}$

13. 证明下列不等式.

(1)当 $x > 0$ 时,$1 + \dfrac{1}{2}x > \sqrt{1+x}$;

(2)当 $x > 0$ 时,$(1+x)\ln(x+1) > \arctan x$.

14. 商场销售某商品的价格函数为 $P = e^{-x}$(x 为销售量),求收入最大时的商品价格.

15. 设某商品的总成本函数为

$$TC(x) = 0.5x^2 + 36x + 9\,800(单位:元)$$

求平均成本最小时的产量 x 以及最小平均成本.

16. 设某企业的总利润函数为

$$\pi(x) = 10 + 2x - 0.1x^2$$

求使总利润最大时的产量 x 以及最大总利润.

17. 设某厂生产的某种产品的销售总收益和总成本分别为

$$TR(x) = 2\sqrt{x} \text{ 和 } TC(x) = 1 + \dfrac{1}{16}x^2$$

求使总利润最大时的产量 x 以及最大总利润.

(B)组

1.(2011年数学三)已知函数 $f(x)$ 在 $x=0$ 可导,且 $f(0)=0$,则 $\lim\limits_{x \to 0} \dfrac{x^2 f(x) - 2f(x^3)}{x^3}=($ $)$.

(A)$-2f'(0)$ (B)$-f'(0)$ (C)$f'(0)$ (D)0

2.(2012年数学三)设函数 $f(x)=(e^x-1)(e^{2x}-2)\cdots(e^{nx}-n)$,其中 n 为正整数,则 $f'(0)=($ $)$.

(A)$(-1)^{n-1}(n-1)!$ (B)$(-1)^n(n-1)!$ (C)$(-1)^{n-1}n!$ (D)$(-1)^n n!$

3.(2010年数学三)设 $f(x)=\ln^{10}x$,$g(x)=x$,$h(x)=e^{\frac{x}{10}}$,则当 x 充分大时,有($ $).

(A)$g(x)<h(x)<f(x)$ (B)$h(x)<g(x)<f(x)$

(C)$f(x)<g(x)<h(x)$ (D)$g(x)<f(x)<h(x)$

4.(2010年数学三)求极限 $\lim\limits_{x \to 0}\left[\dfrac{1}{x}-\left(\dfrac{1}{x}-a\right)e^x\right]=1$,则 $a=($ $)$.

(A)0 (B)1 (C)2 (D)3

5.(2010年数学三)设函数 $f(x)$、$g(x)$ 具有二阶导数,且满足 $g''(x)$ 小于零,$g(x_0)=a$ 是 $g(x)$ 的极值,则 $f[g(x)]$ 在 x_0 取得极大值的一个充分条件是($ $).

(A)$f'(a)<0$ (B)$f'(a)>0$ (C)$f''(a)<0$ (D)$f''(a)>0$

6.(2012年数学三)曲线 $y=\dfrac{x^2+x}{x^2-1}$ 渐近线的条数为($ $).

(A)0 (B)1 (C)2 (D)3

7.(2014年数学三)下列曲线有渐近线的是($ $).

(A)$y=x+\sin x$ (B)$y=x^2+\sin x$

(C)$y=x+\sin\dfrac{1}{x}$ (D)$y=x^2+\sin\dfrac{1}{x}$

8.(2014年数学三)设 $P(x)=a+bx+cx^2+dx^3$,当 $x \to 0$ 时,若 $P(x)-\tan x$ 是比 x^3 高阶的无穷小,则下列选项中错误的是($ $).

(A)$a=0$ (B)$b=1$ (C)$c=0$ (D)$d=\dfrac{1}{6}$

9.(2014年数学三)设函数 $f(x)$ 具有二阶导数,$g(x)=f(0)(1-x)+f(1)x$,则在区间 $[0,1]$ 上($ $).

(A)当 $f'(x) \geqslant 0$ 时,$f(x) \geqslant g(x)$ (B)当 $f'(x) \geqslant 0$ 时,$f(x) \leqslant g(x)$

(C)当 $f''(x) \geqslant 0$ 时,$f(x) \geqslant g(x)$ (D)当 $f''(x) \geqslant 0$ 时,$f(x) \leqslant g(x)$

10.(2013年数学三)设曲线 $y=f(x)$ 和 $y=x^2-x$ 在点 $(1,0)$ 处有公共的切线,则 $\lim\limits_{n \to \infty} nf\left(\dfrac{n}{n+2}\right)=$ _____.

11.(2011年数学三)设 $f(x)=\lim\limits_{t \to 0}x(1+3t)^{\frac{x}{t}}$,则 $f'(x)=$ _____.

12.(2011年数学三)曲线 $\tan\left(x+y+\dfrac{\pi}{4}\right)=e^y$ 在点 $(0,0)$ 处的切线方程为 _____.

13. (2010 年数学三)若曲线 $y=x^3+ax^2+bx+1$ 有拐点 $(-1,0)$,则 $b=$ _____ .

14. (2012 年数学三)$\lim\limits_{x\to\frac{\pi}{4}}(\tan x)^{\frac{1}{\cos x-\sin x}}=$ _____ .

15. (2014 年数学三)设某商品的需求函数为 $Q=40-2P$(P 为商品价格),则该商品的边际收益为 _____ .

16. (2009 年数学三)设某产品的需求函数为 $Q=Q(P)$,其对应的价格 P 的弹性 $\xi_P=0.2$,则当需求为 10 000 件时,价格增加 1 元会使产品收益增加 _____ 元.

17. (2012 年数学三)求极限 $\lim\limits_{x\to0}\dfrac{\mathrm{e}^{x^2}-\mathrm{e}^{2-2\cos x}}{x^4}$.

18. (2011 年数学三)求极限 $\lim\limits_{x\to0}\dfrac{\sqrt{1+2\sin x}-x-1}{x\ln(1+x)}$.

19. (2012 年数学三)设函数 $f(x)=\begin{cases}\ln\sqrt{x},&x\geqslant1\\2x-1,&x<1\end{cases}$,$y=f[f(x)]$,求 $\left.\dfrac{\mathrm{d}y}{\mathrm{d}x}\right|_{x=\mathrm{e}}$

20. (2013 年数学三)设生产某产品的固定成本为 60 000 元,可变成本为 20 元/件,价格函数 $P=60-\dfrac{Q}{1\,000}$(P 是单价,单位:元;Q 是销量,单位:件)已知产销平衡. 求:

(1)该商品的边际利润;

(2)当 $P=50$ 时的边际利润,并解释其经济意义;

(3)使得利润最大的定价 P.

21. (2013 年数学三)当 $x\to0$ 时,$1-\cos x\cdot\cos 2x\cdot\cos 3x$ 与 ax^n 为等价无穷小,求 n 与 a 的值.

22. (2011 年数学三)证明 $4\arctan x-x+\dfrac{4}{3}\pi-\sqrt{3}=0$ 恰有两个实根.

23. (2012 年数学三)证明 $x\ln\dfrac{1+x}{1-x}+\cos x\geqslant1+\dfrac{x^2}{2}$,$(-1<x<1)$.

24. (2013 年数学三)设函数 $f(x)$ 在 $[0,+\infty)$ 上可导,$f(0)=0$ 且 $\lim\limits_{x\to+\infty}f(x)=2$. 证明:

(1)存在 $a>0$,使得 $f(a)=1$;

(2)对(1)中的 a,存在 $\xi\in(0,a)$,使得 $f'(\xi)=\dfrac{1}{a}$.

25. (2010 年数学三)设函数 $f(x)$ 在闭区间 $[0,3]$ 上连续,在开区间 $(0,3)$ 内二阶可导,且

$$2f(0)=\int_0^2 f(x)\mathrm{d}x=f(2)+f(3)$$

(1)证明存在 $\eta\in(0,2)$,使 $f(\eta)=f(0)$.

(2)证明存在 $\xi\in(0,3)$,使 $f''(\xi)=0$.

26. (2009 年数学三)(1)证明拉格朗日中值定理:若函数 $f(x)$ 在 $[a,b]$ 上连续,在 (a,b) 内可导,则存在 $\xi\in(a,b)$,使得 $f(b)-f(a)=f'(\xi)(b-a)$.

(2)证明若函数 $f(x)$ 在 $x=0$ 连续,在 $(0,\delta)$($\delta>0$)内可导,且 $\lim\limits_{x\to0^+}f'(x)=A$,则 $f'_+(0)$ 存在,且 $f'_+(0)=A$.

第3章

一元函数积分学
——不定积分、定积分及其应用

积分是微积分学的另一个重要概念,在科学技术和经济管理等领域有着广泛的应用. 在一元函数积分学中,包括不定积分和定积分两个部分. 不定积分主要解决已知某个函数的导数(或微分)求这个函数的问题,是求导数(或微分)的逆运算. 定积分则主要解决求平面图形的面积、立体的体积、变速直线运动的路程和经济函数的总量等问题. 表面上看,不定积分和定积分是两个独立的不相关的概念,但在 17 世纪,牛顿和莱布尼兹分别发现了不定积分和定积分的内在联系——微积分基本公式,大大简化了定积分的计算,推动了微积分的发展. 本章将从导数(或微分)的逆运算入手,介绍不定积分的概念、性质和计算方法. 在研究曲边梯形的面积等问题的基础上,介绍定积分的概念和性质、不定积分与定积分的关系、定积分的计算方法以及定积分在几何问题和经济问题中的应用.

3.1 不定积分的概念与性质

学习要求

1. 了解原函数与不定积分的概念.

2. 熟练掌握不定积分的性质和基本积分公式.

3. 能根据不定积分的概念,求一些简单函数的不定积分.

在微分学中,主要研究求已知函数的导数(或微分)的问题. 但是,在科学技术和经济问题中,经常需要解决与求导数(或微分)相反的问题.

例如,已知曲线 $y=x^2+1$,求该曲线在任一点 x 处切线的斜率,即 $y'=2x$. 反过来,如果已知某曲线在任一点 x 处的切线斜率为 $2x$,求该曲线的方程.

再如,已知某产品的总成本 TC 是其产量 Q 的函数 $TC=TC(Q)$,求该产品成本关于产量的变化率(边际成本)MC. 反过来,如果已知成本的变化率 MC,求该产品的成本函数 $TC=TC(Q)$.

这些反过来的问题可以归结为:已知某个函数的导数(或微分),求这个函数. 这类问题就是积分学要解决的原函数问题.

3.1.1 原函数和不定积分的概念

定义 3.1 设函数 $f(x)$ 定义在区间 I 上,如果存在一个函数 $F(x)$,对任意的 $x\in I$,都有

$$F'(x)=f(x) \text{ 或 } dF(x)=f(x)dx$$

那么称 $F(x)$ 为 $f(x)$ 在区间 I 上的一个**原函数**.

一个函数具备什么条件,其原函数一定存在? 这里先介绍一个结论,具体讨论将在本章定积分部分进行.

定理 3.1(原函数存在定理) 如果函数 $f(x)$ 在区间 I 上连续,那么在区间 I 上 $f(x)$ 一定存在原函数.

这是原函数存在的一个充分条件. 简单地说,连续函数一定有原函数. 因此,初等连续函数的原函数一定存在. 例如,因为 $\cos x$ 在区间 R 上连续,且 $(\sin x)' = \cos x$,所以 $\sin x$ 是 $\cos x$ 在区间 R 上的一个原函数. 然而 $(\sin x + 1)' = \cos x$,$(\sin x - 2\sqrt{2})' = \cos x$,说明 $\sin x$,$\sin x + 1$,$\sin x - 2\sqrt{2}$ 等都是 $\cos x$ 的原函数. 容易发现,一个函数的任意两个原函数之间仅仅相差一个常数. 因为 $(\sin x + C)' = \cos x$ (C 为任意常数),所以 $\sin x + C$ 表示了 $\cos x$ 的全体原函数.

如果一个函数 $f(x)$ 有一个原函数 $F(x)$,那么 $f(x)$ 就有无限多个原函数. 我们常用 $F(x) + C$(C 为任意常数)表示 $f(x)$ 的全体原函数,称为 $f(x)$ 的**原函数族**.

定义 3.2 函数 $f(x)$ 在区间 I 上的全体原函数 $F(x) + C$(C 为任意常数)称为 $f(x)$ 在区间 I 上的**不定积分**,记为 $\int f(x)\mathrm{d}x$,即

$$\int f(x)\mathrm{d}x = F(x) + C$$

其中 $\int$ 称为**积分号**,$f(x)$ 称为**被积函数**,$f(x)\mathrm{d}x$ 称为**被积表达式**,x 称为**积分变量**.

在几何上,我们把 $f(x)$ 的一个原函数 $F(x)$ 的图形称为 $f(x)$ 的一条积分曲线,$F(x) + C$ 的图形就是 $f(x)$ 的一簇积分曲线(如图 3.1 所示),称为 $f(x)$ 的**积分曲线簇**. 这些积分曲线在相同横坐标 x 点处的切线斜率都是相等的. 积分曲线簇 $F(x) + C$ 中的任一条曲线可以由曲线 $F(x)$ 沿 y 轴上、下平移而得到. 因此,不定积分 $\int f(x)\mathrm{d}x$ 在几何上表示被积函数 $f(x)$ 的全部积分曲线所组成的平行曲线簇.

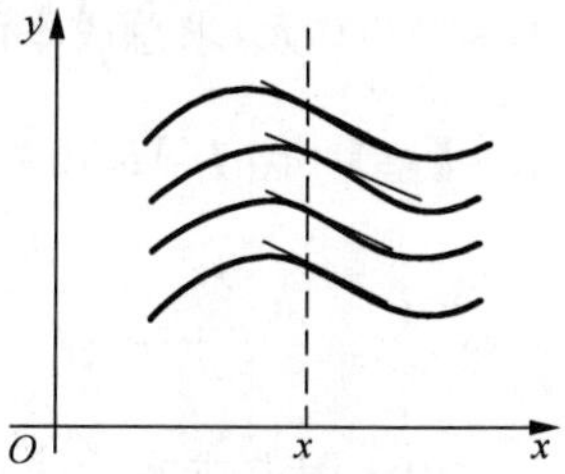

图 3.1

【例 3.1】 求 $\int x^3 \mathrm{d}x$.

【解】 由于 $\left(\dfrac{x^4}{4}\right)' = x^3$,所以,$\dfrac{1}{4}x^4$ 是 x^3 的一个原函数,因此

$$\int x^3 \mathrm{d}x = \frac{1}{4}x^4 + C$$

【例 3.2】 求 $\int \sin x \mathrm{d}x$.

【解】 因为 $(-\cos x)' = \sin x$,所以

$$\int \sin x \mathrm{d}x = -\cos x + C$$

【例 3.3】 求 $\int \dfrac{1}{x}\mathrm{d}x\,(x \neq 0)$.

【解】 当 $x>0$ 时，$(\ln x)'=\dfrac{1}{x}$，于是 $\displaystyle\int\dfrac{1}{x}\mathrm{d}x=\ln x+C$

当 $x<0$ 时，$[\ln(-x)]'=\dfrac{1}{-x}(-1)=\dfrac{1}{x}$，于是 $\displaystyle\int\dfrac{1}{x}\mathrm{d}x=\ln(-x)+C$

因此有

$$\ln|x|=\begin{cases}\ln x, & x>0\\ \ln(-x), & x<0\end{cases}$$

所以

$$\int\dfrac{1}{x}\mathrm{d}x=\ln|x|+C$$

【例 3.4】 求在平面上经过点 $(0,1)$，且在任一点处的斜率为其横坐标的平方的曲线方程．

【解】 设曲线方程为 $y=f(x)$，由于在任一点 (x,y) 处的切线斜率 $k=x^2$，即 $y'=x^2$

于是 $$y=\int x^2\mathrm{d}x=\dfrac{x^3}{3}+C$$

又因为曲线经过点 $(0,1)$，代入上式得 $C=1$，所以所求曲线的方程为

$$y=\dfrac{x^3}{3}+1$$

【例 3.5】 设生产某产品 x 个单位的总成本函数为 $TC(x)$，边际成本 $MC(x)=\dfrac{2}{\sqrt{x}}+10$，固定成本为 2 000 元，求总成本函数 $TC(x)$．

【解】 因为 $MC(x)=\dfrac{2}{\sqrt{x}}+10$，所以

$$TC(x)=\int\left(\dfrac{2}{\sqrt{x}}+10\right)\mathrm{d}x=4\sqrt{x}+10x+C$$

由于固定成本为 2 000 元，即当 $x=0$ 时，$TC=2\ 000$，因此有 $C=2\ 000$．所以，总成本函数是 $TC(x)=4\sqrt{x}+10x+2\ 000(x\geqslant0)$．

3.1.2 不定积分的性质

设 $F(x)$ 是 $f(x)$ 的一个原函数，由不定积分是求导（或微分）的逆运算，容易得到不定积分与求导（或微分）的关系．

性质 1 $\left[\displaystyle\int f(x)\mathrm{d}x\right]'=f(x)$ 或 $\mathrm{d}\displaystyle\int f(x)\mathrm{d}x=f(x)\mathrm{d}x$．

性质 2 $\displaystyle\int F'(x)\mathrm{d}x=F(x)+C$ 或 $\displaystyle\int\mathrm{d}F(x)=F(x)+C$．

【思考】 上述两个性质如何证明？

由不定积分的定义，还可以得到以下性质．

性质 3 $\displaystyle\int kf(x)\mathrm{d}x=k\displaystyle\int f(x)\mathrm{d}x$（其中常数 $k\neq0$）．

性质 4 $\int [f(x) \pm g(x)] \mathrm{d}x = \int f(x)\mathrm{d}x \pm \int g(x)\mathrm{d}x$.

性质 3 和性质 4 称为不定积分的线性运算性质.

3.1.3   不定积分的基本公式

根据不定积分的性质 2，容易由求导公式得出以下积分公式.

(1) $\int k\mathrm{d}x = kx + C$.

(2) $\int x^{a}\mathrm{d}x = \dfrac{x^{a+1}}{a+1} + C$ ($a \neq -1$).

(3) $\int \dfrac{1}{x}\mathrm{d}x = \ln|x| + C$.

(4) $\int a^{x}\mathrm{d}x = \dfrac{a^{x}}{\ln a} + C$ ($a > 0$ 且 $a \neq 1$)；特别地，当 $a = \mathrm{e}$ 时，$\int \mathrm{e}^{x}\mathrm{d}x = \mathrm{e}^{x} + C$.

(5) $\int \cos x\mathrm{d}x = \sin x + C$.

(6) $\int \sin x\mathrm{d}x = -\cos x + C$.

(7) $\int \sec^{2} x\mathrm{d}x = \int \dfrac{1}{\cos^{2} x}\mathrm{d}x = \tan x + C$.

(8) $\int \csc^{2} x\mathrm{d}x = \int \dfrac{1}{\sin^{2} x}\mathrm{d}x = -\cot x + C$.

(9) $\int \sec x \tan x\mathrm{d}x = \sec x + C$.

(10) $\int \csc x \cot x\mathrm{d}x = -\csc x + C$.

(11) $\int \dfrac{1}{1+x^{2}}\mathrm{d}x = \arctan x + C = -\operatorname{arccot} x + C$.

(12) $\int \dfrac{1}{\sqrt{1-x^{2}}}\mathrm{d}x = \arcsin x + C = -\arccos x + C$.

这些基本积分公式是计算不定积分的基础，必须熟记，以便灵活运用.

利用不定积分的运算性质和基本积分公式，可以求一些简单函数的不定积分.

【例 3.6】   求 $\int \left(x^{2} + \sin x - \dfrac{1}{1+x^{2}}\right)\mathrm{d}x$.

【解】 $\int \left(x^{2} + \sin x - \dfrac{1}{1+x^{2}}\right)\mathrm{d}x = \int x^{2}\mathrm{d}x + \int \sin x\mathrm{d}x - \int \dfrac{1}{1+x^{2}}\mathrm{d}x$

$$= \dfrac{1}{3}x^{3} - \cos x - \arctan x + C$$

【例 3.7】   求 $\int (\cos \pi - 7\sqrt{x\sqrt{x}})\mathrm{d}x$.

【解】 $\int (\cos \pi - 7\sqrt{x\sqrt{x}})\mathrm{d}x = \int \cos \pi\mathrm{d}x - \int 7x^{\frac{3}{4}}\mathrm{d}x$

$$=x \cos \pi - 4x^{\frac{7}{4}} + C = -x - 4x^{\frac{7}{4}} + C$$

有些函数看上去不能直接利用基本积分公式进行积分,但经过简化或恒等变形,也可以直接利用公式进行积分.

【例 3.8】 求 $\int 2^x \cdot \mathrm{e}^x \mathrm{d}x$.

【解】 $\int 2^x \mathrm{e}^x \mathrm{d}x = \int (2\mathrm{e})^x \mathrm{d}x = \dfrac{(2\mathrm{e})^x}{\ln(2\mathrm{e})} + C = \dfrac{(2\mathrm{e})^x}{\ln 2 + 1} + C$

【例 3.9】 求 $\int \left(x + \dfrac{1}{x}\right)^2 \mathrm{d}x$.

【解】 $\int \left(x + \dfrac{1}{x}\right)^2 \mathrm{d}x = \int \left(x^2 + 2 + \dfrac{1}{x^2}\right)\mathrm{d}x = \dfrac{1}{3}x^3 + 2x - \dfrac{1}{x} + C$

【例 3.10】 求 $\int \dfrac{(1-x)^2}{x}\mathrm{d}x$.

【解】 $\int \dfrac{(1-x)^2}{x}\mathrm{d}x = \int \dfrac{1 - 2x + x^2}{x}\mathrm{d}x$

$$= \int \left(\dfrac{1}{x} - 2 + x\right)\mathrm{d}x = \ln|x| - 2x + \dfrac{1}{2}x^2 + C$$

【例 3.11】 求 $\int \tan^2 x \mathrm{d}x$.

【解】 因为 $\tan^2 x = \sec^2 x - 1$,所以

$$\int \tan^2 \mathrm{d}x = \int (\sec^2 x - 1)\mathrm{d}x = \tan x - x + C$$

【例 3.12】 求 $\int \cos^2 \dfrac{x}{2}\mathrm{d}x$.

【解】 因为 $\cos^2 \dfrac{x}{2} = \dfrac{1 + \cos x}{2}$,所以

$$\int \cos^2 \dfrac{x}{2}\mathrm{d}x = \int \dfrac{1 + \cos x}{2}\mathrm{d}x$$

$$= \dfrac{1}{2}\int (1 + \cos x)\mathrm{d}x = \dfrac{1}{2}(x + \sin x) + C$$

【例 3.13】 求 $\int \dfrac{1}{\sin^2 x \cos^2 x}\mathrm{d}x$.

【解】 $\int \dfrac{1}{\sin^2 x \cos^2 x}\mathrm{d}x = \int \dfrac{\sin^2 x + \cos^2 x}{\sin^2 x \cos^2 x}\mathrm{d}x$

$$= \int \dfrac{1}{\cos^2 x}\mathrm{d}x + \int \dfrac{1}{\sin^2 x}\mathrm{d}x$$

$$= \tan x - \cot x + C$$

在以上 3 个例子中,都涉及到三角函数的恒等变换,通过恒等变换,将三角函数转化为基本积分公式的形式,然后再求积分. 因此,需要掌握一些常用的三角恒等变换公式.

【例 3.14】 求 $\int \dfrac{(x+1)^2}{x(x^2+1)}\mathrm{d}x$.

【解】 本题的分母比较复杂,需要通过分项(或拆项)的方法,使分母简化,然后再求积分.

$$\int \frac{(x+1)^2}{x(x^2+1)}\mathrm{d}x = \int \frac{(x^2+1)+2x}{x(x^2+1)}\mathrm{d}x$$

$$= \int \left(\frac{1}{x}+\frac{2}{1+x^2}\right)\mathrm{d}x = \ln|x| + 2\arctan x + C$$

【例 3.15】 求 $\int \frac{x^4}{1+x^2}\mathrm{d}x$.

【解】 本题的被积函数是一个假分式(分子的次数大于或等于分母的次数),一般采取将假分式化为整式与真分式和的形式,然后再求积分.

$$\int \frac{x^4}{1+x^2}\mathrm{d}x = \int \frac{x^4-1+1}{1+x^2}\mathrm{d}x = \int \left(x^2-1+\frac{1}{1+x^2}\right)\mathrm{d}x$$

$$= \frac{1}{3}x^3 - x + \arctan x + C$$

习题 3.1

1. 求下列不定积分.

(1) $\displaystyle\int \frac{1}{x\sqrt{x}}\mathrm{d}x$

(2) $\displaystyle\int \left(x^2 - \frac{1}{3\sqrt{x}}\right)\mathrm{d}x$

(3) $\displaystyle\int \left(\frac{2^x}{3^x} - \frac{1}{x} + \frac{1}{x^2}\right)\mathrm{d}x$

(4) $\displaystyle\int \frac{x^3+x+1}{x^2+1}\mathrm{d}x$

(5) $\displaystyle\int \frac{x^2}{1+x^2}\mathrm{d}x$

(6) $\displaystyle\int \frac{(x-3)^2}{x^2}\mathrm{d}x$

(7) $\displaystyle\int \left(\frac{1}{1+x^2} - \frac{2}{\sqrt{1-x^2}}\right)\mathrm{d}x$

(8) $\displaystyle\int \frac{\mathrm{e}^{2t}-4}{\mathrm{e}^t-2}\mathrm{d}t$

(9) $\displaystyle\int \cot^2 x\mathrm{d}x$

(10) $\displaystyle\int \sin^2 \frac{x}{2}\mathrm{d}x$

(11) $\displaystyle\int \frac{1}{1+\cos 2x}\mathrm{d}x$

(12) $\displaystyle\int \frac{\cos 2x}{\cos x - \sin x}\mathrm{d}x$

2. 已知一曲线过点 $(\mathrm{e}^2,3)$,且在任一点处的切线的斜率等于该点横坐标的倒数,求曲线的方程.

3. 设 $\displaystyle\int xf(x)\mathrm{d}x = \cos x + C$,求 $f(x)$.

4. 某产品的边际成本函数 $MC(x) = \dfrac{50}{\sqrt{x}}$,其中 x 为产品的产量. 已知产量为 400 件时,总成本为 8 000 元,求该产品的总成本函数 $TC(x)$.

不定积分的换元积分法

学习要求

1. 理解换元积分法的基本思想.

2. 掌握不定积分的第一换元积分法(凑微分法).

3. 掌握不定积分的第二换元积分法.

利用基本积分公式和不定积分的运算性质可以计算的不定积分是很有限的，因此，有必要进一步研究不定积分的计算方法．这里主要通过变量代换的思想，将不能利用基本积分公式的不定积分转化为可以利用基本积分公式的形式，这种方法称为**换元积分法**．换元积分法主要有两种类型，分别称为第一换元积分法（凑微分法）和第二换元积分法．

3.2.1 第一换元积分法（凑微分法）

定理 3.2 设 $\int f(x)\mathrm{d}x = F(x)+C$，则 $\int f[\varphi(x)]\varphi'(x)\mathrm{d}x = F[\varphi(x)]+C, \varphi(x)$ 具有连续导数．

事实上，由于 $\varphi'(x)\mathrm{d}x = \mathrm{d}\varphi(x)$，有

$$\int f[\varphi(x)] \cdot \varphi'(x)\mathrm{d}x = \int f[\varphi(x)]\mathrm{d}\varphi(x)$$

令 $u=\varphi(x)$，得 $\int f[\varphi(x)] \cdot \varphi'(x)\mathrm{d}x = \int f(u)\mathrm{d}u$

$$= F(u)+C = F[\varphi(x)]+C$$

在运用定理 3.2 计算不定积分时，主要是将被积函数中的因式 $\varphi'(x)$ 与 $\mathrm{d}x$ 结合凑成微分 $\mathrm{d}\varphi(x)$，然后利用基本积分公式进行计算，因此，这类换元积分法也称为**凑微分法**．在计算中，凑微分这一步至关重要．

【例 3.16】 求 $\int \cos 2x \mathrm{d}x$．

【解】 联想积分公式 $\int \cos x \mathrm{d}x = \sin x + C$，需要将 $\mathrm{d}x$ 变成 $\mathrm{d}(2x)$，所以

$$\int \cos 2x \mathrm{d}x = \frac{1}{2}\int \cos 2x \mathrm{d}(2x) = \frac{1}{2}\sin 2x + C$$

【例 3.17】 求 $\int \mathrm{e}^{kx}\mathrm{d}x$（$k$ 为常数）．

【解】 联想积分公式 $\int \mathrm{e}^x \mathrm{d}x = \mathrm{e}^x + C$，需要将 $\mathrm{d}x$ 变成 $\mathrm{d}(kx)$，所以

$$\int \mathrm{e}^{kx}\mathrm{d}x = \frac{1}{k}\int \mathrm{e}^{kx}\mathrm{d}(kx) = \frac{1}{k}\mathrm{e}^{kx} + C$$

【例 3.18】 求 $\int \frac{1}{3x+2}\mathrm{d}x$．

【解】 观察被积函数的结构，联想到公式 $\int \frac{1}{x}\mathrm{d}x = \ln|x|+C$，需要将 $\mathrm{d}x$ 变成 $\mathrm{d}(3x+2)$，所以

$$\int \frac{1}{3x+2}\mathrm{d}x = \frac{1}{3}\int \frac{1}{3x+2}\mathrm{d}(3x) = \frac{1}{3}\int \frac{1}{3x+2}\mathrm{d}(3x+2)$$

$$= \frac{1}{3}\ln|3x+2| + C$$

【思考】 在本例中，用到 $\mathrm{d}(3x)=\mathrm{d}(3x+2)$，也就是在凑微分时，可以凑上需要的任意常数，这是为什么？

【例 3.19】 求 $\int \frac{1}{x^2+a^2}\mathrm{d}x$．

【解】 联想积分公式 $\int \dfrac{1}{1+x^2}\mathrm{d}x = \arctan x + C$，需要将被积函数分母中的 a^2 化为 1，所以

$$\int \frac{1}{x^2+a^2}\mathrm{d}x = \int \frac{1}{a^2} \cdot \frac{1}{1+\left(\dfrac{x}{a}\right)^2}\mathrm{d}x = \frac{1}{a}\int \frac{1}{1+\left(\dfrac{x}{a}\right)^2}\mathrm{d}\left(\frac{x}{a}\right)$$

$$= \frac{1}{a}\arctan \frac{x}{a} + C$$

【思考】 如何计算 $\int \dfrac{1}{x^2-2x+3}\mathrm{d}x$？

【例 3.20】 求 $\int \sin x \cdot \cos x \mathrm{d}x$.

【解】 被积函数是两部分的乘积，由于 $\cos x = (\sin x)'$，可以考虑将其中的 $\cos x$ 与 $\mathrm{d}x$ 凑成 $\mathrm{d}(\sin x)$，所以

$$\int \sin x \cdot \cos x \mathrm{d}x = \int \sin x \cdot (\sin x)' \mathrm{d}x$$

$$= \int \sin x \mathrm{d}\sin x \quad \left(\text{联想公式}\int x\mathrm{d}x = \frac{1}{2}x^2 + C\right)$$

$$= \frac{1}{2}\sin^2 x + C$$

【思考】 本题有其他的解法吗？

【例 3.21】 求 $\int 2x\mathrm{e}^{x^2}\mathrm{d}x$.

【解】 将 $2x$ 看成 $(x^2)'$ 与 $\mathrm{d}x$ 凑成 $\mathrm{d}(x^2)$，联想公式 $\int \mathrm{e}^x\mathrm{d}x = \mathrm{e}^x + C$，所以

$$\int 2x\mathrm{e}^{x^2}\mathrm{d}x = \int \mathrm{e}^{x^2}(x^2)'\mathrm{d}x = \int \mathrm{e}^{x^2}\mathrm{d}(x^2) = \mathrm{e}^{x^2} + C$$

【例 3.22】 求 $\int \dfrac{1}{x} \cdot \ln x \mathrm{d}x$.

【解】 因为 $(\ln x)' = \dfrac{1}{x}$，所以

$$\int \frac{1}{x} \cdot \ln x \mathrm{d}x = \int \ln x \cdot (\ln x)'\mathrm{d}x = \int \ln x \mathrm{d}(\ln x) = \frac{1}{2}(\ln x)^2 + C$$

【例 3.23】 求 $\int x^2 \cdot \sin(x^3+1)\mathrm{d}x$.

【解】 因为 $(x^3+1)' = 3x^2$，所以

$$\int x^2 \cdot \sin(x^3+1)\mathrm{d}x = \frac{1}{3}\int \sin(x^3+1) \cdot (x^3+1)'\mathrm{d}x$$

$$= \frac{1}{3}\int \sin(x^3+1)\mathrm{d}(x^3+1) = -\frac{1}{3}\cos(x^3+1) + C$$

【例 3.24】 求 $\int \tan x \mathrm{d}x$.

【解】 $\displaystyle\int \tan x \mathrm{d}x = \int \frac{\sin x}{\cos x}\mathrm{d}x = -\int \frac{1}{\cos x} \cdot (\cos x)'\mathrm{d}x$

$$= -\int \frac{1}{\cos x} d(\cos x) = -\ln|\cos x| + C$$

类似可得 $\int \cot x dx = \int \frac{\cos x}{\sin x} dx$

$$= \int \frac{1}{\sin x} d(\sin x) = \ln|\sin x| + C$$

【例 3.25】 求 $\int \sec x dx$.

【解】 $\int \sec x dx = \int \frac{1}{\cos x} dx = \int \frac{\cos x}{\cos^2 x} dx = \int \frac{1}{1-\sin^2 x} d\sin x$

$$= \frac{1}{2} \int \left(\frac{1}{1+\sin x} + \frac{1}{1-\sin x} \right) d\sin x$$

$$= \frac{1}{2} \int \frac{1}{1+\sin x} d(1+\sin x) - \frac{1}{2} \int \frac{1}{1-\sin x} d(1-\sin x)$$

$$= \frac{1}{2} (\ln|1+\sin x| - \ln|1-\sin x|) + C$$

$$= \frac{1}{2} \ln \left| \frac{1+\sin x}{1-\sin x} \right| + C = \frac{1}{2} \ln \left| \frac{(1+\sin x)^2}{1-\sin^2 x} \right| + C$$

$$= \ln \left| \frac{1+\sin x}{\cos x} \right| + C = \ln|\sec x + \tan x| + C$$

类似可得

$$\int \csc x dx = \ln|\csc x - \cot x| + C$$

从以上例题可以看出,凑微分的过程实际上也是一个求原函数的过程. 凑微分的常见类型如下.

(1) $\int f(ax+b) dx = \frac{1}{a} \int f(ax+b) d(ax+b) \quad (a \neq 0)$.

(2) $\int f(x^\mu) x^{\mu-1} dx = \frac{1}{\mu} \int f(x^\mu) d(x^\mu)$.

(3) $\int f(e^x) e^x dx = \int f(e^x) de^x$.

(4) $\int \frac{f(\ln x)}{x} dx = \int f(\ln x) d(\ln x)$.

(5) $\int f(\sin x) \cos x dx = \int f(\sin x) d(\sin x)$.

(6) $\int f(\cos x) \sin x dx = -\int f(\cos x) d(\cos x)$.

(7) $\int \frac{f(\arctan x)}{1+x^2} dx = \int f(\arctan x) d(\arctan x)$.

(8) $\int f(\tan x) \sec^2 x dx = \int f(\tan x) d(\tan x)$.

(9) $\int f(\cot x) \csc^2 x dx = -\int f(\cot x) d(\cot x)$.

(10) $\int \frac{f(\arcsin x)}{\sqrt{1-x^2}} dx = \int f(\arcsin x) d(\arcsin x)$.

3.2.2　有理函数的积分

在上节中,例 3.14、例 3.15 的被积函数都是有理函数(形如 $\dfrac{P(x)}{Q(x)}$, $P(x)$、$Q(x)$ 均为多项式函数),这种积分称为**有理函数的积分**. 除这两个例题的类型外,对于分母比较复杂的有理真分式的积分还需要先进行部分分式,然后再求积分.

有理真分式 $\dfrac{P(x)}{Q(x)}$ 的分母 $Q(x)$ 在实数范围内一定可以分为若干个一次因式(可以重复)及若干个不可分解的二次因式(可以重复)的乘积. 按照分母中因式的情况,将真分式 $\dfrac{P(x)}{Q(x)}$ 拆成以 $Q(x)$ 的所有因式为分母的简单真分式之和,这种方法就称为**部分分式法**. 部分分式的目的在于方便利用基本积分公式进行积分.

根据分母中因式的情况,真分式 $\dfrac{P(x)}{Q(x)}$ 的部分分式的形式主要有以下两种.

(1) 当分母中含有因式 $(x+a)^k$ 时,部分分式所含的对应项为

$$\frac{A_1}{x+a}+\frac{A_2}{(x+a)^2}+\cdots+\frac{A_k}{(x+a)^k} \quad 其中 A_1,A_2,\cdots,A_k 为常数.$$

(2) 当分母中含有因式 $(x^2+px+q)^k$,其中 $p^2-4q<0$ 时,部分分式所含的对应项为

$$\frac{B_1x+C_1}{x^2+px+q}+\frac{B_2x+C_2}{(x^2+px+q)^2}+\cdots+\frac{B_kx+C_k}{(x^2+px+q)^k} \quad 其中 B_1,B_2,\cdots,B_k,C_1,C_2,\cdots,C_k 为常数.$$

可以看到,部分分式中分母为一次因式的分子为常数,而分母为二次因式的分子为一次因式,其中分子中的待定系数可以通过分式相等求出.

【例 3.26】　求 $\displaystyle\int \frac{1}{x(x^2+1)}\mathrm{d}x$.

【解】　设 $\dfrac{1}{x(x^2+1)}=\dfrac{a}{x}+\dfrac{bx+c}{x^2+1}$,由分式相等,得

$$a=1,b=-1,c=0$$

于是

$$\frac{1}{x(x^2+1)}=\frac{1}{x}-\frac{x}{x^2+1}$$

所以

$$\int \frac{1}{x(x^2+1)}\mathrm{d}x=\int\left(\frac{1}{x}-\frac{x}{x^2+1}\right)\mathrm{d}x$$

$$=\int \frac{1}{x}\mathrm{d}x-\frac{1}{2}\int \frac{1}{x^2+1}\mathrm{d}(x^2+1)$$

$$=\ln|x|-\frac{1}{2}\ln(x^2+1)+C$$

【例 3.27】　求 $\displaystyle\int \frac{x}{x^2-2x-3}\mathrm{d}x$.

【解】　将被积函数的分母因式分解为

$$x^2-2x-3=(x-3)(x+1)$$

设 $\dfrac{x}{x^2-2x-3}=\dfrac{a}{x-3}+\dfrac{b}{x+1}$，由分式相等，得

$$a=\frac{3}{4},b=\frac{1}{4}$$

因此有

$$\int\frac{x}{x^2-2x-3}\mathrm{d}x=\int\frac{x}{(x-3)(x+1)}\mathrm{d}x$$

$$=\frac{1}{4}\int\left(\frac{3}{x-3}+\frac{1}{x+1}\right)\mathrm{d}x$$

$$=\frac{3}{4}\int\frac{1}{x-3}\mathrm{d}(x-3)+\frac{1}{4}\int\frac{1}{x+1}\mathrm{d}(x+1)$$

$$=\frac{3}{4}\ln|x-3|+\frac{1}{4}\ln|x+1|+C$$

【例 3.28】 求 $\displaystyle\int\frac{2x+1}{(x-1)^2(x^2+1)}\mathrm{d}x$.

【解】 设 $\dfrac{2x+1}{(x-1)^2(x^2+1)}=\dfrac{a}{x-1}+\dfrac{b}{(x-1)^2}+\dfrac{cx+d}{x^2+1}$

由分式相等，得

$$\begin{cases}a+c=0\\-a+b-2c+d=0\\a+c-2d=2\\-a+b+d=1\end{cases}$$

解得

$$a=-\frac{1}{2},b=\frac{3}{2},c=\frac{1}{2},d=-1$$

所以 $\displaystyle\int\frac{2x+1}{(x-1)^2(x^2+1)}\mathrm{d}x=\int\frac{-\dfrac{1}{2}}{x-1}\mathrm{d}x+\int\frac{\dfrac{3}{2}}{(x-1)^2}\mathrm{d}x+\int\frac{\dfrac{1}{2}x-1}{x^2+1}\mathrm{d}x$

$$=-\frac{1}{2}\int\frac{\mathrm{d}(x-1)}{x-1}+\frac{3}{2}\int\frac{\mathrm{d}(x-1)}{(x-1)^2}+\frac{1}{4}\int\frac{\mathrm{d}(x^2+1)}{x^2+1}-\int\frac{1}{x^2+1}\mathrm{d}x$$

$$=-\frac{1}{2}\ln|x-1|-\frac{3}{2(x-1)}+\frac{1}{4}\ln(x^2+1)-\arctan x+C$$

【例 3.29】 $\displaystyle\int\frac{x+1}{x^2-2x+2}\mathrm{d}x$.

【解】 该分式的分母在实数范围内不可分解，可结合凑微分的方法进行计算.

$$\int\frac{x+1}{x^2-2x+2}\mathrm{d}x=\frac{1}{2}\int\frac{2x-2}{x^2-2x+2}\mathrm{d}x+\int\frac{2}{x^2-2x+2}\mathrm{d}x$$

$$=\frac{1}{2}\int\frac{\mathrm{d}(x^2-2x+2)}{x^2-2x+2}+2\int\frac{\mathrm{d}(x-1)}{(x-1)^2+1}$$

$$=\frac{1}{2}\ln(x^2-2x+2)+2\arctan(x-1)+C$$

3.2.3 第二换元积分法

在凑微分法中,通过变量代换 $u=\varphi(x)$ 将不定积分 $\int f[\varphi(x)]\varphi'(x)\mathrm{d}x$ 转化为 $\int f(u)\mathrm{d}u$,只要找到 $f(u)$ 的原函数,就可以计算出 $\int f[\varphi(x)]\varphi'(x)\mathrm{d}x$. 但有时我们会碰到一种相反的情况. 对于不定积分 $\int f(x)\mathrm{d}x$ 的原函数不容易求,考虑进行变量代换 $x=\varphi(t)$,将其转化为容易求出原函数的不定积分 $\int f[\varphi(t)]\varphi'(t)\mathrm{d}t$,只要 $x=\varphi(t)$ 存在反函数 $t=\varphi^{-1}(x)$,代入求出的原函数 $F(t)$,即可求得 $\int f(x)\mathrm{d}x$. 这就是**第二换元积分法**.

设 $x=\varphi(t)$ 单调、可导,且 $\varphi'(t)\neq0$,其反函数为 $t=\varphi^{-1}(x)$,于是

$$\int f(x)\mathrm{d}x = \int f[\varphi(t)]\varphi'(t)\mathrm{d}t$$

若上式右端的函数具有原函数 $F(t)$,则

$$\int f(x)\mathrm{d}x = \int f[\varphi(t)]\varphi'(t)\mathrm{d}t = F(t)+C = F[\varphi^{-1}(x)]+C$$

第二换元积分法换元的类型主要有根式代换、三角代换、倒代换和其他代换.

1. 根式代换

当被积函数中含有 $\sqrt[n]{ax+b}$ 的形式,可以直接令 $\sqrt[n]{ax+b}=t$,从而将被积函数化为有理式.

【例 3.30】 求 $\int \dfrac{1}{2(1+\sqrt{x+1})}\mathrm{d}x$.

【解】 令 $\sqrt{x+1}=t$,则 $x=t^2-1$,$\mathrm{d}x=2t\mathrm{d}t$.

$$\int \frac{1}{2(1+\sqrt{x+1})}\mathrm{d}x = \int \frac{2t}{2(1+t)}\mathrm{d}t = \int\left(1-\frac{1}{t+1}\right)\mathrm{d}t$$

$$=t-\ln|t+1|+C$$

$$=\sqrt{x+1}-\ln(\sqrt{x+1}+1)+C$$

【例 3.31】 求 $\int \dfrac{1}{\sqrt{x}(1+\sqrt[3]{x})}\mathrm{d}x$.

【解】由于被积函数中含有两个不同的根式,要同时化为有理式,所以令 $\sqrt[6]{x}=t$,则 $x=t^6$,$\mathrm{d}x=6t^5\mathrm{d}t$.

$$\int \frac{1}{\sqrt{x}(1+\sqrt[3]{x})}\mathrm{d}x = \int \frac{6t^5}{t^3(1+t^2)}\mathrm{d}t = 6\int\left(1-\frac{1}{1+t^2}\right)\mathrm{d}t$$

$$=6(t-\arctan t)+C$$

$$=6(\sqrt[6]{x}-\arctan\sqrt[6]{x})+C$$

2. 三角代换

当被积函数中含有 $\sqrt{a^2\pm x^2}$ 或 $\sqrt{x^2-a^2}$ 时,使用根式代换是无效的,为了去根号,可以采用三角代换.

常用的三角代换有下列 3 种.

(1)被积函数中含有 $\sqrt{a^2-x^2}$，令 $x=a\sin t\left(-\dfrac{\pi}{2}<x<\dfrac{\pi}{2}\right)$；

(2)被积函数中含有 $\sqrt{a^2+x^2}$，令 $x=a\tan t\left(-\dfrac{\pi}{2}<t<\dfrac{\pi}{2}\right)$；

(3)被积函数中含有 $\sqrt{x^2-a^2}$，令 $x=a\sec t\left(0<t<\dfrac{\pi}{2}\right)$.

【例 3.32】 求 $\displaystyle\int\sqrt{a^2-x^2}\,dx\ (a>0)$.

【解】 令 $x=a\sin t\left(-\dfrac{\pi}{2}<t<\dfrac{\pi}{2}\right)$，则 $\sqrt{a^2-x^2}=a\cos t$，$dx=a\cos t\,dt$，于是

$$\int\sqrt{a^2-x^2}\,dx=\int a\cos t\cdot a\cos t\,dt=a^2\int\cos^2 t\,dt$$

$$=a^2\int\frac{1+\cos 2t}{2}dt$$

$$=a^2\left(\frac{1}{2}t+\frac{1}{4}\sin 2t\right)+C$$

为将变量 t 还原成 x，需要借助于直角三角形，根据变换 $x=a\sin t$，作直角三角形（如图 3.2 所示）.

则 $\sin t=\dfrac{x}{a}$，$t=\arcsin\dfrac{x}{a}$，$\cos t=\dfrac{\sqrt{a^2-x^2}}{a}$，所以

$$\int\sqrt{a^2-x^2}\,dx=a^2\left(\frac{1}{2}\arcsin\frac{x}{a}+\frac{x\sqrt{a^2-x^2}}{2a^2}\right)+C$$

$$=\frac{a^2}{2}\arcsin\frac{x}{a}+\frac{x\sqrt{a^2-x^2}}{2}+C$$

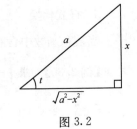

图 3.2

【例 3.33】 求 $\displaystyle\int\frac{1}{\sqrt{x^2+a^2}}dx(a>0)$.

【解】 令 $x=a\tan t\left(-\dfrac{\pi}{2}<t<\dfrac{\pi}{2}\right)$，则 $\sqrt{x^2+a^2}=a\sec t$，$dx=a\sec^2 t\,dt$，于是

$$\int\frac{1}{\sqrt{x^2+a^2}}dx=\int\frac{a\sec^2 t}{a\sec t}dt=\int\sec t\,dt=\ln|\sec t+\tan t|+C_1$$

作直角三角形（如图 3.3 所示）.

$$\int\frac{1}{\sqrt{x^2+a^2}}dx=\ln\left|\frac{\sqrt{x^2+a^2}}{a}+\frac{x}{a}\right|+C_1=\ln(\sqrt{x^2+a^2}+x)-\ln a+C_1$$

令 $C=C_1-\ln a$，所以

$$\int\frac{1}{\sqrt{x^2+a^2}}dx=\ln(\sqrt{x^2+a^2}+x)+C$$

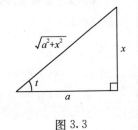

图 3.3

【例 3.34】 求 $\displaystyle\int\frac{dx}{\sqrt{x^2-a^2}}\quad(a>0)$.

【解】 函数的定义域为 $x>a$ 或 $x<-a$。当 $x>a$ 时，令 $x=a\sec t\left(0<t<\dfrac{\pi}{2}\right)$，则 $dx=a\sec t\tan t\,dt$

$$\int \frac{\mathrm{d}x}{\sqrt{x^2 - a^2}} = \int \frac{1}{a \tan t} a \ \sec t \cdot \tan t \mathrm{d}t$$

$$= \int \sec t \mathrm{d}t = \ln|\sec t + \tan t| + C_1$$

按变换 $x = a \sec t$，作直角三角形（如图 3.4 所示）.

$$\int \frac{\mathrm{d}x}{\sqrt{x^2 - a^2}} = \ln\left|\frac{x}{a} + \frac{\sqrt{x^2 - a^2}}{a}\right| + C_1$$

$$= \ln\left|x + \sqrt{x^2 - a^2}\right| - \ln a + C_1$$

令 $C = C_1 - \ln a$，所以

$$\int \frac{1}{\sqrt{x^2 - a^2}} \mathrm{d}x = \ln\left|x + \sqrt{x^2 - a^2}\right| + C$$

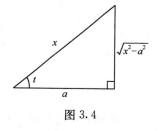

图 3.4

当 $x < -a$ 时，令 $x = -u$，那么 $u > a$，由前面结果

$$\int \frac{\mathrm{d}x}{\sqrt{x^2 - a^2}} = -\int \frac{\mathrm{d}u}{\sqrt{u^2 - a^2}} = -\ln|u + \sqrt{u^2 - a}| + C + \ln|x + \sqrt{x^2 - a^2}| + C$$

所以

$$\int \frac{\mathrm{d}x}{\sqrt{x^2 - a^2}} = \ln|x + \sqrt{x^2 - a^2}| + C$$

3. 倒代换

在被积函数的分母中如果含有 x^n，也常利用倒代换（即令 $x = \frac{1}{t}$）来消去分母中的变量因子 x^n.

【例 3.35】 求 $\int \frac{1}{x \sqrt{x^2 - 1}} \mathrm{d}x$.

【解】 令 $x = \frac{1}{t}$，则 $\mathrm{d}x = -\frac{1}{t^2} \mathrm{d}t$，于是

$$\int \frac{1}{x \sqrt{x^2 - 1}} \mathrm{d}x = \int \frac{1}{\frac{1}{t} \sqrt{\frac{1}{t^2} - 1}} \cdot \left(-\frac{1}{t^2}\right) \mathrm{d}t$$

$$= -\int \frac{1}{\sqrt{\frac{1 - t^2}{t^2}}} \cdot \frac{1}{t} \mathrm{d}t$$

函数的定义域为 $x > 1$ 或 $x < -1$

当 $x > 1$ 时，$t > 0$，$\displaystyle\int \frac{1}{x \sqrt{x^2 - 1}} \mathrm{d}x = -\int \frac{1}{\sqrt{1 - t^2}} \mathrm{d}t$

$$= -\arcsin t + C = -\arcsin \frac{1}{x} + C$$

当 $x < -1$ 时，$t < 0$，$\displaystyle\int \frac{1}{x \sqrt{x^2 - 1}} \mathrm{d}x = \int \frac{1}{\sqrt{1 - t^2}} \mathrm{d}t$

$$= \arcsin t + C = \arcsin \frac{1}{x} + C$$

所以

$$\int \frac{1}{x\sqrt{x^2-1}}dx = -\arcsin\frac{1}{|x|} + C$$

【例 3.36】 求 $\int \frac{\sqrt{a^2-x^2}}{x^4}dx (a>0)$.

【解】 令 $x=\frac{1}{t}$,则 $dx=-\frac{1}{t^2}dt$,于是

$$\int \frac{\sqrt{a^2-x^2}}{x^4}dx = \int t^4\sqrt{a^2-\frac{1}{t^2}}\cdot\left(-\frac{1}{t^2}\right)dt$$

$$= -\int t^2\sqrt{a^2-\frac{1}{t^2}}dt = -\int |t|\sqrt{a^2t^2-1}dt$$

函数的定义域为 $-a<x<a$ 且 $x\neq 0$

当 $0<x<a$ 时,$t>0$,有

$$\int \frac{\sqrt{a^2-x^2}}{x^4}dx = -\frac{1}{2a^2}\int \sqrt{a^2t^2-1}d(a^2t^2-1)$$

$$= -\frac{1}{2a^2}\cdot\frac{2}{3}(a^2t^2-1)^{\frac{3}{2}}+C = -\frac{1}{3a^2}(a^2t^2-1)^{\frac{3}{2}}+C$$

$$= -\frac{(a^2-x^2)^{\frac{3}{2}}}{3a^2x^3}+C$$

当 $-a<x<0$ 时,$t<0$,有

$$\int \frac{\sqrt{a^2-x^2}}{x^4}dx = \frac{1}{2a^2}\int \sqrt{a^2t^2-1}d(a^2t^2-1)$$

$$= \frac{1}{2a^2}\cdot\frac{2}{3}(a^2t^2-1)^{\frac{3}{2}}+C = \frac{1}{3a^2}(a^2t^2-1)^{\frac{3}{2}}+C$$

$$= -\frac{(a^2-x^2)^{\frac{3}{2}}}{3a^2x^3}+C$$

所以

$$\int \frac{\sqrt{a^2-x^2}}{x^4}dx = -\frac{(a^2-x^2)^{\frac{3}{2}}}{3a^2x^3}+C$$

4. 其他代换

【例 3.37】 求 $\int \frac{1}{1+e^x}dx$.

【解】 设 $e^x=t$,则 $x=\ln t, dx=\frac{1}{t}dt$,于是

$$\int \frac{1}{1+e^x}dx = \int \frac{1}{1+t}\cdot\frac{1}{t}dt = \int\left(\frac{1}{t}-\frac{1}{t+1}\right)dt$$

$$= \ln|t|-\ln|t+1|+C$$

$$= x-\ln(e^x+1)+C$$

【例 3.38】 求 $\int \frac{x+1}{x^2+x\ln x}dx$.

【解】 设 $\ln x=t$,则 $x=e^t, dx=e^t dt$,于是

$$\int \frac{x+1}{x^2+x\ln x}\mathrm{d}x = \int \frac{\mathrm{e}^t+1}{\mathrm{e}^{2t}+t\mathrm{e}^t} \cdot \mathrm{e}^t \mathrm{d}t$$

$$= \int \frac{\mathrm{e}^t+1}{\mathrm{e}^t+t}\mathrm{d}t = \int \frac{\mathrm{d}(\mathrm{e}^t+t)}{\mathrm{e}^t+t}$$

$$= \ln|\mathrm{e}^t+t|+C = \ln|x+\ln x|+C$$

在本节的例题中,有几个积分是今后经常用到的,可以作为公式使用. 在 3.1.3 小节所列公式基础上,再列出以下公式.

(13) $\displaystyle\int \tan x\mathrm{d}x = -\ln|\cos x|+C.$

(14) $\displaystyle\int \cot x\mathrm{d}x = \ln|\sin x|+C.$

(15) $\displaystyle\int \sec x\mathrm{d}x = \ln|\sec x+\tan x|+C.$

(16) $\displaystyle\int \csc x\mathrm{d}x = \ln|\csc x-\cot x|+C.$

(17) $\displaystyle\int \frac{1}{a^2+x^2}\mathrm{d}x = \frac{1}{a}\arctan\frac{x}{a}+C.$

(18) $\displaystyle\int \frac{1}{x^2-a^2}\mathrm{d}x = \frac{1}{2a}\ln\left|\frac{x-a}{x+a}\right|+C.$

(19) $\displaystyle\int \frac{1}{\sqrt{a^2-x^2}}\mathrm{d}x = \arcsin\frac{x}{a}+C.$

(20) $\displaystyle\int \frac{1}{\sqrt{x^2+a^2}}\mathrm{d}x = \ln(x+\sqrt{x^2+a^2})+C.$

(21) $\displaystyle\int \frac{1}{\sqrt{x^2-a^2}}\mathrm{d}x = \ln|x+\sqrt{x^2-a^2}|+C.$

习题 3.2

1. 在下列各式的空白处填上系数,完成下列等式.

(1) $\mathrm{d}x = $ _____ $\mathrm{d}(5x)$

(2) $\mathrm{d}x = $ _____ $\mathrm{d}(2-3x)$

(2) $x\mathrm{d}x = $ _____ $\mathrm{d}(x^2+1)$

(4) $\sqrt{x}\mathrm{d}x = $ _____ $\mathrm{d}(x^{\frac{3}{2}})$

(5) $\dfrac{\mathrm{d}x}{\sqrt{x}} = $ _____ $\mathrm{d}(\sqrt{x}-2)$

(6) $\dfrac{\mathrm{d}x}{x} = $ _____ $\mathrm{d}(2\ln|x|)$

(7) $\dfrac{\mathrm{d}x}{1+4x^2} = $ _____ $\mathrm{d}(\arctan 2x)$

(8) $\mathrm{e}^{2x}\mathrm{d}x = $ _____ $\mathrm{d}(\mathrm{e}^{2x})$

2. 求下列不定积分.

(1) $\displaystyle\int \mathrm{e}^{3t}\mathrm{d}t$

(2) $\displaystyle\int (2-3x)^3\mathrm{d}x$

(3) $\displaystyle\int \frac{1}{5-2x}\mathrm{d}x$

(4) $\displaystyle\int \sqrt{1-2x}\mathrm{d}x$

(5) $\displaystyle\int \frac{\sin x}{\cos^2 x}\mathrm{d}x$

(6) $\displaystyle\int \frac{\cos\sqrt{x}}{\sqrt{x}}\mathrm{d}x$

(7) $\displaystyle\int \frac{\ln^2 x}{x}\mathrm{d}x$

(8) $\displaystyle\int \frac{1}{x(1-\ln x)}\mathrm{d}x$

(9) $\displaystyle\int x^2 \mathrm{e}^{x^3}\mathrm{d}x$

(10) $\displaystyle\int \frac{1}{\sqrt{1-2x^2}}\mathrm{d}x$

(11) $\displaystyle\int \frac{1}{x^2+4}\mathrm{d}x$

(12) $\displaystyle\int \frac{1}{x^2+2x+10}\mathrm{d}x$

(13) $\displaystyle\int \frac{2x^2-3x}{x+1}\mathrm{d}x$

(14) $\displaystyle\int \frac{1}{9-x^2}\mathrm{d}x$

(15) $\displaystyle\int \frac{x}{x^2-5x+6}\mathrm{d}x$

(16) $\displaystyle\int \frac{x+1}{x(1+x^2)}\mathrm{d}x$

(17) $\displaystyle\int \frac{x-1}{x\,(x+1)^2}\mathrm{d}x$

(18) $\displaystyle\int x\sqrt{3x+2}\,\mathrm{d}x$

(19) $\displaystyle\int \frac{2}{1+\sqrt{x-2}}\mathrm{d}x$

(20) $\displaystyle\int \sqrt{1+\mathrm{e}^x}\,\mathrm{d}x$

(21) $\displaystyle\int \frac{1}{x}\sqrt{\frac{x+1}{x}}\,\mathrm{d}x$

(22) $\displaystyle\int \frac{\arctan\sqrt{x}}{\sqrt{x}(1+x)}\mathrm{d}x$

(23) $\displaystyle\int \frac{\sqrt[3]{x}}{x(\sqrt{x}+\sqrt[3]{x})}\mathrm{d}x$

(24) $\displaystyle\int \frac{2x}{\sqrt{1+x^2}+1}\mathrm{d}x$

(25) $\displaystyle\int \sqrt{4-x^2}\,\mathrm{d}x$

(26) $\displaystyle\int \frac{1}{x^2\,\sqrt{x^2+1}}\mathrm{d}x$

(27) $\displaystyle\int \frac{1}{x\,\sqrt{4-x^2}}\mathrm{d}x$

(28) $\displaystyle\int \frac{1}{x\,\sqrt{x^2-4}}\mathrm{d}x$

(29) $\displaystyle\int \frac{\sqrt{x^2-4}}{x}\mathrm{d}x$

(30) $\displaystyle\int \frac{x^2}{\sqrt{1-x^2}}\mathrm{d}x$

(31) $\displaystyle\int \frac{1}{2+\mathrm{e}^x}\mathrm{d}x$

(32) $\displaystyle\int \frac{1}{x+x\ln^2 x}\mathrm{d}x$

(33) $\displaystyle\int \frac{1}{\mathrm{e}^x(1+\mathrm{e}^{2x})}\mathrm{d}x$

3.3 不定积分的分部积分法

学习要求

1. 理解分部积分中的化归思想.

2. 掌握不定积分的分部积分法.

当不定积分不容易进行积分时,可以考虑将该不定积分转化为另一个比较容易求出的积分,这就是分部积分的主要思想. 下面我们利用两个函数乘积的求导法则,来推导分部积分公式.

设函数 $u=u(x)$、$v=v(x)$ 具有连续的导数,则由微分法有

$$\mathrm{d}(uv)=v\mathrm{d}u+u\mathrm{d}v$$

两边进行积分

$$uv=\int v\mathrm{d}u+\int u\mathrm{d}v$$

得

$$\int u\mathrm{d}v=uv-\int v\mathrm{d}u$$

该公式称为**分部积分公式**,它的主要作用在于把左边不容易求解的积分 $\displaystyle\int u\mathrm{d}v$ 转化为右边容易求解的积分 $\displaystyle\int v\mathrm{d}u$. 分部积分法的关键在于恰当选取 u 和 $\mathrm{d}v$.

如果被积函数仅为一种类型的函数,可以直接运用分部积分公式计算.

【例 3.39】 求 $\int \ln x \mathrm{d}x$.

【解】 选 $u=\ln x$,$\mathrm{d}v=\mathrm{d}x$,由分部积分公式得

$$\int \ln x \mathrm{d}x = x \ln x - \int x \mathrm{d}\ln x$$

$$= x \ln x - \int x \cdot \frac{1}{x} \mathrm{d}x = x \ln x - x + C$$

【例 3.40】 求 $\int \arcsin x \mathrm{d}x$.

【解】 选 $u=\arcsin x$,$\mathrm{d}v=\mathrm{d}x$,由分部积分公式得

$$\int \arcsin x \mathrm{d}x = x \arcsin x - \int x \mathrm{d} \arcsin x$$

$$= x \arcsin x - \int \frac{x}{\sqrt{1-x^2}} \mathrm{d}x$$

$$= x \arcsin x + \frac{1}{2} \int \frac{1}{\sqrt{1-x^2}} \mathrm{d}(1-x^2)$$

$$= x \arcsin x + \sqrt{1-x^2} + C$$

当被积函数是两个不同类型函数的乘积时,需要将某个函数看成 u,而将另一个函数与自变量的微分结合成为 $\mathrm{d}v$,然后利用分部积分公式计算. 使用分部积分法的常见题型中 u 和 $\mathrm{d}v$ 的选取方法如下.

(1) $\int x^n \mathrm{e}^{ax+b} \mathrm{d}x$,$\int x^n \sin(ax+b) \mathrm{d}x$,$\int x^n \cos(ax+b) \mathrm{d}x$ 等,选 $u=x^n$.

(2) $\int x^n \ln x \mathrm{d}x (n \neq -1)$,$\int x^n \arctan x \mathrm{d}x$,$\int x^n \arcsin x \mathrm{d}x$ 等,选 $\mathrm{d}v=x^n \mathrm{d}x$.

(3) $\int \mathrm{e}^{ax} \sin bx \mathrm{d}x$,$\int \mathrm{e}^{ax} \cos bx \mathrm{d}x$ 等,u 和 $\mathrm{d}v$ 的选取任意.

【例 3.41】 求 $\int x \mathrm{e}^x \mathrm{d}x$.

【解】 选 $u=x$,$\mathrm{d}v=\mathrm{e}^x \mathrm{d}x=\mathrm{d}\mathrm{e}^x$,得

$$\int x \mathrm{e}^x \mathrm{d}x = \int x \mathrm{d}\mathrm{e}^x = x \mathrm{e}^x - \int \mathrm{e}^x \mathrm{d}x = x \mathrm{e}^x - \mathrm{e}^x + C$$

【例 3.42】 求 $\int x \cos x \mathrm{d}x$.

【解】 选 $u=x$,$\mathrm{d}v=\cos x \mathrm{d}x=\mathrm{d}(\sin x)$,得

$$\int x \cos x \mathrm{d}x = \int x \mathrm{d}(\sin x)$$

$$= x \sin x - \int \sin x \mathrm{d}x = x \sin x + \cos x + C$$

【例 3.43】 求 $\int x \sin 2x \mathrm{d}x$.

【解】 选 $u=x$,$\mathrm{d}v=\sin 2x \mathrm{d}x=-\frac{1}{2}\mathrm{d}(\cos 2x)$,得

$$\int x \sin 2x \mathrm{d}x = -\frac{1}{2} \int x \mathrm{d}(\cos 2x)$$

$$= -\frac{1}{2} x \cos 2x + \frac{1}{2} \int \cos 2x \mathrm{d}x$$

$$= -\frac{1}{2} x \cos 2x + \frac{1}{4} \sin 2x + C$$

【例 3.44】 求 $\int x^2 \ln x \mathrm{d}x$.

【解】 选 $u = \ln x, \mathrm{d}v = x^2 \mathrm{d}x = \frac{1}{3} \mathrm{d}(x^3)$,得

$$\int x^2 \ln x \mathrm{d}x = \frac{1}{3} \int \ln x \mathrm{d}(x^3) = \frac{1}{3} x^3 \cdot \ln x - \frac{1}{3} \int x^3 \mathrm{d} \ln x$$

$$= \frac{1}{3} x^3 \ln x - \frac{1}{3} \int x^2 \mathrm{d}x = \frac{1}{3} x^3 \ln x - \frac{1}{9} x^3 + C$$

【例 3.45】 求 $\int x \arctan x \mathrm{d}x$.

【解】 选 $u = \arctan x, \mathrm{d}v = x \mathrm{d}x = \frac{1}{2} \mathrm{d}(x^2)$,得

$$\int x \arctan x \mathrm{d}x = \frac{1}{2} \int \arctan x \mathrm{d}(x^2)$$

$$= \frac{1}{2} x^2 \arctan x - \frac{1}{2} \int x^2 \mathrm{d} \arctan x$$

$$= \frac{1}{2} x^2 \arctan x - \frac{1}{2} \int x^2 \cdot \frac{1}{1+x^2} \mathrm{d}x$$

$$= \frac{1}{2} x^2 \arctan x - \frac{1}{2} \int \left(1 - \frac{1}{1+x^2}\right) \mathrm{d}x$$

$$= \frac{1}{2} (x^2 \arctan x - x + \arctan x) + C$$

【例 3.46】 求 $\int \mathrm{e}^x \sin x \mathrm{d}x$.

【解】 选 $u = \sin x, \mathrm{d}v = \mathrm{e}^x \mathrm{d}x = \mathrm{d}\mathrm{e}^x$,得

$$\int \mathrm{e}^x \sin x \mathrm{d}x = \int \sin x \mathrm{d}\mathrm{e}^x = \mathrm{e}^x \cdot \sin x - \int \mathrm{e}^x \mathrm{d}(\sin x)$$

$$= \mathrm{e}^x \cdot \sin x - \int \cos x \cdot \mathrm{e}^x \mathrm{d}x = \mathrm{e}^x \sin x - \int \cos x \mathrm{d}\mathrm{e}^x$$

$$= \mathrm{e}^x \sin x - \mathrm{e}^x \cos x - \int \mathrm{e}^x \sin x \mathrm{d}x$$

移项后得

$$2\int \mathrm{e}^x \sin x \mathrm{d}x = \mathrm{e}^x \sin x - \mathrm{e}^x \cos x + 2C$$

于是有

$$\int \mathrm{e}^x \sin x \mathrm{d}x = \frac{1}{2} \mathrm{e}^x (\sin x - \cos x) + C$$

本例在计算中出现了待求的不定积分,称为**还原法**.

在前面我们用其他方法计算的不定积分,有些也可以用分部积分法计算.

【例 3.47】 求 $\int \sqrt{9-x^2}\,\mathrm{d}x$.

【解】 选 $u=\sqrt{9-x^2},\mathrm{d}v=\mathrm{d}x$,得

$$\int \sqrt{9-x^2}\,\mathrm{d}x = x\sqrt{9-x^2} - \int x\mathrm{d}\sqrt{9-x^2}$$

$$= x\sqrt{9-x^2} + \int \frac{x^2}{\sqrt{9-x^2}}\,\mathrm{d}x$$

$$= x\sqrt{9-x^2} - \int \frac{9-x^2}{\sqrt{9-x^2}}\,\mathrm{d}x + \int \frac{9}{\sqrt{9-x^2}}\,\mathrm{d}x$$

$$= x\sqrt{9-x^2} - \int \sqrt{9-x^2}\,\mathrm{d}x + 9\int \frac{1}{\sqrt{1-\left(\frac{x}{3}\right)^2}}\,\mathrm{d}\left(\frac{x}{3}\right)$$

$$= x\sqrt{9-x^2} - \int \sqrt{9-x^2}\,\mathrm{d}x + 9\arcsin\frac{x}{3}$$

移项后得

$$2\int \sqrt{9-x^2}\,\mathrm{d}x = x\sqrt{9-x^2} + 9\arcsin\frac{x}{3} + 2C$$

所以

$$\int \sqrt{9-x^2}\,\mathrm{d}x = \frac{x\sqrt{9-x^2}}{2} + \frac{9}{2}\arcsin\frac{x}{3} + C$$

有些不定积分运用单一的积分方法还不行,需要运用几种积分方法.

【例 3.48】 $\int \mathrm{e}^{\sqrt{x}}\,\mathrm{d}x$.

【解】 设 $\sqrt{x}=t$,则 $x=t^2,\mathrm{d}x=2t\mathrm{d}t$

$$\int \mathrm{e}^{\sqrt{x}}\,\mathrm{d}x = \int \mathrm{e}^t \cdot 2t\mathrm{d}t = 2\int t\mathrm{d}\mathrm{e}^t$$

$$= 2t\mathrm{e}^t - 2\int \mathrm{e}^t\mathrm{d}t = 2t\mathrm{e}^t - 2\mathrm{e}^t + C$$

$$= 2\sqrt{x}\mathrm{e}^{\sqrt{x}} - 2\mathrm{e}^{\sqrt{x}} + C$$

在本例中,就用到了第二换元积分法和分部积分法.

在本章的前 3 节,我们讨论了求不定积分的计算方法. 求不定积分,通常是指用初等函数来表示不定积分. 根据原函数存在定理,初等函数在其定义域内的任一区间内一定有原函数. 但是很多初等函数的原函数不一定是初等函数,习惯上把这种情况称为"积不出来". 例如,$\int \mathrm{e}^{-x^2}\,\mathrm{d}x$,$\int \frac{1}{\ln x}\,\mathrm{d}x$,$\int \frac{\sin x}{x}\,\mathrm{d}x$ 等都是"积不出来"的.

随着数学计算软件的发展,利用计算机也可以方便地进行积分的计算. 目前,常用的数学软件有 Mathmatics,Matlab,Maple 等.

习题 3.3

1. 用分部积分法求下列不定积分.

(1) $\int x e^{2x} dx$ (2) $\int x^2 e^x dx$ (3) $\int x e^{-x} dx$

(4) $\int \arccos x dx$ (5) $\int \ln \sqrt{x} dx$ (6) $\int \ln(1+x^2) dx$

(7) $\int x^2 \arctan x dx$ (8) $\int x \cos 2x dx$ (9) $\int \sqrt{x} \ln x dx$

(10) $\int x \ln^2 x dx$ (11) $\int \cos(\ln x) dx$ (12) $\int e^{-x} \cos 2x dx$

(13) $\int \sec^3 x dx$ (14) $\int x \tan^2 x dx$ (15) $\int \cos \sqrt{x} dx$

(16) $\int e^{\sqrt{2x+1}} dx$ (17) $\int \sqrt{1-4x^2} dx$ (18) $\int \dfrac{\ln(1+e^x)}{e^x} dx$

2. 设 $f(x)$ 为 $\cos x$，求 $\int x f'(x) dx$.

3. 设 $f(x)$ 的一个原函数为 $\dfrac{\sin x}{x}$，求 $\int x f'(x) dx$.

3.4 定积分的概念

学习要求

1. 了解定积分的概念.

2. 掌握定积分的几何意义与经济意义.

在前几节，我们研究了积分学的第一类问题，即求原函数的问题. 从本节开始，我们将研究积分学中的第二类问题——定积分. 定积分有着非常广泛的实际背景，如求平面图形的面积、经济问题的经济总量等. 下面我们将从这些问题引入定积分的概念.

3.4.1 定积分概念的引入

1. 引例 1——曲边梯形的面积

在初等数学中，我们已经会求一些规则图形的面积，但实际问题中，常常需要计算由任意一条封闭曲线所围成的图形的面积. 如果我们用相互垂直的直线对图形进行分割（如图 3.5 所示），可以看到，围在中间的是一些矩形，它们的面积很容易求得，在边上的这些图形称为**曲边梯形**或**曲边三角形**，而曲边三角形可以看成曲边梯形的特殊情况. 因此，求这样一块不规则图形的面积实际上就归结为求这些曲边梯形的面积.

下面研究曲边梯形面积的计算方法.

设 $y=f(x)$ 在 $[a,b]$ 上连续,求由直线 $x=a,x=b,x$ 轴及曲线 $y=f(x)$ 所围成的曲边梯形面积 A (如图 3.6 所示).

(1)**分割(化整为零)**:在 $[a,b]$ 中任意插入 $n-1$ 个分点 $a=x_0<x_1<x_2<\cdots<x_n=b$,将区间 $[a,b]$ 分割成 n 个小区间 $[x_{i-1},x_i](i=1,2,\cdots,n)$ 并作垂线 $x=x_i$,把整个曲边梯形分成 n 个小的曲边梯形(如图 3.6 所示),第 i 个小曲边梯形的底记作 $\Delta x_i=x_i-x_{i-1}$,第 i 个小曲边梯形的面积记作 ΔA_i,于是曲边梯形的面积

$$A = \sum_{i=1}^{n} \Delta A_i$$

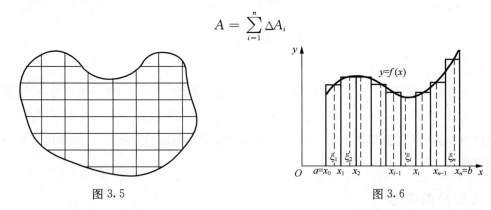

图 3.5   图 3.6

(2)**近似(以直代曲)**:在小区间 $[x_{i-1},x_i]$ 上任取一点 ξ_i,以 $f(\xi_i)$ 为高 Δx_i 为底的小矩形面积近似代替第 i 个小曲边梯形的面积,即

$$\Delta A_i \approx f(\xi_i)\Delta x_i$$

(3)**求和(积零为整)**:将 n 个小矩形面积相加,得到曲边梯形面积的近似值

$$A = \sum_{i=1}^{n} \Delta A_i \approx \sum_{i=1}^{n} f(\xi_i)\Delta x_i$$

(4)**取极限**:虽然区间分割越细,小矩形与小曲边梯形间的误差越小,但仍有误差. 当无限分割区间时,每个小区间的长度无限地变小,即所有小区间中的最大长度 $\lambda=\max\{\Delta x_1,\Delta x_2,\cdots,\Delta x_n\}$ 无限趋于 0 时,这 n 个小矩形面积和的极限就为所求曲边梯形的面积,即

$$A = \lim_{\lambda \to 0} \sum_{i=1}^{n} f(\xi_i)\Delta x_i$$

其中 $\lambda=\max\{\Delta x_1,\Delta x_2,\cdots,\Delta x_n\}$.

2. 引例2——经济问题的总量

设总产量的变化率 v 是时间 t 的函数 $v=v(t)$,求时间 t 从 a 到 b 的总产量 Q.

我们知道,当总产量对时间的变化率(即边际产量)为常量时,总产量等于变化率乘以时间,但问题中总产量的变化率 v 是随时间 t 变化的,因此,需要用与前例类似的方法求.

(1)**分割**:在时间区间 $[a,b]$ 内任意插入 $n-1$ 个分点,$a=t_0<t_1<t_2<\cdots<t_n=b$,将 $[a,b]$ 分成 n 个小区间,第 i 个小区间 $[t_{i-1},t_i](i=1,2,\cdots,n)$ 的长度为 $\Delta t_i=t_i-t_{i-1}$,第 i 个小区间内的产量记为 ΔQ_i,于是所求的时间 t 从 a 到 b 的总产量 Q 为

$$Q = \sum_{i=1}^{n} \Delta Q_i$$

(2)**近似**：在小区间$[t_{i-1},t_i]$内任取一点ξ_i，将ξ_i点的总产量的变化率$v(\xi_i)$看成小区间内的平均变化率，以$v(\xi_i)\Delta t_i$近似代替$[t_{i-1},t_i]$内的产量ΔQ_i，即

$$\Delta Q_i \approx v(\xi_i)\Delta t_i$$

(3)**求和**：将n个小区间内的产量的近似值相加，得到总产量Q的近似值，即

$$Q = \sum_{i=1}^{n}\Delta Q_i \approx \sum_{i=1}^{n}v(\xi_i)\Delta t_i$$

(4)**取极限**：分割越细，上式的近似程度就越高．当所有小区间中的最大长度$\lambda=\max\{\Delta t_1,\Delta t_2,\cdots,\Delta t_n\}$无限趋于 0 时，这$n$个小区间内的产量的近似值的和的极限就是所求的总产量Q，即

$$Q = \lim_{\lambda\to 0}\sum_{i=1}^{n}v(\xi_i)\Delta t_i$$

其中$\lambda=\max\{\Delta t_1,\Delta t_2,\cdots,\Delta t_n\}$．

上面一个是几何问题，一个是经济问题，它们的问题背景截然不同，但都采用了分割、近似、求和、取极限的方法，计算结果的表达形式也是相同的，即都是乘积的和式的极限．其实，还有许多问题都可以用类似的思想和方法加以解决．因此，我们需要剔除具体问题的实际意义，抽象出具有一般性的定积分的定义．

3.4.2　定积分的概念

定义 3.3　设函数$y=f(x)$在$[a,b]$上有界，在$[a,b]$内任意插入$n-1$个分点，$a=x_0<x_1<\cdots<x_n=b$，把$[a,b]$分成n个小区间$[x_{i-1},x_i](i=1,2,\cdots,n)$，记$\Delta x_i=x_i-x_{i-1}(i=1,2,\cdots,n)$为第$i$个小区间的长度，在小区间$[x_{i-1},x_i]$上任取一点$\xi_i$，作和式

$$\sum_{i=1}^{n}f(\xi_i)\Delta x_i$$

记$\lambda=\max\{\Delta x_1,\Delta x_2,\cdots,\Delta x_n\}$，如果当$\lambda\to 0$时，极限

$$\lim_{\lambda\to 0}\sum_{i=1}^{n}f(\xi_i)\Delta x_i$$

存在，且与分点x_i及$\xi_i(i=1,2,\cdots,n)$的取法无关，我们就称函数$f(x)$在区间$[a,b]$上**可积**，并把该极限称为**$f(x)$在$[a,b]$上的定积分**，记为$\int_a^b f(x)\mathrm{d}x$，即

$$\int_a^b f(x)\mathrm{d}x = \lim_{\lambda\to 0}\sum_{i=1}^{n}f(\xi_i)\Delta x_i$$

其中$f(x)$称为**被积函数**，x称为**积分变量**，$f(x)\mathrm{d}x$称为**被积表达式**，$[a,b]$称为**积分区间**，a为**积分下限**，b为**积分上限**．

利用定积分的定义，前面所讨论的两个实际问题的结果就可以分别表示为

$$A = \int_a^b f(x)\mathrm{d}x \text{ 和 } Q = \int_a^b v(t)\mathrm{d}t$$

关于定积分的定义，需要注意以下方面．

(1)定积分实质上就是一个和式的极限，它的结果是一个数值，这个数值的大小仅与被积函数$f(x)$及区间$[a,b]$有关，而与区间的分法、ξ_i的取法无关．

(2)定积分与积分变量用什么字母无关,即

$$\int_a^b f(x)\mathrm{d}x = \int_a^b f(u)\mathrm{d}u$$

(3)定积分定义中,积分下限 a 总是小于积分上限 b。从数学的角度看,这种限制没有必要。为了以后计算的方便,现对 $a=b$ 和 $a>b$ 两种情况做如下补充规定。

a. 当 $a=b$ 时,$\int_a^a f(x)\mathrm{d}x = 0$;

b. 当 $a>b$ 时,$\int_a^b f(x)\mathrm{d}x = -\int_b^a f(x)\mathrm{d}x$。

这样,无论 a,b 的大小关系如何,$\int_a^b f(x)\mathrm{d}x$ 都有意义。

对于定积分,有一个重要的问题需要回答:函数 $f(x)$ 在 $[a,b]$ 上满足什么条件,$f(x)$ 一定可积?在此,不加证明地直接给出两个结论。

(1)如果 $f(x)$ 在 $[a,b]$ 上连续,那么 $f(x)$ 在 $[a,b]$ 上可积。

(2)如果 $f(x)$ 在 $[a,b]$ 上有界,且只有有限间断点,那么 $f(x)$ 在 $[a,b]$ 上可积。

以上两个条件都是充分条件,但不是必要条件。

3.4.3　定积分的几何意义与经济意义

1. 定积分的几何意义

由引例 1 可知,在 $[a,b]$ 上,当 $f(x)\geqslant 0$ 时,$\int_a^b f(x)\mathrm{d}x$ 在几何上表示由曲线 $y=f(x)$ 与直线 $x=a,x=b$ 及 x 轴所围成的曲边梯形的面积(如图 3.7(a)所示);而在 $[a,b]$ 上,当 $f(x)<0$ 时,曲线 $y=f(x)$ 与直线 $x=a,x=b$ 及 x 轴所围成的曲边梯形在 x 轴的下方(如图 3.7(b)所示),定积分 $\int_a^b f(x)\mathrm{d}x$ 在几何上表示上述曲边梯形面积的负值。因此,在 $[a,b]$ 上当 $y=f(x)$ 既取得正值又取得负值时(如图 3.7(c)所示),定积分 $\int_a^b f(x)\mathrm{d}x$ 在几何上表示由曲线 $y=f(x)$ 与直线 $x=a,x=b$ 及 x 轴所围成的各部分面积的代数和,即 $\int_a^b f(x)\mathrm{d}x = A_1 - A_2 + A_3$。

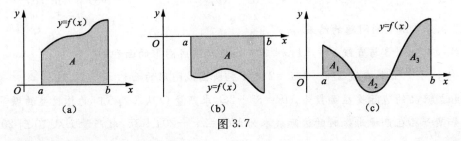

图 3.7

2. 定积分的经济意义

如果已知某一经济总量 $F(x)$ 的变化率(边际)为 $f(x)$,则定积分 $\int_a^b f(x)\mathrm{d}x$ 表示变量 x 从 a 变化到 b 时经济总量的变化量 ΔF,即 $\Delta F = \int_a^b f(x)\mathrm{d}x$。

例如,设总收益函数 $TR(x)$ 关于产量 x 的变化率(边际收益)为 $MR(x)$,则 $\int_a^b MR(x)\mathrm{d}x$ 表示当产量从 a 变化到 b 时总收益的变化量 ΔTR,即 $\Delta TR = \int_a^b MR(x)\mathrm{d}x$.

【例 3.49】 求由曲线 $y = x^2, y = 0, x = 1$ 所围成平面图形的面积 A.

【解】 由定积分的几何意义可知,只需计算 $\int_0^1 x^2\mathrm{d}x$ 即可.

因为函数 $y = x^2$ 在 $[0,1]$ 上连续,所以函数 $y = x^2$ 在 $[0,1]$ 上可积.

由于定积分的值与区间的分法、ξ_i 的取法无关,不妨将 $[0,1]$ n 等份,于是各分点为 $x_0 = 0, x_1 = \frac{1}{n}, \cdots, x_i = \frac{i}{n}, \cdots, x_n = 1$,每个小区间的长度都是 $\Delta x_i = \frac{1}{n}(k = 1, 2, \cdots, n)$,$\lambda = \frac{1}{n}$,取 $\xi_i = \frac{i}{n}$,从而

$$\sum_{i=1}^n \xi_i^2 \cdot \Delta x_i = \sum_{i=1}^n \left(\frac{i}{n}\right)^2 \cdot \frac{1}{n} = \frac{1}{n^3}\sum_{i=1}^n i^2$$

$$= \frac{1}{n^3}(1 + 2^2 + 3^2 + \cdots + n^2) = \frac{1}{n^3} \cdot \frac{n(n+1)(2n+1)}{6}$$

$$= \frac{1}{6}\left(1 + \frac{1}{n}\right)\left(2 + \frac{1}{n}\right)$$

由定积分定义,得

$$A = \int_0^1 x^2\mathrm{d}x = \lim_{\lambda \to 0}\sum_{i=1}^n \xi_i^2 \cdot \Delta x_i$$

$$= \lim_{n \to \infty}\frac{1}{6}\left(1 + \frac{1}{n}\right)\left(2 + \frac{1}{n}\right) = \frac{1}{3}$$

于是所求的曲边梯形的面积为 $\frac{1}{3}$.

习题 3.4

1. 利用定积分的几何意义,求下列定积分.

(1) $\int_0^2 x\mathrm{d}x$ (2) $\int_0^a \sqrt{a^2 - x^2}\mathrm{d}x$ $(a > 0)$ (3) $\int_{-\pi}^\pi \sin x\mathrm{d}x$

2. 用定积分表示下列问题的结果.

(1)曲线 $y = 3x^3 + 3$ 与直线 $x = -1, x = 2$ 及 x 轴所围成图形的面积.

(2)曲线 $y = x^2 - 2$ 与直线 $x = -2, x = 2$ 及 x 轴所围成图形的面积.

(3)已知某产品的边际收益函数为 $MR = 35 - 2Q$,求产量 Q 从 2 到 5 时的总收益的增量.

(4)已知某产品在产量为 x 时的边际成本为 $MC = 3x^2 - 20x + 35$,求产量 x 从 10 到 20 时的总成本的增量.

3. 用定积分的定义求由直线 $y = 2x, x = 4$ 及 x 轴所围成图形的面积.

3.5 定积分的性质

学习要求

了解定积分的基本性质,了解定积分中值定理.

由于定积分就是和式的极限,所以可以根据极限的运算性质得到定积分的一些性质,这些性质在定积分的计算和应用中经常用到.

设函数 $f(x),g(x)$ 在给定的区间上可积.

性质 1 $\int_a^b kf(x)\mathrm{d}x = k\int_a^b f(x)\mathrm{d}x(k$ 为常数$)$.

性质 2 $\int_a^b [f(x)\pm g(x)]\mathrm{d}x = \int_a^b f(x)\mathrm{d}x \pm \int_a^b g(x)\mathrm{d}x$.

性质 1 和性质 2 称为定积分的线性运算性质.

性质 3 $\int_a^b f(x)\mathrm{d}x = \int_a^c f(x)\mathrm{d}x + \int_c^b f(x)\mathrm{d}x$.

这个性质表明定积分对积分区间具有**可加性**. 可以证明无论 a,b,c 的位置如何,上式都成立.

性质 4 如果在 $[a,b]$ 上 $f(x)\equiv 1$,则 $\int_a^b \mathrm{d}x = b-a$.

性质 5 如果在 $[a,b]$ 上,$f(x)\geqslant 0$,则 $\int_a^b f(x)\mathrm{d}x \geqslant 0$.

推论 1 如果在 $[a,b]$ 上,恒有 $f(x)\leqslant g(x)$,则 $\int_a^b f(x)\mathrm{d}x \leqslant \int_a^b g(x)\mathrm{d}x$.

推论 2 $\left|\int_a^b f(x)\mathrm{d}x\right| \leqslant \int_a^b |f(x)|\mathrm{d}x(a<b)$

性质 6 设函数 $f(x)$ 在 $[a,b]$ 上连续,最大值和最小值分别为 M 和 m,则有

$$m(b-a) \leqslant \int_a^b f(x)\mathrm{d}x \leqslant M(b-a)$$

上式称为定积分的**估值不等式**.

性质 3~性质 6 可以结合定积分的几何意义进行理解并证明. 请读者自行完成.

性质 7(定积分中值定理) 如果函数 $f(x)$ 在 $[a,b]$ 上连续,则在 $[a,b]$ 上至少存在一点 ξ,使得

$$\int_a^b f(x)\mathrm{d}x = f(\xi)(b-a)$$

【证】 因为函数 $f(x)$ 在 $[a,b]$ 上连续,所以 $f(x)$ 在 $[a,b]$ 上存在最大值 M 和最小值 m,则有估值不等式

$$m(b-a) \leqslant \int_a^b f(x)\mathrm{d}x \leqslant M(b-a)$$

由 $b-a>0$,得

$$m \leqslant \frac{1}{b-a} \int_a^b f(x) \mathrm{d}x \leqslant M$$

这表明 $\frac{1}{b-a} \int_a^b f(x) \mathrm{d}x$ 是介于最大值 M 和最小值 m 之间的一个常数,由闭区间上连续函数的介值定理,在 $[a,b]$ 上至少存在一点 ξ,使得

$$f(\xi) = \frac{1}{b-a} \int_a^b f(x) \mathrm{d}x$$

即

$$\int_a^b f(x) \mathrm{d}x = f(\xi)(b-a)$$

定积分中值定理的几何意义:如果函数 $f(x)$ 在 $[a,b]$ 上连续,且 $f(x) \geqslant 0$,则在 $[a,b]$ 上至少存在一点 ξ,使得以 $b-a$ 为底,以 $f(\xi)$ 为高的矩形面积正好等于同底的曲边梯形的面积(如图 3.8 所示).

通常称 $\frac{1}{b-a} \int_a^b f(x) \mathrm{d}x$ 为函数 $f(x)$ 在区间 $[a,b]$ 上的平均值.

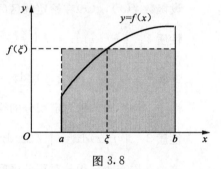

图 3.8

【例 3.50】 比较定积分 $\int_{-2}^0 \mathrm{e}^x \mathrm{d}x$ 和 $\int_{-2}^0 x \mathrm{d}x$ 的大小.

【解】 比较两个同区间上的定积分的大小,实质上是比较被积函数的大小.

设 $f(x) = \mathrm{e}^x - x$,由于 $x \in [-2,0]$,$f(x) > 0$,所以 $\mathrm{e}^x > x$. 由性质 5 的推论 1,得

$$\int_{-2}^0 \mathrm{e}^x \mathrm{d}x > \int_{-2}^0 x \mathrm{d}x$$

【例 3.51】 估计 $\int_{\frac{3}{2}}^2 x^3 \mathrm{d}x$ 的值.

【解】 由于 $f(x) = x^3$ 在 $\left[\frac{3}{2}, 2\right]$ 上单调递增,最大值 8,最小值 $\frac{27}{8}$,由估值不等式得

$$\frac{27}{8} \cdot \left(2 - \frac{3}{2}\right) \leqslant \int_{\frac{3}{2}}^2 x^3 \mathrm{d}x \leqslant 8 \cdot \left(2 - \frac{3}{2}\right)$$

即

$$\frac{27}{16} \leqslant \int_{\frac{3}{2}}^2 x^3 \mathrm{d}x \leqslant 4$$

【例 3.52】 估计 $\int_0^2 \mathrm{e}^{x^2-x} \mathrm{d}x$ 的值.

【解】 被积函数在 $[0,2]$ 上的最值不易看出,所以要先求 e^{x^2-x} 在 $[0,2]$ 上的最大、最小值.

设 $f(x) = \mathrm{e}^{x^2-x}$,$f'(x) = \mathrm{e}^{x^2-x}(2x-1)$,令 $f'(x) = 0$,得唯一驻点 $x = \frac{1}{2}$.

又 $f''(x) = \mathrm{e}^{x^2-x}(2x-1)^2 + 2\mathrm{e}^{x^2-x}$,$f''\left(\frac{1}{2}\right) > 0$,所以 $f(x)$ 在驻点处取得极小值 $f\left(\frac{1}{2}\right) = \mathrm{e}^{-\frac{1}{4}}$.

而 $f(0) = 1$,$f(2) = \mathrm{e}^2$,由估值不等式得

$$2\mathrm{e}^{-\frac{1}{4}} \leqslant \int_0^2 \mathrm{e}^{x^2-x} \mathrm{d}x \leqslant 2\mathrm{e}^2$$

习题 3.5

1. 不计算积分,比较下列定积分的大小.

(1) $\displaystyle\int_0^{\frac{\pi}{4}} \sin x\,\mathrm{d}x$ 与 $\displaystyle\int_0^{\frac{\pi}{4}} \cos x\,\mathrm{d}x$

(2) $\displaystyle\int_0^{\frac{\pi}{2}} \sin x\,\mathrm{d}x$ 与 $\displaystyle\int_0^{\frac{\pi}{2}} \sin^2 x\,\mathrm{d}x$

(3) $\displaystyle\int_1^2 x^2\,\mathrm{d}x$ 与 $\displaystyle\int_1^2 x^3\,\mathrm{d}x$

(4) $\displaystyle\int_1^{\mathrm{e}} \ln x\,\mathrm{d}x$ 与 $\displaystyle\int_1^{\mathrm{e}} \ln^2 x\,\mathrm{d}x$

(5) $\displaystyle\int_0^1 x\,\mathrm{d}x$ 与 $\displaystyle\int_0^1 \ln(x+1)\,\mathrm{d}x$

(6) $\displaystyle\int_0^1 (\mathrm{e}^x - 1)\,\mathrm{d}x$ 与 $\displaystyle\int_0^1 x\,\mathrm{d}x$

2. 估计下列定积分的值.

(1) $\displaystyle\int_1^2 (x^3 + 2x^2 + 1)\,\mathrm{d}x$

(2) $\displaystyle\int_1^2 \ln(x+1)\,\mathrm{d}x$

(3) $\displaystyle\int_{-2}^2 \mathrm{e}^{-x^2}\,\mathrm{d}x$

(4) $\displaystyle\int_{\frac{1}{\sqrt{3}}}^{\sqrt{3}} \arctan x\,\mathrm{d}x$

3.6 微积分基本定理

学习要求

1. 理解原函数存在定理的本质,会求积分上限函数的导数.

2. 掌握微积分基本公式.

从 3.4 节例 3.49 可以看出,用定积分定义计算定积分是比较复杂的,尽管被积函数很简单,但求和式的极限也是非常困难的,更不用说复杂的被积函数了. 因此,有必要寻求一种简便而有效的计算方法. 为寻找解决问题的线索,先研究一个实际问题.

3.6.1 变速直线运动的路程

设物体作变速直线运动(如图 3.9 所示),时刻 t 物体所在的位置为 $s(t)$,速度为 $v(t)(v(t) \geqslant 0)$,求时间从 t_1 到 t_2 物体运动的路程.

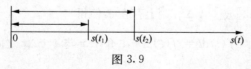

图 3.9

一方面,该问题可以用类似于求曲边梯形面积的方法解决,用定积分表示为

$$\int_{t_1}^{t_2} v(t)\,\mathrm{d}t$$

另一方面,所求的路程可以表示为 $s(t)$ 在区间 $[t_1, t_2]$ 上的增量

$$s(t_2) - s(t_1)$$

所以

$$\int_{t_1}^{t_2} v(t)\,dt = s(t_2) - s(t_1)$$

而 $s'(t) = v(t)$，即位置函数 $s(t)$ 是速度函数 $v(t)$ 的原函数，所以上式表示：速度函数 $v(t)$ 在 $[t_1, t_2]$ 上的定积分等于它的原函数 $s(t)$ 在 $[t_1, t_2]$ 上的增量．

那么，对于一般的函数 $f(x)$，如果 $F'(x) = f(x)$，是否也有 $\int_a^b f(x)\,dx = F(b) - F(a)$？

回答是肯定的，这就是要找的计算定积分的简便方法．为得到这个公式，我们先讨论积分上限函数与原函数存在定理，然后推导出这个公式．

3.6.2 积分上限函数与原函数存在定理

设 $f(x)$ 在 $[a,b]$ 上连续，则对任意的 $x \in [a,b]$，$f(x)$ 在 $[a,x]$ 上连续，因此 $f(x)$ 在 $[a,x]$ 上可积，所以 $\int_a^x f(t)\,dt$ 存在．即对于每一个给定的 $x \in [a,b]$，都有唯一的积分值与之对应，$\int_a^x f(t)\,dt$ 的值随着 x 的变化而变化（如图 3.10 所示），因此，$\int_a^x f(t)\,dt$ 是 x 的函数，记作

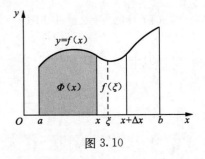

图 3.10

$$\Phi(x) = \int_a^x f(t)\,dt \quad (a \leqslant x \leqslant b)$$

这个函数称为**积分上限函数**或**变上限积分**．

定理 3.3（原函数存在定理） 如果 $f(x)$ 在 $[a,b]$ 上连续，则 $\Phi(x) = \int_a^x f(t)\,dt$ 是 $f(x)$ 在 $[a,b]$ 上的一个原函数，即

$$\Phi'(x) = \left[\int_a^x f(t)\,dt\right]' = f(x) \quad (a \leqslant x \leqslant b)$$

【证】 根据导数的定义，设 $x \in (a,b)$，给 x 增量 Δx，使得 $x + \Delta x \in (a,b)$，则

$$\Delta\Phi = \int_a^{x+\Delta x} f(t)\,dt - \int_a^x f(t)\,dt$$
$$= \int_x^{x+\Delta x} f(t)\,dt$$

由积分中值定理，在 $[x, x+\Delta x]$ 或 $[x+\Delta x, x]$ 上存在 ξ，使得

$$\int_x^{x+\Delta x} f(t)\,dt = f(\xi)\Delta x，\xi 介于 x 与 x + \Delta x 之间$$

因此

$$\Phi'(x) = \lim_{\Delta x \to 0} \frac{\Delta\Phi}{\Delta x} = \lim_{\xi \to x} \frac{f(\xi)\Delta x}{\Delta x} = f(x)$$

在 $x = a$ 处，取 $\Delta x > 0$，同理可证 $\Phi'_+(a) = f(a)$；在 $x = b$ 处，取 $\Delta x < 0$，同理可证 $\Phi'_-(b) = f(b)$．

所以，$\Phi(x) = \int_a^x f(t)\,dt$ 是 $f(x)$ 在 $[a,b]$ 上的一个原函数．

定理 3.3 是对定理 3.1 的进一步完善. 原函数存在定理的重要意义在于,不仅肯定了连续函数的原函数是存在的,而且给出了原函数的具体形式,更重要的是揭示了定积分与原函数之间的联系. 这样,我们就有可能用原函数来计算定积分.

3.6.3 牛顿-莱布尼兹公式

定理 3.4 设函数 $f(x)$ 在 $[a,b]$ 上连续,$F(x)$ 是 $f(x)$ 在 $[a,b]$ 上的一个原函数,则

$$\int_a^b f(x)\mathrm{d}x = F(b) - F(a)$$

【证】 设 $\Phi(x) = \int_a^x f(t)\mathrm{d}t$,则由定理 3.3 可知,$\Phi(x)$ 是 $f(x)$ 在 $[a,b]$ 上的一个原函数,而 $F(x)$ 也是 $f(x)$ 在 $[a,b]$ 上的一个原函数,因此有

$$\Phi(x) = F(x) + C_0$$

即

$$\int_a^x f(t)\mathrm{d}t = F(x) + C_0$$

在上式中,令 $x=a$,有

$$0 = F(a) + C_0,\ \text{即}\ C_0 = -F(a)$$

又令 $x=b$,有

$$\int_a^b f(t)\mathrm{d}t = F(b) + C$$

所以有

$$\int_a^b f(x)\mathrm{d}x = \int_a^b f(t)\mathrm{d}t = F(b) - F(a)$$

这个定理进一步揭示了定积分与不定积分之间的联系,通常称为**微积分基本定理**. 这个公式是由牛顿与莱布尼兹先后各自创立的,所以称为**牛顿-莱布尼兹公式**,也称为**微积分基本公式**. 这个公式大大简化了定积分的计算,是一个简便而有效的方法.

在定积分计算中,$F(b) - F(a)$ 常记为 $F(x)\Big|_a^b$,于是

$$\int_a^b f(x)\mathrm{d}x = F(x)\Big|_a^b = F(b) - F(a)$$

【例 3.53】 求 $\int_0^1 x^2 \mathrm{d}x$.

【解】 因为 $\frac{1}{3}x^3$ 是 x^2 的一个原函数,所以由牛顿-莱布尼兹公式,得

$$\int_0^1 x^2 \mathrm{d}x = \frac{1}{3}x^3\Big|_0^1 = \frac{1}{3} - 0 = \frac{1}{3}$$

这个结果与例 3.49 用定积分定义求得的结果一致,但这个计算要简单得多.

【例 3.54】 求 $\int_{-1}^3 |x-2|\mathrm{d}x$.

【解】 因为 $|x-2| = \begin{cases} 2-x, & -1\leqslant x\leqslant 2 \\ x-2, & 2<x\leqslant 3 \end{cases}$

所以

$$\int_{-1}^{3}|x-2|\mathrm{d}x = \int_{-1}^{2}(2-x)\mathrm{d}x + \int_{2}^{3}(x-2)\mathrm{d}x$$

$$= \left(2x-\frac{1}{2}x^2\right)\Big|_{-1}^{2} + \left(\frac{1}{2}x^2-2x\right)\Big|_{2}^{3}$$

$$= 5$$

【例 3.55】 计算曲线 $y=\sin x$ 在 $[0,\pi]$ 上与 x 轴所围成图形的面积 S（如图 3.11 所示）.

【解】 由定积分的几何意义,有

$$S = \int_{0}^{\pi}\sin x\mathrm{d}x = -\cos x\Big|_{0}^{\pi} = 1+1 = 2$$

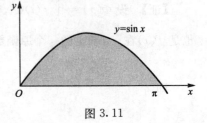

图 3.11

【例 3.56】 求 $\int_{0}^{1}\dfrac{x^2}{1+x^2}\mathrm{d}x$.

【解】 $\displaystyle\int_{0}^{1}\frac{x^2}{1+x^2}\mathrm{d}x = \int_{0}^{1}\frac{x^2+1-1}{1+x^2}\mathrm{d}x$

$$= \int_{0}^{1}\left(1-\frac{1}{1+x^2}\right)\mathrm{d}x$$

$$= (x-\arctan x)\Big|_{0}^{1} = 1-\frac{\pi}{4}$$

【例 3.57】 求 $\int_{1}^{3}\dfrac{\mathrm{e}^x}{1+\mathrm{e}^x}\mathrm{d}x$.

【解】 $\displaystyle\int_{1}^{3}\frac{\mathrm{e}^x}{1+\mathrm{e}^x}\mathrm{d}x = \int_{1}^{3}\frac{\mathrm{d}(1+\mathrm{e}^x)}{1+\mathrm{e}^x}$

$$= \ln(1+\mathrm{e}^x)\Big|_{1}^{3} = \ln(1+\mathrm{e}^3)-\ln(1+\mathrm{e})$$

$$= \ln(1-\mathrm{e}+\mathrm{e}^2)$$

本题在求解中,用到了不定积分计算中的凑微分法. 由于在凑微分中,积分变量没有改变,积分区间没有改变,所以可以直接用牛顿-莱布尼兹公式进行计算.

【例 3.58】 设 $f(x) = \begin{cases} \dfrac{1}{2}\sin x, & 0\leqslant x\leqslant\pi \\ 0, & x<0 \text{ 或 } x>\pi \end{cases}$,求 $\varPhi(x) = \displaystyle\int_{0}^{x}f(t)\mathrm{d}t$ 在 $(-\infty,+\infty)$ 内的表达式.

【解】 当 $x<0$ 时, $\varPhi(x) = \displaystyle\int_{0}^{x}f(t)\mathrm{d}t = 0$

当 $0\leqslant x\leqslant\pi$ 时, $\varPhi(x) = \displaystyle\int_{0}^{x}\frac{1}{2}\sin t\mathrm{d}t = \frac{1-\cos x}{2}$

当 $x>\pi$ 时, $\varPhi(x) = \displaystyle\int_{0}^{\pi}\frac{1}{2}\sin t\mathrm{d}t + \int_{\pi}^{x}0\mathrm{d}t = \int_{0}^{\pi}\frac{1}{2}\sin t\mathrm{d}t = 1$

所以

$$\varPhi(x) = \begin{cases} 0, & x<0 \\ \dfrac{1-\cos x}{2}, & 0\leqslant x\leqslant\pi \\ 1, & x>\pi \end{cases}$$

原函数存在定理反映了积分上限函数的一个重要性质.

$$\frac{\mathrm{d}}{\mathrm{d}x}\left[\int_a^x f(t)\mathrm{d}t\right] = f(x)$$

这个性质在处理含有积分上限函数的问题中很有用.

如果设 $\Phi(y) = \int_a^y f(t)\mathrm{d}t$，$y = g(x)$ 且 $g(x)$ 可导，那么 Φ 就是关于 x 的复合函数，由复合函数的求导法则，可以得到以下结论.

(1) $\dfrac{\mathrm{d}}{\mathrm{d}x}\displaystyle\int_a^{g(x)} f(t)\mathrm{d}t = f[g(x)]g'(x)$.

事实上，$\dfrac{\mathrm{d}\Phi}{\mathrm{d}x} = \dfrac{\mathrm{d}\Phi}{\mathrm{d}y}\cdot\dfrac{\mathrm{d}y}{\mathrm{d}x} = f(y)\cdot g'(x) = f[g(x)]g'(x)$

更进一步，如果积分上限 $g(x)$、积分下限 $\phi(x)$ 都是关于 x 的函数，$g(x)$，$h(x)$ 均可导，结合定积分的性质和复合函数的求导法则，可以得到以下结论.

(2) $\dfrac{\mathrm{d}}{\mathrm{d}x}\displaystyle\int_{h(x)}^{g(x)} f(t)\mathrm{d}t = f[g(x)]g'(x) - f[h(x)]h'(x)$

【思考】 结论(2)如何证明？

【例 3.59】 求极限 $\lim\limits_{x\to 0}\dfrac{\displaystyle\int_0^x \sin t\,\mathrm{d}t}{x^2}$.

【解】 此式为 $\dfrac{0}{0}$ 型的未定式，由洛必达法则和积分上限函数的性质，得

$$\lim_{x\to 0}\frac{\displaystyle\int_0^x \sin t\,\mathrm{d}t}{x^2} = \lim_{x\to 0}\frac{\left(\displaystyle\int_0^x \sin t\,\mathrm{d}t\right)'}{(x^2)'}$$
$$= \lim_{x\to 0}\frac{\sin x}{2x} = \frac{1}{2}$$

【例 3.60】 求 $\displaystyle\int_{x^2}^0 \mathrm{e}^t\mathrm{d}t$ 关于 x 的导数.

【解】 因为 $\displaystyle\int_{x^2}^0 \mathrm{e}^t\mathrm{d}t = -\int_0^{x^2} \mathrm{e}^t\mathrm{d}t$，由积分上限函数的性质，有

$$\left[\int_{x^2}^0 \mathrm{e}^t\mathrm{d}t\right]' = \left[-\int_0^{x^2} \mathrm{e}^t\mathrm{d}t\right]'$$
$$= -\mathrm{e}^{x^2}\cdot 2x = -2x\mathrm{e}^{x^2}$$

习题 3.6

1. 计算下列定积分.

(1) $\displaystyle\int_1^2 \frac{1}{\sqrt{x}}\mathrm{d}x$

(2) $\displaystyle\int_2^3 \left(\sqrt[3]{x} + \frac{1}{x}\right)\mathrm{d}x$

(3) $\displaystyle\int_0^1 \mathrm{e}^{2x}\mathrm{d}x$

(4) $\displaystyle\int_{\sqrt{3}}^{\frac{1}{\sqrt{3}}} \frac{1}{1+x^2}\mathrm{d}x$

(5) $\displaystyle\int_0^{\frac{1}{2}} \frac{1}{\sqrt{1-x^2}}\mathrm{d}x$

(6) $\displaystyle\int_1^{\mathrm{e}} \frac{\ln x}{x}\mathrm{d}x$

(7) $\int_{-1}^{2} |2x-1| \, dx$ (8) $\int_{0}^{\frac{3}{2}\pi} |\cos x| \, dx$ (9) $\int_{-1}^{1} \frac{1}{\sqrt{4-x^2}} \, dx$

(10) $\int_{\frac{\pi}{6}}^{\frac{\pi}{3}} \tan^2 x \, dx$ (11) $\int_{0}^{\frac{\pi}{2}} |\sin x - \cos x| \, dx$ (12) $\int_{0}^{2} \frac{1}{3+2x} \, dx$

2. 求下列函数的导数.

(1) $\int_{-1}^{x} t e^t \, dt$ (2) $\int_{1}^{x} \sqrt{1+t^2} \, dt$ (3) $\int_{x}^{1} \ln(1+t) \, dt$

(4) $\int_{1}^{x^2} (3t+2) \, dt$ (5) $\int_{2x}^{x^2} \frac{1}{\sqrt{1+t}} \, dt$ (6) $\int_{0}^{x} x e^t \, dt$

3. 求下列极限.

(1) $\lim\limits_{x \to 0} \dfrac{\int_{0}^{x} \sin^2 t \, dt}{x^3}$ (2) $\lim\limits_{x \to 1} \dfrac{\int_{x}^{1} (t^2-1) \, dt}{x-1}$

(3) $\lim\limits_{x \to 0} \dfrac{\int_{0}^{x} \ln(1+t) \, dt}{x^2}$ (4) $\lim\limits_{x \to 1} \dfrac{\ln x}{\int_{1}^{x} e^{t^2} \, dt}$

4. 设 $f(x) = \begin{cases} x, & x < 1 \\ e^{x-1}, & x \geqslant 1 \end{cases}$，求 $\int_{-1}^{2} f(x) \, dx$.

5. 设 $f(x) = \begin{cases} \dfrac{1}{b-a}, & a \leqslant x \leqslant b \\ 0, & \text{其他} \end{cases}$，求 $F(x) = \int_{a}^{x} f(t) \, dt$ 在 $(-\infty, +\infty)$ 内的表达式.

3.7   定积分的换元积分法与分部积分法

学习要求

1. 掌握定积分的换元积分法.

2. 掌握定积分的分部积分法.

3.7.1   定积分的换元积分法

在 3.2 节我们讨论过不定积分的第二换元积分法,在定积分的计算中,也会碰到类似的形式,需要根据具体情况进行必要的换元. 不定积分的计算不需要考虑积分变量的取值范围,而这正是定积分计算需要考虑的. 如果积分变量发生改变,那么积分变量的积分区间相应地也要发生改变,这是用换元积分法进行定积分计算的关键,也是换元积分法在定积分计算和不定积分计算中的最大区别,而具体的换元方法则是相同的. 下面通过具体的例子进行说明.

【例 3.61】 求 $\int_{0}^{8} \dfrac{dx}{1+\sqrt[3]{x}}$.

【解】 令 $\sqrt[3]{x}=t$，则 $x=t^3$，$dx=3t^2 dt$

当 $x=0$ 时，$t=0$；$x=8$ 时，$t=2$，于是

$$\int_0^8 \frac{dx}{1+\sqrt[3]{x}}dx = \int_0^2 \frac{1}{1+t} \cdot 3t^2 dt$$

$$= 3\int_0^2 \frac{t^2-1+1}{t+1}dt = 3\int_0^2 \left(t-1+\frac{1}{t+1}\right)dt$$

$$= 3\left[\frac{1}{2}t^2-t+\ln(1+t)\right]_0^2 = 3\ln 3$$

【例 3.62】 求 $\int_0^a \sqrt{a^2-x^2}dx(a>0)$.

【解】 令 $x=a\sin t$，则 $\sqrt{a^2-x^2}=a\cos t$，$dx=a\cos t dt$

当 $x=0$ 时 $t=0$，当 $x=a$ 时 $t=\frac{\pi}{2}$，所以

$$\int_0^a \sqrt{a^2-x^2}dx = a^2\int_0^{\frac{\pi}{2}} \cos^2 t dt$$

$$= a^2\int_0^{\frac{\pi}{2}} \frac{1+\cos 2t}{2}dt$$

$$= \frac{a^2}{2}\left(t+\frac{1}{2}\sin 2t\right)\Big|_0^{\frac{\pi}{2}} = \frac{\pi}{4}a^2$$

这个结果与利用定积分的几何意义所求结果是一致的(见 3.4 节习题 1(2)).

【思考】 定积分的换元积分法与不定积分的换元积分法在计算步骤上有什么区别?

【例 3.63】 设函数 $f(x)$ 在 $[-a,a]$($a>0$) 上连续,证明:

(1)若 $f(x)$ 为奇函数,则 $\int_{-a}^a f(x)dx = 0$;

(2)若 $f(x)$ 为偶函数,则 $\int_{-a}^a f(x)dx = 2\int_0^a f(x)dx$.

【证】 由定积分对积分区间的可加性,有

$$\int_{-a}^a f(x)dx = \int_{-a}^0 f(x)dx + \int_0^a f(x)dx$$

对于 $\int_{-a}^0 f(x)dx$,令 $x=-t$,则 $dx=-dt$.

当 $x=-a$ 时,$t=a$; 当 $x=0$ 时,$t=0$,于是

$$\int_{-a}^0 f(x)dx = \int_a^0 f(-t)(-dt) = \int_0^a f(-t)dt = \int_0^a f(-x)dx$$

当 $f(x)$ 为奇函数时,$f(-x)=-f(x)$,所以

$$\int_{-a}^a f(x)dx = \int_{-a}^0 f(x)dx + \int_0^a f(x)dx = -\int_0^a f(x)dx + \int_0^a f(x)dx = 0$$

当 $f(x)$ 为偶函数时,$f(-x)=f(x)$,所以

$$\int_{-a}^a f(x)dx = \int_{-a}^0 f(x)dx + \int_0^a f(x)dx = \int_0^a f(x)dx + \int_0^a f(x)dx = 2\int_0^a f(x)dx$$

利用例 3.63 的结论,可以简化奇、偶函数在关于原点对称的区间上的定积分的计算.

【例 3.64】 求 $\int_{-2}^{2} \left(\sin 3x \cdot \tan^2 x + \dfrac{x}{\sqrt{1+x^2}} + x^2 \right) \mathrm{d}x$.

【解】 因为 $\sin 3x \cdot \tan^2 x$ 和 $\dfrac{x}{\sqrt{1+x^2}}$ 都是奇函数,x^2 为偶函数,所以

$$\int_{-2}^{2} \left(\sin 3x \cdot \tan^2 x + \frac{x}{\sqrt{1+x^2}} + x^2 \right) \mathrm{d}x$$

$$= \int_{-2}^{2} \sin 3x \, \tan^2 x \, \mathrm{d}x + \int_{-2}^{2} \frac{x}{\sqrt{1+x^2}} \mathrm{d}x + 2\int_{0}^{2} x^2 \, \mathrm{d}x$$

$$= 0 + 0 + \frac{2}{3} x^3 \Big|_{0}^{2} = \frac{16}{3}$$

【例 3.65】 若 $f(x)$ 在 $[0,1]$ 连续,证明 $\int_{0}^{\frac{\pi}{2}} f(\sin x) \mathrm{d}x = \int_{0}^{\frac{\pi}{2}} f(\cos x) \mathrm{d}x$.

【证】 设 $x = \dfrac{\pi}{2} - t$,则 $\mathrm{d}x = -\mathrm{d}t$

当 $x = 0$ 时,$t = \dfrac{\pi}{2}$;当 $x = \dfrac{\pi}{2}$ 时,$t = 0$,所以

$$\int_{0}^{\frac{\pi}{2}} f(\sin x) \mathrm{d}x = \int_{\frac{\pi}{2}}^{0} f\left[\sin\left(\frac{\pi}{2} - t\right) \right](-\mathrm{d}t) = -\int_{0}^{\frac{\pi}{2}} f(\cos t)(-\mathrm{d}t)$$

$$= \int_{0}^{\frac{\pi}{2}} f(\cos t) \mathrm{d}t = \int_{0}^{\frac{\pi}{2}} f(\cos x) \mathrm{d}x$$

利用例 3.65 的结论,可以得到以下定积分的一个常用公式.

$$\int_{0}^{\frac{\pi}{2}} \sin^n x \, \mathrm{d}x = \int_{0}^{\frac{\pi}{2}} \cos^n x \, \mathrm{d}x$$

3.7.2 定积分的分部积分法

定积分的分部积分法与不定积分的分部积分法有类似的公式. 而适于利用分部积分公式计算定积分的函数特点与不定积分中函数的特点是完全相同的.

设函数 $u = u(x)$,$v = v(x)$ 在 $[a,b]$ 上有连续的导数,则有以下定积分的分部积分公式.

$$\int_{a}^{b} u \, \mathrm{d}v = uv \Big|_{a}^{b} - \int_{a}^{b} v \, \mathrm{d}u$$

从几何角度可以形象地解释定积分分部积分公式,如图 3.12 所示,右下部分曲边梯形的面积 $\int_{a}^{b} u \, \mathrm{d}v$ 等于大矩形的面积 $u(b)v(b)$ 减去小矩形的面积 $u(a)v(a)$,再减去左上部分曲边梯形的面积 $\int_{a}^{b} v \, \mathrm{d}u$,即

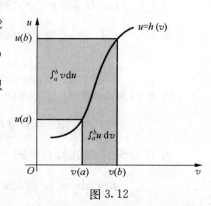

图 3.12

$$\int_{a}^{b} u \, \mathrm{d}v = u(b)v(b) - u(a)v(a) - \int_{a}^{b} v \, \mathrm{d}u$$

$$= uv \Big|_{a}^{b} - \int_{a}^{b} v \, \mathrm{d}u$$

【例 3.66】 求 $\int_1^2 \ln x \mathrm{d}x$.

【解】
$$\int_1^2 \ln x \mathrm{d}x = x \ln x \Big|_1^2 - \int_1^2 x \mathrm{d}(\ln x)$$

$$= 2 \ln 2 - \int_1^2 \mathrm{d}x$$

$$= 2 \ln 2 - x \Big|_1^2 = 2 \ln 2 - 1$$

【例 3.67】 求 $\int_0^{\frac{\pi}{2}} x^2 \sin x \mathrm{d}x$.

【解】
$$\int_0^{\frac{\pi}{2}} x^2 \sin x \mathrm{d}x = \int_0^{\frac{\pi}{2}} x^2 \mathrm{d}(-\cos x)$$

$$= -x^2 \cos x \Big|_0^{\frac{\pi}{2}} + 2\int_0^{\frac{\pi}{2}} x \cos x \mathrm{d}x = 2\int_0^{\frac{\pi}{2}} x \mathrm{d}(\sin x)$$

$$= 2x \sin x \Big|_0^{\frac{\pi}{2}} - 2\int_0^{\frac{\pi}{2}} \sin x \mathrm{d}x$$

$$= 2 \cdot \frac{\pi}{2} + 2\cos x \Big|_0^{\frac{\pi}{2}} = \pi - 2$$

【例 3.68】 求 $\int_0^1 \mathrm{e}^{\sqrt{x}} \mathrm{d}x$.

【解】 令 $\sqrt{x} = t$, 则 $x = t^2$, $\mathrm{d}x = 2t\mathrm{d}t$

当 $x = 0$ 时, $t = 0$; 当 $x = 1$ 时, $t = 1$, 所以

$$\int_0^1 \mathrm{e}^{\sqrt{x}} \mathrm{d}x = 2\int_0^1 t\mathrm{e}^t \mathrm{d}t = 2\int_0^1 t \, \mathrm{d}\mathrm{e}^t$$

$$= 2t\mathrm{e}^t \Big|_0^1 - 2\int_0^1 \mathrm{e}^t \mathrm{d}t$$

$$= 2\mathrm{e} - 2\mathrm{e}^t \Big|_0^1 = 2$$

【例 3.69】 证明以下定积分公式.

$$I_n = \int_0^{\frac{\pi}{2}} \sin^n x \mathrm{d}x = \begin{cases} \dfrac{n-1}{n} \cdot \dfrac{n-3}{n-2} \cdot \cdots \cdot \dfrac{3}{4} \cdot \dfrac{1}{2} \cdot \dfrac{\pi}{2}, & n \text{ 为偶数} \\ \dfrac{n-1}{n} \cdot \dfrac{n-3}{n-2} \cdot \cdots \cdot \dfrac{4}{5} \cdot \dfrac{2}{3} \cdot 1, & n \text{ 为奇数} \end{cases}$$

【证】
$$I_n = \int_0^{\frac{\pi}{2}} \sin^n x \mathrm{d}x = -\int_0^{\frac{\pi}{2}} \sin^{n-1} x \mathrm{d}(\cos x)$$

$$= -\sin^{n-1} x \cdot \cos x \Big|_0^{\frac{\pi}{2}} + \int_0^{\frac{\pi}{2}} \cos x \mathrm{d}(\sin^{n-1} x)$$

$$= 0 + (n-1)\int_0^{\frac{\pi}{2}} \cos^2 x \cdot \sin^{n-2} x \mathrm{d}x$$

$$= (n-1)\int_0^{\frac{\pi}{2}} (1 - \sin^2 x) \sin^{n-2} x \mathrm{d}x$$

$$= (n-1) \int_0^{\frac{\pi}{2}} \sin^{n-2} x \mathrm{d}x - (n-1) \int_0^{\frac{\pi}{2}} \sin^n x \mathrm{d}x$$

$$= (n-1) I_{n-2} - (n-1) I_n$$

由此可得递推公式

$$I_n = \frac{n-1}{n} I_{n-2}, \quad I_{n-2} = \frac{n-3}{n-2} I_{n-4}$$

继续使用递推公式,可得

当 n 为偶数时,$I_n = \frac{n-1}{n} \cdot \frac{n-3}{n-2} \cdot \cdots \cdot \frac{3}{4} \cdot \frac{1}{2} \cdot I_0$;

当 n 为奇数时,$I_n = \frac{n-1}{n} \cdot \frac{n-3}{n-2} \cdot \cdots \cdot \frac{4}{5} \cdot \frac{2}{3} \cdot I_1$.

而 $\qquad I_0 = \int_0^{\frac{\pi}{2}} \mathrm{d}x = \frac{\pi}{2}, \quad I_1 = \int_0^{\frac{\pi}{2}} \sin x \mathrm{d}x = 1$

所以

$$I_n = \int_0^{\frac{\pi}{2}} \sin^n x \mathrm{d}x = \begin{cases} \dfrac{n-1}{n} \cdot \dfrac{n-3}{n-2} \cdot \cdots \cdot \dfrac{3}{4} \cdot \dfrac{1}{2} \cdot \dfrac{\pi}{2}, & n \text{ 为偶数} \\[2mm] \dfrac{n-1}{n} \cdot \dfrac{n-3}{n-2} \cdot \cdots \cdot \dfrac{4}{5} \cdot \dfrac{2}{3} \cdot 1, & n \text{ 为奇数} \end{cases}$$

习题 3.7

1. 计算下列定积分.

(1) $\int_4^9 \dfrac{1}{1+\sqrt{x}} \mathrm{d}x$
(2) $\int_1^2 \sqrt{1+x} \mathrm{d}x$
(3) $\int_0^{\sqrt{2}} \sqrt{2-x^2} \mathrm{d}x$

(4) $\int_0^{\ln 3} \dfrac{\mathrm{d}x}{\sqrt{1+\mathrm{e}^x}}$
(5) $\int_1^2 \dfrac{\sqrt{x^2-1}}{x} \mathrm{d}x$
(6) $\int_0^2 \dfrac{1}{\sqrt{4+x^2}} \mathrm{d}x$

(7) $\int_0^1 x \mathrm{e}^x \mathrm{d}x$
(8) $\int_1^{\mathrm{e}} x \ln x \mathrm{d}x$
(9) $\int_0^{2\pi} x \sin x \mathrm{d}x$

(10) $\int_1^4 \dfrac{\ln x}{\sqrt{x}} \mathrm{d}x$
(11) $\int_0^2 \ln(x+2) \mathrm{d}x$
(12) $\int_0^{\pi} \sin \sqrt{x} \mathrm{d}x$

(13) $\int_0^{\frac{\pi}{2}} \mathrm{e}^x \cos x \mathrm{d}x$
(14) $\int_0^1 x \arctan x \mathrm{d}x$
(15) $\int_{\frac{1}{\mathrm{e}}}^{\mathrm{e}} |\ln x| \mathrm{d}x$

2. 利用函数的奇偶性计算下列定积分.

(1) $\int_{-2}^2 \dfrac{\sin 2x}{1+x^4} \mathrm{d}x$
(2) $\int_{-1}^1 \dfrac{x^3 \sin^2 x}{x^2 + \cos x + 1} \mathrm{d}x$

(3) $\int_{-\frac{1}{2}}^{\frac{1}{2}} \dfrac{(\arcsin x)^2}{\sqrt{1-x^2}} \mathrm{d}x$
(4) $\int_{-\frac{\pi}{2}}^{\frac{\pi}{2}} \cos^2 x \mathrm{d}x$

3. 利用定积分公式计算.

(1) $\int_0^{\frac{\pi}{2}} \sin^5 x \mathrm{d}x$
(2) $\int_0^{\frac{\pi}{2}} \cos^6 x \mathrm{d}x$
(3) $\int_{-\frac{\pi}{2}}^{\frac{\pi}{2}} \cos^{11} x \mathrm{d}x$

3.8 | 反 常 积 分

学习要求

1. 了解无穷区间上反常积分的定义,会进行相关计算.

2. 了解无界函数反常积分的定义,会进行相关计算.

3. 了解 Γ 函数的定义,会进行相关计算.

定积分的积分区间 $[a,b]$ 有限且被积函数 $f(x)$ 在 $[a,b]$ 上有界,但在实际问题中经常会碰到不满足这两个条件的情形. 为此,我们有必要运用极限的思想把定积分的概念推广到无穷区间或无界函数,从而得到无穷区间上的积分和无界函数的积分,它们统称为**反常积分**,也称为**广义积分**.

3.8.1 无穷区间上的反常积分

定义 3.4 设函数 $f(x)$ 在区间 $[a,+\infty)$ 上连续,取 $b>a$,$f(x)$ 在 $[a,b]$ 上可积,则称

$$\int_a^{+\infty} f(x)\mathrm{d}x = \lim_{b\to+\infty} \int_a^b f(x)\mathrm{d}x$$

为函数 $f(x)$ 在无穷区间 $[a,+\infty)$ 上的反常积分. 如果极限 $\lim\limits_{b\to+\infty} \int_a^b f(x)\mathrm{d}x$ 存在,那么称反常积分 $\int_a^{+\infty} f(x)\mathrm{d}x$ **收敛**;否则,称反常积分 $\int_a^{+\infty} f(x)\mathrm{d}x$ **发散**.

类似地,可以定义函数 $f(x)$ 在无穷区间 $(-\infty,b]$ 上的反常积分 $\int_{-\infty}^b f(x)\mathrm{d}x$.

设函数 $f(x)$ 在区间 $(-\infty,+\infty)$ 上连续,称

$$\int_{-\infty}^{+\infty} f(x)\mathrm{d}x = \int_{-\infty}^c f(x)\mathrm{d}x + \int_c^{+\infty} f(x)\mathrm{d}x$$

$$= \lim_{a\to-\infty} \int_a^c f(x)\mathrm{d}x + \lim_{b\to+\infty} \int_c^b f(x)\mathrm{d}x$$

为函数 $f(x)$ 在无穷区间 $(-\infty,+\infty)$ 上的反常积分(其中 c 为任一常数,常取 $c=0$),当且仅当

$$\int_{-\infty}^c f(x)\mathrm{d}x \text{ 和} \int_c^{+\infty} f(x)\mathrm{d}x$$

都收敛时,反常积分 $\int_{-\infty}^{+\infty} f(x)\mathrm{d}x$ 收敛. 否则,就称反常积分 $\int_{-\infty}^{+\infty} f(x)\mathrm{d}x$ 发散.

从上述反常积分的定义可以看出,反常积分本质上就是定积分的极限,所以反常积分的计算就是先求定积分,再计算极限.

【例 3.70】 计算以下反常积分.

(1) $\int_2^{+\infty} \dfrac{1}{x^2+x-2}\mathrm{d}x$.   (2) $\int_{-\infty}^0 \mathrm{e}^x\mathrm{d}x$.   (3) $\int_0^{+\infty} \mathrm{e}^x\mathrm{d}x$.

【解】 (1)取 $b>2$.

$$\int_2^{+\infty} \frac{1}{x^2+x-2}dx = \lim_{b\to+\infty} \int_2^b \frac{1}{x^2+x-2}dx$$

$$= \lim_{b\to+\infty} \int_2^b \left(\frac{1}{x-1} - \frac{1}{x+2}\right)dx$$

$$= \frac{1}{3}\lim_{b\to+\infty} \ln\frac{x-1}{x+2}\Big|_2^b = \frac{1}{3}\lim_{b\to+\infty}\left(\ln\frac{b-1}{b+2}+\ln4\right)$$

$$= \frac{1}{3}\ln 4 = \frac{2}{3}\ln 2$$

(2)取 $a<0$.

$$\int_{-\infty}^0 e^x dx = \lim_{a\to-\infty} \int_a^0 e^x dx$$

$$= \lim_{a\to-\infty} e^x\Big|_a^0 = \lim_{a\to-\infty}(e^0 - e^a) = 1$$

反常积分 $\int_{-\infty}^0 e^x dx$ 在几何上表示由曲线 $y=e^x$，x 轴与 y 轴所围成的向左无限延伸的平面图形的面积（如图 3.13 所示）.

(3)取 $b>0$.

$$\int_0^{+\infty} e^x dx = \lim_{b\to+\infty} \int_0^b e^x dx$$

$$= \lim_{b\to+\infty} e^x\Big|_0^b = \lim_{b\to+\infty}(e^b - e^0) = +\infty$$

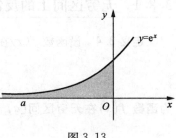

图 3.13

所以反常积分 $\int_0^{+\infty} e^x dx$ 发散. 实际上，与图 3.13 类似，$\int_0^{+\infty} e^x dx$ 在 y 轴的右侧，曲线 $y=e^x$ 与 x 轴所围成的向右无限延伸的平面图形的面积不是一个有限值.

一般地，无穷区间上的反常积分 $\int_a^{+\infty} f(x)dx$ 的几何意义是：当 $f(x)\geqslant0$ 时，如果 $\int_a^{+\infty} f(x)dx$ 收敛，可以看成是由曲线 $y=f(x)$、直线 $x=a$ 及 x 轴所围成的向右无限延伸的平面图形的面积（如图 3.14 所示）. 如果 $\int_a^{+\infty} f(x)dx$ 发散，则表示该平面图形的面积不是有限的.

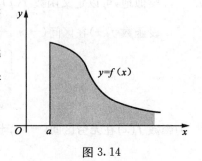

图 3.14

类似可以解释 $\int_{-\infty}^b f(x)dx$，$\int_{-\infty}^{+\infty} f(x)dx$ 的几何意义.

【例 3.71】 计算反常积分 $\int_{-\infty}^{+\infty} \frac{1}{1+x^2}dx$.

【解】 $\int_{-\infty}^{+\infty} \frac{1}{1+x^2}dx = \int_{-\infty}^0 \frac{1}{1+x^2}dx + \int_0^{+\infty} \frac{1}{1+x^2}dx$

$$= \lim_{a\to-\infty} \int_a^0 \frac{1}{1+x^2}dx + \lim_{b\to+\infty} \int_0^b \frac{1}{1+x^2}dx$$

$$= \lim_{a\to-\infty}(\arctan x)\Big|_a^0 + \lim_{b\to+\infty}(\arctan x)\Big|_0^b$$

$$= -\left(-\frac{\pi}{2}\right) + \frac{\pi}{2} = \pi$$

反常积分 $\int_{-\infty}^{+\infty} \frac{1}{1+x^2} \mathrm{d}x$ 在几何上表示在曲线 $y = \frac{1}{1+x^2}$ 下方，x

轴上方，向左、右无限延伸的平面图形的面积为 π（如图 3.15 所示）.

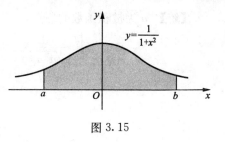

【例 3.72】 计算反常积分 $\int_0^{+\infty} t\mathrm{e}^{-pt}\mathrm{d}t$（$p$ 是常数，且 $p > 0$）.

【解】 $\int_0^{+\infty} t\mathrm{e}^{-pt}\mathrm{d}t = \lim\limits_{b \to +\infty} \int_0^b t\mathrm{e}^{-pt}\mathrm{d}t$

图 3.15

$$= \lim_{b \to +\infty} \left[\left(-\frac{t}{p}\mathrm{e}^{-pt} \right) \Big|_0^b + \frac{1}{p} \int_0^b \mathrm{e}^{-pt}\mathrm{d}t \right]$$

$$= \lim_{b \to +\infty} \left(-\frac{t}{p}\mathrm{e}^{-pt} \right) \Big|_0^b - \frac{1}{p^2} \lim_{b \to +\infty} \left(\mathrm{e}^{-pt} \right) \Big|_0^b$$

$$= 0 - \frac{1}{p^2}(0 - 1) = \frac{1}{p^2}$$

【例 3.73】 证明反常积分 $\int_a^{+\infty} \frac{1}{x^p}\mathrm{d}x \,(a > 0)$ 当 $p > 1$ 时收敛；当 $p \leqslant 1$ 时发散.

【证】 当 $p = 1$ 时，$\int_a^{+\infty} \frac{1}{x^p}\mathrm{d}x = \int_a^{+\infty} \frac{1}{x}\mathrm{d}x = \lim\limits_{b \to +\infty} (\ln x) \Big|_a^b = +\infty$

当 $p \neq 1$ 时，$\int_a^{+\infty} \frac{1}{x^p}\mathrm{d}x = \lim\limits_{b \to +\infty} \left(\frac{x^{1-p}}{1-p} \right) \Big|_a^b = \begin{cases} +\infty, & p < 1 \\ \dfrac{a^{1-p}}{p-1}, & p > 1 \end{cases}$

所以反常积分 $\int_a^{+\infty} \frac{1}{x^p}\mathrm{d}x \,(a > 0)$ 当 $p > 1$ 时收敛；当 $p \leqslant 1$ 时发散.

3.8.2 无界函数的反常积分

如果函数 $f(x)$ 在点 a 的任一邻域内都无界，那么点 a 称为函数 $f(x)$ 的**瑕点**，所以无界函数的反常积分又称为**瑕积分**.

定义 3.5 设函数 $f(x)$ 在 $(a, b]$ 上连续，且 $\lim\limits_{x \to a^+} f(x) = \infty$，取 $\varepsilon > 0$，称

$$\int_a^b f(x)\mathrm{d}x = \lim_{\varepsilon \to 0^+} \int_{a+\varepsilon}^b f(x)\mathrm{d}x$$

为函数 $f(x)$ 在 $(a, b]$ 上的反常积分. 如果极限 $\lim\limits_{\varepsilon \to 0^+} \int_{a+\varepsilon}^b f(x)\mathrm{d}x$ 存在，则称反常积分 $\int_a^b f(x)\mathrm{d}x$ **收敛**；否

则，称反常积分 $\int_a^b f(x)\mathrm{d}x$ **发散**.

类似地，可以定义函数 $f(x)$ 在 $[a, b)$ 上的反常积分.

设函数 $f(x)$ 在 $[a, b]$ 上除点 $c \,(a < c < b)$ 外连续，而在点 c 的邻域内无界，即 $\lim\limits_{x \to c} f(x) = \infty$.

$$\int_a^b f(x)\mathrm{d}x = \int_a^c f(x)\mathrm{d}x + \int_c^b f(x)\mathrm{d}x$$

$$= \lim_{\varepsilon \to 0^+} \int_a^{c-\varepsilon} f(x)\mathrm{d}x + \lim_{\varepsilon \to 0^+} \int_{c+\varepsilon}^b f(x)\mathrm{d}x$$

当且仅当反常积分 $\int_a^c f(x)\mathrm{d}x$ 与 $\int_c^b f(x)\mathrm{d}x$ 都收敛时，反常积分 $\int_a^b f(x)\mathrm{d}x$ 收敛.

【例 3.74】 计算反常积分 $\int_0^a \frac{\mathrm{d}x}{\sqrt{a^2 - x^2}} \,(a > 0)$.

【解】 a 为被积函数的瑕点.

$$\int_0^a \frac{\mathrm{d}x}{\sqrt{a^2-x^2}} = \lim_{\varepsilon\to 0^+}\int_0^{a-\varepsilon} \frac{\mathrm{d}x}{\sqrt{a^2-x^2}}$$

$$= \lim_{\varepsilon\to 0^+}\left(\arcsin\frac{x}{a}\right)\Big|_0^{a-\varepsilon} = \lim_{\varepsilon\to 0^+}\left(\arcsin\frac{a-\varepsilon}{a}-0\right)$$

$$= \arcsin 1 = \frac{\pi}{2}$$

【例 3.75】 讨论反常积分 $\int_{-1}^1 \frac{1}{x^2}\mathrm{d}x$ 的敛散性.

【解】 0 是被积函数的瑕点.

$$\int_{-1}^1 \frac{1}{x^2}\mathrm{d}x = \int_{-1}^0 \frac{1}{x^2}\mathrm{d}x + \int_0^1 \frac{1}{x^2}\mathrm{d}x$$

而

$$\int_{-1}^0 \frac{1}{x^2}\mathrm{d}x = \lim_{\varepsilon\to 0^+}\int_{-1}^{-\varepsilon} \frac{1}{x^2}\mathrm{d}x = -\lim_{\varepsilon\to 0^+}\frac{1}{x}\Big|_{-1}^{-\varepsilon} = \lim_{\varepsilon\to 0^+}\left(\frac{1}{\varepsilon}-1\right) = +\infty$$

因此,反常积分 $\int_{-1}^0 \frac{1}{x^2}\mathrm{d}x$ 发散,所以反常积分 $\int_{-1}^1 \frac{1}{x^2}\mathrm{d}x$ 发散.

【例 3.76】 证明反常积分 $\int_0^a \frac{1}{x^q}\mathrm{d}x$ 当 $q<1$ 时收敛;当 $q\geqslant 1$ 时发散.

【证】 0 是被积函数的瑕点.

当 $q=1$ 时, $\int_0^a \frac{1}{x}\mathrm{d}x = \lim_{\varepsilon\to 0^+}\ln x\Big|_\varepsilon^a = +\infty$.

当 $q\neq 1$ 时, $\int_0^a \frac{1}{x^q}\mathrm{d}x = \lim_{\varepsilon\to 0^+}\frac{x^{1-q}}{1-q}\Big|_\varepsilon^a = \begin{cases}\dfrac{a^{1-q}}{1-q}, & q<1 \\ +\infty, & q>1\end{cases}$.

所以反常积分 $\int_0^a \frac{1}{x^q}\mathrm{d}x$ 当 $q<1$ 时收敛;当 $q\geqslant 1$ 时发散.

【例 3.77】 计算反常积分 $\int_0^1 (-\ln x)\mathrm{d}x$.

【解】 0 是被积函数的瑕点.

$$\int_0^1 (-\ln x)\mathrm{d}x = \lim_{\varepsilon\to 0^+}\int_\varepsilon^1 (-\ln x)\mathrm{d}x$$

$$= \lim_{\varepsilon\to 0^+}\left(-x\ln x\Big|_\varepsilon^1 + \int_\varepsilon^1 x\mathrm{d}\ln x\right)$$

$$= \lim_{\varepsilon\to 0^+}(\varepsilon\ln\varepsilon + 1 - \varepsilon) = 1$$

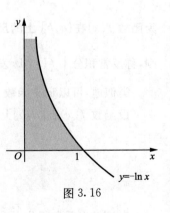

图 3.16

从几何角度看,反常积分 $\int_0^1 (-\ln x)\mathrm{d}x$ 所表示的是曲线 $y=-\ln x$, x 轴及 y 轴所围成的向上延伸的平面图形的面积(如图 3.16 所示).

3.8.3 Γ 函数

下面讨论在概率论中要用到的含参变量的无穷区间上的反常积分.

定义 3.6 含参变量 $\alpha(\alpha>0)$ 的反常积分 $\Gamma(\alpha)=\displaystyle\int_0^{+\infty}x^{\alpha-1}\mathrm{e}^{-x}\mathrm{d}x$,称为 Γ 函数.

可以证明 Γ 函数是收敛的. Γ 函数具有以下重要性质.

(1) $\Gamma(\alpha+1)=\alpha\Gamma(\alpha)\ (\alpha>0)$;

(2) $\Gamma(1)=1$;

(3) $\Gamma(n+1)=n!\ (n\in N)$.

【证】 (1) $\Gamma(\alpha+1)=\displaystyle\int_0^{+\infty}x^\alpha\mathrm{e}^{-x}\mathrm{d}x=-\int_0^{+\infty}x^\alpha\,\mathrm{d}\mathrm{e}^{-x}$

$$=(-x^\alpha\mathrm{e}^{-x})\Big|_0^{+\infty}+\int_0^{+\infty}\mathrm{e}^{-x}\mathrm{d}x^\alpha$$

$$=\alpha\int_0^{+\infty}x^{\alpha-1}\mathrm{e}^{-x}\mathrm{d}x=\alpha\Gamma(\alpha)$$

(2) $\Gamma(1)=\displaystyle\int_0^{+\infty}\mathrm{e}^{-x}\mathrm{d}x=-\lim_{b\to+\infty}\int_0^b\mathrm{e}^{-x}\mathrm{d}(-x)=-\lim_{b\to+\infty}\mathrm{e}^{-x}\Big|_0^b=1$

(3) 由递推公式 $\Gamma(\alpha+1)=\alpha\Gamma(\alpha)$ 得

$$\Gamma(n+1)=n\Gamma(n)=n(n-1)\Gamma(n-1)=\cdots$$

$$=n(n-1)(n-2)\cdots3\cdot2\cdot1\cdot\Gamma(1)=n!$$

利用递推公式 $\Gamma(\alpha+1)=\alpha\Gamma(\alpha)$,可以将 Γ 函数的任意一个函数值转化为求 Γ 函数在 $[0,1]$ 上的函数值. 举例如下.

$$\Gamma(3.4)=\Gamma(2.4+1)=2.4\Gamma(2.4)$$

$$=2.4\Gamma(1.4+1)=2.4\times1.4\times\Gamma(1.4)$$

$$=2.4\times1.4\times\Gamma(0.4+1)$$

$$=2.4\times1.4\times0.4\times\Gamma(0.4)$$

【例 3.78】 计算下列各值.

(1) $\dfrac{\Gamma(5)}{2\Gamma(3)}$.

(2) $\dfrac{\Gamma\left(\dfrac{5}{2}\right)}{\Gamma\left(\dfrac{3}{2}\right)}$.

【解】 (1) $\dfrac{\Gamma(5)}{2\Gamma(3)}=\dfrac{4!}{2\cdot2!}=6$

(2) $\dfrac{\Gamma\left(\dfrac{5}{2}\right)}{\Gamma\left(\dfrac{3}{2}\right)}=\dfrac{\dfrac{3}{2}\Gamma\left(\dfrac{3}{2}\right)}{\dfrac{1}{2}\Gamma\left(\dfrac{1}{2}\right)}=\dfrac{\dfrac{3}{2}\cdot\dfrac{1}{2}\Gamma\left(\dfrac{1}{2}\right)}{\dfrac{1}{2}\Gamma\left(\dfrac{1}{2}\right)}=\dfrac{3}{2}$

【例 3.79】 计算下列积分.

(1) $\displaystyle\int_0^{+\infty}x^3\mathrm{e}^{-x}\mathrm{d}x$.

(2) $\displaystyle\int_0^{+\infty}x^6\mathrm{e}^{-x^2}\mathrm{d}x$.

【解】 (1) $\displaystyle\int_0^{+\infty}x^3\mathrm{e}^{-x}\mathrm{d}x=\Gamma(4)=3!=6$

(2) 令 $x^2=y$.

于是

$$\int_0^{+\infty} x^6 e^{-x^2} dx = \frac{1}{2} \int_0^{+\infty} x^5 e^{-x^2} dx^2$$

$$= \frac{1}{2} \int_0^{+\infty} y^{\frac{5}{2}} e^{-y} dy = \frac{1}{2} \Gamma\left(\frac{7}{2}\right)$$

$$= \frac{1}{2} \cdot \frac{5}{2} \cdot \frac{3}{2} \cdot \frac{1}{2} \cdot \Gamma\left(\frac{1}{2}\right)$$

而

$$\Gamma\left(\frac{1}{2}\right) = \sqrt{\pi} \quad \text{(【注】这个结果将在第 4 章中进行验证)}$$

所以

$$\int_0^{+\infty} x^6 e^{-x^2} dx = \frac{15}{16} \sqrt{\pi}$$

习题 3.8

1. 判定下列反常积分的敛散性,如果收敛,计算反常积分的值.

(1) $\int_0^{+\infty} e^{-x} dx$

(2) $\int_{+\infty}^0 e^{-x} dx$

(3) $\int_1^{+\infty} \frac{1}{x^3} dx$

(4) $\int_2^{+\infty} \frac{1}{\sqrt{x}} dx$

(5) $\int_0^{+\infty} xe^{-x} dx$

(6) $\int_1^{+\infty} \frac{x}{1+x^2} dx$

(7) $\int_0^1 \frac{x}{\sqrt{1-x^2}} dx$

(8) $\int_1^2 \frac{x}{\sqrt{x-1}} dx$

(9) $\int_0^2 \frac{dx}{(1-x)^3}$

2. 用 Γ 函数表示下列积分,并计算积分值(已知 $\Gamma\left(\frac{1}{2}\right) = \sqrt{\pi}$).

(1) $\int_0^{+\infty} x^5 e^{-x} dx$

(2) $\int_0^{+\infty} \sqrt{x} e^{-x} dx$

(3) $\int_0^{+\infty} x^3 e^{-x^2} dx$

3. 计算下列各式的值.

(1) $\frac{\Gamma(7)}{\Gamma(5)}$

(2) $\frac{\Gamma\left(\frac{9}{2}\right)}{\Gamma(4)}$

3.9

定积分的几何应用与经济应用

学习要求

1. 了解定积分的微元法.

2. 会用定积分计算平面图形的面积、旋转体的体积.

3. 会利用定积分求解简单的经济应用问题.

定积分是求总量的数学模型,它在几何学、物理学、经济学等方面都有着广泛的应用,这里主要讨论定积分在几何学和经济学上的应用. 为讨论定积分的应用,先介绍常用的**微元法**(或称**元素法**).

3.9.1 微元法

下面以求曲边梯形的面积为例来说明微元法. 在 3.4 节的引例 1 中,采用了"分割—近似—求和—取极限"的 4 个步骤,得到曲边梯形面积的表达式 $\int_a^b f(x)\mathrm{d}x$,显得比较繁琐,可以考虑简化步骤.

由于定积分的值与区间 $[a,b]$ 有关,与分割无关,分割区间的目的主要是为使第二步近似产生的误差较小,所以"分割"步骤可以简化为选取一个有代表性的小区间 $[x,x+\mathrm{d}x]$. 应该注意到,在"近似"这个步骤中得到的每个小曲边梯形面积的近似值 $f(\xi_i)\Delta x_i$,实际上对应着定积分 $\int_a^b f(x)\mathrm{d}x$ 中的被积表达式 $f(x)\mathrm{d}x$,这个步骤是关键. 为简化起见,就把区间 $[x,x+\mathrm{d}x]$ 左端点 x 取为 ξ_i,以 $f(x)\mathrm{d}x$ 作为区间 $[x,x+\mathrm{d}x]$ 上曲边梯形面积的近似值(如图 3.17 所示),称为**面积微元**,记作 $\mathrm{d}A=f(x)\mathrm{d}x$. 求和、取极限的步骤就简化成以 $\mathrm{d}A=f(x)\mathrm{d}x$ 为被积表达式,写出定积分表达式.

所以,微元法的 3 个步骤如下(以曲边梯形面积为例).

(1) 取微段 $[x,x+\mathrm{d}x]$;

(2) 求微元 $\mathrm{d}A=f(x)\mathrm{d}x$(面积微元);

(3) 写出定积分表达式,即 $A=\int_a^b f(x)\mathrm{d}x$

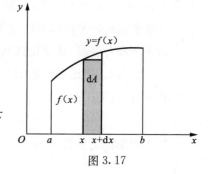

图 3.17

当然,对于一般问题而言,能用微元法计算的量 U,需要满足下列条件.

(1) U 与变量 x 的变化区间 $[a,b]$ 有关;

(2) U 对于区间 $[a,b]$ 具有可加性;

(3) U 的部分量 ΔU 可近似地表示成 $f(x)\mathrm{d}x$.

3.9.2 定积分的几何应用

1. 平面图形的面积

问题 1:设平面图形是由曲线 $y=f(x)$,$y=g(x)$ 和直线 $x=a$,$x=b$ 所围成,在 $[a,b]$ 上 $f(x)\geqslant g(x)$,求它的面积(如图 3.18 所示).

一般把这样的平面图形称为 X-型.

用微元法解决此问题. 取 x 为积分变量,其变化区间 $[a,b]$,在 $[a,b]$ 中任取小区间 $[x,x+\mathrm{d}x]$,该区间上图形面积近似等于高为 $[f(x)-g(x)]$、底为 $\mathrm{d}x$ 的矩形面积,因此面积微元为

$$\mathrm{d}A=[f(x)-g(x)]\mathrm{d}x$$

所求围成图形的面积为

$$A=\int_a^b [f(x)-g(x)]\mathrm{d}x$$

此式可以作为求 X-型图形面积的公式.

我们还可以解决更一般的面积问题(如图 3.19 所示).

$$A = \int_a^b |f(x) - g(x)| \mathrm{d}x$$

$$= \int_a^{x_1} [f(x) - g(x)] \mathrm{d}x + \int_{x_1}^{x_2} [g(x) - f(x)] \mathrm{d}x + \int_{x_2}^b [f(x) - g(x)] \mathrm{d}x$$

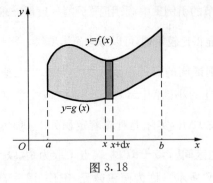

图 3.18

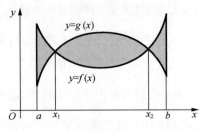

图 3.19

问题 2：设平面图形是由曲线 $x = u(y), x = v(y)$ 和直线 $y = c, y = d$ 所围成，在 $[c, d]$ 上 $u(y) \geqslant v(y)$，求它的面积（如图 3.20 所示）。

一般把这样的平面图形称为 Y-型．

取 y 为积分变量，其变化区间 $[c, d]$，在 $[c, d]$ 中任取小区间 $[y, y + \mathrm{d}y]$，该区间上图形面积近似等于宽为 $[u(y) - v(y)]$、底为 $\mathrm{d}y$ 的矩形面积，因此面积微元为

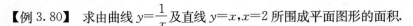

图 3.20

$$\mathrm{d}A = [u(y) - v(y)] \mathrm{d}y$$

所求图形的面积为

$$A = \int_c^d [u(y) - v(y)] \mathrm{d}y$$

此式可以作为求 Y-型图形面积的公式．

从以上的讨论可以看出，对于平面图形面积问题的求解，需要较为准确地画出图形，关键是要弄清将图形看成的类型（X-型或 Y-型），选取积分变量，确定积分区间，然后列出面积的表达式，求出定积分的值．

【例 3.80】 求由曲线 $y = \dfrac{1}{x}$ 及直线 $y = x, x = 2$ 所围成平面图形的面积.

【解】 画出草图（如图 3.21 所示），求出曲线、直线之间的交点坐标分别为

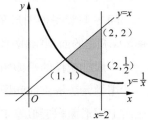

图 3.21

$$(1, 1), \left(2, \frac{1}{2}\right) 和 (2, 2)$$

将该图形看成 X-型，以 x 为积分变量，积分区间为 $[1, 2]$，图形上、下边界曲线分别为 $y = x$ 和 $y = \dfrac{1}{x}$，所以

$$S = \int_1^2 \left(x - \frac{1}{x}\right) \mathrm{d}x = \left(\frac{1}{2}x^2 - \ln x\right)\Big|_1^2 = \frac{3}{2} - \ln 2$$

本例也可以将图形看成 Y-型，但需要将图形分成两块进行计算．如果将图形看成 Y-型，过 $(1, 1)$

点作水平线,将图形分成上、下两块(如图 3.22 所示). 以 y 为积分变量,

积分区间分别为 $\left[\dfrac{1}{2},1\right]$ 和 $[1,2]$,图形上方小块的左、右边界曲线分别表

示为 $x=y$ 和 $x=2$,图形下方小块的左、右边界曲线分别表示为 $x=\dfrac{1}{y}$ 和

$x=2$,于是

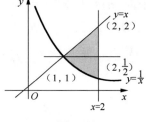

$$S = \int_{\frac{1}{2}}^{1}\left(2-\frac{1}{y}\right)\mathrm{d}y + \int_{1}^{2}(2-y)\mathrm{d}y$$

$$= (2y-\ln y)\Big|_{\frac{1}{2}}^{1} + \left(2y-\frac{1}{2}y^2\right)\Big|_{1}^{2} = \frac{3}{2}-\ln 2$$

图 3.22

【例 3.81】 求由曲线 $y^2=2x$ 及直线 $y=x-4$ 所围成平面图形的

面积.

【解】 画出草图(如图 3.23 所示),曲线与直线间的交点坐标分

别为 $(2,-2)$ 和 $(8,4)$

如果将该图形看成 Y-型,以 y 为积分变量,积分区间为 $[-2,4]$,

左、右两条边界曲线表示成 $x=\dfrac{1}{2}y^2$ 和 $x=y+4$,于是

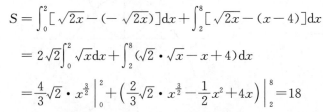

$$S = \int_{-2}^{4}\left[(y+4)-\frac{1}{2}y^2\right]\mathrm{d}y = \left(\frac{1}{2}y^2+4y-\frac{1}{6}y^3\right)\Big|_{-2}^{4} = 18$$

图 3.23

如果将该图形看成 X-型,过点 $(2,-2)$ 作平行于 y 轴的直线 $x=2$

把图形分成左、右两块(如图 3.24 所示),图形左块上、下边界曲线分别为 $y=\sqrt{2x}$ 和 $y=-\sqrt{2x}$,图形

右块上、下边界曲线分别为 $y=\sqrt{2x}$ 和 $y=x-4$,于是

$$S = \int_{0}^{2}\left[\sqrt{2x}-(-\sqrt{2x})\right]\mathrm{d}x + \int_{2}^{8}\left[\sqrt{2x}-(x-4)\right]\mathrm{d}x$$

$$= 2\sqrt{2}\int_{0}^{2}\sqrt{x}\,\mathrm{d}x + \int_{2}^{8}(\sqrt{2}\cdot\sqrt{x}-x+4)\mathrm{d}x$$

$$= \frac{4}{3}\sqrt{2}\cdot x^{\frac{3}{2}}\Big|_{0}^{2} + \left(\frac{2}{3}\sqrt{2}\cdot x^{\frac{3}{2}}-\frac{1}{2}x^2+4x\right)\Big|_{2}^{8} = 18$$

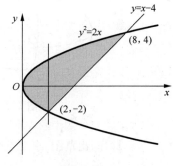

从以上两个例题可以看出,有些平面图形既可以看成 X-型,也可

以看成 Y-型,但将图形看成什么型,选取什么积分变量对计算的繁简

会产生一定的影响.

图 3.24

2. 立体的体积

(1)旋转体的体积.

旋转体是由一个平面图形绕该平面内一条定直线旋转一周

而得到的立体,定直线称为旋转轴.

问题 1:计算由 $[a,b]$ 上连续曲线 $y=f(x)$ $(f(x)\geqslant 0)$、直线

$x=a,x=b$ 及 x 轴所围成的曲边梯形绕 x 轴旋转一周所成的旋转

体的体积(如图 3.25 所示).

用微元法来解决此问题. 取 x 为积分变量,$x\in[a,b]$,对于

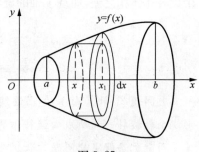

图 3.25

区间 $[a,b]$ 上的任一区间 $[x,x+\mathrm{d}x]$，它所对应的小曲边梯形绕 x 轴旋转而成的薄片似的立体的体积近似等于以 $f(x)$ 为底半径、$\mathrm{d}x$ 为高的圆柱体体积，因此，体积元素 $\mathrm{d}V=\pi[f(x)]^2\mathrm{d}x$，所求的旋转体的体积为

$$V=\int_a^b\pi[f(x)]^2\mathrm{d}x$$

类似地，由曲线 $x=u(y)$、直线 $y=c,y=d$ 及 y 轴所围成的曲边梯形绕 y 轴旋转一周所成的旋转体的体积为

$$V=\int_c^d\pi[u(y)]^2\mathrm{d}y$$

【例 3.82】 计算椭圆 $\dfrac{x^2}{a^2}+\dfrac{y^2}{b^2}=1$ 所围成的图形绕 x 轴旋转而成的立体体积（如图 3.26 所示）.

【解】 $\begin{aligned}[t] V_x &= \int_{-a}^a\pi\cdot\left(\frac{b}{a}\sqrt{a^2-x^2}\right)^2\mathrm{d}x \\ &= 2\int_0^a\pi\cdot\frac{b^2}{a^2}(a^2-x^2)\mathrm{d}x=\frac{2\pi b^2}{a^2}\left(a^2x-\frac{x^3}{3}\right)\Big|_0^a \\ &= \frac{4}{3}\pi ab^2 \end{aligned}$

【思考】 如果该椭圆绕 y 轴旋转，旋转成的立体体积如何求？

【例 3.83】 求由曲线 $y=x^2$，$y=2-x^2$ 所围成的图形绕 x 轴、y 轴旋转而成的旋转体的体积（如图 3.27 所示）.

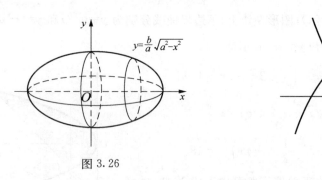

图 3.26   图 3.27

【解】 画出草图，求交点 $\begin{cases} y=x^2 \\ y=2-x^2 \end{cases}$ 得 $(-1,1),(1,1)$，两条抛物线的顶点分别为 $(0,0),(0,2)$，该平面无论绕 x 轴还是 y 轴旋转所得的旋转体都可以看成旋转体的组合. 绕 x 轴的旋转体可以看成两个旋转体体积之差，而绕 y 轴的旋转体可以看成两个旋转体体积之和.

$$V_x=\int_{-1}^1\pi(2-x^2)^2\mathrm{d}x-\int_{-1}^1\pi(x^2)^2\mathrm{d}x=\frac{16}{3}\pi$$

$$V_y=\int_1^2\pi(\sqrt{2-y})^2\mathrm{d}y+\int_0^1\pi(\sqrt{y})^2\mathrm{d}y=\pi$$

*问题 2. 计算由 $[a,b]$ 上连续曲线 $y=f(x)(f(x)\geqslant 0)$、直线 $x=a,x=b$ 及 x 轴所围成的曲边梯形绕 y 轴旋转一周所成的旋转体的体积（如图 3.28(a)所示）.

用微元法解决此问题. 取 x 为积分变量，$x\in[a,b]$，在 $[a,b]$ 上任取一个小区间 $[x,x+\mathrm{d}x]$，则

$[x, x+dx]$ 上的小曲边梯形绕 y 轴旋转一周所得立体的体积近似等于 $[x, x+dx]$ 上的小矩形绕 y 轴旋转一周所得立体的体积(见图 3.28(a)). 小矩形旋转成的立体为一小柱壳(见图 3.28(b)), 其中底面内半径为 x, 外半径为 $x+dx$, 高为 $f(x)$, 这个小柱壳的体积近似为 $2\pi x f(x) dx$, 因此, 体积元素为

$$dV = 2\pi x f(x) dx$$

所以

$$V_y = 2\pi \int_a^b x f(x) dx$$

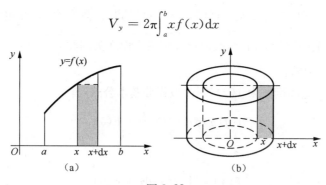

图 3.28

*【例 3.84】 求正弦曲线 $y = \sin x, x \in [0, \pi]$ 与 x 轴围成的图形绕 y 轴旋转所成的旋转体体积.

【解】 绕 y 轴旋转所成的旋转体体积为

$$V_y = 2\pi \int_0^\pi x \sin x dx = -2\pi \int_0^\pi x d(\cos x)$$

$$= -2\pi \left(x \cos x \Big|_0^\pi - \int_0^\pi \cos x dx \right)$$

$$= -2\pi \left(-\pi - \sin x \Big|_0^\pi \right) = 2\pi^2$$

(2)平行截面面积为已知的立体的体积.

如图 3.29 所示, 立体位于过点 $x = a$ 和点 $x = b$ 且垂直于 x 轴的两个平面之间, 任意一个垂直于 x 轴的平面所截得的立体的截面积为 $A(x), x \in [a, b]$, 求该立体的体积.

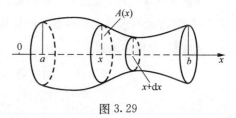

图 3.29

用微元法解决此问题. 取 x 为积分变量, 积分区间为 $[a, b]$. 立体中相应于 $[a, b]$ 上任一小区间 $[x, x+dx]$ 的一薄片的体积近似等于底面积为 $A(x)$、高为 dx 的扁圆柱体的体积, 因此, 体积元素为 $dV = A(x) dx$, 立体的体积为

$$V = \int_a^b A(x) dx$$

在例 3.82 中已求得绕 x 轴旋转而成的椭球体的体积, 这里还可以将其看成截面面积为已知的立体(截面为大大小小的圆, 如图 3.26 所示), 求其体积.

在 x 处 $(-a \leqslant x \leqslant a)$, 用垂直于 x 轴的平面去截立体所得截面积为

$$A(x) = \pi \cdot \left(\frac{b}{a} \sqrt{a^2 - x^2} \right)^2$$

所以

$$V_x = \int_{-a}^{a} A(x)\mathrm{d}x = \frac{\pi b^2}{a^2}\int_{-a}^{a}(a^2-x^2)\mathrm{d}x = \frac{4}{3}\pi ab^2$$

3.9.3 定积分在经济中的应用

由定积分的经济意义知道,已知某一经济量 $F(x)$ 的边际函数为 $f(x)$,则定积分 $\int_{a}^{b} f(x)\mathrm{d}x$ 表示该经济总量在区间 $[a,b]$ 上的增量. 由此,我们可以解决下面几类问题.

1. 由边际函数求原函数

设经济函数 $F(x)$ 的边际函数为 $f(x)$,则由微积分基本公式,有

$$\int_{0}^{x} f(x)\mathrm{d}x = F(x) - F(0)$$

所以

$$F(x) = \int_{0}^{x} f(x)\mathrm{d}x + F(0)$$

如果已知总成本函数 $TC(Q)$ 的边际成本函数 $MC(Q)$,固定成本 FC,则

$$TC(Q) = \int_{0}^{Q}(MC)\mathrm{d}Q + FC$$

如果已知总收益函数 $TR(Q)$ 的边际成本函数 $MR(Q)$,则

$$TR(Q) = \int_{0}^{Q}(MR)\mathrm{d}Q$$

由总利润函数 $\pi(Q)$ 与 $TC(Q)$,$TR(Q)$ 的关系 $\pi(Q) = TR(Q) - TC(Q)$,可得

$$\pi(Q) = \int_{0}^{Q}(MR - MC)\mathrm{d}Q - FC$$

【例 3.85】 某企业生产一种产品,生产 x 吨的边际成本 $MC = 3x^2 - 14x + 100$(万元),固定成本 $FC = 500$(万元),求总成本函数及产量从开始到 10 吨时的总成本.

【解】 总成本函数

$$TC(x) = \int_{0}^{x}(3x^2 - 14x + 100)\mathrm{d}x + FC$$
$$= x^3 - 7x^2 + 100x + 500$$

产量从开始到 10 吨时的总成本为

$$TC = \int_{0}^{10}(3x^2 - 14x + 100)\mathrm{d}x + 500$$
$$= 1\,800(万元)$$

【例 3.86】 已知生产某产品 x 个单位总收益的变化率为 $MR = 200 - \frac{x}{50}$(元/单位),试求:(1)总收益函数;(2)生产 2 000 个单位时的总收益.

【解】 (1)总收益函数为

$$TR(x) = \int_{0}^{x}\left(200 - \frac{x}{50}\right)\mathrm{d}x = 200x - \frac{x^2}{100}\ (元)$$

(2)生产 2 000 个单位产品时的总收益为

$$TR(2\ 000) = \int_0^{2\ 000} \left(200 - \frac{x}{50}\right) \mathrm{d}x = \left(200x - \frac{1}{100}x^2\right)\Big|_0^{2\ 000}$$

$$= 400\ 000 - 40\ 000 = 360\ 000(\text{元})$$

2. 由变化率求变化区间上的增量

由定积分经济意义直接可得

$$\Delta F = \int_a^b f(x) \mathrm{d}x$$

【例 3.87】 某工厂生产某商品在时刻 t 的总产量的变化率 $Q'(t) = 10t + 70$(单位/小时),求由 $t = 3$ 到 $t = 5$ 这两个小时的总产量.

【解】 总产量

$$\Delta Q = \int_3^5 Q'(t)\mathrm{d}t = \int_3^5 (10t + 70)\mathrm{d}t$$

$$= (5t^2 + 70t)\Big|_3^5 = 220$$

这两个小时的总产量为 220 个单位.

【例 3.88】 生产某产品 x 件时的边际成本 $MC = x^2 - 16x + 70$(元/件). 当产量由 30 件到 60 件时,需追加成本多少元?

【解】 需追加的成本

$$\Delta C = \int_{30}^{60} (x^2 - 16x + 70)\mathrm{d}x = \left(\frac{x^3}{3} - 8x^2 + 70x\right)\Big|_{30}^{60}$$

$$= 43\ 500(\text{元})$$

需追加的成本为 43 500 元.

3. 由边际函数求最大利润

【例 3.89】 设生产某产品的固定成本 $FC = 50$(万元),当产量为 x 吨时的边际成本 $MC = x^2 - 2x + 45$(万元/吨),边际收益 $MR = -10x + 225$(万元/吨),试求以下结果.

(1)总利润函数;

(2)总利润最大的产量,并求最大利润.

【解】 (1)设总利润函数为 $\pi(x)$,则

$$\pi(x) = \int_0^x (MR - MC)\mathrm{d}x - FC$$

$$= \int_0^x (225 - 10x - x^2 + 2x - 45)\mathrm{d}x - 50$$

$$= -\frac{1}{3}x^3 - 4x^2 + 180x - 50$$

(2)令 $\pi'(x) = -x^2 - 8x + 180 = 0$,得到 $x = 10$(吨).

又 $\pi''(10) = -28 < 0$,$\pi(x)$ 在 $x = 10$ 取得极大值,而 $x = 10$ 为唯一驻点,且最大利润存在. 所以,当产量为 10 吨时,利润最大. 最大利润为

$$\pi(10)=1\,016\frac{2}{3}\approx 1\,016.67(万元)$$

当产量为 10 吨时,获得最大利润,最大利润为 1 016.67 万元.

4. 资本现值与投资问题

在第 1 章 1.7 节中介绍过复利问题和贴现问题. 设有 A_0 元货币,若按年利率 r 作连续复利计算,则 t 年后的价值为 $A_0 e^{rt}$ 元;反之,若 t 年后要有货币 B_0 元,则按连续复利计算,现在应有 $B_0 e^{-rt}$ 元,称为**资本现值**(或现值).

现设在时间区间 $[0,T]$ 内 t 时刻的收益率(表示单位时间的收益)为 $f(t)$,若按年利率 r 作连续复利计算,求在 $[0,T]$ 内获得的总收益的现值 W.

用微元法解决此问题. 在时间区间 $[0,T]$ 内任取时间区间 $[t,t+\mathrm{d}t]$,由资本现值的概念,在 $[t,t+\mathrm{d}t]$ 内的收益现值近似等于 $f(t)e^{-rt}\mathrm{d}t$,于是,总收益现值微元为

$$\mathrm{d}W=f(t)e^{-rt}\mathrm{d}t$$

所以在 $[0,T]$ 内获得的总收益的现值为

$$W=\int_0^T f(t)e^{-rt}\mathrm{d}t$$

【例 3.90】 某投资公司向一企业投资 800 万元,年利率为 5%,在 20 年中每年将获得收益 200 万元,求总收益的现值 W,投资所得的净收入 R 和投资回收期 T.

【解】 总收益的现值

$$W=\int_0^{20} 200e^{-0.05t}\mathrm{d}t=\frac{200}{0.05}(1-e^{-0.05\times 20})\approx 2\,528.5\,(万元)$$

投资所得的净收入

$$R=2\,528.5-800=1\,728.5(万元)$$

由 $\int_0^T 200e^{-0.05t}\mathrm{d}t=800$,得

$$-4\,000e^{-0.05T}+4\,000=800$$

$$e^{-0.05T}=0.8$$

解得 $T=20(\ln 5-\ln 4)\approx 4.46(年)$.

5. 消费者剩余和生产者剩余

在第 1 章我们曾讨论过市场价格的供需平衡,在市场经济下,价格和数量在不断调整,最后趋于平衡价格和平衡数量,分别用 P^* 和 Q^* 表示,平衡点 (Q^*,P^*) 是供给曲线 $P=D(Q)$ 与需求曲线 $P=S(Q)$ 的交点(如图 3.30 所示).

消费者剩余和生产者剩余都是经济学中的重要概念.

消费者剩余(Consumer Surplus,CS),是指消费者在购买一定数量的某种商品时愿意支付的最高总价格和实际支付的总价格之间的差额.

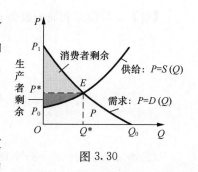

图 3.30

生产者剩余(Producer Surplus, PS),是指卖者出售一种物品或服务得到的价格减去卖者的成本.

从图 3.30 可以看出,平衡点处的消费者剩余为

$$CS = \int_0^{Q^*} D(Q)\mathrm{d}Q - P^* Q^*$$

平衡点处的生产者剩余为

$$PS = P^* Q^* - \int_0^{Q^*} S(Q)\mathrm{d}Q$$

【例 3.91】 已知需求函数 $P = -Q^2 - 4Q + 48$,供给函数 $P = Q^2 + 4Q + 6$,求以下结果.

(1)供需平衡点;

(2)平衡点处的消费者剩余和生产者剩余;

(3)当价格为 16 时的消费者剩余.

【解】 (1)由 $-Q^2 - 4Q + 48 = Q^2 + 4Q + 6$ 解得 $Q = 3$,代入 $P = -Q^2 - 4Q + 48$ 得 $P = 27$.

求得平衡点为 $(3, 27)$.

(2)平衡点处的消费者剩余

$$CS = \int_0^3 (-Q^2 - 4Q + 48)\mathrm{d}Q - P^* Q^*$$

$$= \left(-\frac{1}{3}Q^3 - 2Q^2 + 48Q\right)\Big|_0^3 - 81$$

$$= 36$$

平衡点处的生产者剩余

$$PS = P^* Q^* - \int_0^3 (Q^2 + 4Q + 6)\mathrm{d}Q$$

$$= 81 - \left(\frac{1}{3}Q^3 + 2Q^2 + 6Q\right)\Big|_0^3$$

$$= 36$$

(3)当 $P = 16$ 时,$Q_D = 4$,此时的消费者剩余

$$CS = \int_0^4 (-Q^2 - 4Q + 48)\mathrm{d}Q - PQ$$

$$= \left(-\frac{1}{3}Q^3 - 2Q^2 + 48Q\right)\Big|_0^4 - 64$$

$$= \frac{224}{3} \approx 74.67$$

习题 3.9

1. 求由下列各曲线所围成的平面图形的面积.

(1)$y = \sqrt{x}, y = x$

(2)$y = \mathrm{e}^x, x = 0, y = \mathrm{e}$

$(3)y=3-x^2,y=2x$ $(4)y=\mathrm{e}^x,y=\mathrm{e}^{-x},y=2$

$(5)y=\mathrm{e}^x,y=\mathrm{e}^{-x},x=2$ $(6)y=x^2,y=\dfrac{x^2}{4},y=1$

$(7)y=x^2-2,y=2-x^2$ $(8)y=\dfrac{2}{x},y=2x,y=3$

2. 求下列各曲线所围成的平面图形绕指定轴旋转的旋转体的体积.

$(1)y=x^2,x=2,y=0$,绕 x 轴,绕 y 轴.

$(2)y=x^3,y=8,x=0$,绕 x 轴,绕 y 轴.

$(3)y=x^2,x=y^2$,绕 x 轴,绕 y 轴.

$(4)y=\cos x,x\in\left[-\dfrac{\pi}{2},\dfrac{\pi}{2}\right]$,绕 x 轴,绕 y 轴.

3. 某企业生产某产品的边际成本 $MC=2x^2-3x+26$,固定成本 $FC=90$,求总成本函数.

4. 已知生产某产品 x 单位时的边际收益 $MR=100-2x$(元/单位),求生产 40 单位时的总收益,并求再多生产 10 个单位时所增加的收益.

5. 已知某产品的边际收益 $MR=25-2x$,边际成本 $MC=x^2-3x+6$,固定成本 $FC=10$,求当 $x=6$ 时的毛利和纯利.

6. 某企业生产 x 吨产品时的边际成本为 $MC=\dfrac{1}{50}x+30$(元/吨),固定成本为 900 元,求产量为多少时平均成本最低?

7. 在某地,当消费者的个人收入为 x 元时,消费支出 $W(x)$ 的变化率 $W'(x)=\dfrac{15}{\sqrt{x}}$,当个人的收入由 1 600 元增加到 2 500 元时,消费支出增加多少?

8. 假设某产品的边际收益 $MR=130-8x$(万元/万台),边际成本 $MC=0.6x^2-2x+10$(万元/万台),固定成本为 10 万元,产量 x 以万台为单位.

(1)求总成本函数和总利润函数.

(2)求产量由 4 万台增加到 5 万台时利润的变化量.

(3)求利润最大时的产量,并求最大利润.

9. 某投资项目,投资成本需 100 万元,年利率为 5%,10 年中每年收益 25 万元,求这 10 年中该项投资的总收益的现值 W,并求投资回收期 T.

10. 如果需求函数为 $P=50-0.025Q^2$,需求量为 20 个单位时,求消费者剩余 CS.

第 3 章 复习题

(A)组

1. 填空题.

(1)设函数 $f(t)$ 连续,$\dfrac{\mathrm{d}}{\mathrm{d}t}\displaystyle\int f(t)\mathrm{d}\sin t=$＿＿＿＿＿.

(2)如果函数 $f(x)$ 是 $\sin x$ 的导函数,那么 $f(x)$ 的不定积分是_____.

(3)已知 $F'(u) = f(u)$,则 $\int f(ax+b)\mathrm{d}x =$_____.

(4)函数 e^{2x} 是函数_____的导函数,是函数_____的原函数.

(5)$\dfrac{\mathrm{d}}{\mathrm{d}x}\left(\displaystyle\int_0^1 \arcsin t\mathrm{d}t\right) =$_____.

(6)设 $f(x)$ 为连续函数,则 $\displaystyle\lim_{x\to a}\dfrac{x^2}{x-a}\int_a^x f(t)\mathrm{d}t =$_____.

(7)当 $\displaystyle\int_1^{+\infty}\dfrac{1}{x^p}\mathrm{d}x$ 收敛时,则 p_____.

(8)$\displaystyle\int_{-2}^2 \sqrt{4-x^2}\mathrm{d}x =$_____.

2. 选择题.

(1)下列等式正确的是(　　).

(A) $\dfrac{\mathrm{d}}{\mathrm{d}x}\displaystyle\int f(x)\mathrm{d}x = f(x)$
　　　　　　　　(B) $\displaystyle\int f'(x)\mathrm{d}x = f(x)$

(C) $\displaystyle\int \mathrm{d}f(x) = f(x)$
　　　　　　　　(D) $\mathrm{d}\displaystyle\int f(x)\mathrm{d}x = f(x)$

(2)若 $\displaystyle\int f(x)\mathrm{d}x = F(x)+C$,则 $\displaystyle\int xf(x^2+1)\mathrm{d}x =$(　　).

(A)$F(x^2+1)$
　　　　　　　　(B)$F(x^2+1)+C$

(C)$2F(x^2+1)+C$
　　　　　　　　(D)$\dfrac{1}{2}F(x^2+1)+C$

(3)下列函数中为同一函数原函数的是(　　).

(A)$\arcsin x$ 和 $\arccos x$
　　　　　　　　(B)e^{-x} 和 $5+\mathrm{e}^{-x}$

(C)$\ln x^2$ 和 $\dfrac{\ln x}{x}$
　　　　　　　　(D)$\sin^2 x$ 和 $\dfrac{1}{2}\cos 2x$

(4)$\displaystyle\int f(x)\mathrm{d}x = 3\mathrm{e}^{x/3}+C$,则 $f(x) =$(　　).

(A)$3\mathrm{e}^{x/3}$ 　　　　(B)$9\mathrm{e}^{x/3}$ 　　　　(C)$\mathrm{e}^{x/3}+C$ 　　　　(D)$\mathrm{e}^{x/3}$

(5)下列不等式成立的是(　　).

(A) $\displaystyle\int_0^{\frac{\pi}{2}}\sin x\mathrm{d}x > \int_0^{\frac{\pi}{2}}\cos x\mathrm{d}x$
　　　　　　　　(B) $\displaystyle\int_0^1 \mathrm{e}^{x^2}\mathrm{d}x > \int_0^1 \mathrm{e}^x\mathrm{d}x$

(C) $\displaystyle\int_1^2 \ln^2 x\mathrm{d}x > \int_1^2 \ln^3 x\mathrm{d}x$
　　　　　　　　(D) $\displaystyle\int_{-1}^{-2} x^4\mathrm{d}x > \int_{-1}^{-2} x^2\mathrm{d}x$

(6)设 $I = \displaystyle\int_{-1}^0 |3x+1|\mathrm{d}x$,则 $I =$(　　).

(A)$\dfrac{5}{6}$ 　　　　(B)$\dfrac{1}{2}$ 　　　　(C)$-\dfrac{1}{2}$ 　　　　(D)1

3. 计算下列不定积分.

(1)$\displaystyle\int 5^x \mathrm{e}^{2x}\mathrm{d}x$
　　　　　　　　(2)$\displaystyle\int \dfrac{(x+1)^2}{\sqrt{x}}\mathrm{d}x$

(3) $\int \dfrac{\mathrm{d}x}{(1-2x)^3}$

(4) $\int \dfrac{\mathrm{d}x}{4+9x^2}$

(5) $\int \dfrac{\mathrm{d}x}{3+\sqrt{1-2x}}$

(6) $\int x\sqrt{3-x}\,\mathrm{d}x$

(7) $\int (\mathrm{e}^x + \ln x)\mathrm{d}x$

(8) $\int x\sec^2 x\,\mathrm{d}x$

(9) $\int \left(\dfrac{\ln x}{x}\right)^2 \mathrm{d}x$

(10) $\int \cos^3 x\,\mathrm{d}x$

4. 计算下列定积分.

(1) $\displaystyle\int_0^1 \dfrac{x^4}{1+x^2}\mathrm{d}x$

(2) $\displaystyle\int_{\ln 2}^{\ln 3} \dfrac{1}{\mathrm{e}^x - \mathrm{e}^{-x}}\mathrm{d}x$

(3) $\displaystyle\int_0^\pi \dfrac{\sin x}{1+\cos^2 x}\mathrm{d}x$

(4) $\displaystyle\int_0^1 x\mathrm{e}^{-\frac{x^2}{2}}\mathrm{d}x$

(5) $\displaystyle\int_4^7 \dfrac{x}{\sqrt{x-3}}\mathrm{d}x$

(6) $\displaystyle\int_3^8 \dfrac{1}{\sqrt{x+1}-1}\mathrm{d}x$

(7) $\displaystyle\int_0^a x^2\sqrt{a^2-x^2}\,\mathrm{d}x\,(a>0)$

(8) $\displaystyle\int_{-1}^3 |2-x|\,\mathrm{d}x$

(9) $\displaystyle\int_1^2 x\ln x\,\mathrm{d}x$

(10) $\displaystyle\int_{\mathrm{e}}^{\mathrm{e}^2} \dfrac{\ln x}{(x-1)^2}\mathrm{d}x$

5. 已知曲线 $y=f(x)$ 过点 $(0,1)$，且在其上任意点 (x,y) 处的切线斜率为 $x\ln(1+x^2)$，求该曲线的方程.

6. 设 $f(x)=\begin{cases} 2-x^2, & 0\leqslant x\leqslant 1 \\ \dfrac{1}{x}, & 1<x\leqslant \mathrm{e} \end{cases}$ ，计算 $\displaystyle\int_0^{\mathrm{e}} f(x)\mathrm{d}x$.

7. 设 $f(x)=\displaystyle\int_0^x \cos^2 t\,\mathrm{d}t$ ，求 $\displaystyle\int_0^{\frac{\pi}{2}} f'(x)\cos x\,\mathrm{d}x$.

8. 求函数 $f(x)=\displaystyle\int_0^x t(t-4)\mathrm{d}t$ 在 $[-1,5]$ 上的最大值和最小值.

9. 求由曲线 $x=y^2$ 以及直线 $y=x-2$ 所围成的平面图形的面积.

10. 求由曲线 $y=x^2$，$y=x$，$y=2x$ 所围成的图形的面积.

11. 求由曲线 $y=4-x^2$ 与 x 轴所围成的平面图形绕 x 轴旋转所成的旋转体的体积.

12. 求由曲线 $y=x^3$，$x=1$ 以及 x 轴在第一象限所围平面图形绕 y 轴旋转所成的旋转体的体积.

13. 设储蓄边际倾向(即储蓄额S的变化率)是收入 y 的函数

$$S'(y)=0.3 - \dfrac{1}{10\sqrt{y}}$$

求收入从 1 600 元到 2 500 元时储蓄的增加额.

14. 某产品上的边际成本为 $MC=0.3x^2 - x + 15.2$，边际收益为 $MR=158-7x$，其中 x 为产量(单位:百台). 设固定成本为 15 万元.

(1)求总成本函数、总收益函数和总利润函数.

(2)求产量为多少时总利润 $\pi(x)$ 最大? 最大总利润为多少?

(3)求从利润最大的产量再生产2百台，总利润将有什么变化?

(B)组

1. (2009 年数学三)使不等式 $\int_1^x \dfrac{\sin t}{t}\mathrm{d}t > \ln x$ 成立的 x 的范围是(　　).

(A) $(0,1)$　　　　　(B) $\left(1,\dfrac{\pi}{2}\right)$　　　　　(C) $\left(\dfrac{\pi}{2},\pi\right)$　　　　　(D) $(\pi,+\infty)$

2. (2009 年数学三)设函数 $f(x)$ 在区间 $[-1,3]$ 上的图形为

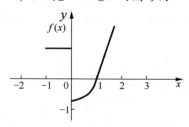

则函数 $F(x) = \int_0^x f(t)\mathrm{d}t$ 为(　　).

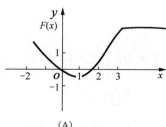

(A)

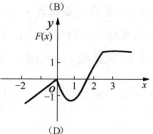

(B)

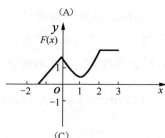

(C)

(D)

3. (2011 年数学三)设 $I = \int_0^{\frac{\pi}{4}} \ln \sin x\mathrm{d}x, J = \int_0^{\frac{\pi}{4}} \ln \cot x\mathrm{d}x, K = \int_0^{\frac{\pi}{4}} \ln \cos x\mathrm{d}x$,则 I、J、K 的大小关系是(　　).

(A) $I < J < K$　　　　(B) $I < K < J$　　　　(C) $J < I < K$　　　　(D) $K < J < I$

4. (2010 年数学三)设可导函数 $y = y(x)$ 由方程 $\int_0^{x+y} \mathrm{e}^{-t^2}\mathrm{d}t = \int_0^x x \sin^2 t\mathrm{d}t$ 所确定,则 $\dfrac{\mathrm{d}y}{\mathrm{d}x}\Big|_{x=0} =$ _____.

5. (2014 年数学三)设 $\int_0^a x\mathrm{e}^{2x}\mathrm{d}x = \dfrac{1}{4}$,则 $a =$ _____.

6. (2010 年数学三)设位于曲线 $y = \dfrac{1}{\sqrt{x(1+\ln^2 x)}}$ $(\mathrm{e} \leqslant x < \infty)$ 下方,x 轴上方的无界区域 G,则 G 绕 x 轴旋转一周所得的空间区域的体积是 _____.

7. (2011 年数学三)曲线 $y = \sqrt{x^2-1}$,直线 $x=2$ 及 x 轴所围成的平面图形绕 x 轴旋转所成的旋

转体的体积为_____.

8.(2012 年数学三)由曲线 $y=\dfrac{4}{x}$ 和直线 $y=x$ 及 $y=4x$ 在第一象限围成的平面图形的面积为

_____.

9.(2013 年数学三)$\displaystyle\int_1^{+\infty}\dfrac{\ln x}{(1+x)^2}\mathrm{d}x=$_____.

10.(2014 年数学三)设 D 是由曲线 $xy+1=0$ 与直线 $y+x=0$ 及 $y=2$ 围成的有界区域,则 D 的面积为_____.

11.(2014 年数学三)求极限 $\displaystyle\lim_{x\to+\infty}\dfrac{\displaystyle\int_1^x\left[t^2(\mathrm{e}^{\frac{1}{t}}-1)-t\right]\mathrm{d}t}{x^2\ln\left(1+\dfrac{1}{x}\right)}$.

12.(2009 年数学三)计算不定积分 $\displaystyle\int\ln\left(1+\sqrt{\dfrac{1+x}{x}}\right)\mathrm{d}x(x>0)$.

13.(2011 年数学三)求 $\displaystyle\int\dfrac{\arcsin\sqrt{x}+\ln x}{\sqrt{x}}\mathrm{d}x$.

14.(2010 年数学三)(1)比较 $\displaystyle\int_0^1|\ln t|\left[\ln(1+t)\right]^n\mathrm{d}t$ 与 $\displaystyle\int_0^1 t^n|\ln t|\mathrm{d}t(n=1,2,\cdots)$ 的大小,说明理由.(2)设 $u_n=\displaystyle\int_0^1|\ln t|\left[\ln(1+t)\right]^n\mathrm{d}t(n=1,2,\cdots)$,求 $\displaystyle\lim_{n\to\infty}u_n$.

15.(2013 年数学三)设 D 是由曲线 $y=x^{\frac{1}{3}}$、直线 $x=a(a>0)$ 及 x 轴所围成的平面图形.V_x,V_y 分别是 D 绕 x 轴、y 轴旋转一周所得的旋转体的体积.若 $V_y=10V_x$,求 a 的值.

16.(2014 年数学三)设函数 $f(x),g(x)$ 在区间 $[a,b]$ 上连续,且 $f(x)$ 单调增加,$0\leqslant g(x)\leqslant 1$,证明:(1)$0\leqslant\displaystyle\int_a^x g(t)\mathrm{d}t\leqslant x-a,x\in[a,b]$;(2)$\displaystyle\int_a^{a+\int_a^b g(t)\mathrm{d}t}f(x)\mathrm{d}x\leqslant\displaystyle\int_a^b f(x)g(x)\mathrm{d}x$.

第4章 多元函数微积分学

在许多实际问题中常涉及到多个自变量,这就需要研究多元函数.多元函数微积分学是一元函数微积分学的自然延伸和发展,在研究的思路和方法上与一元函数微积分学有许多类似之处,但两者又有不少差别.而二元函数与一般的多元函数之间并没有本质的差异,一般多元函数的理论可以在二元函数理论的基础上进行推广.因此本章将以二元函数为主要研究对象,在介绍空间解析几何基础知识的基础上,引入二元函数的概念,讨论二元函数的极限和连续、偏导数和全微分、多元函数的极值、最值、二重积分及其应用.

4.1 空间解析几何基础知识

学习要求

1. 了解空间直角坐标系的有关概念,会求空间两点间的距离.
2. 了解常见曲面的方程及其图形.
3. 了解空间曲线的一般方程及在坐标面上的投影曲线的方程.

4.1.1 空间直角坐标系

1. 空间点的坐标

空间解析几何沟通了空间的点与有序数对、图形与方程的联系,为此需要引入空间直角坐标系.

与建立平面直角坐标系相类似,在空间取定一点 O,以 O 为原点作三条相互垂直具有相同长度单位的数轴,分别称为 x 轴(**横轴**)、y 轴(**纵轴**)和 z 轴(**竖轴**),它们的正向符合右手规则,即以右手握住 z 轴,当右手的四个手指从 x 轴的正向转过 $\frac{\pi}{2}$ 角度指向 y 轴正向时,大拇指的指向就是 z 轴的正向,这样三条坐标轴就组成了**空间直角坐标系**(如图 4.1 所示).

空间直角坐标系三条坐标轴中任意两条可以确定一个平面,称为坐标面,坐标面有 xOy 面、yOz 面、zOx 面.三个坐标面将整个空间划分为八个部分,称为八个**卦限**(如图 4.2 所示).在 xOy 面的上方有四个卦限,分别是第 Ⅰ,Ⅱ,Ⅲ,Ⅳ卦限,按逆时针方向排定,其中由 x 轴、y 轴与 z 轴的正半轴确定的就是第 Ⅰ 卦限.第 Ⅴ,Ⅵ,Ⅶ,Ⅷ卦限位于 xOy 面的下方,按逆时针方向排定,其中第 Ⅴ 卦限在第 Ⅰ 卦限的正下方.

我们知道,在平面直角坐标系中,平面上的点与有序数对 (x,y) 一一对应.类似地,在空间直角坐标系中,空间中的点与有序数对 (x,y,z) 建立起一一对应的关系.(x,y,z) 称为点 M 的坐标,把点 M 记为 $M(x,y,z)$,x,y,z 依次称为点 M 的**横坐标**、**纵坐标**和**竖坐标**.

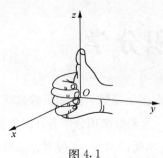

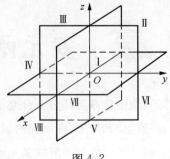

图 4.1   图 4.2

【思考】 1. 空间直角坐标系各卦限中的点的坐标的符号特征是什么?

2. 每个坐标轴上的点的坐标的特征是什么?

3. 每个坐标面上的点的坐标的特征是什么?

2. 空间两点间的距离

设 $M_1(x_1,y_1,z_1)$,$M_2(x_2,y_2,z_2)$ 为空间任意两点,为表达 M_1 与 M_2 间的距离 d,过 M_1 和 M_2 分别作三个平行于坐标面的平面,这六个平面构成以 M_1M_2 为对角线的长方体(如图 4.3 所示).

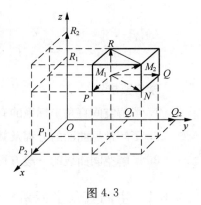

图 4.3

由直角三角形勾股定理,有

$$d^2 = |M_1M_2|^2 = |M_1N|^2 + |NM_2|^2$$
$$= |M_1P|^2 + |PN|^2 + |NM_2|^2$$

而

$$|M_1P| = |x_2 - x_1|$$
$$|PN| = |y_2 - y_1|$$
$$|NM_2| = |z_2 - z_1|$$

所以

$$d = |M_1M_2| = \sqrt{(x_2-x_1)^2 + (y_2-y_1)^2 + (z_2-z_1)^2}$$

特别地,如果两点分别为 $M(x,y,z)$,$O(0,0,0)$,那么

$$d = |OM| = \sqrt{x^2 + y^2 + z^2}$$

【例 4.1】 求证以 $M_1(4,3,1)$,$M_2(7,1,2)$,$M_3(5,2,3)$ 三点为顶点的三角形是一个等腰三角形.

【证】 $|M_1M_2|^2 = (4-7)^2 + (3-1)^2 + (1-2)^2 = 14$

$|M_2M_3|^2 = (5-7)^2 + (2-1)^2 + (3-2)^2 = 6$

$|M_3M_1|^2 = (5-4)^2 + (2-3)^2 + (3-1)^2 = 6$

由于 $|M_2M_3| = |M_3M_1|$,故原结论成立.

【例 4.2】 在 y 轴上,求与点 $A(3,-1,1)$ 和点 $B(0,1,2)$ 等距离的点的坐标.

【解】 因所求点 P 在 y 轴上,设 P 点坐标为 $(0,y,0)$,据题意有

$$|PA| = |PB|$$

即

$$\sqrt{(0-3)^2 + (y+1)^2 + (0-1)^2} = \sqrt{(0-0)^2 + (y-1)^2 + (0-2)^2}$$

解得
$$y=-\frac{3}{2}$$

故所求点为 $P(0,-\frac{3}{2},0)$.

【例 4.3】 已知点 $A(3,4,2)$ 和点 $B(4,3,2)$,求与 A、B 等距离的点的轨迹.

【解】 设所求的动点为 $M(x,y,z)$,由条件
$$|AM|^2=|BM|^2$$
即
$$(x-3)^2+(y-4)^2+(z-2)^2=(x-4)^2+(y-3)^2+(z-2)^2$$
化简得
$$x=y$$

所以与 A,B 等距离的点的轨迹就是 $x=y$.

到空间两点等距离的点的轨迹是这两点连成线段的垂直平分面,这里 $x=y$ 就是空间线段 AB 的垂直平分面的方程.

【例 4.4】 建立球心在 $M_0(x_0,y_0,z_0)$、半径为 R 的球面方程.

【解】 设 $M(x,y,z)$ 是球面上的任一点,那么
$$|M_0M|=R$$
即
$$\sqrt{(x-x_0)^2+(y-y_0)^2+(z-z_0)^2}=R$$
或
$$(x-x_0)^2+(y-y_0)^2+(z-z_0)^2=R^2$$

特别地,如果球心在原点,那么球面方程为
$$x^2+y^2+z^2=R^2$$

4.1.2 常见的空间曲面及其方程

在日常生活中,我们会碰到各种曲面.例如,水桶的表面、台灯罩子的表面等.曲面在空间解析几何中被看成是动点的运动轨迹.因此,曲面上所有的点都应具有共同的性质,换句话说,曲面上这些点的坐标必须满足一定的条件.

定义 4.1 如果曲面 S 与三元方程 $F(x,y,z)=0$ 有下述关系:(1)曲面 S 上任一点的坐标都满足方程 $F(x,y,z)=0$;(2)满足方程 $F(x,y,z)=0$ 的点都在曲面 S 上. 那么,方程 $F(x,y,z)=0$ 称为曲面 S 的方程,而曲面 S 称为方程 $F(x,y,z)=0$ 的图形.

下面介绍几种常见曲面及其方程.

1. 平面

空间平面方程的一般形式为
$$Ax+By+Cz+D=0$$

其中 A,B,C,D 均为常数,且 A,B,C 不全为零.

考虑一些特殊情况,例如,当 $D=0$ 时,表示通过原点的平面;当 $A=0,B,C,D$ 不为零,表示一个平行于 x 轴的平面;当 $A=B=0,C,D$ 不为零,方程为 $Cz+D=0$,表示一个平行于 xOy 面的平面.

2. 柱面

平行于定直线 L 并沿定曲线 C 移动的直线 l 所形成的轨迹称为**柱面**,其中定曲线 C 称为该柱面的**准线**,动直线 l 称为该柱面的**母线**(如图 4.4 所示).

柱面的准线、母线都不是唯一的,柱面上所有平行于定直线 L 的直线都是母线,而柱面上与所有母线都相交的曲线都可作为准线.

这里我们只讨论母线平行于坐标轴的柱面(如图 4.5 所示).

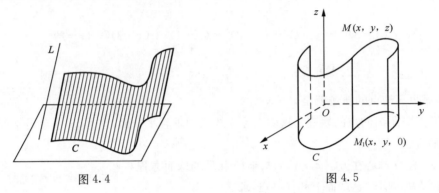

图 4.4　　　　　　　　　　　　　图 4.5

一般地,如果曲面方程 $F(x,y,z)=0$ 中只含变量 x,y 而缺少变量 z,那么表示母线平行于 z 轴的柱面,其他情况类推.

例如,$\dfrac{x^2}{a^2}+\dfrac{y^2}{b^2}=1$ 表示母线平行于 z 轴的椭圆柱面(如图 4.6 所示),当 $a=b$ 时,表示母线平行于 z 轴的圆柱面;$y^2=2x$ 表示母线平行于 z 轴抛物柱面(如图 4.7 所示);$-\dfrac{x^2}{a^2}+\dfrac{y^2}{b^2}=1$ 表示母线平行于 z 轴的双曲柱面(如图 4.8 所示).

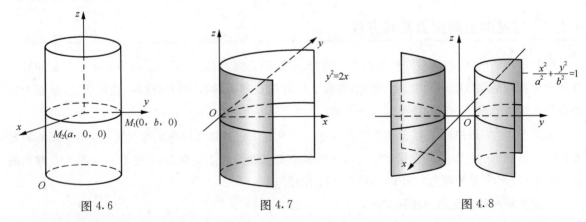

图 4.6　　　　　　　　　　图 4.7　　　　　　　　　　图 4.8

3. 二次曲面

三元二次方程所表示的空间曲面称为**二次曲面**.这里主要讨论几个常用的二次曲面及其方程.

(1)椭球面.

$$\frac{x^2}{a^2}+\frac{y^2}{b^2}+\frac{z^2}{c^2}=1 \quad (a,b,c>0)$$

其图形如图 4.9 所示,a,b,c 分别为椭球面的三个半轴的长度,其中任意两个半轴的长度相等时,称为旋转椭球面,当三个半轴都相等时,即为**球面**.

(2)**椭圆抛物面**.

$$\frac{x^2}{a^2}+\frac{y^2}{b^2}=2pz \quad (a,b>0)$$

其中 $p>0$ 时,开口向上,其图形如图 4.10 所示;$p<0$ 时,开口向下. 当 $a=b$ 时,称为**旋转抛物面**.

(3)**双曲抛物面**(又称**马鞍面**).

$$\frac{x^2}{a^2}-\frac{y^2}{b^2}=2pz(a,b>0)$$

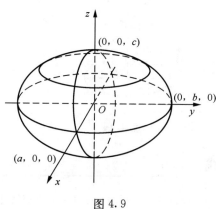

图 4.9

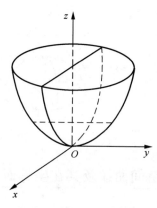

图 4.10

$p<0$ 时的图形如图 4.11 所示.

(4)**单叶双曲面**.

$$\frac{x^2}{a^2}+\frac{y^2}{b^2}-\frac{z^2}{c^2}=1$$

其图形如图 4.12 所示,当 $a=b$ 时,称为**旋转单叶双曲面**.

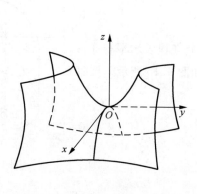

图 4.11

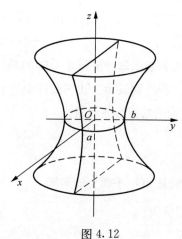

图 4.12

(5)**双叶双曲面**.

$$\frac{x^2}{a^2}+\frac{y^2}{b^2}-\frac{z^2}{c^2}=-1$$

其图形如图 4.13 所示,当 $a=b$ 时,称为**旋转双叶双曲面**.

（6）二次锥面.

$$\frac{x^2}{a^2}+\frac{y^2}{b^2}-\frac{z^2}{c^2}=0 \ (a,b,c>0)$$

其图形如图 4.14 所示,当 $a=b$ 时,称为**圆锥面**.

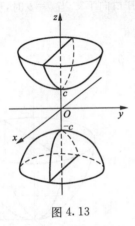

图 4.13

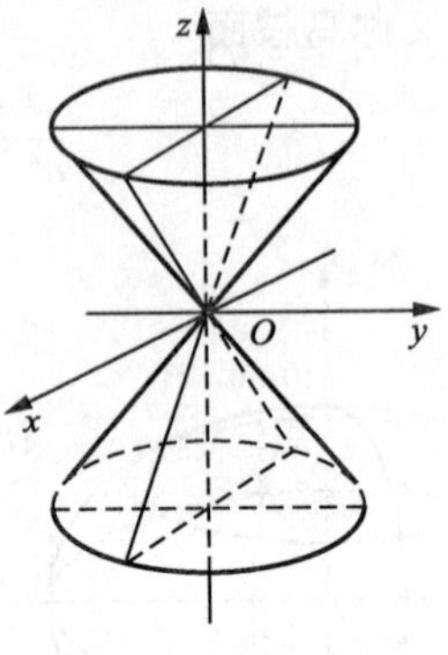

图 4.14

4.1.3 空间曲线及其在坐标面上的投影曲线

空间曲线可以看成空间两个曲面的交线,曲面 $F(x,y,z)=0$ 与 $G(x,y,z)=0$ 的交线 Γ 可以用方程组

$$\begin{cases} F(x,y,z)=0 \\ G(x,y,z)=0 \end{cases}$$

来表示,该方程组称为**曲线 Γ 的一般方程**.

如方程组

$$\begin{cases} x^2+2y^2=1 \\ 3x+2z=6 \end{cases}$$

第一个方程表示母线平行于 z 轴的椭圆柱面,第二个方程表示平行于 y 轴的平面.方程组则表示上述椭圆柱面与平面的交线,如图 4.15 所示.该曲线在 xOy 平面上的投影曲线就是

$$\begin{cases} x^2+2y^2=1 \\ z=0 \end{cases}$$

其图形就是 xOy 平面上的椭圆.

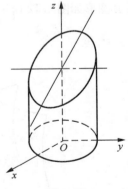

图 4.15

习题 4.1

1. 在空间直角坐标系中,指出下列各点所处的位置.
$A(2,1,-1)$;$B(1,0,3)$;$C(5,0,0)$;$D(-2,-3,1)$.

2. 求点 $M(3,1,-4)$ 到各坐标面、各坐标轴的距离.

3. 求到两定点 $A(1,2,-1)$ 和 $B(4,1,-2)$ 距离相等的动点的轨迹方程.

4. 求以点 $O(3,2,-1)$ 为圆心,且通过坐标原点的球面方程.

5. 指出下列方程在平面和空间分别表示什么图形.

(1)$y=2x+3$ (2)$x^2+2y^2=1$ (3)$x^2-y^2=4$ (4)$y=6$

6. 指出下列各平面的位置.

(1)$x+2y-1=0$ (2)$5x+3y-z=0$ (3)$2y-1=0$ (4)$x=3y$

7. 按条件求平面方程.

(1)平行于 x 轴且经过两点 $(4,1,2)$ 和 $(5,0,1)$

(2)经过点 $(1,1,-1),(2,3,4),(1,0,2)$

(3)平行于 yOz 面,且经过点 $(3,2,-4)$

(4)经过 x 轴和点 $(3,-2,1)$

8. 指出下列方程所表示的曲面名称.

(1)$x^2+2y^2+3z^2=1$ (2) $x^2+y^2=3z$ (3) $x^2+y^2-z^2=1$

(4) $x^2-2y^2=3z$ (5) $x^2+2y^2=z^2$ (6) $y^2=-3z$

9. 在空间坐标系中画出方程组表示的曲线.

(1)$\begin{cases} x^2+y^2+z^2=16 \\ z=2 \end{cases}$ (2)$\begin{cases} x^2+z^2=16 \\ x+y=2 \end{cases}$

4.2

多元函数的概念

学习要求

1. 了解平面区域的相关概念.

2. 了解二元函数的概念及几何意义,了解多元函数的概念.

3. 了解二元函数的极限与连续的概念.

4. 了解有界闭区域上二元连续函数的性质.

4.2.1 平面区域的相关概念

1. 平面点集

坐标平面上具有性质 P 的点的集合,称为**平面点集**,记为

$$E=\{(x,y)\,|\,(x,y)\text{具有性质}P\}$$

例如,平面上到原点的距离小于 r 的所有点的集合,就是一个平面点集,可以记为

$$E=\{(x,y)\,|\,\sqrt{x^2+y^2}<r\}$$

2. 邻域

设 $P_0(x_0,y_0)$ 是 xOy 平面上的一个点，$\delta>0$. 称点集

$$\{(x,y)\mid\sqrt{(x-x_0)^2+(y-y_0)^2}<\delta\}$$

为点 **P_0 的 δ 邻域**，记为 $U(P_0,\delta)$ 或 $U(P_0)$，即到点 $P_0(x_0,y_0)$ 的距离小于 δ 的点 $P(x,y)$ 的全体．而

$$\{(x,y)\mid 0<\sqrt{(x-x_0)^2+(y-y_0)^2}<\delta\}$$

称为**点 P_0 的去心 δ 邻域**，记为 $\mathring{U}(P_0,\delta)$ 或 $\mathring{U}(P_0)$.

在几何上，$U(P_0,\delta)$ 就是 xOy 平面上以点 $P_0(x_0,y_0)$ 为中心、$\delta>0$ 为半径的圆的内部（如图 4.16 所示）．

3. 内点、外点和边界点

设 E 是平面上的一个点集，P 是平面上的一个点，则点 P 与点集 E 之间必存在以下三种关系中的一种．

(1)如果存在点 P 的某一邻域 $U(P)$，使 $U(P)\subset E$，则称 P 为 E 的**内点**（如图 4.17 中的点 P_1）．显然，E 的内点属于 E.

(2)如果存在点 P 的某一邻域 $U(P)$，使 $U(P)\bigcap E=\varnothing$，则称 P 为 E 的**外点**（如图 4.17 中的点 P_2）．显然，E 的外点不属于 E.

(3)如果点 P 的任一邻域内既有属于 E 的点，也有不属于 E 的点（点 P 本身可以属于 E，也可以不属于 E），则称 P 为 E 的**边界点**（如图 4.17 中的点 P_3）．E 的边界点的全体称为 E 的**边界**．

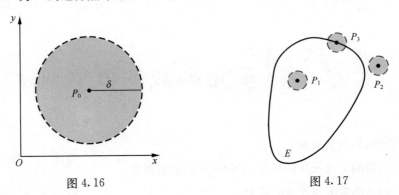

图 4.16   图 4.17

4. 开集、开区域与闭区域

如果 E 的点都是内点，则称 E 为**开集**．例如，平面点集 $E_1=\{(x,y)\mid 1<x^2+y^2<4\}$ 中每个点都是 E_1 的内点，因此 E_1 为开集．而圆周 $x^2+y^2=1$ 和 $x^2+y^2=4$ 则为 E_1 的边界．

设 E 是点集，如果对于 E 内任何两点都可用折线连结起来，且该折线上的点都属于 E，则称点集 E 是**连通的**（如图 4.18 所示）．而平面点集 $\{(x,y)\mid xy>0\}$（如图 4.19 所示）就不是连通的．

连通的开集称为**区域**或**开区域**．例如，$\{(x,y)\mid x+y>0\}$ 及 $\{(x,y)\mid 1<x^2+y^2<4\}$ 都是区域．开区域连同它的边界一起称为**闭区域**．例如，$\{(x,y)\mid x+y\geqslant 0\}$ 及 $\{(x,y)\mid 1\leqslant x^2+y^2\leqslant 4\}$ 都是闭区域（如图 4.20 所示）．

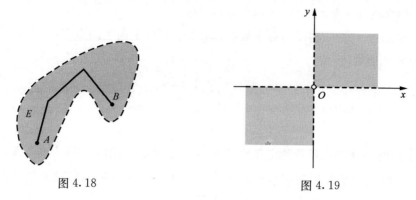

图 4.18　　　　　　　　　　　　图 4.19

5. 有界区域和无界区域

对于区域 E，如果存在某一正数 r，使得 $E \subset U(O, r)$，其中 O 是原点，则称 E 为**有界区域**，否则称**为无界区域**.

例如，$\{(x, y) \mid 1 \leqslant x^2 + y^2 \leqslant 4\}$ 是有界闭区域（图 4.20 所示），$\{(x, y) \mid x + y > 0\}$ 是无界开区域（如图 4.21 所示），$\{(x, y) \mid x + y \geqslant 0\}$ 是无界闭区域.

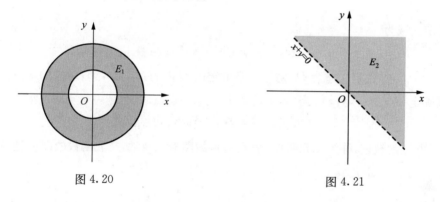

图 4.20　　　　　　　　　　　　图 4.21

4.2.2　多元函数的概念

在很多自然现象以及实际问题中，经常遇到多个变量之间的依赖关系. 例如，圆柱体的体积 V 和它的底半径 r、高 h 之间具有关系

$$V = \pi r^2 h$$

当 r, h 在集合 $\{(r, h) \mid r > 0, h > 0\}$ 内取定一对值 (r, h) 时，V 的值就随之确定. 由此，我们以二元函数为例给出定义.

定义 4.2　设 D 是 xOy 平面上的一个非空点集，如果对于 D 内的任一点 (x, y)，按照某对应法则 f，都有唯一确定的实数 z 与之对应，则称变量 z 为 x, y 的**二元函数**，通常记为

$$z = f(x, y), (x, y) \in D$$

其中点集 D 称为该函数的**定义域**，x, y 称为**自变量**，z 称为**因变量**. 数集

$$W = \{z \mid z = f(x, y), (x, y) \in D\}$$

称为该函数的**值域**.

z 是 x,y 的函数也可记为 $z=z(x,y),z=\varphi(x,y)$ 等.

在定义 4.2 中,由于自变量构成的有序数组 (x,y) 与 xOy 平面上的点 $P(x,y)$ 一一对应,因此 f 又可以看成是点 P 的函数,记为

$$z=f(P),P\in D$$

类似地,可以定义三元函数 $u=f(x,y,z)$ 以及三元以上的函数. 当 $n\geqslant 2$ 时,n 元函数就统称为**多元函数**.

与一元函数类似,关于多元函数的定义域,我们做如下约定:当用某个算式表达多元函数时,凡能使这个算式有意义的自变量的值所组成的点集称为这个多元函数的**自然定义域**. 例如,函数 $z=\ln(x+y)$ 的定义域为 $\{(x,y)\mid x+y>0\}$(如图 4.21 所示).

【例 4.5】 求函数 $z=\dfrac{\arcsin(3-x^2-y^2)}{\sqrt{x-y^2}}$ 的定义域.

【解】 自变量 x、y 应满足下列不等式

$$\begin{cases} |3-x^2-y^2|\leqslant 1 \\ x-y^2>0 \end{cases}$$

所以,函数的定义域为

$$D=\{(x,y)\mid 2\leqslant x^2+y^2\leqslant 4,x>y^2\}\text{(如图 4.22 所示)}$$

设函数 $z=f(x,y)$ 的定义域为 D. 对于任意取定的 D 内的一点 (x,y),对应的函数值为 $z=f(x,y)$,在空间就确定一点 $P(x,y,z)$. 当 (x,y) 遍取 D 上的一切点时,得到一个空间点集

$$\{(x,y,z)\mid z=f(x,y),(x,y)\in D\}$$

这个点集也即 P 点的轨迹,称为**二元函数 $z=f(x,y)$ 的图形**. 通常,二元函数的图形是空间的一张曲面(如图 4.23 所示),而定义域 D 就是该曲面在 xOy 平面上的投影.

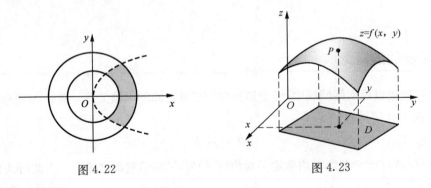

图 4.22   图 4.23

例如,二元函数 $z=\sqrt{4-x^2-y^2}$ 表示以原点为球心,半径为 2 的上半球面,其定义域为 $\{(x,y)\mid 0\leqslant x^2+y^2\leqslant 4\}$.

4.2.3 二元函数的极限

与一元函数的极限概念类似,二元函数的极限也反映了函数值随自变量变化而变化的趋势.

定义 4.3 设二元函数 $z=f(x,y)$ 在点 $P_0(x_0,y_0)$ 的某去心邻域内有定义. 如果当点 $P(x,y)$ 无

限趋于点 $P_0(x_0,y_0)$ 时,函数 $f(x,y)$ 无限趋于一个常数 A,则称 A 为**函数 $z=f(x,y)$ 当 $(x,y)\to(x_0,$ $y_0)$ 时的极限**,记作

$$\lim_{(x,y)\to(x_0,y_0)}f(x,y)=A \quad 或 \quad f(x,y)\to A((x,y)\to(x_0,y_0))$$

也记作

$$\lim_{P\to P_0}f(P)=A \quad 或 \quad f(P)\to A(P\to P_0)$$

二元函数的极限与一元函数的极限具有相同的性质和运算法则. 为了区别于一元函数的极限,称二元函数的极限为**二重极限**.

必须指出,所谓二重极限存在,是指 $P(x,y)$ 以任何方式、任意路径趋于 $P_0(x_0,y_0)$ 时,函数 $f(x,y)$ 都以 A 为极限(如图 4.24 所示). 如果 $P(x,y)$ 仅以有限的特殊方式和路径趋于 $P_0(x_0,y_0)$ 时,即使函数 $f(x,$ $y)$ 无限接近于同一常数,也不能判断函数 $f(x,y)$ 存在极限. 反过来,如果当 $P(x,y)$ 以不同方式趋于 $P_0(x_0,y_0)$ 时,函数 $f(x,y)$ 趋于不同的常数,那么就可以断定函数 $f(x,y)$ 当 $(x,y)\to(x_0,y_0)$ 时的极限不存在.

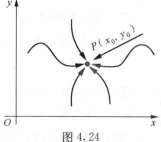

图 4.24

【例 4.6】 设函数 $f(x,y)=\begin{cases}\dfrac{xy}{x^2+y^2}, & x^2+y^2\neq0 \\ 0, & x^2+y^2=0\end{cases}$,证明当 $(x,y)\to(0,0)$ 时,$f(x,y)$ 的极限不存在.

【证】 可以考虑以不同路径趋近时,$f(x,y)$ 趋于不同的值来进行判断.

当点 $P(x,y)$ 沿 x 轴趋于点 $(0,0)$ 时,$\lim\limits_{\substack{(x,y)\to(0,0)\\y=0}}f(x,y)=\lim\limits_{x\to0}f(x,0)=0.$

又当点 $P(x,y)$ 沿 y 轴趋于点 $(0,0)$ 时,$\lim\limits_{\substack{(x,y)\to(0,0)\\x=0}}f(x,y)=\lim\limits_{y\to0}f(0,y)=0.$

虽然点 $P(x,y)$ 以上述两种特殊方式(沿 x 轴或沿 y 轴)趋于原点时函数的极限存在并且相等,但是并不能判断 $\lim\limits_{(x,y)\to(0,0)}f(x,y)$ 存在.

再找一条更为一般的路径,当点 $P(x,y)$ 沿着直线 $y=kx$ 趋于点 $(0,0)$ 时,有

$$\lim_{\substack{(x,y)\to(0,0)\\y=kx}}\frac{xy}{x^2+y^2}=\lim_{x\to0}\frac{kx^2}{x^2+k^2x^2}=\frac{k}{1+k^2}$$

显然它是随着 k 的值的不同而改变的,也就是以不同路径趋近时,$f(x,y)$ 不趋于同一常数.

因此,$f(x,y)$ 在 $(x,y)\to(0,0)$ 的极限不存在.

多元函数极限的定义与一元函数极限的定义有完全相同的形式,因而有关一元函数的极限运算法则和方法可以平行地推广到多元函数上来(洛必达法则除外).

【例 4.7】 求 $\lim\limits_{(x,y)\to(0,2)}\dfrac{\sin(xy)}{x}$.

【解】 这里 $f(x,y)=\dfrac{\sin(xy)}{x}$ 的定义域为 $D=\{(x,y)\,|\,x\neq0,y\in R\}$. 由极限运算法则得

$$\lim_{(x,y)\to(0,2)}\frac{\sin(xy)}{x}=\lim_{xy\to0}\frac{\sin(xy)}{xy}\cdot\lim_{y\to2}y=1\times2=2$$

【例 4.8】 求 $\lim\limits_{(x,y)\to(0,1)}xy\sin\dfrac{xy}{x^2+y^2}$.

【解】 由于 $\lim\limits_{(x,y)\to(0,1)} xy = 0$，而

$$\left| \sin \frac{xy}{x^2+y^2} \right| \leqslant 1$$

由无穷小的性质，可得

$$\lim\limits_{(x,y)\to(0,1)} xy \sin \frac{xy}{x^2+y^2} = 0$$

4.2.4 二元函数的连续性

在二元函数极限概念的基础上，可以给出二元函数连续的定义.

定义 4.4 设函数 $z=f(x,y)$ 在点 $P_0(x_0,y_0)$ 的某个邻域内有定义，如果

$$\lim\limits_{(x,y)\to(x_0,y_0)} f(x,y) = f(x_0,y_0)$$

则称函数 $z=f(x,y)$ 在点 $P_0(x_0,y_0)$ 连续. 如果函数 $z=f(x,y)$ 在开区域（或闭区域）D 内的每一点连续，那么就称函数 $z=f(x,y)$ 在 D 内连续，或者称 $z=f(x,y)$ 是 D 内的连续函数. 在区域 D 上连续的二元函数的图形是区域 D 上的一张连续曲面.

与一元函数类似，也可以用函数的增量来定义函数 $z=f(x,y)$ 在点 $P_0(x_0,y_0)$ 连续.

设函数 $z=f(x,y)$ 在点 $P_0(x_0,y_0)$ 的某个邻域内有定义，分别给 x_0,y_0 增量 $\Delta x, \Delta y$，并使得 $(x_0+\Delta x, y_0+\Delta y)$ 在该邻域内，这时 $z=f(x,y)$ 的相应增量为

$$f(x_0+\Delta x, y_0+\Delta y) - f(x_0,y_0)$$

称为函数 $f(x,y)$ 在点 $P_0(x_0,y_0)$ 的**全增量**，记为 Δz. 如果

$$\lim\limits_{(\Delta x,\Delta y)\to(0,0)} \Delta z = 0$$

那么称函数 $f(x,y)$ 在点 $P_0(x_0,y_0)$ 连续.

实际上，$\lim\limits_{(\Delta x,\Delta y)\to(0,0)} \Delta z = 0$ 与 $\lim\limits_{(x,y)\to(x_0,y_0)} f(x,y) = f(x_0,y_0)$ 是等价的.

如果函数 $z=f(x,y)$ 在点 $P_0(x_0,y_0)$ 不连续，那么称 P_0 为函数 $z=f(x,y)$ 的**间断点**.

前面例 4.6 中讨论过的函数

$$f(x,y) = \begin{cases} \dfrac{xy}{x^2+y^2}, & x^2+y^2 \neq 0 \\ 0, & x^2+y^2 = 0 \end{cases}$$

当 $(x,y)\to(0,0)$ 时的极限不存在，所以点 $(0,0)$ 是该函数的一个间断点.

二元函数的间断点还可以形成一条曲线，称为**间断线**. 例如，函数

$$z = \sin \frac{1}{x^2+y^2-1}$$

在整个圆周 $x^2+y^2=1$ 上没有定义，所以 $x^2+y^2=1$ 是该函数的间断线.

与闭区间上一元连续函数的性质相类似，在有界闭区域上多元连续函数也有如下性质.

性质 1（有界性与最大值最小值定理） 定义在有界闭区域 D 上的多元连续函数，在 D 上一定有界，且能取到最大值和最小值.

性质 2（介值定理） 定义在有界闭区域 D 上的多元连续函数必取得介于最大值和最小值之间的

任何值.

一切多元初等函数在其定义区域内是连续的. 所谓**定义区域**是指包含在定义域内的区域或闭区域.

由多元初等函数的连续性可知,如果要求函数在点 P_0 处的极限,而该点又在此函数的定义区域内,则其极限值就是函数在该点的函数值,即

$$\lim_{P \to P_0} f(P) = f(P_0)$$

【例 4.9】　求 $\lim\limits_{(x,y) \to (1,2)} \dfrac{x+y}{xy}$.

【解】　函数 $f(x,y) = \dfrac{x+y}{xy}$ 是初等函数,它的定义域为 $D = \{(x,y) \mid x \neq 0, y \neq 0\}$.

因 $P_0(1,2)$ 是 $f(x,y)$ 的定义域 D 的内点,故存在 P_0 的某一邻域 $U(P_0) \subset D$,又由于 $f(x,y)$ 是初等函数,$U(P_0)$ 是 $f(x,y)$ 的一个定义区域,因此 $f(x,y)$ 在点 P_0 处连续,因此

$$\lim_{(x,y) \to (1,2)} \frac{x+y}{xy} = f(1,2) = \frac{3}{2}$$

【例 4.10】　求 $\lim\limits_{(x,y) \to (0,0)} \dfrac{\sqrt{xy+1}-1}{xy}$.

【解】

$$\lim_{(x,y) \to (0,0)} \frac{\sqrt{xy+1}-1}{xy} = \lim_{(x,y) \to (0,0)} \frac{xy+1-1}{xy(\sqrt{xy+1}+1)}$$

$$= \lim_{(x,y) \to (0,0)} \frac{1}{\sqrt{xy+1}+1} = \frac{1}{2}$$

函数 $\dfrac{\sqrt{xy+1}-1}{xy}$ 在 $(0,0)$ 处无定义,所以在 $(0,0)$ 处间断,但并不影响在 $(0,0)$ 处极限的存在,而经变形后的函数 $\dfrac{1}{\sqrt{xy+1}+1}$ 在 $(0,0)$ 处连续,因此直接将 $(0,0)$ 代入求其函数值即可.

习题 4.2

1. 求下列函数的定义域 D,并画出 D 的图形.

(1) $z = \sqrt{4x^2+y^2-1}$

(2) $z = \ln \sqrt{y^2-2x}$

(3) $z = \dfrac{\sqrt{4x-y^2}}{\ln(1-x^2-y^2)}$

(4) $z = \arccos \dfrac{x}{y}$

2. 证明下列极限不存在.

(1) $\lim\limits_{(x,y) \to (0,0)} \dfrac{x+y}{x-y}$

(2) $\lim\limits_{(x,y) \to (0,0)} \dfrac{x^2 y}{x^3-y^3}$

3. 求下列函数的极限.

(1) $\lim\limits_{(x,y) \to (1,0)} \dfrac{\ln(x+\mathrm{e}^y)}{\sqrt{x^2+y^2}}$

(2) $\lim\limits_{(x,y) \to (0,1)} \dfrac{1-xy}{x^2+y^2}$

(3) $\lim\limits_{(x,y)\to(0,0)}\dfrac{3-\sqrt{xy+9}}{xy}$ 　　　　　　(4) $\lim\limits_{(x,y)\to(0,0)} x\sin\dfrac{1}{y}$

4. 下列函数在何处间断?

(1) $z=\dfrac{x^2 y}{y+x}$ 　　　　　　　　　(2) $z=xy\ln(x^2+y^2-4)$

4.3 偏导数及其应用

学习要求

1. 了解二元函数偏导数的概念和几何意义.

2. 掌握求偏导数的方法.

3. 掌握求二阶偏导数的方法;了解二阶以上的高阶偏导数的概念.

4. 理解偏导数的经济意义,会进行偏边际分析和偏弹性分析.

4.3.1 偏导数

在实际问题中,我们常常碰到受到多个因素影响的变量,需要考虑当其他因素保持不变时,该变量仅受一个因素变化影响的变化率问题,反映在数学上就是多元函数在其他自变量固定不变时,函数随一个自变量变化的变化率的问题,这就是偏导数.

1. 偏导数的概念

以二元函数 $z=f(x,y)$ 为例,如果固定自变量 $y=y_0$,函数 $z=f(x,y_0)$ 就是 x 的一元函数,该函数对 x 的导数,就称为二元函数 $z=f(x,y)$ 对于 x 的偏导数. 一般地,有如下定义.

定义 4.5 设函数 $z=f(x,y)$ 在点 $P_0(x_0,y_0)$ 的某一邻域内有定义,当 y 固定在 y_0,而 x 在 x_0 处有增量 Δx 时,$(x_0+\Delta x,y_0)$ 在该邻域内,函数 $z=f(x,y)$ 有相应的增量 $f(x_0+\Delta x,y_0)-f(x_0,y_0)$,称为函数 $z=f(x,y)$ 在 $P_0(x_0,y_0)$ 处对 x 的**偏增量**. 记为 $\Delta_x z$. 如果

$$\lim\limits_{\Delta x\to 0}\frac{\Delta_x z}{\Delta x}$$

存在,那么称此极限为函数 $z=f(x,y)$ 在点 $P_0(x_0,y_0)$ 处对 x 的**偏导数**,记为

$$\frac{\partial z}{\partial x}\Big|_{\substack{x=x_0\\y=y_0}},\frac{\partial f}{\partial x}\Big|_{\substack{x=x_0\\y=y_0}},z_x'\Big|_{\substack{x=x_0\\y=y_0}}\text{ 或 }f_x'(x_0,y_0)$$

即

$$f_x'(x_0,y_0)=\lim\limits_{\Delta x\to 0}\frac{\Delta_x z}{\Delta x}=\lim\limits_{\Delta x\to 0}\frac{f(x_0+\Delta x,y_0)-f(x_0,y_0)}{\Delta x}$$

类似地,函数 $z=f(x,y)$ 在点 $P_0(x_0,y_0)$ 处**对 y 的偏导数**为

$$f_y'(x_0,y_0)=\lim\limits_{\Delta y\to 0}\frac{\Delta_y z}{\Delta y}=\lim\limits_{\Delta y\to 0}\frac{f(x_0,y_0+\Delta y)-f(x_0,y_0)}{\Delta y}$$

记作

$$\frac{\partial z}{\partial y}\bigg|_{\substack{x=x_0\\y=y_0}}, \frac{\partial f}{\partial y}\bigg|_{\substack{x=x_0\\y=y_0}}, z_y'\bigg|_{\substack{x=x_0\\y=y_0}} \text{ 或 } f_y'(x_0,y_0)$$

如果函数 $z=f(x,y)$ 在区域 D 内每一点 (x,y) 处对 x 的偏导数都存在,那么这个偏导数就是 x,y 的函数,称为函数 $z=f(x,y)$ **对自变量 x 的偏导函数**,简称为**偏导数**,记为

$$\frac{\partial z}{\partial x}, \frac{\partial f}{\partial x}, z_x' \text{ 或 } f_x'(x,y)$$

类似地,可以定义函数 $z=f(x,y)$ 对自变量 y 的偏导数,记为

$$\frac{\partial z}{\partial y}, \frac{\partial f}{\partial y}, z_y' \text{ 或 } f_y{'}(x,y)$$

【注】 偏导数的记号 z_x', f_x' 也记为 z_x, f_x,后面高阶偏导数也有类似的情况.

我们知道,一元函数的导数又称为微商,其记号 $\dfrac{\mathrm{d}y}{\mathrm{d}x}$ 可以视为函数的微分 $\mathrm{d}y$ 与自变量的微分 $\mathrm{d}x$ 的商.而偏导数的记号 $\dfrac{\partial z}{\partial x}$ 或 $\dfrac{\partial f}{\partial x}$ 是一个整体记号,横线上下的 ∂z 与 ∂x 没有赋予独立的含义,横线也没有相除的意义.

偏导数的概念还可以推广到二元以上的函数.与二元函数偏导数的求法完全类似.例如,三元函数 $u=f(x,y,z)$ 在点 (x,y,z) 处对 x 的偏导数定义为

$$f_x'(x,y,z)=\lim_{\Delta x\to 0}\frac{f(x+\Delta x,y,z)-f(x,y,z)}{\Delta x}$$

在求多元函数对某个自变量的偏导数时,只需要将其他变量看成常数,然后利用一元函数的求导公式及复合函数求导法则进行计算.

【例 4.11】 求 $z=3x^2+2xy+y^3$ 在点 $(1,2)$ 处的偏导数.

【解】 把 y 看作常量,得

$$\frac{\partial z}{\partial x}=6x+2y$$

把 x 看作常量,得

$$\frac{\partial z}{\partial y}=2x+3y^2$$

将 $(1,2)$ 代入上面的结果,就得

$$\frac{\partial z}{\partial x}\bigg|_{\substack{x=1\\y=2}}=6\times 1+2\times 2=10, \frac{\partial z}{\partial y}\bigg|_{\substack{x=1\\y=2}}=2\times 1+3\times 2^2=14$$

【例 4.12】 求 $z=x^2\sin 2y$ 的偏导数.

【解】 $\dfrac{\partial z}{\partial x}=2x\sin 2y, \dfrac{\partial z}{\partial y}=2x^2\cos 2y$

【例 4.13】 设 $z=x^y(x>0, x\neq 1)$,求证 $\dfrac{x}{y}\dfrac{\partial z}{\partial x}+\dfrac{1}{\ln x}\dfrac{\partial z}{\partial y}=2z$.

【证】 因为 $\dfrac{\partial z}{\partial x}=yx^{y-1}, \dfrac{\partial z}{\partial y}=x^y\ln x$

所以

$$\frac{x}{y}\frac{\partial z}{\partial x}+\frac{1}{\ln x}\frac{\partial z}{\partial y}=\frac{x}{y}yx^{y-1}+\frac{1}{\ln x}x^y\ln x$$

$$=x^y+x^y=2z$$

【例 4.14】 求 $r=\sqrt{x^2+y^2+z^2}$ 的偏导数.

【解】 对 x 求偏导数,把 y 和 z 都看作常量,得

$$\frac{\partial r}{\partial x}=\frac{1}{2}\frac{1}{\sqrt{x^2+y^2+z^2}}\cdot 2x=\frac{x}{r}$$

由所给函数关于自变量的对称性,得

$$\frac{\partial r}{\partial y}=\frac{y}{r},\frac{\partial r}{\partial z}=\frac{z}{r}$$

2. 偏导数的几何意义

设 $M_0(x_0,y_0,z_0)$ 为曲面 $z=f(x,y)$ 上的一点,过 M_0 作平面 $y=y_0$,截曲面 $z=f(x,y)$ 得一曲线,其方程为

$$\begin{cases} z=f(x,y) \\ y=y_0 \end{cases}$$

则偏导数 $f'_x(x_0,y_0)$ 就是该曲线在点 M_0 处的切线 M_0T_x 对 x 轴正向的斜率(如图 4.25 所示),即 $\left.\dfrac{\partial z}{\partial x}\right|_{(x_0,y_0)}=\tan x$. 同理,偏导数 $f'_y(x_0,$ $y_0)$ 的几何意义是曲面被平面 $x=x_0$ 所截得的曲线在点 M_0 处的切线 M_0T_y 对 y 轴正向的斜率.

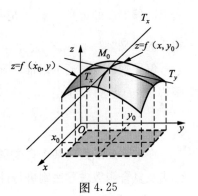

图 4.25

3. 偏导存在与连续

在一元函数中,如果函数在某点可导,那么函数在该点必定连续. 但对于多元函数来说,即使各个偏导数在某点都存在,也不能保证函数在该点连续. 这是因为各个偏导数存在只能保证点 P 沿着平行于坐标轴的方向趋于 P_0 时函数值 $f(P)$ 趋于 $f(P_0)$,而不能保证点 P 按任何方式趋于 P_0 时函数值 $f(P)$ 都趋于 $f(P_0)$.

例如,函数

$$z=f(x,y)=\begin{cases} \dfrac{xy}{x^2+y^2}, & x^2+y^2\neq 0 \\ 0, & x^2+y^2=0 \end{cases}$$

在点 $(0,0)$ 对 x 的偏导数为

$$f'_x(0,0)=\lim_{\Delta x\to 0}\frac{f(0+\Delta x,0)-f(0,0)}{\Delta x}=0$$

同样有

$$f'_y(0,0)=\lim_{\Delta y\to 0}\frac{f(0,0+\Delta y)-f(0,0)}{\Delta y}=0$$

但是在上节例 4.6 中我们已经知道该函数在点 $(0,0)$ 并不连续.

4.3.2 高阶偏导数

设函数 $z=f(x,y)$ 在平面区域 D 内具有偏导数

$$\frac{\partial z}{\partial x}=f'_x(x,y),\frac{\partial z}{\partial y}=f'_y(x,y)$$

那么在 D 内 $f_x'(x,y)$ 和 $f_y'(x,y)$ 都是 x、y 的函数. 如果这两个函数的偏导数也存在,则称它们是函数 $z=f(x,y)$ 的**二阶偏导数**. 按照对变量求导次序的不同有下列 4 个二阶偏导数.

$$\frac{\partial}{\partial x}\left(\frac{\partial z}{\partial x}\right)=\frac{\partial^2 z}{\partial x^2}=f_{xx}''(x,y),\frac{\partial}{\partial y}\left(\frac{\partial z}{\partial x}\right)=\frac{\partial^2 z}{\partial x\partial y}=f_{xy}''(x,y)$$

$$\frac{\partial}{\partial x}\left(\frac{\partial z}{\partial y}\right)=\frac{\partial^2 z}{\partial y\partial x}=f_{yx}''(x,y),\frac{\partial}{\partial y}\left(\frac{\partial z}{\partial y}\right)=\frac{\partial^2 z}{\partial y^2}=f_{yy}''(x,y)$$

其中 $\frac{\partial^2 z}{\partial x\partial y}$,$\frac{\partial^2 z}{\partial y\partial x}$ 称为混合偏导数. 同样可得三阶、四阶以及 n 阶偏导数. 二阶及二阶上的偏导数统称为**高阶偏导数**.

【例 4.15】 设 $z=x^4y^2-3xy^3-x^2y+1$,求 $\frac{\partial^2 z}{\partial x^2}$、$\frac{\partial^2 z}{\partial y\partial x}$、$\frac{\partial^2 z}{\partial x\partial y}$、$\frac{\partial^2 z}{\partial y^2}$ 及 $\frac{\partial^3 z}{\partial x^3}$.

【解】 $\frac{\partial z}{\partial x}=4x^3y^2-3y^3-2xy,\frac{\partial z}{\partial y}=2x^4y-9xy^2-x^2$

$\frac{\partial^2 z}{\partial x^2}=12x^2y^2-2y,\frac{\partial^2 z}{\partial y\partial x}=8x^3y-9y^2-2x$

$\frac{\partial^2 z}{\partial x\partial y}=8x^3y-9y^2-2x,\frac{\partial^2 z}{\partial y^2}=2x^4-18xy$

$\frac{\partial^3 z}{\partial x^3}=24xy^2$

本例中两个二阶混合偏导数相等,即 $\frac{\partial^2 z}{\partial y\partial x}=\frac{\partial^2 z}{\partial x\partial y}$,这不是偶然的. 一般有下述定理.

定理 4.1 如果函数 $z=f(x,y)$ 的两个二阶混合偏导数 $\frac{\partial^2 z}{\partial x\partial y}$ 及 $\frac{\partial^2 z}{\partial y\partial x}$ 在区域 D 内连续,那么在该区域内这两个二阶混合偏导数必相等,即

$$\frac{\partial^2 z}{\partial x\partial y}=\frac{\partial^2 z}{\partial y\partial x}$$

【例 4.16】 验证函数 $z=\ln\sqrt{x^2+y^2}$ 满足方程 $\frac{\partial^2 z}{\partial x^2}+\frac{\partial^2 z}{\partial y^2}=0.$

【证】 因为 $z=\ln\sqrt{x^2+y^2}=\frac{1}{2}\ln(x^2+y^2)$,所以

$$\frac{\partial z}{\partial x}=\frac{x}{x^2+y^2},\frac{\partial z}{\partial y}=\frac{y}{x^2+y^2}$$

于是

$$\frac{\partial^2 z}{\partial x^2}=\frac{(x^2+y^2)-x\cdot 2x}{(x^2+y^2)^2}=\frac{y^2-x^2}{(x^2+y^2)^2}$$

$$\frac{\partial^2 z}{\partial y^2}=\frac{(x^2+y^2)-y\cdot 2y}{(x^2+y^2)^2}=\frac{x^2-y^2}{(x^2+y^2)^2}$$

因此

$$\frac{\partial^2 z}{\partial x^2}+\frac{\partial^2 z}{\partial y^2}=\frac{y^2-x^2}{(x^2+y^2)^2}+\frac{x^2-y^2}{(x^2+y^2)^2}=0$$

4.3.3　偏导数在经济分析中的应用

与一元经济函数边际分析和弹性分析相类似,可以建立多元经济函数的边际分析和弹性分析,称为**偏边际分析**和**偏弹性分析**,它们在经济学中有着广泛的应用.

1. 常见经济函数偏边际分析

(1)需求函数的边际分析.

假设 A,B 两种商品彼此相关, A 与 B 的需求量 Q_A 和 Q_B 分别是这两种商品的价格 P_A 和 P_B 以及消费者的收入 y 的函数,即

$$Q_A = F(P_A, P_B, y), \quad Q_B = G(P_A, P_B, y)$$

可以得到六个偏导数

$$\frac{\partial Q_A}{\partial P_A}, \quad \frac{\partial Q_A}{\partial P_B}, \quad \frac{\partial Q_A}{\partial y}, \quad \frac{\partial Q_B}{\partial P_A}, \quad \frac{\partial Q_B}{\partial P_B}, \quad \frac{\partial Q_B}{\partial y}$$

其中 $\frac{\partial Q_A}{\partial P_A}$ 称为 A 商品的需求函数**关于其自身价格 P_A 的偏边际需求**,表示当 B 商品的价格 P_B 和消费者的收入 y 不变的情况下, A 商品的价格变化 1 个单位时 A 商品的需求量的近似改变量. $\frac{\partial Q_A}{\partial y}$ 称为 A 商品的需求函数**关于消费者收入 y 的偏边际需求**. 类似地可以得到其他偏导数的经济意义.

对于一般商品的需求函数,如果 P_B、y 不变而 P_A 增大时, A 商品的需求量 Q_A 将减少,即 $\frac{\partial Q_A}{\partial P_A} < 0$;而当 P_A 和 P_B 不变时,消费者收入 y 增加, A 商品的需求量 Q_A 将增加,即 $\frac{\partial Q_A}{\partial y} > 0$. 其他可类似讨论.

如果 $\frac{\partial Q_A}{\partial P_B} > 0$ 和 $\frac{\partial Q_B}{\partial P_A} > 0$,说明 A,B 两种商品中任意一个价格降低都将使其中一种商品的需求量增加,另一种商品的需求量减少,这时称 A,B 两种商品为**替代品**. 例如,苹果和梨就是替代品. 如果 $\frac{\partial Q_A}{\partial P_B} < 0$ 和 $\frac{\partial Q_B}{\partial P_A} < 0$,说明 A,B 两种商品中任意一个价格降低将使两种商品的需求量同时增加,这时称 A,B 两种商品为**互补品**. 例如,汽车和汽油就是互补品.

如果 $\frac{\partial Q_A}{\partial y} > 0$,说明商品的需求量与消费者收入同方向变化,该商品是**正常商品**;如果 $\frac{\partial Q_A}{\partial y} < 0$,说明消费者收入增加该商品需求量反而减少,该商品是**低档商品**.

【例 4.17】　设 A,B 两种商品彼此相关,它们的需求函数分别为

$$Q_A = \frac{50\sqrt[3]{P_B}}{\sqrt{P_A}}, \quad Q_B = \frac{75P_A}{\sqrt[3]{P_B^2}}$$

试确定 A,B 两种商品的关系.

【解】　可以求出以下 4 个偏导数

$$\frac{\partial Q_A}{\partial P_A} = -25P_A^{-\frac{3}{2}}P_B^{\frac{1}{3}}, \quad \frac{\partial Q_A}{\partial P_B} = \frac{50}{3}P_A^{-\frac{1}{2}}P_B^{-\frac{2}{3}}$$

$$\frac{\partial Q_B}{\partial P_A} = 75P_B^{-\frac{2}{3}}, \quad \frac{\partial Q_B}{\partial P_B} = -50P_AP_B^{-\frac{5}{3}}$$

因为 $P_A>0,P_B>0$，所以

$$\frac{\partial Q_A}{\partial P_B}>0,\quad \frac{\partial Q_B}{\partial P_A}>0$$

说明 A,B 两种商品是替代品.

(2)科布——道格拉斯生产函数的边际分析.

科布——道格拉斯生产函数是经济学中一个著名的生产模型.

$$Q=AL^{\alpha}K^{1-\alpha},A>0,0<\alpha<1$$

其中 Q 为产量，A,α 为参数，L,K 分别为人力和资本的投入量. 偏导数

$$\frac{\partial Q}{\partial L}和\frac{\partial Q}{\partial K}$$

表示在另一个投入要素不变时，该单位要素对产量 Q 的贡献，分别称为**人力的边际生产力**和**资本的边际生产力**.

【例 4.18】 设某商品的生产函数为 $Q=120L^{0.6}K^{0.4}$，求 $L=32$ 和 $K=1\,024$ 时的边际生产力.

【解】 $\frac{\partial Q}{\partial L}=120\times0.6\cdot L^{-0.4}K^{0.4}=72L^{-0.4}K^{0.4}$

$\frac{\partial Q}{\partial K}=120\times0.4\cdot L^{0.6}K^{-0.6}=48L^{0.6}K^{-0.6}$

当 $L=32$ 和 $K=1\,024$ 时

$$\frac{\partial Q}{\partial L}\bigg|_{\substack{L=32\\K=1\,024}}=72\times32^{-0.4}\times1\,024^{0.4}=288$$

$$\frac{\partial Q}{\partial K}\bigg|_{\substack{L=32\\K=1\,024}}=48\times32^{0.6}\times1\,024^{-0.6}=6$$

【思考】 这里计算的结果 288,6 分别表示怎样的经济意义？

2. 偏弹性分析

这里以需求函数的偏弹性为例，需求函数的表达与上述需求函数边际分析中的相同.

当保持 B 商品的 P_B 价格和消费者收入 y 不变时，需求量 Q_A,Q_B 对价格 P_A 的偏弹性分别定义为

$$E_{AA}=\lim_{\Delta P_A\to0}\frac{\Delta Q_A/Q_A}{\Delta P_A/P_A}=\frac{P_A}{Q_A}\frac{\partial Q_A}{\partial P_A},E_{BA}=\lim_{\Delta P_A\to0}\frac{\Delta Q_B/Q_B}{\Delta P_A/P_A}=\frac{P_A}{Q_B}\frac{\partial Q_B}{\partial P_A}$$

其中 $\Delta Q_A,\Delta Q_B$ 表示在 A 商品的价格 P_A 变化影响下产生的需求量的变化量.

类似地，可以定义当保持 A 商品的价格 P_A 和消费者收入 y 不变时，需求量 Q_A,Q_B 对价格 P_A 的偏弹性.

$$E_{AB}=\lim_{\Delta P_B\to0}\frac{\Delta Q_A/Q_A}{\Delta P_B/P_B}=\frac{P_B}{Q_A}\frac{\partial Q_A}{\partial P_B},E_{BB}=\lim_{\Delta P_B\to0}\frac{\Delta Q_B/Q_B}{\Delta P_B/P_B}=\frac{P_B}{Q_B}\frac{\partial Q_B}{\partial P_B}$$

其中 $\Delta Q_A,\Delta Q_B$ 表示在 B 商品的价格 P_B 变化影响下产生的需求量的变化量.

上述 4 个偏弹性中，E_{AA},E_{BB} 表示该商品的需求量对自身价格的偏弹性，称为**需求的自价格弹性**. E_{BA}，E_{AB} 表示商品 $B(A)$ 的需求量对商品 $A(B)$ 价格的偏弹性，称为**需求的交叉价格偏弹性**，简称为**需求的交叉弹性**. 相应地，$\frac{\Delta Q_A/Q_A}{\Delta P_B/P_B}$ 称为 Q_A 由点 P_B 到 $P_B+\Delta P_B$ 的**区间(弧)交叉价格弹性**，$\frac{\Delta Q_B/Q_B}{\Delta P_A/P_A}$ 称为 Q_B 由点 P_A 到 $P_A+\Delta P_A$ 的**区间(弧)交叉价格弹性**.

偏弹性具有明确的经济意义. 例如,E_{AA}表示 A 商品的价格改变 1% 时其销售量改变的百分比;E_{AB} 表示 B 商品的价格改变 1% 时 A 商品的销售量改变的百分比.

【思考】 E_{BA},E_{BB} 表示怎样的经济意义?

一般需求的自价格弹性 $E_{ii}<0,(i=A,B)$,表示自身价格的提高时其需求量会下降. 如果 $|E_{ii}|>1$,那么表示该商品价格变化的百分比小于需求量变化的百分比,这种商品为"奢侈品";如果 $|E_{ii}|<1$,那么表示该商品价格变化的百分比大于需求量变化的百分比,这种商品为"必需品".

与一元需求函数价格弹性所不同的是,需求的交叉弹性可能有正有负,如果 $E_{AB}>0$,表示 B 商品的价格提高时 A 商品的需求量也随之增加,说明 A 商品为 B 商品的替代品;如果 $E_{AB}<0$,表示 B 商品的价格提高时 A 商品的需求量也随之减少,说明 A 商品为 B 商品的互补品. 对 E_{BA} 可以做类似的分析.

【思考】 需求对收入的偏弹性计算公式如何表达? 分析其经济意义.

【例 4.19】 某种数码相机的销售量 Q_A,除与其自身价格 P_A 有关外,还与彩色喷墨打印机的价格 P_B 有关,满足关系

$$Q_A = 120 + \frac{250}{P_A} - 10P_B - P_B^2$$

求 $P_A=50,P_B=5$ 时,(1)Q_A 对 P_A 的弹性;(2)Q_A 对 P_B 的交叉弹性;(3)判断这种数码相机是奢侈品还是必需品,并判断与彩色喷墨打印机的关系.

【解】 (1)Q_A 对 P_A 的弹性.

$$E_{AA} = \frac{\partial Q_A}{\partial P_A} \cdot \frac{P_A}{Q_A}$$

$$= -\frac{250}{P_A{}^2} \cdot \frac{P_A}{120 + \frac{250}{P_A} - 10P_B - P_B{}^2}$$

当 $P_A=50,P_B=5$ 时,$E_{AA}=-\frac{1}{10}$.

(2)Q_A 对 P_B 的交叉弹性.

$$E_{AB} = \frac{\partial Q_A}{\partial P_B} \cdot \frac{P_B}{Q_A}$$

$$= -(10+2P_B) \cdot \frac{P_B}{120 + \frac{250}{P_A} - 10P_B - P_B{}^2}$$

当 $P_A=50,P_B=5$ 时,$E_{AB}=-2$.

(3)由 $|E_{AA}|<1$,可知这种数码相机是必需品;由 $E_{AB}=-2$ 可知,这种数码相机与彩色喷墨打印机是互补品的关系.

习题 4.3

1. 求下列函数的偏导数.

(1)$z=x^2-2xy+y^3$ (2)$z=\arctan\dfrac{x}{y}$ (3)$z=\dfrac{x^2+y^2}{xy}$

$(4) u = \left(\dfrac{x}{y}\right)^{z}$ $(5) z = x^{\sin y}$ $(6) z = \dfrac{x}{\sqrt{x^2 + y^2}}$

$(7) z = \ln \tan \dfrac{y}{x}$ $(8) z = (2 + xy)^{y}$ $(9) f(\rho, \theta, \omega) = \rho e^{\theta\omega} + e^{-\rho} + \omega$

2. 设 $z = e^{-\left(\frac{1}{x} + \frac{1}{y}\right)}$，证明 $x^2 \dfrac{\partial z}{\partial x} + y^2 \dfrac{\partial z}{\partial y} = 2z$.

3. 是否存在一个函数 $f(x, y)$，使得 $f_x{}'(x, y) = 2x + 3y$、$f_y{}'(x, y) = 2x - 3y$?

4. 求曲线 $\begin{cases} z = 9 - x^2 - \dfrac{1}{4} y^2 \\ x = 2 \end{cases}$，在点 $(2, -2, 4)$ 处的切线对于 y 轴的倾角 θ.

5. 某手机厂家的某种产品的生产函数为 $Q = 50 L^{2/3} K^{1/3}$.

(1) 求由 125 个人力单位和 64 个资本单位生产的产品数量

(2) 计算在 $L = 125$ 和 $K = 64$ 时的边际生产力

6. 求下列函数的二阶偏导数 $\dfrac{\partial^2 z}{\partial x^2}, \dfrac{\partial^2 z}{\partial y^2}, \dfrac{\partial^2 z}{\partial x \partial y}$.

$(1) z = x^2 y e^{y}$ $(2) z = x^{2y}$

7. 设 $z = x \ln(xy)$，求 $\dfrac{\partial^3 z}{\partial x^2 \partial y}, \dfrac{\partial^3 z}{\partial x \partial y^2}$.

8. 已知两种相关商品 A、B 的需求量 Q_A, Q_B 和价格 P_A, P_B 之间的需求函数分别为

$$Q_A = \frac{P_B}{P_A}, \quad Q_B = \frac{P_A^2}{P_B}$$

求需求的自价格弹性 E_{AA} 和 E_{BB}，交叉价格弹性 E_{AB} 和 E_{BA}，并判断两种商品的关系.

9. 设一商品的需求量 Q_A 与其价格 P_A 和另一相关商品的价格 P_B 及消费者收入 y 有以下关系：$Q_A = C P_A^{-\alpha} P_B^{-\beta} y^{\gamma}$，其中 C, α, β, γ 均为正常数，求该种商品的自价格弹性、交叉价格弹性及需求收入偏弹性，判断 A 商品与 B 商品的关系，并根据自价格弹性讨论 A 商品的属性.

4.4

全微分及其应用

学习要求

1. 了解二元函数全微分的概念，了解全微分存在的必要条件与充分条件.

2. 会求已知多元函数的全微分.

3. 了解全微分在近似计算中的应用.

4.4.1 全微分

1. 全微分的概念

由一元函数微分的知识我们知道，如果函数 $y = f(x)$ 在 x_0 点可微，给 x_0 增量 Δx，函数的相应增量 $\Delta y = f(x_0 + \Delta x) - f(x)$，那么有

$$\Delta y = f(x_0 + \Delta x) - f(x) \approx f'(x_0)\Delta x$$

二元函数对某个自变量的偏导数表示当另一个自变量固定时,因变量相对于该自变量的变化率. 根据一元函数的增量与微分的关系,可得

$$\Delta_x z = f(x_0 + \Delta x, y_0) - f(x_0, y_0) \approx f'_x(x_0, y_0)\Delta x$$

$$\Delta_y z = f(x_0, y_0 + \Delta y) - f(x_0, y_0) \approx f'_y(x_0, y_0)\Delta y$$

上面两式的左端分别是二元函数在点 (x, y) 处对 x 和对 y 的偏增量,而右端分别称为二元函数对 x 和对 y 的**偏微分**. 上面两式反映了偏增量可以用偏微分近似代替.

在实际问题中,有时需要研究多元函数中各个自变量都取得增量情况下因变量所获得的增量,即所谓全增量的问题. 下面以二元函数为例进行讨论.

设函数 $z = f(x, y)$ 在点 $P_0(x_0, y_0)$ 的某一邻域内有定义,$P(x_0 + \Delta x, y_0 + \Delta y)$ 为该邻域内的任意一点,函数在点 $P_0(x_0, y_0)$ 对应于自变量增量 Δx、Δy 的**全增量**为

$$\Delta z = f(x_0 + \Delta x, y_0 + \Delta y) - f(x_0, y_0)$$

一般说来,计算全增量 Δz 比较复杂. 与一元函数的微分类似,我们也希望用自变量的增量 Δx、Δy 的线性函数来近似地代替函数的全增量 Δz.

例如,一矩形的长和宽分别为 x_0、y_0,面积为 $S_0 = x_0 y_0$. 如果分别给 x_0, y_0 增量 $\Delta x, \Delta y$,那么面积的改变量 ΔS 可以表示为

$$\Delta S = y_0 \Delta x + x_0 \Delta y + \Delta x \Delta y$$

其中 $y_0 \Delta x + x_0 \Delta y$ 是自变量的增量 $\Delta x, \Delta y$ 的线性表达式,当 $(\Delta x, \Delta y) \to (0, 0)$ 时,$\Delta x \Delta y$ 是比 $\sqrt{(\Delta x)^2 + (\Delta y)^2}$ 高阶的无穷小. 当 $|\Delta x|, |\Delta y|$ 很小时,面积的改变量 ΔS 就可以近似地表示为

$$\Delta S \approx y_0 \Delta x + x_0 \Delta y$$

在一般意义上,有如下定义.

定义 4.6 如果函数 $z = f(x, y)$ 在点 $P_0(x_0, y_0)$ 的全增量

$$\Delta z = f(x_0 + \Delta x, y_0 + \Delta y) - f(x_0, y_0)$$

可表示为

$$\Delta z = A\Delta x + B\Delta y + o(\rho)$$

其中 A、B 与 $\Delta x, \Delta y$ 无关,而仅与点 (x_0, y_0) 有关,$\rho = \sqrt{(\Delta x)^2 + (\Delta y)^2}$,则称函数 $z = f(x, y)$ 在点 $P_0(x_0, y_0)$**可微分**,而 $A\Delta x + B\Delta y$ 称为函数 $z = f(x, y)$ 在点 $P_0(x_0, y_0)$ 的**全微分**,记作 $dz|_{(x_0, y_0)}$,即

$$dz|_{(x_0, y_0)} = A\Delta x + B\Delta y$$

如果函数 $z = f(x, y)$ 在区域 D 内每一点处都可微分,则称函数 $z = f(x, y)$ 在区域 D 内可微分. 函数 $z = f(x, y)$ 在 D 内任意点 (x, y) 处的全微分记作

$$dz = A\Delta x + B\Delta y$$

2. 多元函数可微分与连续

在本章第 2 节中曾指出,多元函数在某点的各个偏导数即使都存在,也不能保证函数在该点连续. 但是,如果函数 $z = f(x, y)$ 在点 $P_0(x_0, y_0)$ 可微分,那么函数在该点必定连续.

事实上,如果函数 $z = f(x, y)$ 在点 $P_0(x_0, y_0)$ 可微分,由 $\Delta z = A\Delta x + B\Delta y + o(\rho)$ 可得

$$\lim_{\substack{\Delta x \to 0 \\ \Delta y \to 0}} \Delta z = 0$$

从而

$$\lim_{\substack{\Delta x \to 0 \\ \Delta y \to 0}} [f(x_0 + \Delta x, y_0 + \Delta y) - f(x_0, y_0)] = 0$$

即

$$\lim_{\substack{\Delta x \to 0 \\ \Delta y \to 0}} f(x_0 + \Delta x, y_0 + \Delta y) = f(x_0, y_0)$$

因此函数 $z = f(x, y)$ 在点 $P_0(x_0, y_0)$ 处连续.

3. 函数 $z = f(x, y)$ 在点 $P(x, y)$ 可微分的条件

定理 4.2(必要条件)   如果函数 $z = f(x, y)$ 在点 $P(x, y)$ 可微分,那么该函数在点 $P(x, y)$ 的偏导数 $\dfrac{\partial z}{\partial x}, \dfrac{\partial z}{\partial y}$ 必定存在,且有

$$A = \frac{\partial z}{\partial x}, B = \frac{\partial z}{\partial y}$$

【证】   设函数 $z = f(x, y)$ 在点 $P(x, y)$ 可微分. 于是,对于点 P 的某个邻域的任意一点

$$P'(x + \Delta x, y + \Delta y), \text{总有 } \Delta z = A\Delta x + B\Delta y + o(\rho).$$

若令 $\Delta y = 0, \Delta x \neq 0$,则

$$f(x + \Delta x, y) - f(x, y) = A\Delta x + o(|\Delta x|)$$

两边同除以 Δx,当 $\Delta x \to 0$ 时,有

$$\lim_{\Delta x \to 0} \frac{f(x_0 + \Delta x, y_0) - f(x_0, y_0)}{\Delta x} = \lim_{\Delta x \to 0} \frac{\Delta_x z}{\Delta x} = \frac{\partial z}{\partial x} = A$$

从而偏导数 $\dfrac{\partial z}{\partial x}$ 存在,且等于 A. 同样可证 $\dfrac{\partial z}{\partial y} = B$. 证毕.

由定理 4.2 可得

$$dz = \frac{\partial z}{\partial x}\Delta x + \frac{\partial z}{\partial y}\Delta y$$

又当 $z = x$ 时,$dz = dx = \Delta x$;当 $z = y$ 时,$dz = dy = \Delta y$.

因此全微分 dz 可以写成

$$dz = \frac{\partial z}{\partial x}dx + \frac{\partial z}{\partial y}dy$$

至此,我们可以看到二元函数的全微分等于它的两个偏微分之和.

我们知道,一元函数在某点导数存在是微分存在的充分必要条件. 但对于多元函数来说,情形就不同了. 当二元函数的两个偏导数都存在时,虽然能形式地写出 $\dfrac{\partial z}{\partial x}\Delta x + \dfrac{\partial z}{\partial y}\Delta y$,但它与 Δz 之差并不一定是比 ρ 高阶的无穷小,因此它不一定是函数的全微分. 换句话说,偏导数的存在只是全微分存在的必要条件而不是充分条件.

例如,函数

$$z = f(x, y) = \begin{cases} \dfrac{xy}{\sqrt{x^2 + y^2}}, & x^2 + y^2 \neq 0 \\ 0, & x^2 + y^2 = 0 \end{cases}$$

在点 $P(0,0)$ 处有 $f_x(0,0)=0$ 及 $f_y(0,0)=0$，所以

$$\Delta z-[f_x(0,0)\cdot\Delta x+f_y(0,0)\cdot\Delta y]=\frac{\Delta x\cdot\Delta y}{\sqrt{(\Delta x)^2+(\Delta y)^2}}$$

而

$$\lim_{\substack{\Delta x\to 0\\\Delta y\to 0}}\frac{\frac{\Delta x\cdot\Delta y}{\sqrt{(\Delta x)^2+(\Delta y)^2}}}{\rho}=\lim_{\substack{\Delta x\to 0\\\Delta y\to 0}}\frac{\Delta x\cdot\Delta y}{(\Delta x)^2+(\Delta y)^2}$$

由例 4.6 可知，该极限不存在．说明

$$\Delta z-[f_x(0,0)\cdot\Delta x+f_y(0,0)\cdot\Delta y]$$

不能表示为 ρ 的高阶无穷小，因此函数在点 $P(0,0)$ 处的全微分并不存在，即函数在点 $P(0,0)$ 处不可微．

由定理 4.2 及上例可知，偏导数存在是可微分的必要条件而不是充分条件．但是，如果对偏导数存在再附加一定的条件，则可以保证函数是可微分的．

定理 4.3(充分条件) 如果函数 $z=f(x,y)$ 的偏导数 $\dfrac{\partial z}{\partial x},\dfrac{\partial z}{\partial y}$ 在点 $P(x,y)$ 连续，则函数在该点可微分．

综上讨论，在多元函数微分学中，可微、偏导数存在、连续之间的关系如下．

偏导数存在且连续 $\Longrightarrow$ 可微 $\Longrightarrow$ 偏导数存在
连续

但反之均不成立．

以上关于二元函数全微分的定义及可微分的必要条件和充分条件，可以类似地推广到三元和三元以上的多元函数．

如果三元函数 $u=\varphi(x,y,z)$ 可微分，那么它的全微分就等于它的 3 个偏微分之和，即

$$\mathrm{d}u=\frac{\partial u}{\partial x}\mathrm{d}x+\frac{\partial u}{\partial y}\mathrm{d}y+\frac{\partial u}{\partial z}\mathrm{d}z$$

【例 4.20】 计算函数 $z=\mathrm{e}^{xy}+2xy^3$ 在点 $(2,1)$ 处的全微分．

【解】 因为 $\dfrac{\partial z}{\partial x}=y\mathrm{e}^{xy}+2y^3,\dfrac{\partial z}{\partial y}=x\mathrm{e}^{xy}+6xy^2$

$$\frac{\partial z}{\partial x}\bigg|_{\substack{x=2\\y=1}}=\mathrm{e}^2+2,\frac{\partial z}{\partial y}\bigg|_{\substack{x=2\\y=1}}=2\mathrm{e}^2+12$$

所以

$$\mathrm{d}z=(\mathrm{e}^2+2)\mathrm{d}x+(2\mathrm{e}^2+12)\mathrm{d}y$$

【例 4.21】 计算函数 $u=\left(\dfrac{x}{y}\right)^z$ 的全微分．

【解】 因为 $\dfrac{\partial u}{\partial x}=z\left(\dfrac{x}{y}\right)^{z-1}\cdot\dfrac{1}{y}=\dfrac{zx^{z-1}}{y^z}$

$$\frac{\partial u}{\partial y}=z\left(\frac{x}{y}\right)^{z-1}\cdot\left(-\frac{1}{y^2}\right)=-\frac{zx^{z-1}}{y^{z+1}}$$

$$\frac{\partial u}{\partial z}=\left(\frac{x}{y}\right)^z \ln \frac{x}{y}$$

所以

$$du=\frac{zx^{z-1}}{y^z}dx-\frac{zx^{z-1}}{y^{z+1}}dy+\left(\frac{x}{y}\right)^z \ln \frac{x}{y}dz$$

4.4.2　全微分在近似计算中的应用

如果函数 $z=f(x,y)$ 在点 $P(x_0,y_0)$ 处可微分,并且当 $|\Delta x|$、$|\Delta y|$ 都较小时,那么有以下近似计算公式.

(1)$\Delta z\approx dz=f'_x(x_0,y_0)\Delta x+f'_y(x_0,y_0)\Delta y$.

(2)$f(x_0+\Delta x,y_0+\Delta y)\approx f(x_0,y_0)+f'_x(x_0,y_0)\Delta x+f'_y(x_0,y_0)\Delta y$.

我们可以根据需要选用上述近似计算公式对二元函数进行近似计算.

【例 4.22】　有一圆柱体,受压后发生形变,它的半径由 30cm 增大到 30.05cm,高度由 100cm 减小到 99cm 求此圆柱体体积变化的近似值.

【解】　设圆柱体的半径、高和体积依次为 r、h 和 V,则有

$$V=\pi r^2 h$$

已知 $r=30,h=100,\Delta r=0.05,\Delta h=-1$. 根据近似计算公式(1),有

$$\Delta V\approx dV=V'_r\Delta r+V'_h\Delta h=2\pi rh\Delta r+\pi r^2\Delta h$$
$$=2\pi\times30\times100\times0.05+\pi\times20^2\times(-1)=-100\pi(cm^3)$$

即此圆柱体在受压后体积约减少了 100π cm³.

【例 4.23】　计算 $(1.04)^{1.99}$ 的近似值.

【解】　设函数 $f(x,y)=x^y$. 显然,要计算的值就是函数在 $x=1.04$、$y=1.99$ 时的函数值 $f(1.04,1.99)$.

取 $x_0=1,y_0=2,\Delta x=0.04,\Delta y=-0.01$. 由近似计算公式(2),得

$$f(x_0+\Delta x,y_0+\Delta y)\approx f(x_0,y_0)+f'_x(x_0,y_0)\Delta x+f'_y(x_0,y_0)\Delta y$$
$$=x_0^{y_0}+y_0 x_0^{y_0-1}\Delta x+x_0^{y_0}\ln x_0\cdot\Delta y$$

所以 $(1.04)^{1.99}\approx1^2+2\times1\times0.04+1^2\times\ln1\times(-0.01)=1.08$.

习题 4.4

1. 求下列函数的全微分.

(1)$z=x^2y+y\ln x$　　　　(2)$z=e^{xy}$　　　　(3)$u=(xy)^z$

2. 求函数 $z=\ln(x^2+y^2)$ 在 $x=2$、$y=1$ 处的全微分.

3. 求函数 $z=\dfrac{x}{y}$ 在 $x=1$、$y=2$、$\Delta x=0.1$、$\Delta y=-0.2$ 时的全增量 Δz 和全微分 dz.

4. 计算下列数的近似值.

(1) $(1.01)^{1.97}$ (2) $\sqrt{(1.02)^3 + (0.97)^3}$ ($\sqrt{2}$取 1.414)

5. 已知矩形的长、宽分别为 4m 和 3m,如果矩形的长增加 2cm,而宽减少 3cm,求矩形的对角线和面积变化的近似值.

4.5 | 多元复合函数与隐函数的求导公式

学习要求

1. 掌握复合函数一阶偏导数的求法,会求简单复合函数的二阶偏导数.

2. 会求由一个方程确定的隐函数的一阶、二阶偏导数.

3. 了解抽象复合函数偏导数的求法.

4.5.1 多元复合函数的求导公式

与一元函数类似,多元函数也常以复合形式出现. 设函数 $z = f(u, v)$ 通过中间变量 $u = \varphi(x, y)$,$v = \psi(x, y)$ 构成自变量为 x, y 的复合函数,其函数复合结构如图 4.26 所示,这种中间变量为多元的复合函数是复合函数中最基本的形式,其他特殊形式还有中间变量为一元和中间变量既有一元又有多元的情形.

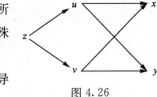

图 4.26

定理 4.4 设函数 $u = u(x, y)$、$v = v(x, y)$ 在点 (x, y) 处对 x, y 的偏导数存在,函数 $z = f(u, v)$ 在对应点 (u, v) 处可微分,则复合函数 $z = f[u(x, y), v(x, y)]$ 在点 (x, y) 处的两个偏导数存在,且

$$\frac{\partial z}{\partial x} = \frac{\partial z}{\partial u} \cdot \frac{\partial u}{\partial x} + \frac{\partial z}{\partial v} \cdot \frac{\partial v}{\partial x}, \frac{\partial z}{\partial y} = \frac{\partial z}{\partial u} \cdot \frac{\partial u}{\partial y} + \frac{\partial z}{\partial v} \cdot \frac{\partial v}{\partial y}$$

该公式称为多元复合函数求导的**链式法则**.

【证】 设给 x, y 分别以增量 $\Delta x, \Delta y$,这时 $u = \varphi(x, y)$,$v = \psi(x, y)$ 的对应增量为 $\Delta u, \Delta v$,由此,函数 $z = f(u, v)$ 有相应的增量 Δz.

因为函数 $z = f(u, v)$ 在点 (u, v) 处可微分,则

$$\Delta z = \frac{\partial z}{\partial u} \Delta u + \frac{\partial z}{\partial v} \Delta v + o(\rho)$$

其中 $\rho = \sqrt{(\Delta u)^2 + (\Delta v)^2}$,当 $\Delta u \to 0$,$\Delta v \to 0$ 时,有 $\rho \to 0$. 令 $\Delta y = 0$,则有 $\Delta_x z = \frac{\partial z}{\partial u} \Delta_x u + \frac{\partial z}{\partial v} \Delta_x v + o(\rho)$. 两边同除以 $\Delta x (\Delta x \neq 0)$,并取 $\Delta x \to 0$ 时的极限,有

$$\lim_{\Delta x \to 0} \frac{\Delta_x z}{\Delta x} = \frac{\partial z}{\partial u} \cdot \lim_{\Delta x \to 0} \frac{\Delta_x u}{\Delta x} + \frac{\partial z}{\partial v} \cdot \lim_{\Delta x \to 0} \frac{\Delta_x v}{\Delta x} + \lim_{\Delta x \to 0} \frac{o(\rho)}{\Delta x}$$

由题设 $u = u(x, y)$、$v = v(x, y)$ 在点 (x, y) 处对 x, y 的偏导数存在,得

$$\lim_{\Delta x \to 0} \frac{\Delta_x u}{\Delta x} = \frac{\partial u}{\partial x}, \lim_{\Delta x \to 0} \frac{\Delta_x v}{\Delta x} = \frac{\partial v}{\partial x}$$

当 $\Delta y = 0$、$\Delta x \to 0$ 时，$\Delta_x u \to 0$，$\Delta_x v \to 0$，$\rho = \sqrt{(\Delta_x u)^2 + (\Delta_x v)^2} \to 0$，有

$$\lim_{\Delta x \to 0} \left| \frac{o(\rho)}{\Delta x} \right| = \lim_{\Delta x \to 0} \left| \frac{o(\rho)}{\rho} \right| \cdot \left| \frac{\rho}{\Delta x} \right|$$

$$= \lim_{\Delta x \to 0} \left| \frac{o(\rho)}{\rho} \right| \cdot \left| \frac{\sqrt{(\Delta_x u)^2 + (\Delta_x v)^2}}{\Delta x} \right|$$

$$= \lim_{\Delta x \to 0} \left| \frac{o(\rho)}{\rho} \right| \cdot \sqrt{\left(\frac{\partial u}{\partial x}\right)^2 + \left(\frac{\partial v}{\partial x}\right)^2}$$

$$= 0 \cdot \sqrt{\left(\frac{\partial u}{\partial x}\right)^2 + \left(\frac{\partial v}{\partial x}\right)^2} = 0$$

即

$$\lim_{\Delta x \to 0} \frac{o(\rho)}{\Delta x} = 0$$

所以

$$\frac{\partial z}{\partial x} = \frac{\partial z}{\partial u} \cdot \frac{\partial u}{\partial x} + \frac{\partial z}{\partial v} \cdot \frac{\partial v}{\partial x}$$

类似可证明定理 4.4 中的第二个公式.

多元函数求导的链式法则还可以推广到其他特殊的情形.

情形 Ⅰ（中间变量为一元） 设函数 $z = f(u,v)$ 在对应点 (u,v) 可微，函数 $u = u(t)$ 及 $v = v(t)$ 都在点 t 可导，则复合函数 $z = f[u(t),v(t)]$ 在点 t 可导，且其导数

$$\frac{\mathrm{d}z}{\mathrm{d}t} = \frac{\partial z}{\partial u} \cdot \frac{\mathrm{d}u}{\mathrm{d}t} + \frac{\partial z}{\partial v} \cdot \frac{\mathrm{d}v}{\mathrm{d}t}$$

其中 $\dfrac{\mathrm{d}z}{\mathrm{d}t}$ 称为**全导数**. 该公式称为**全导数公式**，并可以推广到三个或三个以上中间变量均为一元函数的情形.

例如，函数 $z = f(u,v,w)$，$u = u(t)$，$v = v(t)$，$w = w(t)$，满足情形 Ⅰ 的条件，则对函数 $z = f[u(t), v(t), w(t)]$ 有

$$\frac{\mathrm{d}z}{\mathrm{d}t} = \frac{\partial z}{\partial u} \cdot \frac{\mathrm{d}u}{\mathrm{d}t} + \frac{\partial z}{\partial v} \cdot \frac{\mathrm{d}v}{\mathrm{d}t} + \frac{\partial z}{\partial w} \cdot \frac{\mathrm{d}w}{\mathrm{d}t}$$

其函数复合结构如图 4.27 所示.

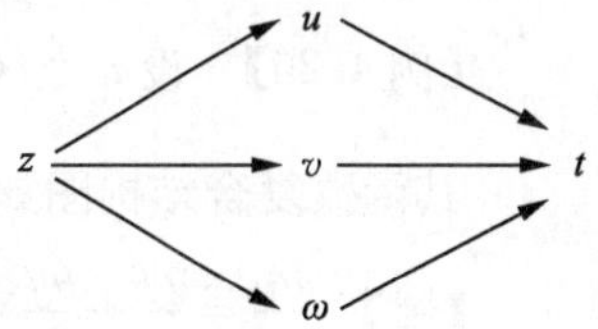

情形 Ⅱ（中间变量既有一元又有多元） 设函数 $z = f(u,v)$ 可微，而 $u = u(x,y)$ 具有偏导数，$v = v(x)$ 可导，则对函数 $z = f[u(x,y), v(x)]$ 有

$$\frac{\partial z}{\partial x} = \frac{\partial z}{\partial u}\frac{\partial u}{\partial x} + \frac{\partial z}{\partial v}\frac{\mathrm{d}v}{\mathrm{d}x}, \quad \frac{\partial z}{\partial y} = \frac{\partial z}{\partial u}\frac{\partial u}{\partial y}$$

其函数复合结构如图 4.28 所示.

情形 Ⅲ（中间变量同时又是自变量） 设函数 $z = f(x,u,v)$ 可微，而 $u = u(x,y)$、$v = v(x,y)$ 具有偏导数，则对函数 $z = f[x, u(x,y), v(x,y)]$ 有

$$\frac{\partial z}{\partial x} = \frac{\partial f}{\partial x} + \frac{\partial f}{\partial u} \cdot \frac{\partial u}{\partial x} + \frac{\partial f}{\partial v} \cdot \frac{\partial v}{\partial x}, \quad \frac{\partial z}{\partial y} = \frac{\partial f}{\partial u} \cdot \frac{\partial u}{\partial y} + \frac{\partial f}{\partial v} \cdot \frac{\partial v}{\partial y}$$

其函数复合结构如图 4.29 所示.

【注意】 在情形 Ⅲ 中，把 z 看成是 x、y 的二元函数，而把 f 看成是

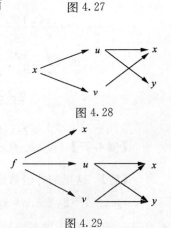

图 4.27

图 4.28

图 4.29

x、u、v 的三元函数,所以 $\dfrac{\partial z}{\partial x}$ 与 $\dfrac{\partial f}{\partial x}$ 是不同的. $\dfrac{\partial z}{\partial x}$ 是把 y 看作不变而对 x 的偏导数,$\dfrac{\partial f}{\partial x}$ 是把 u 和 v 看作不变而对 x 的偏导数. $\dfrac{\partial z}{\partial y}$ 与 $\dfrac{\partial f}{\partial y}$ 也有类似的区别.

【例 4.24】 设 $z=e^u v^2$ 而 $u=xy, v=x+y$,求 $\dfrac{\partial z}{\partial x}$ 和 $\dfrac{\partial z}{\partial y}$.

其函数复合结构如图 4.26 所示,因此有

【解】
$$\frac{\partial z}{\partial x}=\frac{\partial z}{\partial u}\cdot\frac{\partial u}{\partial x}+\frac{\partial z}{\partial v}\cdot\frac{\partial v}{\partial x}$$
$$=e^u v^2\cdot y+2ve^u\cdot 1$$
$$=e^{xy}[y(x+y)^2+2(x+y)]$$
$$=e^{xy}(x+y)(y^2+xy+2)$$
$$\frac{\partial z}{\partial y}=\frac{\partial z}{\partial u}\cdot\frac{\partial u}{\partial y}+\frac{\partial z}{\partial v}\cdot\frac{\partial v}{\partial y}$$
$$=e^u v^2\cdot x+2ve^u\cdot 1$$
$$=e^{xy}[x(x+y)^2+2(x+y)]$$
$$=e^{xy}(x+y)(x^2+xy+2)$$

【例 4.25】 设 $z=uv+\cos t$,而 $u=e^t, v=t^2$,求全导数 $\dfrac{\mathrm{d}z}{\mathrm{d}t}$.

其函数复合结构如图 4.30 所示,因此有

【解】
$$\frac{\mathrm{d}z}{\mathrm{d}t}=\frac{\partial z}{\partial u}\cdot\frac{\mathrm{d}u}{\mathrm{d}t}+\frac{\partial z}{\partial v}\cdot\frac{\mathrm{d}v}{\mathrm{d}t}+\frac{\partial z}{\partial t}$$
$$=ve^t+2tu-\sin t$$
$$=t^2 e^t+2te^t-\sin t$$

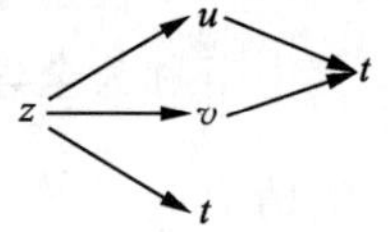

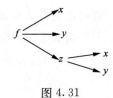

图 4.30

【例 4.26】 设 $u=f(x,y,z)=\ln(x^2+y+z^2)$,而 $z=x^2 y$,求 $\dfrac{\partial u}{\partial x}$ 和 $\dfrac{\partial u}{\partial y}$.

其函数复合结构图如图 4.31 所示,因此有

【解】
$$\frac{\partial u}{\partial x}=\frac{\partial f}{\partial x}+\frac{\partial f}{\partial z}\cdot\frac{\partial z}{\partial x}=\frac{2x}{x^2+y+z^2}+\frac{2z}{x^2+y+z^2}\cdot 2xy$$
$$=\frac{2x(1+2x^2 y^2)}{x^2+y+x^4 y^2}$$
$$\frac{\partial u}{\partial y}=\frac{\partial f}{\partial y}+\frac{\partial f}{\partial z}\cdot\frac{\partial z}{\partial y}=\frac{1}{x^2+y+z^2}+\frac{2z}{x^2+y+z^2}\cdot x^2$$
$$=\frac{1+2x^4 y}{x^2+y+x^4 y^2}$$

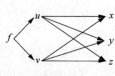

图 4.31

【例 4.27】 设 $w=f(x+2y+z, xyz)$,f 具有二阶连续偏导数,求 $\dfrac{\partial w}{\partial x}$ 及 $\dfrac{\partial^2 w}{\partial x\partial z}$.

【解】 这里的外函数是抽象函数,其求偏导数的方法与情形Ⅲ有些类似.

令 $u=x+2y+z$,$v=xyz$,则 $w=f(u,v)$. 其函数复合结构如图 4.32 所示.

为表达简便,引入以下记号.

图 4.32

$$f'_1 = \frac{\partial f(u,v)}{\partial u}, f''_{12} = \frac{\partial^2 f(u,v)}{\partial u \partial v}$$

这里 f'_1 表示由 f 对第一个变量 u 求偏导数，f''_{12} 表示由 f'_1 对第二个变量 v 求偏导数，同理有 f'_2、f''_{11}、f''_{22} 等．应该注意的是 f'_1 和 f'_2 也是复合函数，而且其函数复合结构与 f 是完全相同的，如图 4.32 所示．

由于所给函数由 $w = f(u,v)$ 及 $u = x + 2y + z$，$v = xyz$ 复合而成，根据复合函数求导法则，有

$$\frac{\partial w}{\partial x} = \frac{\partial f}{\partial u} \cdot \frac{\partial u}{\partial x} + \frac{\partial f}{\partial v} \cdot \frac{\partial v}{\partial x} = f'_1 + yz f'_2$$

$$\frac{\partial^2 w}{\partial x \partial z} = \frac{\partial}{\partial z}(f'_1 + yz f'_2) = \frac{\partial f'_1}{\partial z} + y f'_2 + yz \frac{\partial f'_2}{\partial z}$$

而

$$\frac{\partial f'_1}{\partial z} = \frac{\partial f'_1}{\partial u} \cdot \frac{\partial u}{\partial z} + \frac{\partial f'_1}{\partial v} \cdot \frac{\partial v}{\partial z} = f''_{11} + xy f''_{12}$$

$$\frac{\partial f'_2}{\partial z} = \frac{\partial f'_2}{\partial u} \cdot \frac{\partial u}{\partial z} + \frac{\partial f'_2}{\partial v} \cdot \frac{\partial v}{\partial z} = f''_{21} + xy f''_{22}$$

所以

$$\frac{\partial^2 w}{\partial x \partial z} = f''_{11} + xy f''_{12} + y f'_2 + yz f''_{21} + xy^2 z f''_{22}$$

$$= f''_{11} + y(x+z) f''_{12} + xy^2 z f''_{22} + y f'_2$$

我们知道，一元函数的微分具有微分形式的不变性．下面我们将利用多元函数复合函数求导公式来说明全微分形式的不变性．

设函数 $z = f(u,v)$ 可微，则有全微分

$$dz = \frac{\partial z}{\partial u} du + \frac{\partial z}{\partial v} dv$$

如果 u，v 又是 x，y 的函数 $u = u(x,y)$，$v = v(x,y)$，且这两个函数在点 (x,y) 都可微，那么复合函数 $z = f[u(x,y),v(x,y)]$ 的全微分为

$$dz = \frac{\partial z}{\partial x} dx + \frac{\partial z}{\partial y} dy$$

其中 $\frac{\partial z}{\partial x}$ 和 $\frac{\partial z}{\partial y}$ 分别由定理 4.4 公式给出，并代入上式，得

$$dz = \left(\frac{\partial z}{\partial u} \cdot \frac{\partial u}{\partial x} + \frac{\partial z}{\partial v} \cdot \frac{\partial v}{\partial x} \right) dx + \left(\frac{\partial z}{\partial u} \cdot \frac{\partial u}{\partial y} + \frac{\partial z}{\partial v} \cdot \frac{\partial v}{\partial y} \right) dy$$

$$= \frac{\partial z}{\partial u} \left(\frac{\partial u}{\partial x} dx + \frac{\partial u}{\partial y} dy \right) + \frac{\partial z}{\partial v} \left(\frac{\partial v}{\partial x} dx + \frac{\partial v}{\partial y} dy \right)$$

$$= \frac{\partial z}{\partial u} du + \frac{\partial z}{\partial v} dv$$

由此可见，无论 u、v 是自变量还是中间变量，函数 $z = f(u,v)$ 的全微分形式是一样的，这个性质称为**全微分形式不变性**．

【例 4.28】　已知 $z = f(x^2 - 2y, xy)$ 可微，利用全微分形式不变性求全微分 dz，并由此求 $\frac{\partial z}{\partial x}$ 和 $\frac{\partial z}{\partial y}$．

【解】　设 $u = x^2 - 2y$，$v = xy$，则 $z = f(u,v)$，由全微分形式不变性，得

$$dz = \frac{\partial f}{\partial u}du + \frac{\partial f}{\partial v}dv$$

而

$$du = 2xdx - 2dy, \quad dv = ydx + xdy$$

得

$$dz = f_1'(2xdx - 2dy) + f_2'(ydx + xdy)$$
$$= (2xf_1' + yf_2')dx + (-2f_1' + xf_2')dy$$

所以

$$\frac{\partial z}{\partial x} = 2xf_1' + yf_2', \quad \frac{\partial z}{\partial y} = -2f_1' + xf_2'$$

4.5.2 隐函数的求导公式

在一元函数微分学中,我们讨论了由一个二元方程 $F(x,y)=0$ 所确定的一元隐函数 $y=f(x)$ 的求导方法,但没有给出隐函数求导的一般公式.在此,将利用多元复合函数的微分法得出一元隐函数和多元隐函数的求导公式.

定理 4.5 设方程 $F(x,y)=0$ 确定了隐函数 $y=f(x)$,函数 $F(x,y)$ 可微,则当 $F_y' \neq 0$ 时,有

$$\frac{dy}{dx} = -\frac{F_x'}{F_y'}$$

【证】 由方程 $F(x,y)=0$ 确定了隐函数 $y=f(x)$,则

$$F(x, f(x)) = 0$$

上式左端是关于 x 的复合函数,由于函数 $F(x,y)$ 可微,其对 x 的全导数存在.于是在等式两端对 x 求导,得

$$F_x' + F_y' \cdot \frac{dy}{dx} = 0$$

由于 $F_y' \neq 0$,所以

$$\frac{dy}{dx} = -\frac{F_x'}{F_y'}$$

关于多元隐函数有类似的定理.

定理 4.6 方程 $F(x,y,z)=0$ 确定了二元隐函数 $z=f(x,y)$,函数 $F(x,y,z)$ 可微,则当 $F_z' \neq 0$ 时,有

$$\frac{\partial z}{\partial x} = -\frac{F_x'}{F_z'}, \frac{\partial z}{\partial y} = -\frac{F_y'}{F_z'}$$

【思考】 仿照定理 4.5 证明定理 4.6.

【例 4.29】 设方程 $xy + e^y = e^x$ 确定了隐函数 $y=y(x)$,求 $\frac{dy}{dx}$.

【解】 (方法一)方程两边同时对 x 求导.

$$x\frac{dy}{dx} + y + e^y \cdot \frac{dy}{dx} = e^x$$

$$\frac{dy}{dx} = -\frac{y - e^x}{x + e^y}$$

（方法二）设 $F(x,y)=xy+\mathrm{e}^y-\mathrm{e}^x$，则

$$F'_x=y-\mathrm{e}^x, \quad F'_y=x+\mathrm{e}^y$$

$$\frac{\mathrm{d}y}{\mathrm{d}x}=-\frac{F'_x}{F'_y}=-\frac{y-\mathrm{e}^x}{x+\mathrm{e}^y}$$

【注意】 在方法一中,是将 y 看成 x 的函数;在方法二中,由 F 对一个变量求偏导时,是将另一个变量看成常数.

【例 4.30】 设方程 $z^x=y^z$ 确定了隐函数 $z=z(x,y)$,求 $\mathrm{d}z$.

【解】 设 $F(x,y,z)=z^x-y^z$,则

$$F'_x=z^x\ln z, \quad F'_y=-zy^{z-1}, \quad F'_z=xz^{x-1}-y^z\ln y$$

$$\frac{\partial z}{\partial x}=-\frac{F'_x}{F'_z}=-\frac{z^x\ln z}{xz^{x-1}-y^z\ln y}, \quad \frac{\partial z}{\partial y}=-\frac{F'_y}{F'_z}=\frac{zy^{z-1}}{xz^{x-1}-y^z\ln y}$$

$$\mathrm{d}z=-\frac{z^x\ln z}{xz^{x-1}-y^z\ln y}\mathrm{d}x+\frac{zy^{z-1}}{xz^{x-1}-y^z\ln y}\mathrm{d}y$$

【例 4.31】 设方程 $x^2+y^2+z^2-4z=0$ 确定了隐函数 $z=z(x,y)$,求 $\frac{\partial^2 z}{\partial x^2}$.

【解】 设 $F(x,y,z)=x^2+y^2+z^2-4z$,则

$$F'_x=2x, F'_z=2z-4$$

$$\frac{\partial z}{\partial x}=-\frac{F'_x}{F'_z}=\frac{x}{2-z}$$

再对 x 求偏导数,得

$$\frac{\partial^2 z}{\partial x^2}=\frac{2-z+x\frac{\partial z}{\partial x}}{2-z^2}=\frac{2-z+x\cdot\frac{x}{2-z}}{(2-z)^2}=\frac{(2-z)^2+x^2}{(2-z)^3}$$

【注意】 在本题求解中,z 是关于 x、y 的函数,故在求 $\frac{\partial^2 z}{\partial x^2}$ 中还需对 z 求偏导.

习题 4.5

1. 求下列函数的全导数.

(1)设 $z=\frac{y}{x}$,$x=\mathrm{e}^t$,$y=1-2\mathrm{e}^{2t}$,求 $\frac{\mathrm{d}z}{\mathrm{d}t}$

(2)设 $z=\arctan(xy)$,$y=\ln x$,求 $\frac{\mathrm{d}z}{\mathrm{d}x}$

(3)设 $z=\ln(\mathrm{e}^x+\mathrm{e}^y)$,$y=x^3$,求 $\frac{\mathrm{d}z}{\mathrm{d}x}$

2. 求下列函数的一阶偏导数.

(1)设 $z=u^2\ln v$,$u=\frac{y}{x}$,$v=3x-2y$,求 $\frac{\partial z}{\partial x}$,$\frac{\partial z}{\partial y}$

(2)设 $u=yz-x\ln y$,$z=x+y$,求 $\frac{\partial u}{\partial x}$,$\frac{\partial u}{\partial y}$

(3) 设 $z = e^{uv}$，$u = x^2 + y^2$，$v = \dfrac{3y}{x} - \dfrac{2x}{y}$，求 $\dfrac{\partial z}{\partial x}$ 和 $\dfrac{\partial z}{\partial y}$．

(4) 设 $z = u^2 v + \dfrac{u}{v}$，$u = \ln x$，$v = xy$，求 $\dfrac{\partial z}{\partial x}$ 和 $\dfrac{\partial z}{\partial y}$．

(5) 设 $z = (x + y)^{xy}$，求 $\dfrac{\partial z}{\partial x}$ 和 $\dfrac{\partial z}{\partial y}$．

3. 求下列函数的一阶、二阶偏导数（其中 f 具有二阶连续偏导数）．

(1) $u = f(x^2 - y^2, xy)$ (2) $u = f\left(x, \dfrac{x}{y}\right)$

4. 求下列方程所确定的隐函数 $y = y(x)$ 的导数 $\dfrac{dy}{dx}$．

(1) $x^2 + 2xy + 5y^2 = 0$ (2) $\ln(x^2 + y^2) = \arctan \dfrac{y}{x}$ (3) $x^y = \ln xy$

5. 求下列方程所确定的隐函数 $z = z(x, y)$ 的偏导数 $\dfrac{\partial z}{\partial x}$ 和 $\dfrac{\partial z}{\partial y}$．

(1) $x + 2y + z - 2xyz = 0$ (2) $\dfrac{x}{z} = e^{\frac{z}{x}}$ (3) $z^3 - 3xz + y^2 = 0$

6. 设方程 $e^z - xyz = 0$ 确定了隐函数 $z = z(x, y)$，求 $\dfrac{\partial^2 z}{\partial x \partial y}$．

7. 设方程 $2\sin(x + 2y - 3z) = x + 2y - 3z$ 确定了隐函数 $z = z(x, y)$，证明 $\dfrac{\partial z}{\partial x} + \dfrac{\partial z}{\partial y} = 1$．

8. 设方程 $x + z = yf(x^2 - z^2)$ 确定了隐函数 $z = z(x, y)$，其中 f 可微，求 $z\dfrac{\partial z}{\partial x} + y\dfrac{\partial z}{\partial y}$．

9. 已知函数 $z = x^y + 2x^3 y^2$，利用全微分形式的不变性求函数的全微分和偏导数．

4.6

多元函数的极值及其应用

学习要求

1. 了解二元函数极值与条件极值概念．

2. 掌握多元函数极值存在的必要条件，了解二元函数极值存在的充分条件．

3. 会求二元函数的极值；会用拉格朗日乘数法求条件极值．

4. 会求解比较简单的最大值和最小值问题．

在实际中，经常需要考虑多元函数的极值和最值问题．与利用导数研究一元函数的极值和最值的方法类似，我们将利用偏导数讨论多元函数的极值和最值问题．在此以二元函数为例，其结论可以推广到三元或三元以上函数．

4.6.1 多元函数的极值

定义 4.7 设函数 $z = f(x, y)$ 在点 (x_0, y_0) 的某个邻域内有定义，对于该邻域内异于 (x_0, y_0) 的点，如果都满足不等式

$$f(x,y) < f(x_0, y_0)$$

则称函数 $f(x,y)$ 在点 (x_0, y_0) 取得**极大值** $f(x_0, y_0)$. 如果都满足不等式

$$f(x,y) > f(x_0, y_0)$$

则称函数 $f(x,y)$ 在点 (x_0, y_0) 取得**极小值** $f(x_0, y_0)$. 极大值、极小值统称为**极值**. 使函数取得极值的点称为**极值点**.

【例 4.32】 函数 $z = 2x^2 + 3y^2$ 在点 $(0,0)$ 处有极小值. 因为对于点 $(0,0)$ 的任一邻域内异于 $(0,0)$ 的点, 函数值都为正, 而在点 $(0,0)$ 处的函数值为 0. 从几何上看这是显然的, 因为点 $(0,0,0)$ 是开口朝上的椭圆抛物面 $z = 2x^2 + 3y^2$ 的顶点 (如图 4.33 所示).

【例 4.33】 函数 $z = -\sqrt{x^2 + y^2}$ 在点 $(0,0)$ 处有极大值. 因为在点 $(0,0)$ 处函数值为 0, 而对于点 $(0,0)$ 的任一邻域内异于 $(0,0)$ 的点, 函数值都为负, 点 $(0,0)$ 是位于 xOy 平面下方的圆锥面 $z = -\sqrt{x^2 + y^2}$ 的顶点 (如图 4.34 所示).

【例 4.34】 函数 $z = y^2 - x^2$ 在点 $(0,0)$ 处既不取得极大值也不取得极小值. 因为在点 $(0,0)$ 处的函数值为 0, 而在点 $(0,0)$ 的任一邻域内, 总有使函数值为正的点, 也有使函数值为负的点 (如图 4.35 所示).

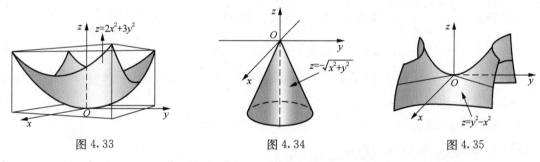

图 4.33　　　　　　　　图 4.34　　　　　　　　图 4.35

与导数在一元函数极值研究中的作用一样, 偏导数是研究多元函数极值的主要工具.

如果二元函数 $z = f(x,y)$ 在点 (x_0, y_0) 处取得极大值 (或极小值), 那么固定 $y = y_0$, 一元函数 $z = f(x, y_0)$ 在 $x = x_0$ 处必取得相同的极大值 (或极小值); 对一元函数 $z = f(x_0, y)$ 有同样的结论. 因此, 由一元函数极值的必要条件, 可以得到二元函数极值的必要条件.

定理 4.7 (极值存在的必要条件) 设函数 $z = f(x,y)$ 在点 (x_0, y_0) 具有偏导数, 且在点 (x_0, y_0) 处取得极值的必要条件是

$$f'_x(x_0, y_0) = 0, \ f'_y(x_0, y_0) = 0$$

类似地, 如果三元函数 $u = f(x,y,z)$ 在点 $P(x_0, y_0, z_0)$ 处具有偏导数, 则函数在点 (x_0, y_0, z_0) 处取得极值的必要条件是

$$f'_x(x_0, y_0, z_0) = 0, \ f'_y(x_0, y_0, z_0) = 0, \ f'_z(x_0, y_0, z_0) = 0$$

与一元函数类似, 对于多元函数, 凡是能使一阶偏导数同时为 0 的点称为函数 $z = f(x,y)$ 的**驻点**. 从定理 4.7 可知, 具有偏导数的函数的极值点必定是驻点. 如在例 4.32 中, 函数在点 $(0,0)$ 取得极小值, 点 $(0,0)$ 是 $z = 2x^2 + 3y^2$ 的驻点. 但是, 函数的驻点不一定是极值点. 比如, 例 4.34 中, 点 $(0,0)$ 是函数 $z = y^2 - x^2$ 的驻点, 但是函数在该点并不取得极值. 而在例 4.33 中, 函数 $z = -\sqrt{x^2 + y^2}$ 在点

经济数学——微积分

(0,0)取得极值,但函数在该点的一阶偏导数并不存在.由此,我们可以看到,二元函数的极值是在驻点或一阶偏导数不存在的点处取得.

如何判定一个驻点或一阶偏导数不存在的点是否为极值点?由于对一阶偏导数不存在的点的判断比较复杂,这里我们不进行讨论.下面直接给出判断驻点是否为极值点的条件.

定理 4.8(极值存在的充分条件) 设函数 $z=f(x,y)$ 在点 (x_0,y_0) 的某邻域内具有直到二阶的连续偏导数,又 $f'_x(x_0,y_0)=0$,$f'_y(x_0,y_0)=0$,设

$$A=f''_{xx}(x_0,y_0),B=f''_{xy}(x_0,y_0),C=f''_{yy}(x_0,y_0)$$

则

(1)当 $AC-B^2>0$ 时取得极值,且当 $A<0$(或 $C<0$)时取得极大值,当 $A>0$(或 $C>0$)时取得极小值;

(2)当 $AC-B^2<0$ 时不取得极值;

(3)当 $AC-B^2=0$ 时可能取得极值,也可能不取得极值(对这样的点,这里不进行讨论).

(证明略.)

根据定理 4.7 和定理 4.8,可以把具有二阶连续偏导数的函数 $z=f(x,y)$ 的极值的求解步骤总结如下.

(1)解方程组 $\begin{cases} f'_x(x,y)=0 \\ f'_y(x,y)=0 \end{cases}$,求出 $z=f(x,y)$ 的所有驻点.

(2)对于每一个驻点 (x_0,y_0),求出二阶偏导数的值 A、B 和 C.

(3)确定 $AC-B^2$ 的符号,根据定理 4.8 的结论判定在 (x_0,y_0) 处是否取得极值,是极大值还是极小值.如取得极值,求出 $f(x_0,y_0)$.

【例 4.35】 求函数 $f(x,y)=x^3-y^3+3x^2+3y^2-9x$ 的极值.

【解】 由极值存在的必要条件,有

$$\begin{cases} f'_x(x,y)=3x^2+6x-9=0 \\ f'_y(x,y)=-3y^2+6y=0 \end{cases}$$

求得驻点为 $(1,0)$,$(1,2)$,$(-3,0)$,$(-3,2)$.再求出二阶偏导数.

$$f''_{xx}(x,y)=6x+6,f''_{xy}(x,y)=0,f''_{yy}(x,y)=-6y+6$$

在点 $(1,0)$ 处,$AC-B^2=12\times6>0$ 又 $A>0$,所以函数在 $(1,0)$ 处取得极小值 $f(1,0)=-5$;

在点 $(1,2)$ 处,$AC-B^2=12\times(-6)<0$,所以在点 $(1,2)$ 处不取得极值;

在点 $(-3,0)$ 处,$AC-B^2=-12\times6<0$,所以在点 $(-3,0)$ 处不取得极值;

在点 $(-3,2)$ 处,$AC-B^2=-12\times(-6)>0$,又 $A<0$,所以函数在 $(-3,2)$ 处有极大值 $f(-3,2)=31$.

4.6.2 条件极值 拉格朗日乘数法

前面讨论的极值问题,自变量在函数的定义域内可以任意取值,没有任何限制,通常称为**无条件极值**.但是在实际求极值(或最值)时,常常对自变量的取值附加一定的约束条件,这类对自变量取值附加约束条件的极值,称为**条件极值**.这里仅讨论二元函数 $z=f(x,y)$ 在满足约束条件 $\varphi(x,y)=0$ 时的条件极值问题,求解条件极值问题的常用方法是**拉格朗日乘数法**,其基本思想是将条件极值问题

转化为无条件极值问题.

下面我们来寻求函数 $z=f(x,y)$ 在满足约束条件 $\varphi(x,y)=0$ 时取得极值的必要条件.

假定 $f(x,y)$ 与 $\varphi(x,y)$ 在 (x_0,y_0) 的某邻域内均具有一阶连续的偏导数,且 $\varphi'_y(x_0,y_0)\neq0$,点 (x_0,y_0) 为条件极值点. 方程 $\varphi(x,y)=0$ 确定了隐函数 $y=y(x)$. 将 $y=y(x)$ 代入 $z=f(x,y)$ 得

$$z=f[x,y(x)]$$

这是一个关于自变量 x 的多元复合函数,函数 $z=f(x,y)$ 在 (x_0,y_0) 处取得极值,相当于函数 $z=f[x,y(x)]$ 在 $x=x_0$ 取得极值. 由一元可导函数取得极值的必要条件可知

$$\left.\frac{\mathrm{d}z}{\mathrm{d}x}\right|_{x=x_0}=f'_x(x_0,y_0)+f'_y(x_0,y_0)\cdot\left.\frac{\mathrm{d}y}{\mathrm{d}x}\right|_{x=x_0}=0$$

而由隐函数求导公式,有

$$\left.\frac{\mathrm{d}y}{\mathrm{d}x}\right|_{x=x_0}=-\frac{\varphi'_x(x_0,y_0)}{\varphi'_y(x_0,y_0)}$$

把上式代入 $\left.\dfrac{\mathrm{d}z}{\mathrm{d}x}\right|_{x=x_0}$,得

$$f'_x(x_0,y_0)-f'_y(x_0,y_0)\cdot\frac{\varphi'_x(x_0,y_0)}{\varphi'_y(x_0,y_0)}=0$$

又点 (x_0,y_0) 为条件极值点,有

$$\varphi(x_0,y_0)=0$$

则

$$\begin{cases}f'_x(x_0,y_0)-f'_y(x_0,y_0)\cdot\dfrac{\varphi'_x(x_0,y_0)}{\varphi'_y(x_0,y_0)}=0\\[2mm]\varphi(x_0,y_0)=0\end{cases}$$

就是函数 $z=f(x,y)$ 在满足约束条件 $\varphi(x,y)=0$ 时在 (x_0,y_0) 取得极值的必要条件.

设 $\dfrac{f'_y(x_0,y_0)}{\varphi'_y(x_0,y_0)}=-\lambda$,上述必要条件可以表示为

$$\begin{cases}f'_x(x_0,y_0)+\lambda\varphi'_x(x_0,y_0)=0\\f'_y(x_0,y_0)+\lambda\varphi'_y(x_0,y_0)=0\\\varphi(x_0,y_0)=0\end{cases}\qquad(*)$$

若引入辅助函数

$$F(x,y,\lambda)=f(x,y)+\lambda\varphi(x,y)$$

则不难看出,$(*)$ 式中三个式子实际上就是

$$F'_x(x_0,y_0)=0,\quad F'_y(x_0,y_0)=0,\quad F'_\lambda(x_0,y_0)=0$$

函数 $F(x,y,\lambda)$ 称为**拉格朗日函数**,参数 λ 称为**拉格朗日乘数**.

由以上讨论,可以得到以下利用**拉格朗日乘数法**的具体步骤.

(1)构造辅助函数 $F(x,y,\lambda)=f(x,y)+\lambda\varphi(x,y)$.

(2)令 $F'_x=0,F'_y=0,F'_\lambda=0$,得

$$\begin{cases} f'_x(x,y)+\lambda\varphi'_x(x,y)=0 \\ f'_y(x,y)+\lambda\varphi'_y(x,y)=0 \\ \varphi(x,y)=0 \end{cases}$$

由方程组解出 x,y 及 λ，则 (x,y) 就是函数 $f(x,y)$ 在附加条件 $\varphi(x,y)=0$ 下的可能的极值点.

（3）判断求出的 (x,y) 是否为极值点. 一般实际问题中由问题的实际意义判定.

拉格朗日乘数法可以推广到在 m 个约束条件下求 n 元函数极值的情形. 例如，要求函数

$$u=f(x,y,z,t)$$

在附加条件

$$\varphi(x,y,z,t)=0,\psi(x,y,z,t)=0$$

下的极值. 可以先构造拉格朗日函数

$$F(x,y,z,t,\lambda_1,\lambda_2)=f(x,y,z,t)+\lambda_1\varphi(x,y,z,t)+\lambda_2\psi(x,y,z,t)$$

其中 λ_1,λ_2 为参数，求其对所有自变量和参数的一阶偏导数，并使之为 0 构成方程组，求解得出的 x，y,z,t 就是函数 $f(x,y,z,t)$ 在两个附加条件下的可能极值点的坐标.

4.6.3　多元函数的最值

与一元函数类似，多元函数的最值问题可分为以下两类.

1. 有界闭区域 D 上连续函数的最值

在本章 4.2 节中我们知道，如果函数 $f(x,y)$ 在有界闭区域 D 上连续，则 $f(x,y)$ 在 D 上一定有最大值和最小值. 这种使函数取得最大值和最小值的点既可能在 D 的内部，也可能在 D 的边界上. 因此，求最值的步骤如下.

（1）求出 D 的内部的所有驻点和不可导点的函数值.

（2）求出边界上的最大值和最小值.

（3）将这些函数值进行比较，找出最大值和最小值，即为 $f(x,y)$ 在 D 上的最大值和最小值.

【例 4.36】　求函数 $f(x,y)=xy-x^2-y^2$ 在有界闭区域 D 上的最大值和最小值，其中 $D:x^2+y^2\leqslant1$.

【解】　先求函数在 D 内的驻点，解方程组

$$\begin{cases} f'_x(x,y)=y-2x=0 \\ f'_y(x,y)=x-2y=0 \end{cases}$$

求得驻点为 $(0,0)$，所以 D 的内部只有一个驻点 $(0,0)$，由极值存在的充分条件判断可知，在 $(0,0)$ 点取得极大值且 $f(0,0)=0$.

再求 $f(x,y)$ 在 D 的边界上的最大值和最小值. 该问题就是求 $f(x,y)$ 在条件 $x^2+y^2=1$ 下的极值. 用拉格朗日乘数法解决此问题.

设 $F(x,y,\lambda)=xy-x^2-y^2+\lambda(x^2+y^2-1)$，令

$$\begin{cases} F'_x=y-2x+2\lambda x=0 \\ F'_y=x-2y+2\lambda y=0 \\ F'_\lambda=x^2+y^2-1=0 \end{cases}$$

解得 $x=\pm\frac{\sqrt{2}}{2}, y=\pm\frac{\sqrt{2}}{2}$，所以有以下 4 个可能的极值点．

$$\left(\frac{\sqrt{2}}{2},\frac{\sqrt{2}}{2}\right),\left(-\frac{\sqrt{2}}{2},-\frac{\sqrt{2}}{2}\right),\left(\frac{\sqrt{2}}{2},-\frac{\sqrt{2}}{2}\right),\left(-\frac{\sqrt{2}}{2},\frac{\sqrt{2}}{2}\right)$$

最后比较函数值，有

$$f\left(\frac{\sqrt{2}}{2},\frac{\sqrt{2}}{2}\right)=f\left(-\frac{\sqrt{2}}{2},-\frac{\sqrt{2}}{2}\right)=\frac{1}{2}-1=-\frac{1}{2}$$

$$f\left(-\frac{\sqrt{2}}{2},\frac{\sqrt{2}}{2}\right)=f\left(\frac{\sqrt{2}}{2},-\frac{\sqrt{2}}{2}\right)=-\frac{1}{2}-1=-\frac{3}{2}$$

所以 $f(x,y)$ 在 D 的边界上的最大值是 $-\frac{1}{2}$，最小值是 $-\frac{3}{2}$．

综上讨论，$f(x,y)$ 在 D 上的最大值是 0，最小值是 $-\frac{3}{2}$．

2. 实际问题中的最值

在实际问题中，如果根据问题的实际意义可以判定函数 $f(x,y)$ 在 D 内一定能取得最大值或最小值，而函数 $f(x,y)$ 在 D 内只有一个驻点，那么该驻点的函数值就是 $f(x,y)$ 在 D 上的最大值或最小值．

【例 4.37】 某厂要用铁板做成一个体积为 $2\mathrm{m}^3$ 的有盖长方体水箱．问当长、宽、高各取多少时，才能使用料最省？

【解】 设水箱的长为 $x\mathrm{m}$，宽为 $y\mathrm{m}$，则其高应为 $\frac{2}{xy}\mathrm{m}$，此水箱所用材料的面积为

$$A=2\left(xy+\frac{2}{x}+\frac{2}{y}\right)(x>0,y>0)$$

由极值存在的必要条件，令

$$A'_x=2\left(y-\frac{2}{x^2}\right)=0, A'_y=2\left(x-\frac{2}{y^2}\right)=0$$

解得

$$x=\sqrt[3]{2}, y=\sqrt[3]{2}$$

由于求得的驻点只有一个，而问题的最值一定存在，所以求得的极值点就是最值点．因此，当长、宽、高均为 $\sqrt[3]{2}\mathrm{m}$ 时其表面积为最小，即用料最省．

【思考】 本例是否可以看成条件极值问题来解决？

【例 4.38】 求表面积为 a^2 而体积为最大的长方体的体积．

【解】 设长方体的三棱长为 x,y,z，则问题就是在条件

$$\varphi(x,y,z)=2xy+2yz+2xz-a^2=0$$

下，求目标函数

$$V=xyz \quad(x>0,y>0,z>0)$$

的最大值．构造拉格朗日函数

$$F(x,y,z,\lambda)=xyz+\lambda(2xy+2yz+2xz-a^2)$$

求其对 x,y,z,λ 的偏导数,并令之为 0,得到

$$\begin{cases} F_x'=yz+2\lambda(y+z)=0 \\ F_y'=xz+2\lambda(x+z)=0 \\ F_z'=xy+2\lambda(y+z)=0 \\ F_\lambda'=2xy+2yz+2xz-a^2=0 \end{cases}$$

前 3 个式子可化为

$$\frac{yz}{y+z}=\frac{xz}{x+z}=\frac{xy}{x+y}$$

解得

$$x=y=z$$

将此代入方程组中最后一式即约束条件,得

$$x=y=z=\frac{\sqrt{6}}{6}a$$

这是唯一可能的极值点,由问题本身可知最大值一定存在,因此最大值就在这个可能的极值点处取得.

所以,表面积为 a^2 的长方体中,以棱长为 $\frac{\sqrt{6}}{6}a$ 的正方体的体积为最大,最大体积 $V=\frac{\sqrt{6}}{36}a^3$.

【例 4.39】 设某工厂生产甲、乙两种产品,产量分别为 x 和 y(单位:千件),利润函数 $\pi(x,y)=8x-x^2+16y-4y^2-2$(单位:万元). 已知生产这两种产品时,每千件产品均需消耗某种原料 2 000kg,现有该原料 18 000kg,问两种产品各生产多少千件时,总利润最大? 最大总利润为多少?

【解】 由题意可得,$2\,000x+2\,000y=18\,000$ 即 $x+y=9$,因此该问题就是求目标函数

$$L(x,y)=8x-x^2+16y-4y^2-2$$

在条件

$$\varphi(x,y)=x+y-9=0$$

下的最大值. 构造拉格朗日函数

$$F(x,y,\lambda)=8x-x^2+16y-4y^2-2+\lambda(x+y-9)$$

求其对 x,y,λ 的偏导数,并令之为 0,得到

$$\begin{cases} F_x'=8-2x+\lambda=0 \\ F_y'=16-8y+\lambda=0 \\ F_\lambda'=x+y-9=0 \end{cases}$$

解得 $x=6.4,y=2.6$.

由于该问题的最大值一定存在,且仅有一个驻点,所以最大值就在驻点处取得.

$$L(6.4,2.6)=22.8$$

所以当甲、乙两种产品的产量分别为 6.4 千件和 2.6 千件时,总利润达到最大为 22.8 万元.

【思考】 本题能否转化为无条件极值问题求解?

习题 4.6

1. 求下列函数的极值.

(1) $f(x,y)=4(x-y)-x^2-y^2$ 　　　　(2) $f(x,y)=e^{2x}(x+y^2+2y)$

(3) $f(x,y)=x^3+y^3-3xy$ 　　　　　(4) $f(x,y)=x^3+2y^3-3x^2-3y^2-12y+8$

2. 求函数 $z=x^2+y^2-xy-x-y$ 在区域 $D:x\geqslant0,y\geqslant0,x+y\leqslant3$ 上的最值.

3. 求函数 $z=xy^2$ 在区域 $D:x^2+y^2\leqslant1$ 上的最值.

4. 某工厂生产甲、乙两种产品的产量分别为 x,y(千件),其总成本函数为

$$TC(x,y)=x^2+2xy+3y^2+10(万元)$$

由市场调查得知产品价格与产量的关系为

$$P_1=36-3x,\quad P_2=40-5y$$

求甲、乙两种产品产量各为多少时总利润最大?并求最大总利润.

5. 要围一个 80m^2 的矩形场地,其中一面用每米 12 元的材料,其余三面用每米 8 元的材料,问场地的长、宽分别为多少时,所用的材料费最少?

6. 设生产某种产品的数量 W 与所用两种原料 A,B 的数量 x,y 间的关系为

$$W(x,y)=0.005x^2y$$

现用 150 元购买原料,已知 A,B 原料的单价分别为 1 元和 2 元,问购进 A、B 两种原料各为多少时,可使生产的数量最多?

7. 设某种产品的产量是劳动力数 x 和原料量 y 的函数 $f(x,y)=60x^{\frac{3}{4}}y^{\frac{1}{4}}$,若劳动力单位成本为 100 元,原料单位成本为 200 元,则在投入 30 000 元资金用于生产的情况下,如何安排劳动力和原料,可使产量最大?

4.7
二重积分的概念和性质

学习要求

1. 了解二重积分的概念及几何意义.

2. 了解二重积分性质.

4.7.1 二重积分的概念

1. 引例 1——曲顶柱体的体积

设有一空间立体,它的底是 xOy 面上的有界闭区域 D,它的侧面是以 D 的边界曲线为准线、母线平行于 z 轴的柱面,它的顶是曲面 $z=f(x,y)$. 当 $(x,y)\in D$ 时,$f(x,y)$ 在 D 上连续,称这种立体为**曲顶柱体**. 这里假设 $f(x,y)\geqslant0$(如图 4.36 所示),就是一曲顶柱体.

如果是平顶柱体,可以用体积公式

体积＝底面积×高

进行计算,而对于曲顶柱体的体积,它的高是随点(x,y)的变动而变化的,所以不能直接用平顶柱体的体积公式进行计算. 但我们可以采用第 3 章中求曲边梯形面积的方法,类似地处理曲顶柱体的体积问题.

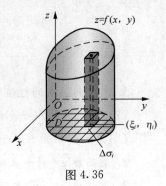

图 4.36

曲顶柱体的体积 V 可以按以下步骤来计算.

(1)分割:用任意一组曲线网将区域 D 分成 n 个小区域 $\Delta\sigma_1$、$\Delta\sigma_2$、$\cdots$、$\Delta\sigma_n$(这里 $\Delta\sigma_i$ 既代表第 i 个小区域,又表示它的面积值),以这些小区域的边界曲线为准线,作母线平行于 z 轴的柱面,这些柱面将原来的曲顶柱体分划成 n 个小曲顶柱体 $\Delta V_1,\Delta V_2,\cdots,\Delta V_n$(假设 $\Delta\sigma_i$ 所对应的小曲顶柱体为 ΔV_i,ΔV_i 既代表第 i 个小曲顶柱体,又代表它的体积值). 从而

$$V=\sum_{i=1}^{n}\Delta V_i$$

(2)近似:由于 $f(x,y)$ 连续,当小闭区域的直径(指区域内任意两点间距离的最大值)很小时,对于同一个小闭区域来说,函数值的变化不大. 因此,在每个 $\Delta\sigma_i$ 内任取一点 (ξ_i,η_i),以 $f(\xi_i,\eta_i)$ 为高、$\Delta\sigma_i$ 为底做一小平顶柱体,那么小曲顶柱体的体积近似等于小平顶柱体的体积

$$\Delta V_i\approx f(\xi_i,\eta_i)\Delta\sigma_i$$

(3)求和:整个曲顶柱体的体积近似值为

$$V\approx\sum_{i=1}^{n}f(\xi_i,\eta_i)\Delta\sigma_i$$

(4)取极限:为得到 V 的精确值,只需让分割越来越细,每个小闭区域越来越小. 于是,令 n 个小闭区域直径中的最大者为 λ 趋于 0,取极限,得所求曲顶柱体的体积 V 的精确值

$$V=\lim_{\lambda\to0}\sum_{i=1}^{n}f(\xi_i,\eta_i)\Delta\sigma_i$$

2. 引例 2——平面薄片的质量

设有一平面薄片占有 xOy 面上的闭区域 D,它在 (x,y) 处的面密度为 $\rho(x,y)$,这里 $\rho(x,y)\geqslant0$,而且 $\rho(x,y)$ 在 D 上连续,现计算该平面薄片的质量 M(如图 4.37 所示).

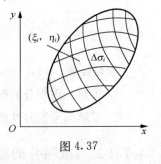

图 4.37

如果薄片是均匀的,其面密度是常数,那么薄片的质量可以用公式

质量＝面密度×面积

来计算. 而现在面密度 $\rho(x,y)$ 是变量,薄片的质量不能直接用上式进行计算. 但可以用类似于求曲顶柱体体积的方法进行计算.

将闭区域 D 任意分成 n 个小闭区域 $\Delta\sigma_1,\Delta\sigma_2,\cdots,\Delta\sigma_n$($\Delta\sigma_i$ 既代表第 i 个小区域又代表它的面积),当每个小闭区域的直径很小时,由于 $\rho(x,y)$ 连续,每个小闭区域的质量可以近似地看作是均匀的,在每个小闭区域 $\Delta\sigma_i$ 内任取一点 (ξ_i,η_i),以该点的密度 $\rho(\xi_i,\eta_i)$ 作为小区域的平均密度,那么第 i 个小闭区域的质量 ΔM_i 近似等于

$$\Delta M_i \approx \rho(\xi_i, \eta_i) \Delta \sigma_i$$

再求和

$$M \approx \sum_{i=1}^{n} \rho(\xi_i, \eta_i) \Delta \sigma_i$$

取极限得

$$M = \lim_{\lambda \to 0} \sum_{i=1}^{n} \rho(\xi_i, \eta_i) \Delta \sigma_i$$

3. 二重积分的概念

以上两个实际意义完全不同的问题,最终都归结为同一形式的和的极限. 在很多实际问题中,有许多量都可以表示为这种形式的和的极限. 为更一般地研究这类和的极限,抽象出如下定义.

定义 4.8 设 $f(x,y)$ 是有界闭区域 D 上的有界函数,将区域 D 任意分成 n 个小区域 $\Delta \sigma_1, \Delta \sigma_2, \cdots,$ $\Delta \sigma_n$,其中 $\Delta \sigma_i$ 既表示第 i 个小区域,也表示它的面积. 在每个 $\Delta \sigma_i$ 上任取一点 (ξ_i, η_i),先求积

$$f(\xi_i, \eta_i) \Delta \sigma_i \quad (i=1, 2, \cdots, n)$$

再求和

$$\sum_{i=1}^{n} f(\xi_i, \eta_i) \Delta \sigma_i$$

当各小闭区域的直径中的最大者 λ 趋于零时,如果该和式的极限存在,则称此极限为函数 $f(x,y)$ 在闭区域 D 上的**二重积分**,记作 $\iint\limits_{D} f(x,y) \mathrm{d}\sigma$. 即

$$\iint\limits_{D} f(x,y) \mathrm{d}\sigma = \lim_{\lambda \to 0} \sum_{i=1}^{n} f(\xi_i, \eta_i) \Delta \sigma_i$$

其中称 $f(x,y)$ 为**被积函数**,$f(x,y)\mathrm{d}\sigma$ 为**被积表达式**,$\mathrm{d}\sigma$ 为**面积元素**,x,y 为**积分变量**,D 为**积分区域**,$\sum_{i=1}^{n} f(\xi_i, \eta_i) \Delta \sigma_i$ 为**积分和**.

由定义 4.8 可知,前面讨论的曲顶柱体的体积和平面薄片的质量分别表示为

$$V = \iint\limits_{D} f(x,y) \mathrm{d}\sigma, M = \iint\limits_{D} \rho(x,y) \mathrm{d}\sigma$$

因为当函数 $f(x,y)$ 在有界闭区域 D 上连续时,$\lim\limits_{\lambda \to 0} \sum\limits_{i=1}^{n} f(\xi_i, \eta_i) \Delta \sigma_i$ 一定存在,所以函数 $f(x,y)$ 在 D 上的二重积分一定存在,因此也称 $f(x,y)$ 在 D 上可积. 因此,在以后的讨论中,我们总假定函数 $f(x,y)$ 在闭区域 D 上连续.

4. 二重积分的几何意义

当 $f(x,y) \geqslant 0$ 时,二重积分 $\iint\limits_{D} f(x,y) \mathrm{d}\sigma$ 表示以曲面 $z = f(x,y)$ 为顶、以 D 为底的曲顶柱体的体积.

当 $f(x,y) \leqslant 0$,曲顶柱体在 xOy 平面的下方,二重积分 $\iint\limits_{D} f(x,y) \mathrm{d}\sigma$ 的值是负的,其绝对值等于曲顶柱体的体积.

如果 $f(x,y)$ 在有界闭区域 D 上的部分区域上是正的,而在其他部分区域上是负的,那么 $f(x,y)$ 在闭区域 D 上的二重积分 $\iint\limits_{D} f(x,y) \mathrm{d}\sigma$ 就等于这些区域上曲顶柱体体积的代数和.

4.7.2 二重积分的性质

二重积分与定积分有相类似的性质,且各条性质与定积分的性质有类似的几何解释.

设 $f(x,y),g(x,y)$ 在给定的区域上可积.

性质 1 $\displaystyle\iint\limits_{D}kf(x,y)\mathrm{d}\sigma = k\iint\limits_{D}f(x,y)\mathrm{d}\sigma(k$ 是常数$)$.

性质 2 $\displaystyle\iint\limits_{D}[f(x,y)\pm g(x,y)]\mathrm{d}\sigma = \iint\limits_{D}f(x,y)\mathrm{d}\sigma\pm\iint\limits_{D}g(x,y)\mathrm{d}\sigma$.

性质 3(对积分区域的可加性) 设区域 D 分为两个部分区域 D_1、D_2 则

$$\iint\limits_{D}f(x,y)\mathrm{d}\sigma = \iint\limits_{D_1}f(x,y)\mathrm{d}\sigma + \iint\limits_{D_2}f(x,y)\mathrm{d}\sigma$$

性质 4 如果在闭区域 D 上,$f(x,y)\equiv1$,σ 为闭区域 D 的面积,那么

$$\iint\limits_{D}\mathrm{d}\sigma = \sigma$$

其几何意义表示高为 1 的平顶柱体的体积,在数值上等于柱体的底面积.

性质 5 如果在闭区域 D 上,$f(x,y)\geqslant 0$,那么 $\displaystyle\iint\limits_{D}f(x,y)\mathrm{d}\sigma\geqslant 0$.

推论 1 如果在闭区域 D 上,$f(x,y)\geqslant g(x,y)$,那么有不等式

$$\iint\limits_{D}f(x,y)\mathrm{d}\sigma\geqslant\iint\limits_{D}g(x,y)\mathrm{d}\sigma$$

特别地,由于

$$-|f(x,y)|\leqslant f(x,y)\leqslant|f(x,y)|$$

于是有

推论 2 $\displaystyle\left|\iint\limits_{D}f(x,y)\mathrm{d}\sigma\right|\leqslant\iint\limits_{D}|f(x,y)|\mathrm{d}\sigma$

性质 6(估值不等式) 设 M 与 m 分别是函数 $f(x,y)$ 在闭区域 D 上的最大值和最小值,σ 是闭区域 D 的面积,则

$$m\sigma\leqslant\iint\limits_{D}f(x,y)\mathrm{d}\sigma\leqslant M\sigma$$

性质 7(二重积分的中值定理) 设函数 $f(x,y)$ 在闭区域 D 上连续,σ 是闭区域 D 的面积,则在 D 上至少存在一点(ξ,η),使得

$$\iint\limits_{D}f(x,y)\mathrm{d}\sigma = f(\xi,\eta)\cdot\sigma$$

【**例 4.40**】 估计二重积分 $I = \displaystyle\iint\limits_{D}(x^2+4y^2+9)\mathrm{d}\sigma$ 的值,D 是圆域 $x^2+y^2\leqslant 4$.

【**解**】 函数 $f(x,y) = x^2+4y^2+9$ 在区域 D 内可能的极值点满足

$$\begin{cases} f_x'=2x=0 \\ f_y'=8y=0 \end{cases}$$

求得驻点$(0,0)$,由极值存在的充分条件,函数在$(0,0)$点取得极小值 $f(0,0)=9$.

在边界 $x^2+y^2=4$ 上,有

$$f(x,y)=x^2+4(4-x^2)+9=25-3x^2 \quad (-2 \leqslant x \leqslant 2)$$

可知函数在边界上的最大值为 25,最小值为 13,即

$$13 \leqslant f(x,y) \leqslant 25$$

所以在区域 D 上的最大值和最小值分别为

$$M=25, m=9$$

由估值不等式,得

$$36\pi = 9 \times 4\pi \leqslant I \leqslant 25 \times 4\pi = 100\pi$$

【例 4.41】 比较二重积分 $\iint\limits_{D} \ln(x+y)\mathrm{d}\sigma$ 与 $\iint\limits_{D}[\ln(x+y)]^2\mathrm{d}\sigma$ 的大小,其中区域 D 是顶点为 $(1,0)$、$(1,1)$、$(2,0)$ 的三角形区域.

【解】 如图 4.38 所示,在积分区域 D 上,有

$$1 \leqslant x+y \leqslant 2$$

因此

$$0 \leqslant \ln(x+y) < 1$$

于是

$$\ln(x+y) \geqslant [\ln(x+y)]^2$$

所以

$$\iint\limits_{D} \ln(x+y)\mathrm{d}\sigma \geqslant \iint\limits_{D}[\ln(x+y)]^2\mathrm{d}\sigma$$

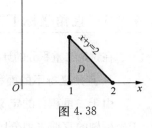

图 4.38

习题 4.7

1. 比较下列二重积分的大小.

(1) $\iint\limits_{D} xy^3\mathrm{d}\sigma$ 与 $\iint\limits_{D}(xy^3)^2\mathrm{d}\sigma$,其中 $D=\left\{(x,y) \mid x^2+y^2 \leqslant \dfrac{1}{2}, x \geqslant 0, y \geqslant 0\right\}$

(2) $\iint\limits_{D}(x+y)^2\mathrm{d}\sigma$ 与 $\iint\limits_{D}(x+y)^3\mathrm{d}\sigma$,其中 $D=\{(x,y) \mid x+y \leqslant 1, x \geqslant 0, y \geqslant 0\}$

2. 估计二重积分的值.

(1) $\iint\limits_{D}(x-y)^2\mathrm{d}x\mathrm{d}y$,$D$ 由直线 $x=0, x=2, y=0, y=2$ 所围成

(2) $\iint\limits_{D}\mathrm{e}^{-y^2}\mathrm{d}x\mathrm{d}y$,$D$ 由直线 $x=0, y=1, y=x$ 所围成

(3) $\iint\limits_{D}\mathrm{e}^{x^2+y^2}\mathrm{d}x\mathrm{d}y$,其中 D 是由曲线 $x^2+y^2=4$ 围成的闭区域

(4) $\iint\limits_{D}(x^2+y^2)\mathrm{d}x\mathrm{d}y$,其中 D 是由曲线 $x^2+y^2=2x$ 与 x 轴所围成的上半部分闭区域

4.8

直角坐标下二重积分的计算

学习要求

1. 掌握直角坐标下二重积分的计算方法．

2. 会利用交换积分次序计算二重积分．

与定积分的计算类似,利用二重积分的定义来计算二重积分显然是不实际的．二重积分计算的基本思想就是将二重积分转化为两次定积分的计算,转化后的这种两次定积分称为**二次积分**或**累次积分**．

4.8.1 直角坐标下二重积分的计算

在讨论二重积分的计算方法前,先讨论一下直角坐标下的面积元素和直角坐标下积分区域的类型．

1. 直角坐标下的面积元素

由于二重积分的定义中对区域 D 的划分是任意的,若用一组平行于坐标轴的直线来划分区域 D,那么除了靠近边界曲线的一些小区域之外,绝大多数的小区域都是矩形(如图 4.39 所示)．因此,直角坐标下的面积元素

$$\mathrm{d}\sigma = \mathrm{d}x\mathrm{d}y$$

所以,直角坐标下的二重积分

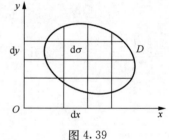

图 4.39

$$\iint\limits_{D} f(x,y)\mathrm{d}\sigma = \iint\limits_{D} f(x,y)\mathrm{d}x\mathrm{d}y$$

2. 直角坐标下积分区域的类型

在直角坐标下,X-型区域和 Y-型区域是两种典型的积分区域．

X-型区域:由直线 $x=a$,$x=b$ 和曲线 $y=\varphi_1(x)$,$y=\varphi_2(x)$ 所围成(如图 4.40 所示),其中函数 $y=\varphi_1(x)$,$y=\varphi_2(x)$ 在 $[a,b]$ 上连续．X-型区域用不等式组表示为

$$a \leqslant x \leqslant b, \varphi_1(x) \leqslant y \leqslant \varphi_2(x)$$

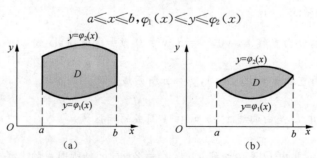

图 4.40

Y-型区域：由直线 $y=c$，$y=d$ 和曲线 $x=\psi_1(x)$，$x=\psi_2(x)$ 所围成（如图 4.41 所示），其中函数 $x=\psi_1(y)$，$x=\psi_2(y)$ 在 $[c,d]$ 上连续．Y-型区域用不等式组表示为

$$c\leqslant y\leqslant d, \psi_1(y)\leqslant x\leqslant \psi_2(y)$$

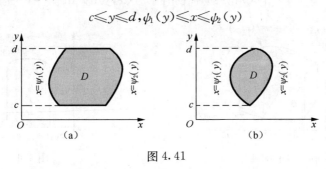

图 4.41

值得注意的是，对于 X-型（或 Y-型）区域，用平行于 y 轴（或 x 轴 ）的直线穿过区域内部，直线与区域的边界相交不多于两点．如果积分区域不满足这一条件时，可以对区域进行划分，化为 X-型（或 Y-型）区域的并集（如图 4.42 所示）．而有些积分区域既可以看成 X-型也可以看成 Y-型（如图 4.43 所示）

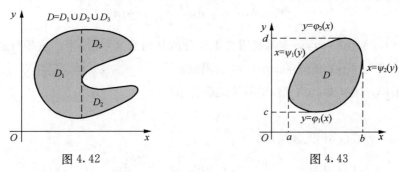

图 4.42   图 4.43

3. 直角坐标下的二重积分的计算

为讨论问题的方便，假定 $f(x,y)\geqslant 0$，积分区域 D 为 X-型区域，用不等式组表示为

$$a\leqslant x\leqslant b, \varphi_1(x)\leqslant y\leqslant \varphi_2(x)$$

其中 $\varphi_1(x)$，$\varphi_2(x)$ 在 $[a,b]$ 上连续．

根据二重积分的几何意义可知，当 $f(x,y)\geqslant 0$ 时，$\iint\limits_{D} f(x,y)\mathrm{d}\sigma$ 的值等于以 D 为底、曲面 $z=f(x,y)$ 为顶的曲顶柱体的体积（如图 4.42 所示）．在此，我们将此曲顶柱体看成平行截面为已知的立体．下面我们利用第 3 章中求"平行截面面积为已知的立体的体积"的方法来讨论二重积分 $\iint\limits_{D} f(x,y)\mathrm{d}x\mathrm{d}y$ 的计算问题．

在区间 $[a,b]$ 上任意取定一个点 x，过该点作平行于 yOz 面的平面，将该平面截曲顶柱体所得截面（如图 4.44 中阴影部分）投影到 yOz 面上，得到一个以区间 $[\varphi_1(x),\varphi_2(x)]$ 为底、曲线 $z=f(x,y)$ 为曲边的曲边梯形（如图 4.45 所示），其面积为

$$A(x) = \int_{\varphi_1(x)}^{\varphi_2(x)} f(x,y)\mathrm{d}y$$

于是，曲顶柱体的体积为

$$V = \int_a^b A(x)\mathrm{d}x = \int_a^b \left[\int_{\varphi_1(x)}^{\varphi_2(x)} f(x,y)\mathrm{d}y\right]\mathrm{d}x$$

从而有

$$\iint\limits_{D} f(x,y)\mathrm{d}\sigma = \int_a^b \left[\int_{\varphi_1(x)}^{\varphi_2(x)} f(x,y)\mathrm{d}y \right]\mathrm{d}x$$

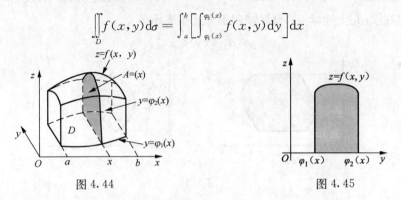

图 4.44　　　　　　　　　　　　　图 4.45

上述积分称为**先对 y 后对 x 的二次积分**(或**累次积分**),即先把 x 看作常数,$f(x,y)$ 只看作 y 的函数,对 $f(x,y)$ 计算从 $\varphi_1(x)$ 到 $\varphi_2(x)$ 的定积分,然后把所得的结果(关于 x 的函数)再对 x 从 a 到 b 计算定积分.

这个先对 y 后对 x 的二次积分也常记为

$$\iint\limits_{D} f(x,y)\mathrm{d}\sigma = \int_a^b \mathrm{d}x \int_{\varphi_1(x)}^{\varphi_2(x)} f(x,y)\mathrm{d}y$$

在上述讨论中,假定了 $f(x,y)\geqslant 0$,利用二重积分的几何意义,导出了二重积分的计算公式.实际上,上述公式的成立并不受条件 $f(x,y)\geqslant 0$ 的限制.

类似地,如果积分区域 D 为 Y-型,用不等式组表示为

$$c\leqslant y\leqslant d, \psi_1(y)\leqslant x\leqslant \psi_2(y)$$

其中函数 $\psi_1(y),\psi_2(y)$ 在 $[c,d]$ 上连续,则

$$\iint\limits_{D} f(x,y)\mathrm{d}\sigma = \int_c^d \left[\int_{\psi_1(y)}^{\psi_2(y)} f(x,y)\mathrm{d}x \right]\mathrm{d}y = \int_c^d \mathrm{d}y \int_{\psi_1(y)}^{\psi_2(y)} f(x,y)\mathrm{d}x$$

该式称为**先对 x 后对 y 的二次积分**.

将二重积分化为二次积分的关键就是确定积分限,而积分限是根据积分区域的形状(X-型或 Y-型)来确定的.从上述二重积分的计算公式可以看到,积分变量的上下限正是在用不等式组表示积分区域时变量变化的端点值.因此,用不等式组准确表达积分区域是正确计算二重积分的前提.所以在进行二重积分的计算时,首先要画出积分区域的草图,确定积分区域的类型(X-型或 Y-型),然后用不等式组表示积分区域,最后再将二重积分转化为二次积分进行计算.

【**例 4.42**】　计算 $I = \iint\limits_{D}(1-x^2)\mathrm{d}\sigma$,其中 D 是由直线 $x=-1,x=1,y=0,y=2$ 围成.

【**解**】　画出积分区域 D 的草图(如图 4.46 所示),用不等式表示为

$$-1\leqslant x\leqslant 1, 0\leqslant y\leqslant 2$$

这是一个矩形区域,看成 X-型或 Y-型都可以.

$$I = \int_{-1}^{1}\mathrm{d}x\int_0^2(1-x^2)\mathrm{d}y = \int_{-1}^{1}2(1-x^2)\mathrm{d}x$$
$$= \left(2x - \frac{2}{3}x^3 \right)\Big|_{-1}^{1} = \frac{8}{3}$$

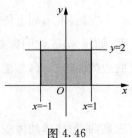

图 4.46

【例 4.43】 计算 $\iint\limits_{D} xy\mathrm{d}\sigma$，其中 D 是由抛物线 $y^2 = x$ 及直线 $y = x - 2$ 所围成的区域.

【解】 画出积分区域 D 的图形（如图 4.47 所示），区域 D 既可以看成 X-型也可以看成 Y-型，如果看成 Y-型，用不等式组表示为

$$-1 \leqslant y \leqslant 2, y^2 \leqslant x \leqslant y + 2$$

$$\iint\limits_{D} xy\mathrm{d}\sigma = \int_{-1}^{2}\mathrm{d}y\int_{y^2}^{y+2} xy\mathrm{d}x = \int_{-1}^{2}\frac{1}{2}x^2 y\Big|_{y^2}^{y+2}\mathrm{d}y$$

$$= \frac{1}{2}\int_{-1}^{2}\left[y(y+2)^2 - y^5\right]\mathrm{d}y$$

$$= \frac{1}{2}\left(\frac{y^4}{4} + \frac{4}{3}y^3 + 2y^2 - \frac{y^6}{6}\right)\Big|_{-1}^{2} = \frac{45}{8}$$

如果将区域 D 看成 X-型，则需分成 D_1 和 D_2 两部分（如图 4.48 所示），用不等式组分别表示为

$$D_1 : 0 \leqslant x \leqslant 1, -\sqrt{x} \leqslant y \leqslant \sqrt{x}$$

$$D_2 : 1 \leqslant x \leqslant 4, x - 2 \leqslant y \leqslant \sqrt{x}$$

$$\iint\limits_{D} xy\mathrm{d}\sigma = \iint\limits_{D_1} xy\mathrm{d}\sigma + \iint\limits_{D_2} xy\mathrm{d}\sigma$$

$$= \int_{0}^{1}\mathrm{d}x\int_{-\sqrt{x}}^{\sqrt{x}} y\mathrm{d}y + \int_{1}^{4}\mathrm{d}x\int_{x-2}^{\sqrt{x}} xy\mathrm{d}y = \frac{45}{8}$$

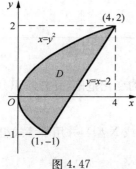

图 4.47

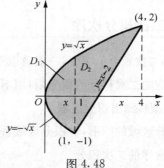

图 4.48

显然，将积分区域看成 X-型的计算比看成 Y-型的计算要麻烦. 由本题可见，将积分区域看成 X-型还是 Y-型，会对二重积分的计算的繁简产生影响.

【例 4.44】 计算 $\iint\limits_{D}\dfrac{\sin y}{y}\mathrm{d}\sigma, D$ 是由直线 $y = x, y = 0, y = \dfrac{\pi}{2}, y = \pi$ 所组成.

【解】 画出 D 区域的图形（如图 4.49 所示）.

如果看成 Y-型，用不等式组表示为 $0 \leqslant x \leqslant y, \dfrac{\pi}{2} \leqslant y \leqslant \pi$，则

$$\iint\limits_{D}\frac{\sin y}{y}\mathrm{d}\sigma = \int_{\frac{\pi}{2}}^{\pi}\mathrm{d}y\int_{0}^{y}\frac{\sin y}{y}\mathrm{d}x$$

$$= \int_{\frac{\pi}{2}}^{\pi}\frac{\sin y}{y}\cdot y\mathrm{d}y = \int_{\frac{\pi}{2}}^{\pi}\sin y\mathrm{d}y = 1$$

如果将区域 D 看成 X-型，需要将区域 D 分成 D_1 和 D_2 两部分（如图 4.48 所示），用不等式组表示为

$$D_1 : 0 \leqslant x \leqslant \frac{\pi}{2}, \frac{\pi}{2} \leqslant y \leqslant \pi, D_2 : \frac{\pi}{2} \leqslant x \leqslant \pi, x \leqslant y \leqslant \pi$$

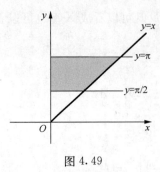

图 4.49

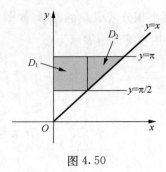

图 4.50

则

$$\iint\limits_{D} \frac{\sin y}{y} \mathrm{d}\sigma = \int_0^{\frac{\pi}{2}} \mathrm{d}x \int_{\frac{\pi}{2}}^{\pi} \frac{\sin y}{y} \mathrm{d}y + \int_{\frac{\pi}{2}}^{\pi} \mathrm{d}x \int_x^{\pi} \frac{\sin y}{y} \mathrm{d}y$$

该积分积不出来,这是由于 $\int \dfrac{\sin y}{y} \mathrm{d}y$ 的原函数不能用初等函数表示.

从上面的几个例子可以看出,将积分区域看成 X-型还是 Y-型,不仅影响到计算的繁简,而且可能影响到能否得到最后的结果. 因此,如果将二重积分化为二次积分后计算较繁或不易算出,则可以考虑交换积分次序.

4.8.2　交换二次积分次序

交换给定的二次积分的次序,一般有以下步骤.

(1)根据给定的二次积分的积分限,用不等式组写出变量的变化范围,并判断积分区域被看成的类型(X-型或 Y-型),画出积分区域.

(2)根据积分区域的图形,将积分区域看成另一类型(Y-型或 X-型),并用不等式组表示.

(3)写出新次序的二次积分.

【例 4.45】　交换下列二次积分的积分次序.

(1) $\displaystyle\int_0^1 \mathrm{d}y \int_0^y f(x, y) \mathrm{d}x$.

(2) $\displaystyle\int_0^1 \mathrm{d}x \int_0^{\sqrt{2x-x^2}} f(x, y) \mathrm{d}y + \int_1^2 \mathrm{d}x \int_0^{2-x} f(x, y) \mathrm{d}y$.

【解】　(1)由给定的二次积分,用不等式组表示积分区域为

$$0 \leqslant y \leqslant 1, 0 \leqslant x \leqslant y$$

可以判断是将积分区域看成 Y-型,画出积分区域的图形(如图 4.51 所示)

将积分区域看成 X-型,用不等式组表示为

$$0 \leqslant x \leqslant 1, x \leqslant y \leqslant 1$$

所以

$$\int_0^1 \mathrm{d}y \int_0^y f(x, y) \mathrm{d}x = \int_0^1 \mathrm{d}x \int_x^1 f(x, y) \mathrm{d}y$$

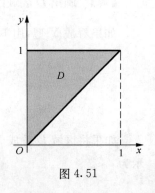

图 4.51

（2）由给定的二次积分可知是将积分区域 D 看成 X-型,并且由两块小区域构成,用不等式组表示为

$$D_1:0\leqslant x\leqslant 1,0\leqslant y\leqslant\sqrt{2x-x^2},D_2:1\leqslant x\leqslant 2,0\leqslant y\leqslant 2-x$$

在同一个坐标系中画出积分区域（如图 4.52 所示）

将积分区域看成 Y-型,用不等式组表示为

$$D:0\leqslant y\leqslant 1,1-\sqrt{1-y^2}\leqslant x\leqslant 2-y$$

所以

$$\int_0^1\mathrm{d}x\int_0^{\sqrt{2x-x^2}}f(x,y)\mathrm{d}y+\int_1^2\mathrm{d}x\int_0^{2-x}f(x,y)\mathrm{d}y$$

$$=\int_0^1\mathrm{d}y\int_{1-\sqrt{1-y^2}}^{2-y}f(x,y)\mathrm{d}x$$

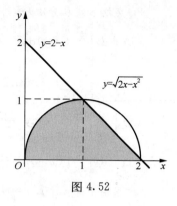

图 4.52

习题 4.8

1. 用二重积分求下列平面图形的面积.

（1）由直线 $x=\mathrm{e},y=0$ 及曲线 $y=\ln x$ 所围成

（2）由直线 $y=x,x=2$ 及曲线 $y=\dfrac{1}{x}$ 所围成

（3）由直线 $x=0,x+y=1,x-y=1$ 所围成

（4）由曲线 $y=\sqrt{1-x^2}\,(x>0)$,直线 $x=0,y=0$ 所围成

2. 画出积分区域,计算二重积分.

（1）$\displaystyle\iint\limits_D(x-y)^2\mathrm{d}x\mathrm{d}y$,$D$ 由直线 $x=0,x=2,y=0,y=2$ 所围成

（2）$\displaystyle\iint\limits_D\mathrm{e}^{x+y}\mathrm{d}x\mathrm{d}y$,$D$ 由直线 $x=-1,x=1,y=-1,y=1$ 所围成

（3）$\displaystyle\iint\limits_D x^2y\mathrm{d}x\mathrm{d}y$,$D$ 由曲线 $y=\sqrt{1-x^2}\,(x>0)$,直线 $x=0,y=0$ 所围成

（4）$\displaystyle\iint\limits_D(2x+y)\mathrm{d}x\mathrm{d}y$,$D$ 由直线 $y=x,y=2$,双曲线 $y=\dfrac{1}{x}$ 所围成

（5）$\displaystyle\iint\limits_D\dfrac{y}{x}\mathrm{d}x\mathrm{d}y$,$D$ 由曲线 $y=x,y=2x,x=1,x=2$ 所围成

（6）$\displaystyle\iint\limits_D x\sqrt{y}\mathrm{d}x\mathrm{d}y$,$D$ 由曲线 $y=\sqrt{x},y=x^2$ 所围成

（7）$\displaystyle\iint\limits_D y\mathrm{e}^{xy}\mathrm{d}x\mathrm{d}y$,$D$ 由直线 $x=2,y=2$,双曲线 $xy=1$ 所围成（提示：$\left(\dfrac{\mathrm{e}^{2x}}{x}\right)'=\dfrac{2\mathrm{e}^{2x}}{x}-\dfrac{\mathrm{e}^{2x}}{x^2}$）

（8）$\displaystyle\iint\limits_D\mathrm{e}^{-y^2}\mathrm{d}x\mathrm{d}y$,$D$ 由 $x=0,y=1,y=x$ 所围成

（9）$\displaystyle\iint\limits_D\dfrac{\sin x}{x}\mathrm{d}x\mathrm{d}y$,$D$ 由直线 $y=x,y=\dfrac{x}{2},x=2$ 所围成

(10) $\iint\limits_{D} \dfrac{y}{x}\mathrm{d}x\mathrm{d}y$, D 由曲线 $y=\ln x$, 直线 $x=\mathrm{e}$, $y=0$ 所围成

3. 交换下列积分次序.

(1) $\displaystyle\int_0^2 \mathrm{d}x \int_x^{2x} f(x,y)\mathrm{d}y$

(2) $\displaystyle\int_1^{\mathrm{e}} \mathrm{d}x \int_0^{\ln x} f(x,y)\mathrm{d}y$

(3) $\displaystyle\int_0^1 \mathrm{d}y \int_{\sqrt{1-y}}^{\mathrm{e}^y} f(x,y)\mathrm{d}x$

(4) $\displaystyle\int_1^2 \mathrm{d}y \int_{2-y}^{y^2} f(x,y)\mathrm{d}x$

(5) $\displaystyle\int_0^1 \mathrm{d}x \int_0^x f(x,y)\mathrm{d}y + \int_1^2 \mathrm{d}x \int_0^{2-x} f(x,y)\mathrm{d}y$

(6) $\displaystyle\int_0^1 \mathrm{d}y \int_{-\sqrt{y}}^{\sqrt{y}} f(x,y)\mathrm{d}x + \int_1^4 \mathrm{d}y \int_{-\sqrt{y}}^{2-y} f(x,y)\mathrm{d}x$

4. 求由平面 $x=0$, $y=0$, $z=0$, $x+y=1$, $z=1+x+y$ 所围成的立体的体积.

5. 求由平面 $y=1-x$, $y=x-1$, $x=0$, $2x+3y+z=6$ 所围成的立体的体积.

6. 为修建高速公路, 要在山坡中开出一条长 500m、宽 20m 的通道, 现以路边测量点为原点, 往路的另一边方向为 x 轴 $(0\leqslant x\leqslant 20)$, 往公路延伸方向为 y 轴 $(0\leqslant y\leqslant 500)$, 山坡的高度为

$$z=10\left(\sin\dfrac{\pi}{500}y+\sin\dfrac{\pi}{20}x\right)$$

试计算所需挖掉的土方量.

7. 某城市的形状呈直角三角形, 若以两直角边为坐标轴建立坐标系, 则位于 x 轴和 y 轴上的城市长度各为 16km 和 12km. 根据多年的税收统计资料分析, 税收情况与地理位置的关系大体为

$$R(x,y)=20x+10y(单位:万元/平方千米)$$

试计算该城市总的税收收入.

4.9

极坐标下二重积分的计算

学习要求

1. 了解极坐标系的相关概念, 掌握常见平面曲线的极坐标方程.

2. 掌握极坐标下二重积分的计算方法.

4.9.1 极坐标系

1. 极坐标系

我们知道, 平面内一点 P 的位置可以通过建立平面直角坐标系来确定. 但直角坐标系在某些情况下用起来不是太方便, 比如, 要确定大海上一艘船的位置. 我们还有什么方法来确定平面内点的位置? 实际上, 如果知道平面内 P 点到一定点 O 的距离和 OP 与一固定射线间的夹角, 就可以确定 P 点在平面上的位置, 这就是极坐标系.

在平面内取一点定点 O, 引一条射线 Ox, 再选定一个长度单位和角度的正方向(通常取逆时针方

向). 设 P 点为平面内 O 点外的任意一点,则 P 点的位置就可以用 OP 的长度 r 和 OP 与 Ox 正向的夹角 θ 来表示. 这样就建立了一个极坐标系(如图 4.53 所示),O 点称为**极点**,Ox 称为**极轴**,r 称为点 P 的**极径**,θ 称为点 P 的**极角**,(r,θ) 称为点 P 的**极坐标**,记为 $P(r,\theta)$.

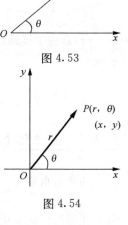

图 4.53

图 4.54

2. 极坐标与直角坐标的关系

如果以极点 O 为原点,以极轴 Ox 作为 x 轴的正半轴,并且取相同的长度单位,建立直角坐标系(如图 4.54 所示),那么平面内同一点的极坐标 (r,θ) 与直角坐标 (x,y) 之间有下面的关系.

$$x=r\cos\theta, y=r\sin\theta(r>0,\theta\text{取最小正角})$$

3. 常见曲线的极坐标方程

(1)圆(如图 4.55 所示).

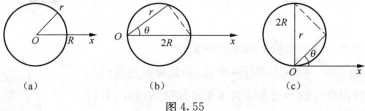

图 4.55

(a)圆心在极点,半径为 R 的圆. 其直角坐标方程为 $x^2+y^2=R^2$,其极坐标方程为
$$r=R(0\leqslant\theta\leqslant 2\pi)$$

(b)圆心在极轴上,半径为 R,且过极点的圆. 其直角坐标方程为 $(x-R)^2+y^2=R^2$,其极坐标方程为
$$r=2R\cos\theta\left(-\frac{\pi}{2}\leqslant\theta\leqslant\frac{\pi}{2}\right)$$

(c)半径为 R,与极轴相切于极点的圆. 其直角坐标方程为 $x^2+(y-R)^2=R^2$,其极坐标方程为
$$r=2R\sin\theta(0\leqslant\theta\leqslant\pi)$$

(2)直线(如图 4.56 所示).

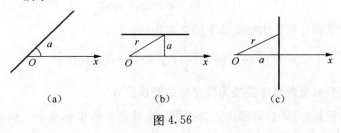

图 4.56

(a)过极点与极轴 Ox 的夹角为 α 的直线. 若其直角坐标方程为 $y=kx(k=\tan\alpha)$,则其极坐标方程为
$$\theta=\alpha$$

(b)平行于极轴 Ox 且与极轴 Ox 的距离为 $a(a>0)$ 的直线,若其直角坐标方程为 $y=a$,则其极坐

标方程为

$$r = \frac{a}{\sin\theta}(0 < \theta < \pi)$$

(c)垂直于极轴 Ox 且与极点 O 的距离为 $a(a>0)$ 的直线,若其直角坐标方程为 $x=a$,则其极坐标方程为

$$r = \frac{a}{\cos\theta}\left(-\frac{\pi}{2} < \theta < \frac{\pi}{2}\right)$$

4.9.2 极坐标下二重积分的计算

如果二重积分 $\iint\limits_{D} f(x,y)\mathrm{d}\sigma$ 积分区域 D 的边界曲线用极坐标方程表示比较简便(如圆、圆环或其部分),或者被积函数用极坐标变量表示比较简单(如含有 x^2+y^2,$\frac{y}{x}$,$\frac{x}{y}$ 等形式)时,利用极坐标计算二重积分比较简便.

下面先讨论二重积分在极坐标下的表示形式.

用以极点 O 为中心的一族同心圆($r=$常数)和从极点出发的一族射线($\theta=$常数),将积分区域 D 分割成许多个小闭区域(如图4.57所示).选取一个 $\Delta\sigma$,这是一个曲边四边形区域,在不计高阶无穷小的情况下,可把它近似地看成一个小矩形区域,矩形两边的长分别为 $\mathrm{d}r$、$r\mathrm{d}\theta$,因此,曲边四边形的面积

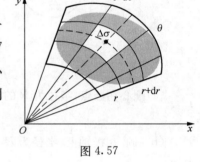

图 4.57

$$\Delta\sigma \approx r\mathrm{d}r\mathrm{d}\theta$$

由此得到**极坐标下的面积元素**

$$\mathrm{d}\sigma = r\mathrm{d}r\mathrm{d}\theta$$

而直角坐标与极坐标的关系为

$$x = r\cos\theta, y = r\sin\theta$$

于是被积函数可表示为

$$f(x,y) = f(r\cos\theta, r\sin\theta)$$

所以直角坐标下的二重积分可化为极坐标下的二重积分

$$\iint\limits_{D} f(x,y)\mathrm{d}x\mathrm{d}y = \iint\limits_{D} f(r\cos\theta, r\sin\theta)r\mathrm{d}r\mathrm{d}\theta$$

该式称为**二重积分由直角坐标变换为极坐标的变换公式**.

极坐标系下的二重积分,同样需要化为二次积分来计算.极坐标系下的积分区域 D 一般有以下两种情形.

(1)极点不在积分区域 D 内.

如图4.58(a)所示,积分区域 D 可表示为

$$\alpha \leqslant \theta \leqslant \beta, \varphi_1(\theta) \leqslant r \leqslant \varphi_2(\theta)$$

其中函数 $\varphi_1(\theta)$,$\varphi_2(\theta)$ 在 $[\alpha,\beta]$ 上连续.

于是

$$\iint\limits_{D} f(r\cos\theta, r\sin\theta)r\mathrm{d}r\mathrm{d}\theta = \int_{\alpha}^{\beta}\mathrm{d}\theta\int_{\varphi_1(\theta)}^{\varphi_2(\theta)} f(r\cos\theta, r\sin\theta)r\mathrm{d}r$$

如图 4.56(b) 所示,积分区域 D 可表示为

$$\alpha \leqslant \theta \leqslant \beta, 0 \leqslant r \leqslant \varphi(\theta)$$

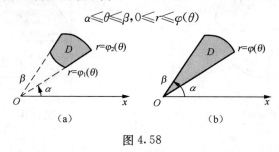

图 4.58

其中函数 $\varphi(\theta)$ 在 $[\alpha,\beta]$ 上连续.

于是

$$\iint\limits_{D} f(r\cos\theta, r\sin\theta)r\mathrm{d}r\mathrm{d}\theta = \int_{\alpha}^{\beta}\mathrm{d}\theta\int_{0}^{\varphi(\theta)} f(r\cos\theta, r\sin\theta)r\mathrm{d}r$$

(2) 极点在积分区域 D 内(如图 4.59 所示).

积分区域 D 可表示为

$$0 \leqslant \theta \leqslant 2\pi, 0 \leqslant r \leqslant \varphi(\theta)$$

于是

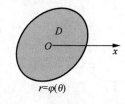

图 4.59

$$\iint\limits_{D} f(r\cos\theta, r\sin\theta)r\mathrm{d}r\mathrm{d}\theta = \int_{0}^{2\pi}\mathrm{d}\theta\int_{0}^{\varphi(\theta)} f(r\cos\theta, r\sin\theta)r\mathrm{d}r$$

由上面的讨论不难发现,将二重积分化为极坐标形式进行计算,其关键之处还是在于分清积分区域 D 的情形,并用不等式组准确表示出来.

【例 4.46】 计算 $\displaystyle\iint\limits_{D}\sqrt{x^2+y^2}\mathrm{d}x\mathrm{d}y$,其中 D 是

(1) 由曲线 $x^2+y^2=1$ 与 $x^2+y^2=4$ 所围成的圆环形区域.

(2) 由曲线 $x^2+y^2=2x$ 所围成的平面区域.

(3) 由区域 $x^2+y^2\geqslant 1$ 和 $x^2+y^2\leqslant 2x$ 在第一象限的公共部分.

【解】 (1) 在极坐标下,积分区域 D(如图 4.60 所示)可表示为

$$0 \leqslant \theta \leqslant 2\pi, 1 \leqslant r \leqslant 2$$

所以

$$\iint\limits_{D}\sqrt{x^2+y^2}\mathrm{d}x\mathrm{d}y = \int_{0}^{2\pi}\mathrm{d}\theta\int_{1}^{2} r\cdot r\mathrm{d}r$$

$$=2\pi\cdot\frac{7}{3}=\frac{14}{3}\pi$$

(2) 该圆的极坐标方程为 $r=2\cos\theta$,在极坐标下,积分区域 D(如图 4.61 所示)可表示为

$$-\frac{\pi}{2} \leqslant \theta \leqslant \frac{\pi}{2}, 0 \leqslant r \leqslant 2\cos\theta$$

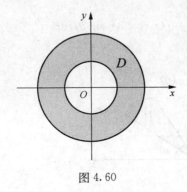

图 4.60

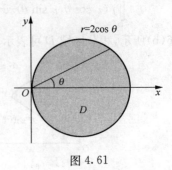

图 4.61

所以

$$\iint_D \sqrt{x^2+y^2}\,\mathrm{d}x\mathrm{d}y = \int_{-\frac{\pi}{2}}^{\frac{\pi}{2}}\mathrm{d}\theta\int_0^{2\cos\theta} r\cdot r\mathrm{d}r$$

$$= \frac{8}{3}\int_{-\frac{\pi}{2}}^{\frac{\pi}{2}}\cos^3\theta\mathrm{d}\theta = \frac{8}{3}\int_{-\frac{\pi}{2}}^{\frac{\pi}{2}}(1-\sin^2\theta)\mathrm{d}(\sin\theta)$$

$$= \frac{8}{3}\sin\theta\Big|_{-\frac{\pi}{2}}^{\frac{\pi}{2}} - \frac{8}{3}\cdot\frac{1}{3}\sin^3\theta\Big|_{-\frac{\pi}{2}}^{\frac{\pi}{2}} = \frac{32}{9}$$

(3)在极坐标下,积分区域 D 如图 4.62 所示.

求两个圆在第一象限的交点. 由两个圆的极坐标方程 $r=1$, $r=2\cos\theta$, 令

$$2\cos\theta = 1$$

解得

$$\theta = \frac{\pi}{3}$$

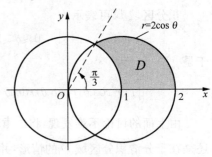

图 4.62

因此积分区域 D 可表示为

$$0\leqslant\theta\leqslant\frac{\pi}{3},\ 1\leqslant r\leqslant 2\cos\theta$$

所以

$$\iint_D \sqrt{x^2+y^2}\,\mathrm{d}x\mathrm{d}y = \int_0^{\frac{\pi}{3}}\mathrm{d}\theta\int_1^{2\cos\theta} r\cdot r\mathrm{d}r$$

$$= \frac{8}{3}\int_0^{\frac{\pi}{3}}\cos^3\theta\mathrm{d}\theta - \frac{1}{3}\int_0^{\frac{\pi}{3}}\mathrm{d}\theta$$

$$= \frac{8}{3}\sin\theta\Big|_0^{\frac{\pi}{3}} - \frac{8}{3}\cdot\frac{1}{3}\sin^3\theta\Big|_0^{\frac{\pi}{3}} - \frac{\pi}{9}$$

$$= \sqrt{3} - \frac{\pi}{9}$$

【例 4.47】 求由曲面 $z=x^2+2y^2$ 及 $z=6-2x^2-y^2$ 所围成的立体的体积.

【解】 该立体的简图,如图 4.63 所示.

求两曲面的交线,消去变量 z,得一母线平行于 z 轴的圆柱面 $x^2+y^2=2$,立体在 xOy 面的投影区

域就是该柱面在 xOy 面上所围成的区域.

$$D: x^2+y^2 \leqslant 2(极坐标表示为:0 \leqslant \theta \leqslant 2\pi, 0 \leqslant r \leqslant \sqrt{2})$$

所求的立体的体积可以看成以 $z=6-2x^2-y^2$ 为顶、以 D 为底的曲顶柱体的体积与以 $z=x^2+2y^2$ 为顶、以 D 为底的曲顶柱体的体积的差,即

$$V = \iint_D [(6-2x^2-y^2)-(x^2+2y^2)]\mathrm{d}\sigma$$
$$= 6\iint_D \mathrm{d}\sigma - 3\iint_D (x^2+y^2)\mathrm{d}\sigma$$

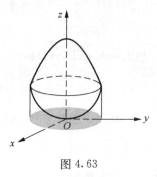

图 4.63

而

$$\iint_D \mathrm{d}\sigma = 2\pi, \iint_D (x^2+y^2)\mathrm{d}x\mathrm{d}y = \int_0^{2\pi}\mathrm{d}\theta\int_0^{\sqrt{2}} r^3\mathrm{d}r = 2\pi$$

因此,所求立体的体积为

$$V=12\pi-6\pi=6\pi$$

【例 4.48】 计算 $\iint_D \mathrm{e}^{-x^2-y^2}\mathrm{d}x\mathrm{d}y$,其中 D 是由中心在原点、半径为 R 的圆周所围成的闭区域.

【解】 在极坐标下,闭区域 D 可表示为

$$0 \leqslant \theta \leqslant 2\pi, 0 \leqslant r \leqslant R$$

于是

$$\iint_D \mathrm{e}^{-x^2-y^2}\mathrm{d}x\mathrm{d}y = \iint_D \mathrm{e}^{-r^2} r\mathrm{d}r\mathrm{d}\theta$$
$$= \int_0^{2\pi}\mathrm{d}\theta\int_0^R r\mathrm{e}^{-r^2}\mathrm{d}r = 2\pi\left(-\frac{1}{2}\mathrm{e}^{-r^2}\right)\Big|_0^R = \pi(1-\mathrm{e}^{-R^2})$$

4.9.3 无界区域上的反常二重积分

与一元函数在无穷区间上的反常积分类似,如果二元函数的积分区域是无界的,则可以定义无界区域上的反常二重积分.

定义 4.9 设 D 是平面上一无界区域,函数 $f(x,y)$ 在 D 上有定义,用任意光滑或分段光滑曲线 C 在 D 中划出有界区域 D_C(如图 4.64所示). 若 $\iint_{D_C} f(x,y)\mathrm{d}\sigma$ 存在,且当曲线 C 连续变动,使区域 D_C 以任意过程扩展而趋于 D 时,$\lim\limits_{D_C \to D}\iint_{D_C} f(x,y)\mathrm{d}\sigma = I$,则称 $\iint_D f(x,y)\mathrm{d}\sigma$ 收敛于 I,即

$$\iint_D f(x,y)\mathrm{d}\sigma = \lim_{D_C \to D}\iint_{D_C} f(x,y)\mathrm{d}\sigma = I$$

否则,称 $\iint_{D_C} f(x,y)\mathrm{d}\sigma$ 发散.

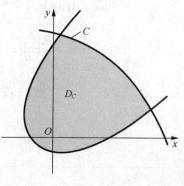

图 4.64

【例 4.49】 计算 $\iint_D \mathrm{e}^{-x^2-y^2}\mathrm{d}x\mathrm{d}y$,其中 D 为全平面.

【解】 设 D_R 是以原点为圆心、半径为 R 的圆域,由例 4.48 得

$$\iint_{D_R} e^{-(x^2+y^2)} d\sigma = \pi(1 - e^{-R^2})$$

当 $R \to +\infty, D_R \to D$ 时

$$\iint_D e^{-(x^2+y^2)} d\sigma = \lim_{R \to +\infty} \iint_{D_R} e^{-(x^2+y^2)} d\sigma = \lim_{R \to +\infty} \pi(1 - e^{-R^2}) = \pi$$

利用本题的结果,可以得到泊松积分

$$\int_{-\infty}^{+\infty} e^{-x^2} dx = \sqrt{\pi}$$

这是因为

$$\iint_D e^{-(x^2+y^2)} d\sigma = \int_{-\infty}^{+\infty} e^{-x^2} dx \cdot \int_{-\infty}^{+\infty} e^{-y^2} dy$$

$$= \left(\int_{-\infty}^{+\infty} e^{-x^2} dx \right)^2 = \pi$$

利用泊松积分,还可以证明概率论中的一个重要结果

$$\int_{-\infty}^{+\infty} \frac{1}{\sqrt{2\pi}} e^{-\frac{x^2}{2}} dx = 1$$

【思考】 如何证明这一结果?

在本书第 3 章 Γ 函数部分,曾直接应用了 $\Gamma\left(\dfrac{1}{2}\right) = \sqrt{\pi}$,下面利用泊松积分进行证明.

因为 $\displaystyle\int_{-\infty}^{+\infty} e^{-x^2} dx = 2\int_0^{+\infty} e^{-x^2} dx \overset{x^2=t}{=\!=\!=} 2\int_0^{+\infty} e^{-t} d\sqrt{t}$

$$= \int_0^{+\infty} t^{-\frac{1}{2}} e^{-t} dt = \Gamma\left(\frac{1}{2}\right) = \sqrt{\pi}$$

【例 4.50】 计算二重积分 $\displaystyle\iint_D x e^{-y^2} dx dy$,其中 D 是曲线 $y = 4x^2$ 与 $y = 9x^2$ 在第一象限围成的无界区域(如图 4.65 所示).

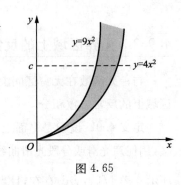

图 4.65

【解】 取 $y = c$,与无界区域围成闭区域 D_C.

$$\iint_{D_0} x e^{-y^2} dx dy = \int_0^c e^{-y^2} dy \int_{\frac{1}{3}\sqrt{y}}^{\frac{1}{2}\sqrt{y}} x dx = \frac{5}{144}(1 - e^{-c^2})$$

$$\iint_D x e^{-y^2} dx dy = \lim_{D_0 \to D} \iint_{D_0} x e^{-y^2} dx dy = \lim_{c \to +\infty} \int_0^c e^{-y^2} dy \int_{\frac{1}{3}\sqrt{y}}^{\frac{1}{2}\sqrt{y}} x dx$$

$$= \lim_{c \to +\infty} \frac{5}{144}(1 - e^{-c^2}) = \frac{5}{144}$$

习题 4.9

1. 画出下列积分区域,把积分 $\displaystyle\iint_D f(x,y) dx dy$ 表示为极坐标下的二次积分.

(1) $D = \{(x,y) \mid x^2 + y^2 \leqslant 4, x \geqslant 0\}$

(2) $D = \{(x,y) \mid x^2 + y^2 \leqslant 2y\}$

(3)$D=\{(x,y)\,|\,1\leqslant x^2+y^2\leqslant 4,x\geqslant 0\}$

(4)$D=\{(x,y)\,|\,0\leqslant x\leqslant 1,0\leqslant y\leqslant x\}$

2. 化下列二次积分为极坐标下的二次积分.

(1)$\displaystyle\int_0^1 \mathrm{d}y\int_0^{\sqrt{1-y^2}} f(x,y)\mathrm{d}x$ (2)$\displaystyle\int_0^1 \mathrm{d}x\int_{1-x}^{\sqrt{1-x^2}} f(x,y)\mathrm{d}y$

3. 利用极坐标计算下列二重积分.

(1)$\displaystyle\iint\limits_{D} e^{x^2+y^2}\mathrm{d}x\mathrm{d}y$,其中 D 是由曲线 $x^2+y^2=4$ 围成的闭区域.

(2)$\displaystyle\iint\limits_{D}(x^2+y^2)\mathrm{d}x\mathrm{d}y$,其中 D 是由曲线 $x^2+y^2=2x$ 与 x 轴所围成的上半部分闭区域.

(3)$\displaystyle\iint\limits_{D}\ln(1+x^2+y^2)\mathrm{d}x\mathrm{d}y$,其中 D 是由曲线 $x^2+y^2=4$ 及坐标轴所围成的第一象限部分.

(4)$\displaystyle\iint\limits_{D}\arctan\frac{y}{x}\mathrm{d}x\mathrm{d}y$,其中 D 是由曲线 $x^2+y^2=1,x^2+y^2=4$,直线 $x=0,y=0$ 所围成的第一象限部分.

4. 选用适当的坐标计算下列二重积分.

(1)$\displaystyle\iint\limits_{D}\frac{y^2}{x^2}\mathrm{d}\sigma$,其中 D 是由直线 $x=2,y=x$ 及双曲线 $xy=1$ 所围成的闭区域.

(2)$\displaystyle\iint\limits_{D}\sqrt{x^2+y^2}\mathrm{d}\sigma$,其中 D 是由曲线 $x^2+y^2=2y$ 围成的闭区域.

(3)$\displaystyle\iint\limits_{D}(x^2+y^2)\mathrm{d}\sigma$,其中 D 是由直线 $y=x,y=1,y=2,x=0$ 围成的闭区域.

(4)$\displaystyle\iint\limits_{D}\frac{y}{x}\mathrm{d}\sigma$,其中 D 是由曲线 $x^2+y^2=4$,直线 $y=\sqrt{3}x,x$ 轴在第一象限围成的闭区域.

5. 求下列反常二重积分.

(1)$\displaystyle\iint\limits_{D} e^{-(x+y)}\mathrm{d}x\mathrm{d}y,D:x\geqslant 0,y\geqslant x$.

(2)$\displaystyle\iint\limits_{D}\frac{1}{(x^2+y^2)^2}\mathrm{d}x\mathrm{d}y,D:x^2+y^2\geqslant 1,y>0$.

6. 求由曲面 $z=9-2x^2-2y^2$,柱面 $x^2+y^2=4$ 及 xOy 平面所围成的立体的体积.

第 4 章　复习题

(A)组

1. 填空题.

(1)多元函数偏导存在是多元函数可微的_____条件.

(2)多元函数可微是多元函数连续的_____条件.

(3)二元函数 $z=f(x,y)$ 当 $(x,y)\rightarrow(x_0,y_0)$ 时的极限存在是函数在该点连续的_____条件.

(4)多元函数偏导存在且连续是多元函数可微的_____条件.

(5)如果二元函数 $z=f(x,y)$ 的两个二阶混合偏导数在区域 D 内连续,则它们_____.

(6)如果二元函数 $z=f(x,y)$ 在点 (x_0,y_0) 处具有偏导数,那么在该点取得极值的必要条件是

_____.

2. 选择题.

(1)二元函数 $z=f(x,y)$ 有下面 4 条性质.

① $z=f(x,y)$ 在点 (x_0,y_0) 处连续

② $z=f(x,y)$ 在点 (x_0,y_0) 处的两个偏导数存在且连续

③ $z=f(x,y)$ 在点 (x_0,y_0) 处可微

④ $z=f(x,y)$ 在点 (x_0,y_0) 处的两个偏导数存在

若用"$P \Rightarrow Q$"表示性质 P 可推出性质 Q,则有(   ).

(A)②⇒③⇒①   (B)③⇒②⇒①

(C)③⇒④⇒①   (D)③⇒①⇒④

(2)函数 $z=f(x,y)$ 在可微的充分条件是(   ).

(A) $f(x,y)$ 在 (x_0,y_0) 连续

(B) $f'_x(x,y)$ 与 $f'_y(x,y)$ 在 (x_0,y_0) 的某邻域内存在

(C) $\Delta z - f'_x(x,y)\Delta x - f'_y(x,y)\Delta y$ 当 $\sqrt{(\Delta x)^2+(\Delta y)^2} \to 0$ 时是无穷小量

(D) $\dfrac{\Delta z - f'_x(x,y)\Delta x - f'_y(x,y)\Delta y}{\sqrt{(\Delta x)^2+(\Delta y)^2}}$ 当 $\sqrt{(\Delta x)^2+(\Delta y)^2} \to 0$ 时是无穷小量

(3)设平面区域 D 由直线 $x=0,y=0,x+y=\dfrac{1}{2},x+y=1$ 围成,若 $I_1=\iint\limits_{D}[\ln(x+y)]^7 \mathrm{d}x\mathrm{d}y$,

$I_2=\iint\limits_{D}(x+y)^7 \mathrm{d}x\mathrm{d}y$,则 I_1,I_2 之间的关系是(   ).

(A) $I_1 < I_2$ (B) $I_1 > I_2$ (C) $I_1 = I_2$ (D) 无法判断大小

(4)交换积分次序:$\displaystyle\int_0^1 \mathrm{d}y \int_0^y f(x,y)\mathrm{d}x =$(   ).

(A) $\displaystyle\int_0^1 \mathrm{d}x \int_0^y f(x,y)\mathrm{d}y$ (B) $\displaystyle\int_0^1 \mathrm{d}x \int_x^1 f(x,y)\mathrm{d}y$

(C) $\displaystyle\int_0^y \mathrm{d}x \int_0^1 f(x,y)\mathrm{d}y$ (D) $\displaystyle\int_x^1 \mathrm{d}x \int_0^1 f(x,y)\mathrm{d}y$

(5)设 $f(x,y)=xy$,则 $\mathrm{d}f(1,2)$ 的值为(   ).

(A) $2\mathrm{d}y$ (B) $\mathrm{d}x+2\mathrm{d}y$ (C) $2\mathrm{d}x+\mathrm{d}y$ (D) $2\mathrm{d}x$

(6)设 $f(x,y)$ 为二元连续函数,且 $\iint\limits_{D}f(x,y)\mathrm{d}x\mathrm{d}y = \displaystyle\int_1^2 \mathrm{d}y \int_y^2 f(x,y)\mathrm{d}x$,则积分区域 D 用不等式组

可以表示为(   ).

(A) $\begin{cases} 1 \leqslant x \leqslant 2 \\ 1 \leqslant y \leqslant x \end{cases}$ (B) $\begin{cases} 1 \leqslant x \leqslant 2 \\ x \leqslant y \leqslant 2 \end{cases}$ (C) $\begin{cases} 1 \leqslant y \leqslant 2 \\ 1 \leqslant x \leqslant y \end{cases}$ (D) $\begin{cases} 1 \leqslant x \leqslant 2 \\ 1 \leqslant y \leqslant 2 \end{cases}$

3. 求下列函数的定义域.

$(1) z = \dfrac{\ln(y^2 - 2x)}{\sqrt{x^2 - 1}}$ $(2) z = \sqrt{x - \sqrt{y}}$

4. 求下列函数的偏导数.

(1) 设 $z = x^3 + y^3 - 3xy$, 求 $\dfrac{\partial z}{\partial x}, \dfrac{\partial z}{\partial y}, \dfrac{\partial^2 z}{\partial x^2}$

(2) 设 $z = \dfrac{x - y}{x + y}$, 求 $\dfrac{\partial z}{\partial x}, \dfrac{\partial z}{\partial y}$

(3) 设 $f(x, y) = x e^x \sin y$, 求 $\dfrac{\partial z}{\partial x}, \dfrac{\partial z}{\partial y}, \dfrac{\partial^2 z}{\partial x \partial y}$

(4) 设 $z = u \arctan(uv)$, $u = x^2$, $v = y e^x$, 求 $\dfrac{\partial z}{\partial x}, \dfrac{\partial z}{\partial y}$

(5) 设 $u = \dfrac{x}{y} + \dfrac{y}{z}$, $x = \sqrt{t}$, $y = \cos 2t$, $z = e^{-3t}$, 求 $\dfrac{\mathrm{d}u}{\mathrm{d}t}$

(6) 设 $u = e^{x^2 + y^2 + z^2}$, $z = x^2 \sin y$, 求 $\dfrac{\partial u}{\partial x}, \dfrac{\partial u}{\partial y}$

(7) 设 $z = (x + 2y)^{x + 2y}$, 求 $\dfrac{\partial z}{\partial x}, \dfrac{\partial z}{\partial y}$

(8) 设 $z = f(xy, x^2 + y^2)$, 求 $\dfrac{\partial z}{\partial x}, \dfrac{\partial z}{\partial y}$

(9) 设 $u = f(x, xy, xyz)$, 求 $\dfrac{\partial u}{\partial x}, \dfrac{\partial u}{\partial y}, \dfrac{\partial u}{\partial z}$

(10) 设 $z = x^2 y f(x^2 - y^2, xy)$, 求 $\dfrac{\partial z}{\partial x}, \dfrac{\partial z}{\partial y}$

(11) 设 $z = f\left(x, \dfrac{y}{x}\right)$, 求 $\dfrac{\partial^2 z}{\partial x^2}, \dfrac{\partial^2 z}{\partial y^2}$

(12) 设 $z = x f\left(2x, \dfrac{y^2}{x}\right)$, 求 $\dfrac{\partial^2 z}{\partial x \partial y}$

5. 求下列方程所确定的隐函数 $z = z(x, y)$ 的偏导数.

(1) 设方程为 $\dfrac{x}{z} = \ln \dfrac{z}{y}$, 求 $\dfrac{\partial z}{\partial x}, \dfrac{\partial z}{\partial y}, \dfrac{\partial^2 z}{\partial x \partial y}$

(2) 设方程为 $z^5 - xz^4 + yz^3 = 1$, 求 $\dfrac{\partial z}{\partial x}\Big|_{(0,0)}, \dfrac{\partial z}{\partial y}\Big|_{(0,0)}$

6. 求下列函数的全微分.

(1) 设 $z = \arctan \dfrac{x + y}{x - y}$, 求 $\mathrm{d}z$

(2) 设 $z = \dfrac{x}{x^2 + y^2}$, 求 $\mathrm{d}z$

(3) 设 $z = z(x, y)$ 由方程 $x e^x - y e^y = z e^z$ 所确定, 求 $\mathrm{d}z$

7. 设函数 $f(x, y) = y^3 - x^2 + 6x - 12y + 25$, 求函数的极值.

8. 求函数 $z = x^2 - xy + y^2$ 在 $|x| + |y| \leqslant 1$ 上的最大值和最小值.

9. 设某工厂生产甲、乙两种产品, 产量分别为 x 和 y(单位:千件), 利润函数 $\pi(x, y) = 4x - x^2 +$

$8y-2y^2+20$(单位:万元). 已知生产这两种产品时,甲产品每千件需消耗某种原料 1 000kg,乙产品每千件需消耗某种原料 2 000kg,现有该原料 12 000kg,问两种产品各生产多少千件时,总利润最大?最大总利润为多少?

10. 在平面 $3x-2z=0$ 上求一点,使它与点 $A(1,1,1)$ 和 $B(2,3,4)$ 的距离的平方和为最小.

11. 计算下列二重积分.

(1) $\iint\limits_{D} 2xy\mathrm{d}x\mathrm{d}y$,其中 D 是由直线 $x=2$,$y=x$ 及曲线 $xy=1$ 所围成的区域

(2) $\iint\limits_{D} \dfrac{y^2}{x^2}\mathrm{d}x\mathrm{d}y$,其中 D 是由直线 $y=2$,$y=x$ 及曲线 $xy=2$ 所围成的区域

(3) $\iint\limits_{D} \dfrac{\sin x}{x}\mathrm{d}x\mathrm{d}y$,其中 D 是由直线 $y=x$ 及曲线 $y=x^2$ 所围成的区域

(4) $\iint\limits_{D} (x^2+y^2)\mathrm{d}x\mathrm{d}y$,$D=\left\{(x,y)\mid \sqrt{2x-x^2}\leqslant y\leqslant\sqrt{4-x^2}\right\}$

(5) $\iint\limits_{D} \arctan\dfrac{y}{x}\mathrm{d}x\mathrm{d}y$,其中 D 是由曲线 $y=\sqrt{4-x^2}$,直线 $y=x$,$y=0$,$x=1$ 所围成的区域

(6) $\iint\limits_{D} \dfrac{1}{\sqrt{x^2+y^2}}\mathrm{d}x\mathrm{d}y$,其中 D 是由 x 轴、圆 $x^2+y^2=1$ 的外部和圆 $x^2+y^2-2x=0(y\geqslant 0)$ 所围成的区域

12. 交换下列二次积分次序.

(1) $\displaystyle\int_0^{\frac{\pi}{2}}\mathrm{d}y\int_y^{\sqrt{\pi y/2}}\dfrac{\sin x}{x}\mathrm{d}x$ 　　　　(2) $\displaystyle\int_{\frac{1}{4}}^{\frac{1}{2}}\mathrm{d}y\int_{\frac{1}{2}}^{\sqrt{y}}\mathrm{e}^{\frac{x}{x}}\mathrm{d}x+\int_{\frac{1}{2}}^{1}\mathrm{d}y\int_{y}^{\sqrt{y}}\mathrm{e}^{\frac{x}{x}}\mathrm{d}x$

13. 利用二重积分计算下列曲线所围成的区域的面积.

(1)由 x 轴、圆 $x^2+y^2=1$ 的外部和圆 $x^2+y^2-2x=0(y\geqslant 0)$ 所围成的区域

(2)由直线 $y=3$,$y=x$ 及曲线 $xy=1$ 所围成的区域

14. 计算下列立体的体积.

(1)由椭圆抛物面 $z=3-x^2-y^2$ 和圆柱面 $x^2+y^2=1$ 及平面 $z=0$ 所围成

(2)由椭圆抛物面 $z=1-x^2-y^2$ 和平面 $y=x$,$y=\sqrt{3}x$,$z=0$ 所围成

(B)组

1.(2013 年数学三)设 D_k 是圆域 $D=\{(x,y)\mid x^2+y^2\leqslant 1\}$ 位于第 k 象限的部分,记 $I_k=\iint\limits_{D_k}(y-x)\mathrm{d}x\mathrm{d}y(k=1,2,3,4)$,则(　　　).

(A)$I_1>0$ 　　　　(B)$I_2>0$ 　　　　(C)$I_3>0$ 　　　　(D)$I_4>0$

2.(2012 年数学三)设函数 $f(t)$ 连续,则二次积分 $\displaystyle\int_0^{\frac{\pi}{2}}\mathrm{d}\theta\int_{2\cos\theta}^{2}f(r^2)r\mathrm{d}r=$(　　　).

(A)$\displaystyle\int_0^2\mathrm{d}x\int_{\sqrt{2x-x^2}}^{\sqrt{4-x^2}}\sqrt{x^2+y^2}f(x^2+y^2)\mathrm{d}y$ 　　(B)$\displaystyle\int_0^2\mathrm{d}x\int_{\sqrt{2x-x^2}}^{\sqrt{4-x^2}}f(x^2+y^2)\mathrm{d}y$

(C)$\displaystyle\int_0^2\mathrm{d}y\int_{1+\sqrt{1+y^2}}^{\sqrt{4-y^2}}\sqrt{x^2+y^2}f(x^2+y^2)\mathrm{d}x$ 　　(D)$\displaystyle\int_0^2\mathrm{d}y\int_{1+\sqrt{1+y^2}}^{\sqrt{4-y^2}}f(x^2+y^2)\mathrm{d}x$

3. (2009 年数学三)设 $z=(x+e^y)^x$,则 $\dfrac{\partial z}{\partial x}\Big|_{(1,0)}=$ _____.

4. (2013 年数学三)设函数 $z=z(x,y)$ 由方程 $(z+y)^x=xy$ 确定,则 $\dfrac{\partial z}{\partial x}\Big|_{(1,2)}=$ _____.

5. (2011 年数学三)设函数 $z=\left(1+\dfrac{x}{y}\right)^{\frac{x}{y}}$,求 $\mathrm{d}z|_{(1,1)}=$ _____.

6. (2012 年数学三)设连续函数满足 $\lim\limits_{\substack{x\to 0\\y\to 1}}\dfrac{f(x,y)-2x+y-2}{\sqrt{x^2+(y-1)^2}}=0$,则 $\mathrm{d}z|_{(0,1)}=$ _____.

7. (2009 年数学三)求二元函数 $f(x,y)=x^2(2+y^2)+y\ln y$ 的极值.

8. (2009 年数学三)计算二重积分 $\iint\limits_D (x-y)\mathrm{d}x\mathrm{d}y$,其中 $D=[(x,y)\mid (x-1)^2+(y-1)^2\leqslant 2,y\geqslant x]$.

9. (2011 年数学三)已知函数 $f(u,v)$ 具有二阶连续偏导数,$f(1,1)=2$ 是 $f(u,v)$ 的极值,$z=f[(x+y),f(x,y)]$,求 $\dfrac{\partial^2 z}{\partial x\partial y}\Big|_{(1,1)}$.

10. (2012 年数学三)计算二重积分 $\iint\limits_D e^x xy\mathrm{d}x\mathrm{d}y$,其中 D 为曲线 $y=\sqrt{x}$,$y=\dfrac{1}{\sqrt{x}}$ 及 y 轴为边界的无界区域.

11. (2013 年数学三)设平面区域 D 由直线 $x=3y$,$y=3x$ 及 $x+y=8$ 围成,计算 $\iint\limits_D x^2\mathrm{d}x\mathrm{d}y$.

12. (2014 年数学三)设平面区域 $D=\{(x,y)\mid 1\leqslant x^2+y^2\leqslant 4,x\geqslant 0,y\geqslant 0\}$,计算 $\iint\limits_D \dfrac{x\sin(\pi\sqrt{x^2+y^2})}{x+y}\mathrm{d}x\mathrm{d}y$.

13. (2014 年数学三)二次积分 $\int_0^1\mathrm{d}y\int_y^1\left(\dfrac{e^{x^2}}{x}-e^{y^2}\right)\mathrm{d}x$.

14. (2010 年数学三)计算二重积分 $\iint\limits_D (x+y)^3\mathrm{d}\sigma$,其中平面区域 D 由曲线 $x=\sqrt{1+y^2}$ 与直线 $x+\sqrt{2}y=0$ 及 $x-\sqrt{2}y=0$ 所围成.

15. (2010 年数学三)求函数 $u=xy+2yz$ 在约束条件 $x^2+y^2+z^2=10$ 下的最大值和最小值.

16. (2012 年数学三)某企业为生产甲、乙两种型号的产品,投入固定成本 10 000(万元).设该企业生产甲、乙两种产品的产量分别为 x 件和 y 件,且固定两种产品的边际成本为 $20+\dfrac{x}{2}$(万元/件)与 $y+6$(万元/件).

(1)求生产甲、乙两种产品的总成本函数 $C(x,y)$(万元).

(2)当总产量为 50 件时,甲、乙两种产品的产量各为多少时可以使总成本最小? 求最小的成本.

(3)求总产量为 50 件时且总成本最小时甲产品的边际成本,并解释其经济意义.

第5章 | 微分方程与差分方程

很多实际问题的解决,往往是通过建立问题中相关变量之间的函数关系来实现的. 但科学技术、经济管理等方面的实际问题,常常得到的不是直接的相关变量之间的函数关系,而是相关变量和它们的导数或微分的方程,即微分方程. 通过求解微分方程,从而找到这些变量间的函数关系. 因此,微分方程是数学应用于实际的重要途径和桥梁,为多个学科的研究提供了强有力的工具. 微分方程是数学中的重要分支之一,大致和微积分同时产生,并随着实际需要而发展,已经具有完整的理论体系. 本章主要介绍常微分方程的一些基本概念,常见的一阶、二阶微分方程的求解方法及其在经济学中的简单应用.

在经济和其他一些领域的实际问题中,很多数据是按相等时间间隔周期统计而得,因此,有些变量的取值是离散变化的,差分方程是研究离散型变量的有力工具. 本章将介绍差分和差分方程的基本概念,一阶常系数线性差分方程的求解方法及其在经济学中的简单应用.

5.1 | 微分方程的基本概念

学习要求

1. 了解微分方程及其阶、解、通解、初始条件和特解等概念.
2. 了解线性微分方程的概念,会辨别微分方程是否线性.

5.1.1 微分方程的概念

1. 引例 1——自由落体运动

我们知道,自由落体运动是初速度为 0 的匀加速运动. 如果运动路程与时间的关系表示为 $s=s(t)$,那么有

$$\begin{cases} \dfrac{\mathrm{d}^2 s}{\mathrm{d}t^2}=g \\ s(0)=0, \quad \dfrac{\mathrm{d}s}{\mathrm{d}t}\Big|_{t=0}=0 \end{cases}$$

对 $\dfrac{\mathrm{d}^2 s}{\mathrm{d}t^2}=g$ 两边求积分,得 $\dfrac{\mathrm{d}s}{\mathrm{d}t}=gt+C_1$,两边再求积分,得

$$s(t)=\frac{1}{2}gt^2+C_1 t+C_2 \text{(其中 } C_1,C_2 \text{ 为任意常数)}$$

由 $\dfrac{\mathrm{d}s}{\mathrm{d}t}\Big|_{t=0}=0$,得 $C_1=0$,由 $s(0)=0$,得 $C_2=0$,所以有

$$s(t)=\frac{1}{2}gt^2$$

2. 引例2——人口指数增长模型

人口学家马尔萨斯根据一百多年的人口统计资料,在 1798 年提出人口指数增长模型,也称为马尔萨斯模型. 他认为,如果人口增长率只与自然出生率和自然死亡率有关,那么人口增长率与人口数量成正比.

设时刻 t 的人口数量为 $N(t)$,人口增长率为 $\dfrac{\mathrm{d}N}{\mathrm{d}t}$,则有

$$\frac{\mathrm{d}N}{\mathrm{d}t}=kN$$

其中比例常数 $k=a-b$,a 为自然出生率,b 为自然死亡率.

3. 引例3——商品的价格调整模型

设某商品在时刻 t 的售价为 P,需求函数和供给函数分别为

$$D(P)=a-bP \quad 与 \quad S(P)=-c+dP$$

其中 a、b、c、d 均为正常数,那么在时刻 t 的售价 $P(t)$ 对于时间 t 的变化率与该商品在同一时刻的超额需求量 $D(P)-S(P)$ 成正比,则有

$$\frac{\mathrm{d}P}{\mathrm{d}t}=k[D(P)-S(P)] \quad (k>0)$$

以上 3 个例子中,都得到了含有未知函数导数的等式,这些就是微分方程. 一般地,含有未知函数及未知函数的导数或微分的方程称为**微分方程**. 未知函数是一元函数的微分方程称为**常微分方程**,未知函数是多元函数的微分方程称为**偏微分方程**.

在微分方程中所含未知函数导数的最高阶数称为**微分方程的阶**. 例如,方程 $\dfrac{\mathrm{d}s}{\mathrm{d}t}=gt$,$\dfrac{\mathrm{d}N}{\mathrm{d}t}=kN$,$\dfrac{\mathrm{d}P}{\mathrm{d}t}=k[D(P)-S(P)]$ 都是一阶常微分方程,方程 $\dfrac{\mathrm{d}^2s}{\mathrm{d}t^2}=g$ 是二阶常微分方程,方程 $x\dfrac{\partial z}{\partial y}+y\dfrac{\partial z}{\partial x}=1$ 是一阶偏微分方程.

由于本章只讨论常微分方程的基本知识,后面提到微分方程或方程,均指常微分方程.

n 阶微分方程的一般形式为

$$F(x,y,y',\cdots,y^{(n)})=0$$

其中 x 是自变量,y 是未知函数,$y',\cdots,y^{(n)}$ 是未知函数的导数,n 阶微分方程中一定含有 $y^{(n)}$,而 $x,y,y',y'',\cdots,y^{(n-1)}$ 等可以不出现.

如果 n 阶微分方程可以表示为

$$y^{(n)}+a_1(x)y^{(n-1)}+\cdots+a_{n-1}(x)y'+a_n(x)y=f(x)$$

则称方程为 **n 阶线性微分方程**,其中系数 $a_1(x),a_2(x),\cdots,a_n(x)$ 都是自变量 x 的已知函数;如果系数为常数,则称为 **n 阶常系数线性微分方程**. 应该注意到 n 阶线性微分方程中的 $y,y',\cdots,y^{(n)}$ 都是一次的,否则,称为 **n 阶非线性微分方程**.

例如,$y'+xy=2$ 是一阶线性微分方程,$y''+5y'+6y=\mathrm{e}^x$ 是二阶常系数线性微分方程,$\dfrac{\mathrm{d}^2s}{\mathrm{d}t^2}+2\left(\dfrac{\mathrm{d}s}{\mathrm{d}t}\right)^2+1=0$ 和 $y''+2y'+y^3=3x$ 都是二阶非线性微分方程.

5.1.2 微分方程的解

如果函数 $y=f(x)$ 及其导数代入微分方程后能使方程成为恒等式,则函数 $y=f(x)$ 就称为**微分方程的解**. 如果微分方程的解中含有任意常数,且相互独立的任意常数的个数与方程的阶数相同,这样的解称为**微分方程的通解**;通解中任意常数取某一特定值时的解,称为**微分方程的特解**. 确定微分方程通解中的任意常数的附加条件称为**微分方程的初始条件**. 求微分方程满足初始条件的解的问题,称为**初值问题**.

例如,在引例 1 中求出的 $s(t)=\frac{1}{2}gt^2+C_1t+C_2$ 就是微分方程 $\frac{d^2s}{dt^2}=g$ 的通解,而 $s(t)=\frac{1}{2}gt^2$ 就是微分方程 $\frac{d^2s}{dt^2}=g$ 满足初始条件 $s(0)=0,\frac{ds}{dt}\Big|_{t=0}=0$ 的特解. 因此,引例 1 是一个初值问题.

微分方程的解的图形称为微分方程的**积分曲线**. 通解的图形是一簇积分曲线,而特解的图形则是依据初值条件确定的积分曲线簇中的某一条曲线.

【例 5.1】 验证函数 $y=C_1e^x+C_2e^{2x}$(C_1,C_2 为两个相互独立的任意常数)是二阶微分方程 $y''-3y'+2y=0$ 的通解.

【解】 由 $y=C_1e^x+C_2e^{2x}$ 得
$$y'=C_1e^x+2C_2e^{2x},y''=C_1e^x+4C_2e^{2x}$$
将 y、y'、y'' 代入方程的左边得
$$(C_1e^x+4C_2e^{2x})-3(C_1e^x+2C_2e^{2x})+2(C_1e^x+C_2e^{2x})$$
$$=(C_1-3C_1+2C_1)e^x+(4C_2-6C_2+2C_2)e^{2x}=0$$
因此函数 $y=C_1e^x+C_2e^{2x}$ 是微分方程 $y''-2y'+y=0$ 的解,又因为这个解中有两个相互独立的任意常数 C_1、C_2 与方程的阶数相同,所以它是方程 $y''-2y'+y=0$ 的通解.

【例 5.2】 求下列曲线簇所满足的微分方程.

(1)$y=Ce^{-kx}$.　　　　　(2)$y=C\sqrt{1+x^2}$.

【解】 由于曲线簇的方程中含有任意常数 C,所以关键在于消 C.

(1)由 $y=Ce^{-kx}$,得
$$ye^{kx}=C$$
于是
$$(ye^{kx})'=C'$$
即
$$y'e^{kx}+kye^{kx}=0$$
由 $e^{kx}\neq0$,故所满足的微分方程为
$$y'+ky=0$$

(2)由 $y=C\sqrt{1+x^2}$,得
$$\frac{y}{\sqrt{1+x^2}}=C$$

于是

$$\left(\frac{y}{\sqrt{1+x^2}}\right)'=0$$

即

$$\frac{y'\cdot\sqrt{1+x^2}-y\cdot\dfrac{1}{2\sqrt{1+x^2}}\cdot 2x}{1+x^2}=0$$

由于 $1+x^2\neq 0$,故所满足的微分方程为

$$y'-\frac{x}{1+x^2}y=0$$

习题 5.1

1. 指出下列微分方程的阶数,判断是否为线性微分方程.

(1) $x(y')^2-5y'+3y=1$

(2) $y''+2xy'+x^2y=3x$

(3) $\dfrac{\mathrm{d}^3 s}{\mathrm{d}t^3}+5\dfrac{\mathrm{d}^2 s}{\mathrm{d}t^2}+6\dfrac{\mathrm{d}s}{\mathrm{d}t}+s=3t$

(4) $x\mathrm{d}y+y\mathrm{d}x=0$

2. 求下列曲线簇所满足的微分方程.

(1) $y=\sin(x+C)$

(2) $x^2+Cy^2=1$

3. 判断下列各题所给函数是否为所给微分方程的通解.

(1) $y'=2y,y=C\mathrm{e}^{2x}$

(2) $y''=4y,y=C_1\mathrm{e}^{2x}+C_2\mathrm{e}^{-2x}$

(3) $y''-\dfrac{2}{x}y'+\dfrac{2y}{x^2}=0,y=C_1 x+C_2 x^2$

(4) $y''=1+(y')^2,y=x^2+C$

4. 已知 $y=(C_1+C_2 x)\mathrm{e}^{-x}(C_1,C_2$ 为任意常数$)$是方程 $y''+2y'+y=0$ 的通解,求满足初始条件 $y|_{x=0}=3$、$y'|_{x=0}=2$ 的特解.

5. 已知曲线在点 (x,y) 处的切线斜率等于该点的横坐标的平方,且曲线过点 $(2,5)$,求该曲线的方程.

一阶微分方程

学习要求

1. 熟悉可分离变量的微分方程、齐次微分方程和一阶线性微分方程的特征.

2. 掌握可分离变量的微分方程、齐次微分方程的解法.

3. 了解常数变易法,会用常数变易法或公式求解一阶非齐次线性微分方程.

4. 会用一阶微分方程求解简单的经济应用问题.

一阶微分方程的一般形式为

$$F(x,y,y')=0$$

如果从上式中可以解出 y'，则方程可写成

$$y'=f(x,y)$$

有时也写成如下的对称形式.

$$P(x,y)\mathrm{d}x+Q(x,y)\mathrm{d}y=0$$

下面介绍几类常见的一阶微分方程及其解法.

5.2.1 可分离变量的微分方程

如果一个微分方程能够化成

$$g(y)\mathrm{d}y=f(x)\mathrm{d}x$$

的形式，称原方程为**可分离变量的微分方程**，这里 $f(x),g(y)$ 分别是 x,y 的连续函数. 这类微分方程的特征是可以将未知函数与自变量分开，并置于等号的两边.

对方程 $g(y)\mathrm{d}y=f(x)\mathrm{d}x$ 两边求积分，有

$$\int g(y)\mathrm{d}y=\int f(x)\mathrm{d}x$$

如果 $g(y),f(x)$ 的原函数分别为 $G(y),F(x)$，则原微分方程的通解为

$$G(y)=F(x)+C \quad (C \text{ 为任意常数})$$

【例 5.3】 求微分方程 $\dfrac{\mathrm{d}y}{\mathrm{d}x}=x^2y$ 的通解.

【解】 分离变量，得

$$\frac{\mathrm{d}y}{y}=x^2\mathrm{d}x \quad (y\neq0)$$

两边求积分

$$\int\frac{\mathrm{d}y}{y}=\int x^2\mathrm{d}x$$

得

$$\ln|y|=\frac{1}{3}x^3+C_1$$

从而有

$$y=\pm e^{\frac{1}{3}x^3+C_1}=\pm e^{C_1}e^{\frac{1}{3}x^3}$$

令 $C=\pm e^{C_1}$，得

$$y=Ce^{\frac{1}{3}x^3}\text{（其中 }C\neq0\text{）}$$

由于 $y=0$ 也是该微分方程的解，所以方程的通解为

$$y=Ce^{\frac{1}{3}x^3}\text{（}C\text{ 为任意常数）}$$

【例 5.4】 求方程 $\dfrac{\mathrm{d}y}{\mathrm{d}x}-x(1+y^2)=0$ 满足初始条件 $y(0)=1$ 的特解.

【解】 分离变量，得

$$\frac{\mathrm{d}y}{1+y^2}=x\mathrm{d}x$$

两边求积分，有

$$\int\frac{\mathrm{d}y}{1+y^2}=\int x\mathrm{d}x$$

$$\arctan y=\frac{1}{2}x^2+C$$

故原方程的通解为

$$y=\tan\left(\frac{1}{2}x^2+C\right)(C\text{ 为任意常数})$$

由 $y(0)=1$，代入通解得

$$C=\frac{\pi}{4}$$

所求原方程的特解为

$$y=\tan\left(\frac{1}{2}x^2+\frac{\pi}{4}\right)$$

【例 5.5】 求 5.1 节引例 2 中马尔萨斯模型 $\frac{\mathrm{d}N}{\mathrm{d}t}=kN$ 当 $N(t_0)=N_0$ 时的特解．

【解】 分离变量，得

$$\frac{\mathrm{d}N}{N}=k\mathrm{d}t(N>0,k>0)$$

两边求积分，有

$$\ln N=kt+\ln C$$

即

$$\frac{N}{C}=\mathrm{e}^{kt}$$

所求原方程的通解为

$$N=C\mathrm{e}^{kt}(C\text{ 为任意常数})$$

由 $N(t_0)=N_0$，得

$$C=N_0\mathrm{e}^{-kt_0}$$

所求的特解为

$$N(t)=N_0\mathrm{e}^{k(t-t_0)}$$

由于当 $t\to+\infty$ 时，$N(t)\to+\infty$，因此，此模型用于短期人口估算有较好的近似程度，而不能用于对人口的长期预测．

【例 5.6】 某商品的需求量 Q（单位：万件）对价格 P（单位：元）的弹性 $E_P=-3P^3$，市场对该商品的最大需求量为 1 万件，求需求函数．

【解】 由 $E_P=-3P^3$，根据弹性公式，即

$$E_P = \frac{P}{Q} \cdot \frac{\mathrm{d}Q}{\mathrm{d}P} = -3P^3$$

分离变量，得

$$\frac{\mathrm{d}Q}{Q} = -3P^2 \, \mathrm{d}P$$

两边求积分，得

$$\ln Q = -P^3 + \ln C$$

即

$$Q = C\mathrm{e}^{-P^3}$$

由 $Q(0)=1$，解得 $C=1$

故所求的需求函数为

$$Q = \mathrm{e}^{-P^3}$$

5.2.2　齐次方程

如果微分方程可化为

$$\frac{\mathrm{d}y}{\mathrm{d}x} = f\left(\frac{y}{x}\right) \quad \text{或} \quad \frac{\mathrm{d}x}{\mathrm{d}y} = g\left(\frac{x}{y}\right)$$

则称为**齐次微分方程**，简称**齐次方程**. 若设 $u = \frac{y}{x}$，$v = \frac{x}{y}$，这里的 $f(u)$，$g(v)$ 分别是关于 u 或 v 的连续函数.

例如，$(xy - y^2)\mathrm{d}x - (x^2 - 2xy)\mathrm{d}y = 0$ 是齐次方程，因为

$$\frac{\mathrm{d}y}{\mathrm{d}x} = \frac{xy - y^2}{x^2 - 2xy} = \frac{\dfrac{y}{x} - \left(\dfrac{y}{x}\right)^2}{1 - 2\left(\dfrac{y}{x}\right)} = f\left(\frac{y}{x}\right)$$

齐次方程的求解是通过变量代换，转化为可分离变量的方程实现的.

下面以 $\dfrac{\mathrm{d}y}{\mathrm{d}x} = f\left(\dfrac{y}{x}\right)$ 为例，说明齐次方程的解法.

作变量代换，令 $u = \dfrac{y}{x}$（u 是关于 x 的函数），则

$$y = ux$$

两边对 x 求导，得

$$\frac{\mathrm{d}y}{\mathrm{d}x} = u + x\frac{\mathrm{d}u}{\mathrm{d}x}$$

而

$$\frac{\mathrm{d}y}{\mathrm{d}x} = f(u)$$

于是

$$u + x\frac{\mathrm{d}u}{\mathrm{d}x} = f(u)$$

即

$$x \frac{\mathrm{d}u}{\mathrm{d}x} = f(u) - u$$

这是可分离变量的方程,分离变量,两边求积分,有

$$\int \frac{\mathrm{d}u}{f(u) - u} = \int \frac{\mathrm{d}x}{x}$$

求出积分,再将 $u = \frac{y}{x}$ 回代,就得出所给齐次方程的通解.

【例 5.7】 求微分方程 $y' = \frac{y}{x} + \tan \frac{y}{x}$ 的通解.

【解】 令 $u = \frac{y}{x}$,则 $y = ux$,有

$$\frac{\mathrm{d}y}{\mathrm{d}x} = u + x \frac{\mathrm{d}u}{\mathrm{d}x}$$

代入原方程,得

$$u + x \frac{\mathrm{d}u}{\mathrm{d}x} = u + \tan u$$

分离变量,两边求积分

$$\int \frac{\mathrm{d}u}{\tan u} = \int \frac{\mathrm{d}x}{x}$$

得

$$\ln |\sin u| = \ln |x| + \ln C_1$$

即

$$\sin u = Cx (令 C = \pm C_1)$$

将 $u = \frac{y}{x}$ 回代,得原方程的通解

$$\sin \frac{y}{x} = Cx \quad (C \text{ 为任意常数})$$

【例 5.8】 求微分方程 $(x^3 + y^3)\mathrm{d}x - 3xy^2 \mathrm{d}y = 0$ 的通解.

【解】 原方程可化为

$$\frac{\mathrm{d}y}{\mathrm{d}x} = \frac{x^3 + y^3}{3xy^2} = \frac{1 + \left(\frac{y}{x}\right)^3}{3\left(\frac{y}{x}\right)^2}$$

这是齐次方程. 令 $u = \frac{y}{x}$,则 $y = ux$,有

$$\frac{\mathrm{d}y}{\mathrm{d}x} = u + x \frac{\mathrm{d}u}{\mathrm{d}x}$$

又

$$\frac{\mathrm{d}y}{\mathrm{d}x} = \frac{1 + u^3}{3u^2}$$

于是

$$u + x\frac{\mathrm{d}u}{\mathrm{d}x} = \frac{1 + u^3}{3u^2}$$

即

$$x\frac{\mathrm{d}u}{\mathrm{d}x} = \frac{1 - 2u^3}{3u^2}$$

分离变量,得

$$\frac{3u^2\,\mathrm{d}u}{1 - 2u^3} = \frac{\mathrm{d}x}{x}$$

两边求积分,有

$$-\frac{1}{2}\ln|1 - 2u^3| = \ln|x| - \frac{1}{2}C_1$$

即

$$x^2(1 - 2u^3) = C \quad (\text{令 } C = \pm C_1, C \text{ 为任意常数})$$

将 $u = \dfrac{y}{x}$ 回代,得原方程的通解

$$x^3 - 2y^3 = Cx$$

【思考】 本题是否有其他的解法?

【例 5.9】 求微分方程 $(1 + \mathrm{e}^{-\frac{x}{y}})y\,\mathrm{d}x + (y - x)\mathrm{d}y = 0$ 的通解.

【解】 原方程可化为

$$\frac{\mathrm{d}x}{\mathrm{d}y} = \frac{x - y}{y(1 + \mathrm{e}^{-\frac{x}{y}})} = \frac{\dfrac{x}{y} - 1}{1 + \mathrm{e}^{-\frac{x}{y}}}$$

这是齐次方程. 令 $v = \dfrac{x}{y}$,则 $x = vy$,有

$$\frac{\mathrm{d}x}{\mathrm{d}y} = v + y\frac{\mathrm{d}v}{\mathrm{d}y}$$

又

$$\frac{\mathrm{d}x}{\mathrm{d}y} = \frac{v - 1}{1 + \mathrm{e}^{-v}}$$

于是

$$v + y\frac{\mathrm{d}v}{\mathrm{d}y} = \frac{v - 1}{1 + \mathrm{e}^{-v}} = \frac{v\mathrm{e}^v - \mathrm{e}^v}{1 + \mathrm{e}^v}$$

分离变量,得

$$-\frac{1 + \mathrm{e}^v}{v + \mathrm{e}^v}\mathrm{d}v = \frac{\mathrm{d}y}{y}$$

两边求积分,得

$$-\ln|v + \mathrm{e}^v| = \ln|y| - \ln C_1$$

即

$$y(v + \mathrm{e}^v) = C \ (\text{令 } C = \pm C_1, C \text{ 为任意常数})$$

将 $v=\dfrac{x}{y}$ 回代,得原方程的通解

$$x+y\mathrm{e}^{\frac{x}{y}}=C$$

5.2.3 一阶线性微分方程

一阶线性微分方程的一般形式为

$$\frac{\mathrm{d}y}{\mathrm{d}x}+P(x)y=Q(x)$$

其中 $P(x)$、$Q(x)$ 都是 x 的连续函数.

如果 $Q(x)\equiv0$,则称方程为**一阶齐次线性方程**;如果 $Q(x)$ 不恒为 0,则称方程为**一阶非齐次线性方程**.

1. 一阶齐次线性方程的解法

一阶齐次线性方程

$$\frac{\mathrm{d}y}{\mathrm{d}x}+P(x)y=0$$

是可分离变量方程.

分离变量,得

$$\frac{\mathrm{d}y}{y}=-P(x)\mathrm{d}x$$

两边求积分,有

$$\ln|y|=-\int P(x)\mathrm{d}x+C_1$$

因此,一阶齐次线性方程的通解为

$$y=C\mathrm{e}^{-\int P(x)\mathrm{d}x}\qquad(\diamond\ C=\pm\mathrm{e}^{C_1})$$

由于 $y=0$ 也是方程的解,所以式中 C 可为任意常数.

2. 一阶非齐次线性方程的解法

一阶非齐次线性方程

$$\frac{\mathrm{d}y}{\mathrm{d}x}+P(x)y=Q(x)$$

与对应的齐次方程之间仅等号右边不同,它们的通解之间存在某种必然联系.

如果将方程 $\dfrac{\mathrm{d}y}{\mathrm{d}x}+P(x)y=Q(x)$ 变形为

$$\frac{\mathrm{d}y}{y}=\left[\frac{Q(x)}{y}-P(x)\right]\mathrm{d}x$$

两边求积分,得

$$\ln|y|=\int\frac{Q(x)}{y}\mathrm{d}x-\int P(x)\mathrm{d}x$$

由于 y 是 x 的函数,故 $\displaystyle\int\frac{Q(x)}{y}\mathrm{d}x$ 为 x 的函数,记 $\displaystyle\int\frac{Q(x)}{y}\mathrm{d}x=h(x)$,则

$$\ln|y| = h(x) - \int P(x)\mathrm{d}x$$

即

$$y = \pm\, \mathrm{e}^{h(x)}\, \mathrm{e}^{-\int P(x)\mathrm{d}x}$$

将此解与对应的齐次方程的通解 $y = C\mathrm{e}^{-\int P(x)\mathrm{d}x}$ 进行比较,容易发现它们的表达形式都是两部分的乘积,都有一个相同的部分 $\mathrm{e}^{-\int P(x)\mathrm{d}x}$,不同的部分在于齐次方程通解中是一个任意常数,而在非齐次方程中是一个函数的形式.那么,把齐次方程通解中的常数 C 变易成待定函数 $u(x)$,就是非齐次方程的通解.由此引入**常数变易法**:

设一阶非齐次线性方程的通解为

$$y = u(x)\mathrm{e}^{-\int P(x)\mathrm{d}x}$$

求导,得

$$\frac{\mathrm{d}y}{\mathrm{d}x} = u'(x)\mathrm{e}^{-\int P(x)\mathrm{d}x} - P(x)u(x)\mathrm{e}^{-\int P(x)\mathrm{d}x}$$

代入原方程,得

$$u'(x)\mathrm{e}^{-\int P(x)\mathrm{d}x} = Q(x)$$

即

$$u(x) = \int Q(x)\mathrm{e}^{\int P(x)\mathrm{d}x}\mathrm{d}x + C$$

因此,一阶线性非齐次微分方程的通解为

$$y = \left[\int Q(x)\mathrm{e}^{\int P(x)\mathrm{d}x}\mathrm{d}x + C\right]\mathrm{e}^{-\int P(x)\mathrm{d}x}$$

此式可以作为求一阶非齐次线性方程的通解的公式,还可以写成

$$y = C\mathrm{e}^{-\int P(x)\mathrm{d}x} + \mathrm{e}^{-\int P(x)\mathrm{d}x}\int Q(x)\mathrm{e}^{\int P(x)\mathrm{d}x}\mathrm{d}x$$

该式表明,一阶非齐次线性方程的通解是所对应的齐次方程的通解与非齐次方程的一个特解之和.这个结论对高阶非齐次线性方程也成立.

对于求一阶非齐次线性方程的通解可以用常数变易法,也可以用通解公式.

【例 5.10】 求微分方程 $y' + y\tan x = \cos x$ 的通解.

【解】 (方法一)用常数变易法解决.

先求对应齐次方程的通解,分离变量,得

$$\frac{1}{y}\mathrm{d}y = -\frac{\sin x}{\cos x}\mathrm{d}x$$

两边求积分,有

$$\ln|y| = \ln|\cos x| + \ln C_1$$

则对应齐次方程的通解为

$$y = C\cos x \quad (\text{其中 } C = \pm C_1,C \text{ 为任意常数})$$

设非齐次方程的通解为 $y = u(x)\cos x$,代入原方程,得

$$u'(x)\cos x = \cos x$$

得

$$u(x) = x + C$$

于是原方程的通解为

$$y = (x + C)\cos x$$

(方法二)用通解公式解决.

由原方程可知,$P(x) = \tan x, Q(x) = \cos x$. 代入非齐次方程通解公式得

$$y = \left(\int \cos x \cdot e^{\int \tan x \, dx} \, dx + C \right) e^{-\int \tan x \, dx}$$

$$= \left(\int dx + C \right) \cos x = (x + C)\cos x$$

【例 5.11】 求微分方程 $\dfrac{dy}{dx} - \dfrac{2}{x+1}y = (x+1)^3$ 满足 $y(0) = 1$ 的特解.

【解】 这是一阶非齐次线性方程,用常数变易法解决.

先求对应齐次方程的通解,分离变量,得

$$\frac{dy}{y} = \frac{2}{x+1}dx$$

两边求积分,有

$$\ln|y| = 2\ln|x+1| + \ln C_1$$

则对应齐次方程的通解为

$$y = C(x+1)^2 \quad (\text{其中 } C = \pm C_1, C \text{ 为任意常数})$$

设原方程的通解为 $y = u(x)(x+1)^2$,代入原方程,得

$$u'(x) = x+1$$

得

$$u(x) = \frac{1}{2}x^2 + x + C$$

于是原方程的通解为

$$y = \left(\frac{1}{2}x^2 + x + C \right)(x+1)^2$$

将条件 $y(0) = 1$ 代入原方程的通解,得 $C = 1$,因此所求特解为

$$y = \left(\frac{1}{2}x^2 + x + 1 \right)(x+1)^2$$

【例 5.12】 求方程 $y \ln y \, dx + (x - \ln y)dy = 0$ 的通解.

【解】 将方程化为

$$\frac{dy}{dx} = \frac{y \ln y}{\ln y - x}$$

此方程是非线性的,但若将 y 看成自变量,x 看成因变量,原方程可化为

$$\frac{dx}{dy} + \frac{x}{y \ln y} = \frac{1}{y}$$

这是一阶非齐次线性方程，其中 $P(y)=\dfrac{1}{y\ln y},Q(y)=\dfrac{1}{y}$，由通解公式，得

$$x=\left(\int\frac{1}{y}e^{\int\frac{1}{y\ln y}dy}dy+C\right)e^{-\int\frac{1}{y\ln y}dy}$$

$$=\left(\int\frac{1}{y}\ln ydy+C\right)\frac{1}{\ln y}=\frac{1}{2}\ln y+\frac{C}{\ln y}$$

【例 5.13】（价格调整模型）已知某商品的需求函数与供给函数分别为

$$D(P)=a-bP,S(P)=-c+dP$$

其中 a,b,c,d 均为正常数，而商品价格 P 又是时间 t 的函数．若初始条件为 $P(0)=P_0$，且在任一时刻 t，价格 P 的变化率总与这一时刻的超额需求 $D(P)-S(P)$ 成正比（比例常数为 $k>0$）．

(1)求供需平衡时的价格 P_e（即均衡价格）；

(2)求价格函数 $P=P(t)$ 的表达式；

(3)分析价格函数 $P=P(t)$ 随时间的变化情况．

【解】 (1)由 $D(P)=S(P)$ 得，$P_e=\dfrac{a+c}{b+d}$．

(2)由题意可知

$$\frac{dP}{dt}=k[D(P)-S(P)]$$

将 $D(P)=a-bP$、$S(P)=-c+dP$ 代入，得

$$\frac{dP}{dt}+k(b+d)P=k(a+c)$$

这是一阶非齐次线性微分方程，求得通解

$$P(t)=Ce^{-k(b+d)t}+\frac{a+c}{b+d}$$

由 $P(0)=P_0$，$P_e=\dfrac{a+c}{b+d}$，得特解

$$P(t)=(P_0-P_e)e^{-k(b+d)t}+P_e$$

(3)由于 P_0-P_e 是常数，$k(b+d)>0$，故当 $t\to+\infty$ 时，有 $P\to P_e$．

根据 P_0 与 P_e 的大小，可分三种情况讨论（如图 5.1 所示）．

当 $P_0=P_e$ 时，有 $P(t)=P_e$，即价格为常数，市场无需调节已达到均衡；

当 $P_0>P_e$ 时，有 $P(t)$ 总大于 P_e，并趋于 P_e；

当 $P_0<P_e$ 时，有 $P(t)$ 总小于 P_e，并趋于 P_e．

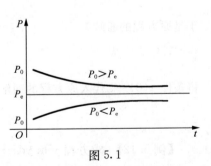

图 5.1

习题 5.2

1. 求下列微分方程的通解．

(1)$y'=e^{2x-y}$ 　　　　　　　　　　(2)$5x-3y'=3x^2$

(3) $y' = x\sqrt{1-y^2}$

(4) $(x+1)dy = e^y dx$

(5) $y' = \dfrac{1+y}{\tan x}$

(6) $x(y^2-1)dx + y(x^2-1)dy = 0$

(7) $(y-3x)dy + 2ydx = 0$

(8) $(x^2+2y^2)dx - xydy = 0$

(9) $x\dfrac{dy}{dx} = y(\ln y - \ln x)$

(10) $(1+2e^{\frac{x}{y}})dx + 2e^{\frac{x}{y}}\left(1-\dfrac{x}{y}\right)dy = 0$

(11) $\dfrac{dy}{dx} + y = e^{-x}$

(12) $\dfrac{dy}{dx} - \dfrac{y}{x} = 2x^2$

(13) $(x^2-1)y' + 2xy - \cos x = 0$

(14) $\dfrac{dy}{dx} = \dfrac{y}{y^2-x}$

(15) $y' + y\cos x = e^{-\sin x}$

(16) $xy' + y = \sin x$

2. 求下列初值问题的解.

(1) $\dfrac{x}{1+y}dx - \dfrac{y}{1+x}dy = 0$, $\quad y\big|_{x=0} = 0$

(2) $y' = \dfrac{x}{y} + \dfrac{y}{x}$, $\quad y\big|_{x=1} = 2$

(3) $y' + 3xy = 8x$, $\quad y\big|_{x=0} = 2$

3. 求一曲线方程,使该曲线过原点,且在点 (x,y) 处的切线斜率等于 $2x+y$.

4. 某商品的需求量 Q 对价格 P 的弹性为 $-P\ln 3$,若该商品的最大需求量为 1 200(即 $Q(0) = 1\,200$),求需求量 Q 与价格 P 的函数关系.

5. 已知生产某种产品的总成本函数 $TC(x)$ 由可变成本和固定成本构成,固定成本为 1,可变成本 y 是产量 x 的函数,且 y 关于 x 的变化率为 $\dfrac{x^2+y^2}{2xy}$,当产量为 1 个单位时,可变成本为 3,求总成本函数 $TC(x)$.

6. 在某池塘内养鱼,该池塘内最多能养 1 000 尾,设在 t 时刻该池塘内鱼数为 $y(t)$ 是时间 t(月)的函数,其变化率与鱼数 y 及 1 000 $-y$ 的乘积成正比(比例常数为 $k>0$). 已知在池塘内放养鱼 100 尾,3 个月后池塘内有鱼 250 尾,试求:(1)在 t 时刻池塘内鱼数 $y(t)$ 的计算公式;(2)放养 6 个月后池塘内又有多少尾鱼?

5.3 二阶常系数线性微分方程

学习要求

1. 掌握二阶常系数齐次线性微分方程的求解方法.

2. 了解线性微分方程解的结构,会求解二阶常系数非齐次线性微分方程.

3. 会用二阶常系数线性微分方程求解简单的经济应用问题.

二阶或二阶以上的微分方程称为**高阶微分方程**. 在实际中,高阶线性微分方程有着广泛的应用.

这里主要介绍二阶常系数线性微分方程的解法.

二阶常系数线性微分方程的一般形式为

$$y'' + py' + qy = f(x)$$

其中 p, q 为常数, $f(x)$ 为 x 的连续函数.

如果 $f(x) \equiv 0$, 则称方程 $y'' + py' + qy = 0$ 为**二阶常系数齐次线性微分方程**, 如果 $f(x)$ 不恒为 0, 则称为**二阶常系数非齐次线性微分方程**.

例如, 方程 $y'' - 5y' + 6y = e^x$ 是二阶常系数非齐次线性微分方程, 它对应的二阶常系数齐次线性微分方程是 $y'' - 5y' + 6y = 0$.

5.3.1 二阶常系数齐次线性微分方程

1. 二阶常系数齐次线性微分方程的解的结构

如果函数 $y_1(x), y_2(x)$ 是二阶常系数齐次线性方程(本节中简称为齐次方程)

$$y'' + py' + qy = 0$$

的两个解, 那么容易验证, 对于任意常数 C_1, C_2, 函数 $y_1(x), y_2(x)$ 的线性组合 $y = C_1 y_1(x) + C_2 y_2(x)$ 也是齐次方程的解, 但不一定是齐次方程的通解. 例如, 设 $y_2(x) = k y_1(x)$ (k 为常数), 代入 $y = C_1 y_1(x) + C_2 y_2(x)$, 得

$$y = C_1 y_1(x) + C_2 y_2(x) = (C_1 + k C_2) y_1(x) = C y_1(x) \quad (\text{其中 } C = C_1 + k C_2)$$

这显然不是齐次方程的通解. 那么, 函数 $y_1(x), y_2(x)$ 满足什么条件时, 它们的线性组合是齐次方程的通解?

一般地, 对于任意两个非零函数 $y_1(x), y_2(x)$, 如果它们的比 $\dfrac{y_1(x)}{y_2(x)}$ 为常数, 则称它们是**线性相关**的, 否则, 称它们是**线性无关的**. 例如, 函数 $y_1 = e^x$ 与 $y_2 = 2e^x$ 是线性相关的, 因为 $\dfrac{y_1}{y_2} = \dfrac{e^x}{2e^x} = \dfrac{1}{2}$; 而函数 $y_1 = e^x$ 与 $y_2 = e^{-x}$ 是线性无关的, 因为 $\dfrac{y_1}{y_2} = \dfrac{e^x}{e^{-x}} = e^{-2x}$.

结合上面的讨论可以知道, 只有当齐次方程的两个解线性无关时, 它们的线性组合才是齐次方程的通解. 于是, 有如下的定理.

定理 5.1 如果函数 $y_1(x)$ 和 $y_2(x)$ 是齐次方程的两个解, 则

$$y = C_1 y_1(x) + C_2 y_2(x)$$

也是齐次方程的解, 其中 C_1, C_2 为任意常数, 且当 $y_1(x)$ 与 $y_2(x)$ 线性无关时, 为齐次方程的通解.

例如, 对于方程 $y'' - y = 0$, 容易验证 $y_1 = e^x$ 与 $y_2 = e^{-x}$ 是该方程的两个解, 因为它们线性无关, 所以 $y = C_1 e^x + C_2 e^{-x}$ 就是该方程的通解.

2. 二阶常系数齐次线性微分方程的解法

由定理 5.1 可知, 求二阶常系数齐次线性方程的通解, 归结为求齐次方程的两个线性无关的解.

从方程 $y'' + py' + qy = 0$ 的结构来看, 其中的 y, y', y'' 应该具有相同的形式, 它们之间只差一个常数因子, 而具有此特征的最简单的函数就是指数函数 e^{rx} (其中 r 为常数).

设 $y=e^{rx}$ 为方程 $y''+py'+qy=0$ 的解,求导得

$$y'=re^{rx}, y''=r^2e^{rx}$$

把它们代入方程,得

$$e^{rx}(r^2+pr+q)=0$$

由于 $e^{rx}\neq 0$,所以有

$$r^2+pr+q=0$$

由此可见,只要 r 满足代数方程 $r^2+pr+q=0$,函数 $y=e^{rx}$ 就是齐次方程的解,我们称此代数方程为齐次方程的**特征方程**,满足特征方程的根称为**特征根**.

由于特征方程是一个关于 r 的一元二次方程,它的两个根 r_1 与 r_2 为

$$r_{1,2}=\frac{-p\pm\sqrt{p^2-4q}}{2}$$

根据特征根的 3 种不同情形,得到齐次方程通解的 3 种不同形式.

(1)当 $p^2-4q>0$ 时,特征方程有两个不相等的实根 r_1 与 r_2,这时容易验证 $y_1=e^{r_1x}$ 与 $y_2=e^{r_2x}$ 就是齐次方程两个线性无关的解,因此,齐次方程的通解为

$$y=C_1e^{r_1x}+C_2e^{r_2x}$$

其中 C_1,C_2 为两个相互独立的任意常数.

(2)当 $p^2-4q=0$ 时,特征方程有两个相等的实根 $r_1=r_2=r$,这时可以得到齐次方程的一个解 $y_1=e^{rx}$. 下面要找一个与 $y_1=e^{rx}$ 线性无关的齐次方程的解.

由两个函数线性无关的定义,设 $y_2=u(x)y_1=u(x)e^{rx}$,代入齐次方程

$$y''+py'+qy=0$$

得

$$u''(x)+(2r+p)u'(x)+(r^2+pr+q)u(x)=0$$

由于 r 是特征方程的二重根,因此 $r^2+pr+q=0$,且 $2r+p=0$,所以有

$$u''(x)=0$$

得

$$u'(x)=a, u(x)=ax+b(其中\ a,b\ 为常数)$$

显然,$u(x)=x$ 是一次函数中最简单的函数,由此得到 $y_2=xe^{rx}$,并且 y_2 与 y_1 线性无关. 因此,齐次方程的通解为

$$y=(C_1+C_2x)e^{rx}$$

其中 C_1,C_2 为两个相互独立的任意常数.

(3)当 $p^2-4q<0$ 时,有一对共轭复根 $r_1=\alpha+\beta i$ 与 $r_2=\alpha-\beta i(\beta\neq 0)$,可以验证 $y_1=e^{\alpha x}\cos\beta x$ 与 $y_2=e^{\alpha x}\sin\beta x$ 就是齐次方程两个线性无关的解,因此齐次方程的通解为

$$y=e^{\alpha x}(C_1\cos\beta x+C_2\sin\beta x)$$

其中 C_1,C_2 为两个相互独立的任意常数.

综上所述,求二阶常系数齐次线性方程 $y''+py'+qy=0$ 的通解步骤如下.

(1) 写出微分方程的特征方程 $r^2+pr+q=0$；

(2) 求出特征方程的特征根 r_1 与 r_2；

(3) 根据特征根的不同情形，按照表 5.1 写出齐次方程的通解．

表 5.1

特征方程 $r^2+pr+q=0$ 的两个特征根 r_1,r_2	齐次方程 $y''+py'+qy=0$ 的通解
两个不相等的实根 r_1 与 r_2	$y=C_1 e^{r_1 x}+C_2 e^{r_2 x}$
两个相等的实根 $r_1=r_2=r$	$y=(C_1+C_2 x)e^{rx}$
一对共轭复根 $r_1=\alpha+\beta i$ 与 $r_2=\alpha-\beta i$	$y=e^{\alpha x}(C_1\cos \beta x+C_2\sin \beta x)$

【例 5.14】 求微分方程 $y''-5y'+6y=0$ 的通解．

【解】 所给方程的特征方程为

$$r^2-5r+6=0$$

求得其特征根为

$$r_1=2, r_2=3$$

故原方程的通解为

$$y=C_1 e^{2x}+C_2 e^{3x}$$

【例 5.15】 求微分方程 $y''-6y'+9y=0$，满足条件 $y(0)=0, y'(0)=1$ 的特解．

【解】 所给方程的特征方程为

$$r^2-6r+9=0$$

求得其特征根为

$$r_1=r_2=3$$

故原方程的通解为

$$y=(C_1+C_2 x)e^{3x}$$

将初始条件 $y(0)=0, y'(0)=1$ 代入，得 $C_1=0, C_2=1$．

故所给方程的特解为

$$y=xe^{3x}$$

【例 5.16】 求微分方程 $\dfrac{d^2 y}{dx^2}+2\dfrac{dy}{dx}+5y=0$ 的通解．

【解】 所给方程的特征方程为

$$r^2+2r+5=0$$

求得它有一对共轭复根为

$$r_{1,2}=-1\pm 2i$$

故所求方程的通解为

$$y=e^{-x}(C_1\cos 2x+C_2\sin 2x)$$

5.3.2　二阶常系数非齐次线性微分方程

1. 二阶常系数非齐次线性微分方程解的结构

一阶非齐次线性方程的通解是所对应的齐次方程的通解与非齐次方程的一个特解之和．二阶常系数非齐次线性微分方程（本节中简称为非齐次方程）也有相同的解的结构．

定理 5.2　如果函数 y^* 是非齐次线性方程

$$y'' + py' + qy = f(x)$$

的一个特解，Y 是对应的齐次方程 $y'' + py' + qy = 0$ 的通解，那么

$$y = Y + y^*$$

是非齐次方程的通解．

定理 5.3　如果函数 y_1^* 与 y_2^* 分别是非齐次方程

$$y'' + py' + qy = f_1(x)$$

与

$$y'' + py' + qy = f_2(x)$$

的特解，那么 $y_1^* + y_2^*$ 就是非齐次方程

$$y'' + py' + qy = f_1(x) + f_2(x)$$

的一个特解．

定理 5.2 与定理 5.3 的正确性，都可以由微分方程解的定义而直接验证，请读者自行完成．

2. 二阶常系数非齐次线性微分方程的解法

由定理 5.2 可知，求非齐次方程 $y'' + py' + qy = f(x)$ 通解的步骤如下．

(1) 求出对应齐次方程 $y'' + py' + qy = 0$ 的通解 Y；

(2) 求出非齐次方程 $y'' + py' + qy = f(x)$ 的一个特解 y^*；

(3) 写出所求非齐次方程的通解 $y = Y + y^*$．

可以看出，对非齐次方程而言，关键是第二步求非齐次方程的一个特解．求非齐次方程特解的一个常用方法是"待定系数法"，就是设与非齐次方程中自由项 $f(x)$ 形式相同但含有待定系数的函数作为特解，称为**试解函数**，然后将试解函数代入非齐次方程，确定试解函数中的待定系数，从而得出非齐次方程的特解．

现就自由项 $f(x) = P_m(x) \mathrm{e}^{\lambda x}$ 来讨论如何求非齐次方程的一个特解．

非齐次方程

$$y'' + py' + qy = P_m(x) \mathrm{e}^{\lambda x}$$

其中 $P_m(x)$ 为关于 x 的 m 次多项式，λ 为常数．根据该方程的特点，设特解为

$$y^* = Q(x) \mathrm{e}^{\lambda x}$$

其中 $Q(x)$ 是一个待定的关于 x 的多项式．将所设特解代入原方程，整理得

$$Q''(x) + (2\lambda + p)Q'(x) + (\lambda^2 + p\lambda + q)Q(x) = P_m(x)$$

等式右端是 x 的 m 次多项式，左端也是 x 的 m 次多项式．在 $Q(x)$，$Q'(x)$，$Q''(x)$ 中，次数最高的是 $Q(x)$，其次是 $Q'(x)$．具体讨论如下．

(1)如果 $\lambda^2+p\lambda+q\neq0$，即 λ 不是特征方程的根，则 $Q(x)$ 是与 $P_m(x)$ 同次的多项式，于是设 $y^*=Q_m(x)\mathrm{e}^{\lambda x}$；

(2)如果 $\lambda^2+p\lambda+q=0,2\lambda+p\neq0$，即 λ 是特征方程的单根，则 $Q'(x)$ 是与 $P_m(x)$ 同次的多项式，$Q(x)$ 是 $m+1$ 次的多项式，于是设 $y^*=xQ_m(x)\mathrm{e}^{\lambda x}$；

(3)如果 $\lambda^2+p\lambda+q=0,2\lambda+p=0$，即 λ 是特征方程的重根，则 $Q''(x)$ 是与 $P_m(x)$ 同次的多项式，$Q(x)$ 是 $m+2$ 次的多项式，于是设 $y^*=x^2Q_m(x)\mathrm{e}^{\lambda x}$.

对于自由项 $f(x)=\mathrm{e}^{\alpha x}(A\cos\beta x+B\sin\beta x)$ 的情况，可以进行类似讨论.

表 5.2 给出了自由项 $f(x)$ 两种常见类型的非齐次方程的特解的形式.

表5.2

$f(x)$的形式	条件	特解 y^* 的形式
$f(x)=P_m(x)\mathrm{e}^{\lambda x}$	λ 不是特征根	$y^*=Q_m(x)\mathrm{e}^{\lambda x}$
	λ 是特征单根	$y^*=xQ_m(x)\mathrm{e}^{\lambda x}$
	λ 是特征重根	$y^*=x^2Q_m(x)\mathrm{e}^{\lambda x}$
$f(x)=\mathrm{e}^{\alpha x}(A\cos\beta x+B\sin\beta x)$	$\alpha\pm\beta i$ 不是特征根	$y^*=\mathrm{e}^{\alpha x}(A_1\cos\beta x+B_1\sin\beta x)$
	$\alpha\pm\beta i$ 是特征根	$y^*=x\mathrm{e}^{\alpha x}(A_1\cos\beta x+B_1\sin\beta x)$

注：① $P_m(x)$ 是一个已知的 m 次多项式，$Q_m(x)$ 是与 $P_m(x)$ 有相同次数的待定多项式；

② A,B,α,β 为已知常数，a,b 为待定常数.

【例 5.17】 求微分方程 $y''+2y'-3y=x$ 的一个特解 y^*.

【解】 因为 $f(x)=x\mathrm{e}^{0x}$ 中的 $\lambda=0$ 不是特征方程 $r^2+2r-3=0$ 的根，故可设

$$y^*=(ax+b)\mathrm{e}^{0x}=ax+b$$

为方程的一个特解，其中 a、b 为待定系数，则

$$(y^*)'=a,(y^*)''=0$$

代入原方程，得

$$2a-3ax-3b=x$$

比较等式两边系数，可解得

$$a=-\frac{1}{3},b=-\frac{2}{9}$$

所以原方程的一个特解为

$$y^*=-\frac{1}{3}x-\frac{2}{9}$$

【例 5.18】 求微分方程 $y''-4y'+4y=3\mathrm{e}^{2x}$ 的通解.

【解】 首先，求对应齐次方程 $y''-4y'+4y=0$ 的通解 Y. 因特征方程为

$$r^2-4r+4=0$$

所以特征根为 $r_1=r_2=2$(重根)，故对应齐次方程的通解为

$$Y=(C_1+C_2x)\mathrm{e}^{2x}$$

其次，求原方程的一个特解 y^*. 因 $f(x)=3\mathrm{e}^{2x}$ 中的 $\lambda=2$ 恰是特征方程的重根，故设

$$y^*=ax^2\mathrm{e}^{2x}$$

其中 a 为待定系数,则
$$(y^*)' = (2ax + 2ax^2)\mathrm{e}^{2x}, (y^*)'' = (2a + 8ax + 4ax^2)\mathrm{e}^{2x}$$

代入原方程,得
$$2a + 8ax + 4ax^2 - 8ax - 8ax^2 + 4ax^2 = 3$$

比较等式两边的系数,解得
$$a = \frac{3}{2}$$

故原方程的一个特解为
$$y^* = \frac{3}{2}x^2\mathrm{e}^{2x}$$

所以原方程的通解为
$$y = (C_1 + C_2 x)\mathrm{e}^{2x} + \frac{3}{2}x^2\mathrm{e}^{2x}$$

【例 5.19】 求方程 $y'' + y = \mathrm{e}^x \sin x$ 的一个特解 y^*.

【解】 由 $f(x) = \mathrm{e}^x \sin x$ 可知 $\alpha + \beta i = 1 + i$ 不是特征方程 $r^2 + 1 = 0$ 的根,从而可设特解为
$$y^* = \mathrm{e}^x(a \cos x + b \sin x)$$

其中 a, b 为待定系数,则
$$(y^*)' = (a \cos x + b \sin x - a \sin x + b \cos x)\mathrm{e}^x$$
$$(y^*)'' = (-2a \sin x + 2b \cos x)\mathrm{e}^x$$

代入原方程,得
$$(b - 2a)\sin x + (a + 2b)\cos x = \sin x$$

比较等式两边的系数,解得
$$a = -\frac{2}{5}, b = \frac{1}{5}$$

所以原方程的一个特解为
$$y^* = -\frac{1}{5}\mathrm{e}^x(2 \cos x - \sin x)$$

【例 5.20】 (市场均衡价格模型)设市场上某商品的需求函数和供给函数分别满足
$$D(P) = 10 - P - 2P' + P'', S(P) = -2 + P + P' + 2P''$$

及初始条件 $P|_{t=0} = 10, P'|_{t=0} = -1$. 试求在市场均衡条件 $D(P) = S(P)$ 下,该商品的价格函数 $P = P(t)$.

【解】 由 $D(P) = S(P)$,得
$$P'' + 3P' + 2P = 12$$

这是二阶常系数非齐次线性微分方程. 对应的齐次方程的特征方程为
$$r^2 + 3r + 2 = 0$$

解得
$$r_1 = -1, r_2 = -2$$

对应齐次方程的通解为 $\overline{P}(t) = C_1 \mathrm{e}^{-t} + C_2 \mathrm{e}^{-2t}$. 设非齐次方程的特解为 $P^* = a$,代入非齐次方程,得

$a=6$，所求非齐次方程的通解为

$$P(t)=C_1 e^{-t}+C_2 e^{-2t}+6$$

由条件$P|_{t=0}=10,P'|_{t=0}=-1$，得

$$C_1=7,C_2=-3$$

所求价格函数为

$$P(t)=7e^{-t}-3e^{-2t}+6$$

习题 5.3

1. 求下列二阶齐次线性微分方程的通解或在给定初始条件下的特解．

(1)$y''+y'-2y=0$ (2)$9y''-6y'+y=0$

(3)$y''+4y'+5y=0$ (4)$y''+4y=0$

(5)$y''-y'-6y=0,y(0)=1,y'(0)=2$

(6)$y''-10y'+25y=0,y(0)=1,y'(0)=2$

(7)$y''+3y'=0,y(0)=0,y'(0)=1$

(8)$y''-2y'+10y=0,y\left(\dfrac{\pi}{6}\right)=0,y'\left(\dfrac{\pi}{6}\right)=e^{\frac{\pi}{6}}$

2. 求下列二阶非齐次线性微分方程的通解或在给定初始条件下的特解．

(1)$2y''+y'-y=2e^x$ (2)$y''-2y'-3y=3x+1$

(3)$y''+5y'+6y=3xe^{-2x}$ (4)$y''+6y'+9y=e^x\cos x$

(5)$y''+y=(x-2)e^{3x}$ (6)$y''-y=2x+e^x$

(7)$y''-3y'+2y=5,y(0)=1,y'(0)=2$

(8)$y''-y=4xe^x,y(0)=0,y'(0)=1$

3. 设市场上某商品的需求函数和供给函数分别满足

$$D(P)=6-2P-3P'+P'',\quad S(P)=-21+P+P'+2P''$$

及初始条件$P|_{t=0}=15,P'|_{t=0}=-2$．试求在市场均衡条件$D(P)=S(P)$下，该商品的价格函数 $P=P(t)$．

5.4 差 分 方 程

学习要求

1. 了解差分和差分方程的概念．

2. 了解一阶常系数线性差分方程的解法．

3. 会用一阶常系数线性差分方程求解简单的经济应用问题．

微分方程所研究的变量属于连续型．而在经济学和管理科学及其他实际问题中，很多变量是以

定义在整数集上的数列形式变化的,例如,国民经济生产总值是按年、季统计,商品销售量常按月、天统计,等等. 通常称这类变量为离散型变量,描述离散型变量的最常见的数学模型就是差分方程.

5.4.1 差分的概念

在连续变化的时间范围内,变量 y 关于时间 t 的变化率用 $\dfrac{\mathrm{d}y}{\mathrm{d}t}$ 表示. 而在某些场合,时间 t 只能离散地取值,变量 y 也按离散时间而相应地变化,这时常取在规定时间区间上的差商 $\dfrac{\Delta y}{\Delta t}$ 来刻画变量 y 的变化率. 如果取 $\Delta t = 1$,则

$$\Delta y = y_{t+1} - y_t$$

可以近似地表示变量 y 的变化率.

定义 5.1 设函数 $y_t = y(t)$,称函数的改变量

$$y_{t+1} - y_t$$

为函数 y_t 的**差分**,也称为函数 y_t 的**一阶差分**,记为 Δy_t,即

$$\Delta y_t = y_{t+1} - y_t$$

一阶差分的差分 $\Delta(\Delta y_t)$,称为函数 y_t 的**二阶差分**,记为 $\Delta^2 y_t$,即

$$\begin{aligned}
\Delta(\Delta y_t) &= \Delta y_{t+1} - \Delta y_t \\
&= (y_{t+2} - y_{t+1}) - (y_{t+1} - y_t) \\
&= y_{t+2} - 2y_{t+1} + y_t
\end{aligned}$$

可以类似地定义三阶差分、四阶差分……

一般地,函数 y_t 的 $n-1$ 阶差分的差分称为函数 y_t 的 **n 阶差分**,记为 $\Delta^n y_t = \Delta(\Delta^{n-1} y_t)$,且有

$$\Delta^n y_t = \sum_{i=0}^{n} (-1)^i C_n^i y_{t+n-i}.$$

二阶及二阶以上的差分统称为**高阶差分**.

5.4.2 差分的运算法则

由差分的定义,容易得到以下运算法则.

下列式中 a, b, k 均为常数.

(1) $\Delta(a) = 0$;

(2) $\Delta(ky_t) = k\Delta y_t$;

(3) $\Delta(ay_t \pm bz_t) = a\Delta y_t \pm b\Delta z_t$;

(4) $\Delta(y_t z_t) = z_{t+1}\Delta y_t + y_t\Delta z_t = y_{t+1}\Delta z_t + z_t\Delta y_t$;

(5) $\Delta\left(\dfrac{y_t}{z_t}\right) = \dfrac{z_t\Delta y_t - y_t\Delta z_t}{z_{t+1}z_t}$ $(z_t \neq 0)$.

【思考】 如何证明以上差分的运算法则,与求导运算法则有什么异同?

【例 5.21】 设 $y_t = t^3$,求 $\Delta y_t, \Delta^2 y_t, \Delta^3 y_t, \Delta^4 y_t$.

【解】 $\Delta y_t = (t+1)^3 - t^3 = 3t^2 + 3t + 1$

$\Delta^2 y_t = 3(t+1)^2 + 3(t+1) + 1 - 3t^2 - 3t - 1 = 6t + 6$

$\Delta^3 y_t = 6(t+1) + 6 - 6t - 6 = 6$

$\Delta^4 y_t = 6 - 6 = 0$

【例 5.22】 已知 $y_x = a^x (a > 0$ 且 $a \neq 1)$，求 $\Delta y_x, \Delta^2 y_x$.

【解】 $\Delta y_x = a^{x+1} - a^x = a^x (a-1)$

$\Delta^2 y_x = a^{x+1}(a-1) - a^x(a-1) = a^x (a-1)^2$

【例 5.23】 已知阶乘函数 $t^{(n)} = t(t-1)(t-2)\cdots(t-n+1), t^{(0)} = 1$，求 $\Delta t^{(n)}$.

【解】 $\Delta t^{(n)} = (t+1)^{(n)} - t^{(n)}$

$= (t+1)t(t-1)\cdots(t+1-n+1) - t(t-1)\cdots(t-n+2)(t-n+1)$

$= t(t-1)\cdots(t-n+2)[(t+1)-(t-n+1)] = nt^{(n-1)}$

【例 5.24】 求 $y_t = t^2 \cdot 5^t$ 的差分.

【解】 $\Delta y_t = 5^{t+1} \Delta t^2 + t^2 \Delta 5^t$

$= 5^{t+1}(2t+1) + 4t^2 5^t$

$= 5^t (4t^2 + 10t + 5)$

5.4.3 差分方程的概念

含有未知函数差分或表示未知函数不同时刻值（至少两个）的符号的方程，称为**差分方程**. 方程中未知函数最大下标与最小下标的差称为**差分方程的阶**.

n 阶差分方程的一般形式为

$$F(t, y_t, \Delta y_t, \cdots, \Delta^n y_t) = 0$$

或

$$G(t, y_t, y_{t+1}, \cdots, y_{t+n}) = 0$$

或

$$H(t, y_t, y_{t-1}, \cdots, y_{t-n}) = 0$$

方程

$$y_{t+n} + a_1(t) y_{t+n-1} + \cdots + a_n(t) y_t = f(t)$$

称为 **n 阶线性差分方程**，其中未知函数及其未知函数的差分都是一次的，否则，就称为 **n 阶非线性差分方程**. 若 $a_i(t)(i=1, 2, \cdots, n)$ 为常数，则称为 **n 阶常系数线性差分方程**.

满足差分方程的函数称为**差分方程的解**. 对于 n 阶差分方程，含有 n 个互相独立的任意常数的解称为差分方程的**通解**. 给通解中任意常数以确定值的解称为差分方程的**特解**. 同微分方程一样，差分方程也有初值问题. 要确定 n 阶差分方程的特解，需要 n 个初始条件.

【例 5.25】 判别下列方程是否为差分方程. 如果是，确定方程的阶数并判断是否线性.

(1) $y_{t+5} - 4y_{t+3} + 3y_{t+2} - 2 = 0$.

(2) $\Delta^3 y_t + y_t + 1 = 0$.

(3) $-3\Delta y_t = 3y_t + a^t$.

(4) $2\Delta^2 y_t - (\Delta y_t)^2 - 3y_t = 5$.

【解】 (1)是差分方程,该方程为三阶线性差分方程.

(2)是差分方程,由于方程可化为

$$y_{t+3} - 3y_{t+2} + 3y_{t+1} + 1 = 0$$

所以,该方程为二阶线性差分方程.

(3)由于方程可化为

$$-3y_{t+1} = a^t$$

这不是差分方程.

(4)是差分方程,该方程为二阶非线性差分方程.

5.4.4　常系数线性差分方程的解的结构

n 阶常系数线性差分方程的一般形式为

$$y_{t+n} + a_1 y_{t+n-1} + \cdots + a_n y_t = f(t) \quad (a_i \text{ 为常数}, i=1,2,\cdots,n)$$

如果 $f(t) \equiv 0$,称为 **n 阶常系数齐次线性差分方程**(本节中简称为 n 阶齐次方程).如果 $f(t)$ 不恒等于 0,则称为 **n 阶常系数非齐次线性差分方程**(本节中简称为 n 阶非齐次方程).

与线性微分方程类似,常系数线性差分方程的解的结构有如下定理.

定理 5.4　如果 $y_1(t), y_2(t), \cdots, y_n(t)$ 都是 n 阶齐次方程的解,则对任意常数 $C_1, C_2, \cdots, C_n$,$Y_t = C_1 y_1(t) + \cdots + C_n y_n(t)$ 也是 n 阶齐次方程的解.如果 $y_1(t), y_2(t), \cdots, y_n(t)$ 是线性无关的,则 $Y_t = C_1 y_1(t) + \cdots + C_n y_n(t)$ 是 n 阶齐次方程的通解.

定理 5.5　如果 $Y_t = C_1 y_1(t) + \cdots + C_n y_n(t)$ 是 n 阶齐次方程的通解,y_t^* 是 n 阶非齐次方程的一个特解,则 n 阶非齐次方程的通解为

$$y_t = Y_t + y_t^*$$

定理 5.6　设 $y_1^*(t)$ 是方程 $y_{t+n} + a_1 y_{t+n-1} + \cdots + a_n y_t = f_1(x)$ 的特解,$y_2^*(t)$ 是方程 $y_{t+n} + a_1 y_{t+n-1} + \cdots + a_n y_t = f_2(x)$ 的特解,则 $y_t^* = y_1^*(t) + y_2^*(t)$ 是方程 $y_{t+n} + a_1 y_{t+n-1} + \cdots + a_n y_t = f_1(x) + f_2(x)$ 的特解.

5.4.5　一阶常系数线性差分方程的解法

一阶常系数线性差分方程的一般形式为

$$y_{t+1} - a y_t = f(t)$$

若 $f(t) \equiv 0$,称为**一阶常系数齐次线性差分方程**.若 $f(t)$ 不恒等于 0,称为**一阶常系数非齐次线性差分方程**.

1. 一阶常系数齐次线性差分方程的解法

一阶常系数齐次线性差分方程

$$y_{t+1} - a y_t = 0$$

用迭代法求它的通解.

设 $y_0 = C$,由 $y_{t+1} = ay_t$,得

$$y_1 = ay_0, y_2 = a^2 y_0, \cdots, y_t = a^t y_0$$

又

$$y_0 = C$$

所以原方程的通解为

$$y_t = Ca^t(C \text{ 为任意常数})$$

此式可以作为一阶常系数齐次线性差分方程的通解公式.

【例 5.26】 求差分方程 $y_{t+1} + 5y_t = 0$ 的通解.

【解】 根据原方程可知,$a = -5$,由通解公式得原方程的通解为

$$y_t = C(-5)^t(C \text{ 为任意常数})$$

【例 5.27】 求差分方程 $3y_{x+1} - y_x = 0$ 的通解.

【解】 将方程化为一般形式

$$y_{x+1} - \frac{1}{3}y_x = 0$$

由通解公式得原方程的通解为

$$y_x = C \cdot \left(\frac{1}{3}\right)^x(C \text{ 为任意常数})$$

【例 5.28】 求差分方程 $\frac{1}{3}y_x - y_{x-1} = 0$ 满足 $y_0 = 2$ 的特解.

【解】 将方程化为一般形式

$$y_x - 3y_{x-1} = 0$$

由通解公式得原方程的通解为

$$y_x = C \cdot 3^x(C \text{ 为任意常数})$$

由 $y_0 = 2$,得 $C = 2$,所求特解为

$$y_x = 2 \cdot 3^x$$

2. 一阶常系数非齐次线性差分方程的解法

由定理 5.5 可知,一阶常系数非齐次差分方程

$$y_{t+1} - ay_t = f(t)(a \text{ 为常数},\text{且 } a \neq 0, f(t) \neq 0)$$

的通解为对应的齐次差分方程的通解 Y_t 与非齐次差分方程的一个特解 y_t^* 的和. 所以对于一阶非齐次差分方程,关键是求非齐次差分方程的一个特解 y_t^*.

求非齐次方程的特解常采用待定系数法. 下面根据自由项 $f(t)$ 的不同形式讨论特解的不同设法.

(1) $f(t) = P_n(t)$.

$P_n(t)$ 表示 t 的 n 次多项式,此时方程为

$$y_{t+1} - ay_t = P_n(t)$$

此式可化为

$$\Delta y_t + (1-a)y_t = P_n(t)$$

设 y_x^* 是它的解,代入上式得

$$\Delta y_t^* + (1-a)y_t^* = P_n(t)$$

由于等式右端为 t 的 n 次多项式,因此 y_t^* 也应该是多项式.

如果 $1-a \neq 0$,即 $a \neq 1$,那么 y_t^* 为 t 的 n 次多项式,于是设 $y_t^* = Q_n(t)$.

如果 $1-a = 0$,即 $a = 1$,那么 Δy_t^* 为 t 的 n 次多项式,y_t^* 为 t 的 $n+1$ 次多项式,于是设 $y_t^* = tQ_n(t)$.

【例 5.29】 求差分方程 $y_{t+1} - 3y_t = -2t$ 的特解.

【解】 由原方程可知,$a = 3$,所以设原方程的特解为

$$y_t^* = bt + c$$

代入原方程,得

$$b(t+1) + c - 3(bt+c) = -2t$$

解得

$$b = 1, c = \frac{1}{2}$$

所求特解为

$$y_t^* = t + \frac{1}{2}$$

【例 5.30】 求差分方程 $y_{x+1} - y_x = 3x + 2$ 的通解.

【解】 由原方程可知,$a = 1$,因此,对应齐次方程的通解为

$$Y_x = C \ (C \text{ 为任意常数})$$

设非齐次方程的特解

$$y_x^* = x(bx + c)$$

代入原方程,得

$$(x+1)[b(x+1) + c] - x(bx + c) = 3x + 2$$

解得

$$b = \frac{3}{2}, c = \frac{1}{2}$$

原方程的特解为

$$y_x^* = \frac{3}{2}x^2 + \frac{1}{2}x$$

所以原方程的通解为

$$y_x = \frac{3}{2}x^2 + \frac{1}{2}x + C \ (C \text{ 为任意常数})$$

(2) $f(t) = \mu^t P_n(t) \ (\mu \neq 0, 1)$.

对于这种类型函数的自由项,主要采取变量代换的方法,将第(2)种类型转化为第(1)种类型. 具

体做法如下.

做变换 $y_t=\mu^t z_t$，代入原方程，得

$$\mu^{t+1}z_{t+1}-a\mu^t z_t=\mu^t P_n(t)$$

即 $z_{t+1}-\dfrac{a}{\mu}z_t=\dfrac{P_n(t)}{\mu}$，从而转变成第(1)种类型.

结合自由项为第(1)种类型的特解的设法，可以得到第(2)种类型的特解的如下设法.

如果 $\mu\neq a$，则设 $y_t^*=\mu^t Q_n(t)$；如果 $\mu=a$，则设 $y_t^*=\mu^t t Q_n(t)$.

【例 5.31】 求 $y_{t+1}-5y_t=t\cdot 2^t$ 的通解.

【解】 由原方程可知，$a=5,\mu=2$，于是对应的齐次差分方程的通解为

$$Y_t=C\cdot 5^t（C 为任意常数）$$

设非齐次方程的特解为 $y_t^*=2^t(bt+c)$，代入原方程，得

$$2^{t+1}(bt+b+c)-5\cdot 2^t(bt+c)=t\cdot 2^t$$

解得

$$b=-\frac{1}{3},c=-\frac{2}{9}$$

于是非齐次方程的特解为

$$y_t^*=-2^t\left(\frac{1}{3}t+\frac{2}{9}\right)$$

所以原方程的通解为

$$y_t=C\cdot 5^t-2^t\left(\frac{1}{3}t+\frac{2}{9}\right)（C 为任意常数）$$

【例 5.32】 求 $y_{t+1}-3y_t=t\cdot 3^t$ 满足 $y_0=1$ 的特解.

【解】 由原方程可知，$a=3,\mu=3$，于是对应的齐次差分方程的通解为

$$Y_t=C\cdot 3^t（C 为任意常数）$$

设非齐次方程的特解为 $y_t^*=3^t t(bt+c)$，代入原方程，得

$$3^{t+1}(t+1)(bt+b+c)-3\cdot 3^t t(bt+c)=t\cdot 3^t$$

解得

$$b=\frac{1}{6},c=-\frac{1}{6}$$

于是非齐次方程的特解为

$$y_t^*=3^t\left(\frac{1}{6}t^2-\frac{1}{6}t\right)$$

原方程的通解为

$$y_t=C\cdot 3^t+3^t\left(\frac{1}{6}t^2-\frac{1}{6}t\right)（C 为任意常数）$$

由 $y_0=1$，代入通解求得 $C=1$.

所求特解为

$$y_t = 3^t + 3^t \left(\frac{1}{6} t^2 - \frac{1}{6} t \right) = 3^t \left(\frac{1}{6} t^2 - \frac{1}{6} t + 1 \right)$$

【例5.33】 (存款模型)设 S_t 为 t 期期末的存款总额，r 为存款利率，则 $t+1$ 期期末的存款总额 S_{t+1} 为 t 期期末存款总额 S_t 与 t 到 $t+1$ 期存款总额的利息 rS_t 之和，如果初始存款为 S_0，求 t 年末的本息和．

【解】 由题意，有

$$S_{t+1} = (1+r)S_t (t=0,1,2,\cdots)$$

方程可化为

$$S_{t+1} - (1+r)S_t = 0$$

这是关于 S_t 的一阶常系数齐次线性差分方程，其通解为

$$S_t = (1+r)^t S_0 (t=0,1,2,\cdots)$$

其中 S_0 为初期存款额，即本金．

存款模型虽然简单，但在经济生活中，却是一个经常遇到的模型．例如，企业贷款投资，个人贷款购房等贷款行为，也可建立与存款模型类似的模型．

【例5.34】 (蛛网模型)设 P_t,D_t,S_t 分别为某种商品在 t 时刻的价格、需求量和供给量，其中 $t=0,1,2,3,\cdots$ 由实际数据分析得

$$D_t = a - bP_t, S_t = -c + dP_{t-1} (a,b,c,d\ 均为正常数)$$

已知静态均衡价格 $P_e = \dfrac{a+c}{b+d}$，求供需平衡时商品的价格随时间的变化规律，并分析价格变化趋势．

【解】 由供需平衡条件 $D_t = S_t$，得

$$a - bP_t = -c + dP_{t-1}$$

即

$$P_t + \frac{d}{b} P_{t-1} = \frac{a+c}{b}$$

这是一阶常系数线性非齐次差分方程．

对应的齐次差分方程的通解为

$$P_t = C \left(-\frac{d}{b} \right)^t \quad (C\ 为任意常数)$$

原方程的一个特解为

$$P_t^* = \frac{a+c}{b+d} = P_e$$

所以，原方程的通解为

$$P_t = C \left(-\frac{d}{b} \right)^t + P_e$$

由于初始价格 P_0 一般是已知的，故由 $P_0 = C + P_e$，可得 $C = P_0 - P_e$，从而

$$P_t = (P_0 - P_e) \left(-\frac{d}{b} \right)^t + P_e$$

如果 $P_0 = P_e$，显然 $P_t \equiv P_e$，表示已经达到平衡，价格不再变化；

如果 $P_0 \neq P_e$，P_t 随时间变化而变化，可以看到价格 P_t 受到 $\dfrac{d}{b}$ 的影响如下。

当 $b>d$ 时，$t \to +\infty$，$P_t \to P_e$，表示价格越来越接近于均衡价格，即收敛型蛛网（如图 5.2(a)所示）；当 $b<d$ 时，$t \to +\infty$，$P_t \to \infty$，表示价格越来越远离均衡价格，即发散型蛛网（如图 5.2(b)所示）；当 $b=d$ 时，$t \to +\infty$，P_t 的极限不存在，表示价格围绕均衡价格上下波动，即循环型蛛网（如图 5.2(c)所示）．

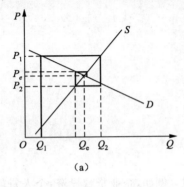 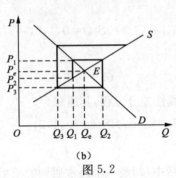 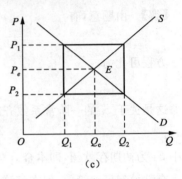

图 5.2

习题 5.4

1．求下列函数的指定阶差分．

(1) $y_t = e^{3t}$，$\Delta^2 y_t$

(2) $y_x = x^3 - 2x^2$，$\Delta^3 y_x$

(3) $y_t = 5^t$，$\Delta^4 y_t$

(4) $y_x = x^{(4)}$，$\Delta^2 y_x$

2．确定下列差分方程的阶．

(1) $y_{t+3} - ty_{t+2} + y_{t+1} = 3$

(2) $y_{x+5} - y_{x+3} = y_{x-2}$

3．求下列一阶差分方程的通解或求给定初始条件下的特解．

(1) $3y_{t+1} - 2y_t = 0$

(2) $\Delta y_x + 2y_x = 0$

(3) $5y_{t+1} + 2y_t = 0$，$y_0 = 3$

(4) $2\Delta y_x - 3y_x = 0$，$y_0 = 2$

(5) $y_{t+1} - 3y_t = 3t + 2$

(6) $\Delta y_x + 4y_x = 2$

(7) $y_{t+1} - y_t = t \cdot 3^t$

(8) $y_{t+1} - 2y_t = t \cdot 2^t$

(9) $y_{t+1} + 4y_t = 2t^2 + t - 1$，$y_0 = 1$

(10) $y_x + y_{x-1} = 2^x$，$y_0 = 2$

4．经济学家卡恩曾提出如下宏观经济模型．

$$Y_t = C_t + I, \quad C_t = \alpha + \beta Y_{t-1}$$

其中 Y_t 和 C_t 分别为 t 期国民收入和消费，I 为各期相同的投资，$\alpha > 0$，$0 < \beta < 1$ 为常数，求 Y_t 和 C_t．

5．某货币基金月平均收益率为 0.4%，每月末分红再投资．张某购买的 20 000 元货币基金本月 1 日起开始计算收益，本月末开始定投 500 元，定投均按每月 1 日起计算收益，问 t 月末此人基金账户将有多少元？试列出差分方程计算．并计算 10 年后年末此人基金账户的价值．（$1.004^{120} \approx 1.615$）

6．王某购买一套住房，房款总价 50 万元，购房时首付 30%，其余部分以年利率 6% 按揭贷款，5 年付清，问平均每月需付多少元？试列差分方程计算．（$1.005^{60} \approx 1.35$）

第 5 章　复习题

(A)组

1. 填空题.

(1) $y''=x$ 的通解为_____.

(2) $2y_{t+1}+y_t=0$ 的通解为_____.

(3) 设 $y=f(x)$ 是微分方程 $y'+p(x)y=q(x)$ 的一个特解,则该方程的通解为_____.

(4) 设某商品的需求价格弹性 $E_P=-4P^4$,市场对商品的最大需求为 1 000 件,则需求函数为_____.

(5) 设 $y=\sin x$ 与 $y=\cos x$ 为一个二阶线性微分方程的特解,则该微分方程是_____,其通解为_____.

2. 选择题.

(1) 下列方程中为一阶线性方程的是(　　).

(A) $y'+xy^2=\sin x$ 　　　　　　　　　　 (B) $y'y=x+e^x$

(C) $y'=\dfrac{1}{x+y}$ 　　　　　　　　　　 (D) $y''=y$

(2) 差分方程 $\Delta^3 y_t-3y_{t+1}+y_t+1=0$ 的阶数是(　　).

(A) 1 　　　　　　　 (B) 2 　　　　　　　 (C) 3 　　　　　　　 (D) 4

(3) 微分方程 $y'=2xy$ 的通解是(　　).

(A) $y=Ce^2$ 　　　　　　　　　　 (B) $y=e^{x^2}$

(C) $y=Cx^2$ 　　　　　　　　　　 (D) $y=Ce^{x^2}$

(4) 下列微分方程中,通解是 $y=C_1e^x+C_2xe^x$ 的方程是(　　).

(A) $y''-2y'-y=0$ 　　　　　　　　　　 (B) $y''-2y'+y=0$

(C) $y''+2y'+y=0$ 　　　　　　　　　　 (D) $y''-2y'+4y=0$

(5) 以 $y=C_1e^x+C_2e^{-x}$ 为通解的方程是(　　).

(A) $y''-y=0$ 　　　 (B) $y'+y=0$ 　　　 (C) $y''+y'=0$ 　　　 (D) $y''-y'=0$

3. 求下列微分方程的通解.

(1) $(e^{x+y}-e^x)dx+(e^{x+y}+e^y)dy=0$ 　　　　 (2) $ydx+(x^2-2x)dy=0$

(3) $\left(x-y\cos\dfrac{y}{x}\right)dx+x\cos\dfrac{y}{x}dy=0$ 　　　　 (4) $xdy-ydx=y^2e^ydy$

(5) $y'+\dfrac{1}{x}y=e^{-x^2}$ 　　　　 (6) $y'=\dfrac{y}{\cot x}+\cos x$

(7) $y''-7y'+12y=0$ 　　　　 (8) $4y''-12y'+9y=0$

(9) $y''+2y'+3y=0$ 　　　　 (10) $y''-2y'+3y=x^2-x+2$

(11) $y''+2y'-3y=e^{2x}$ 　　　　 (12) $y''-3y'+2y=xe^x$

4. 求下列差分方程的通解.

(1) $y_{x+1}-2y_x=0$

(2) $y_{t+1}+\dfrac{1}{3}y_t=0$

(3) $y_{x+1}-3y_x=-2$

(4) $y_{x+1}+5y_x=x^2+x-1$

(5) $y_{x+1}+y_x=x(-1)^x$

(6) $y_{x+1}+2y_x=x2^x$

(B)组

1. (2010 年数学三)设 y_1、y_2 是一阶线性非齐次方程 $y'+p(x)y=q(x)$ 的两个特解,若常数 λ、μ 使得 $\lambda y_1+\mu y_2$ 是该方程的解,$\lambda y_1-\mu y_2$ 是对应齐次方程的解,则(   ).

(A) $\lambda=\dfrac{1}{2}$,$\mu=\dfrac{1}{2}$

(B) $\lambda=-\dfrac{1}{2}$,$\mu=-\dfrac{1}{2}$

(C) $\lambda=\dfrac{2}{3}$,$\mu=\dfrac{1}{3}$

(D) $\lambda=\dfrac{2}{3}$,$\mu=\dfrac{2}{3}$

2. (2013 年数学三)微分方程 $y''-y'+\dfrac{1}{4}y=0$ 的通解为 $y=$ _____ .

3. (2010 年数学三)设某商品的收益函数为 $R(P)$,收益弹性为 $1+P^3$,其中 P 为价格,且 $R(1)=1$,则 $R(P)=$ _____ .

4. (2009 年数学三)设曲线 $y=f(x)$,其中 $f(x)$ 为可导函数,且 $f(x)>0$,已知曲线 $y=f(x)$ 与直线 $y=0$,$x=1$ 及 $x=t(t>1)$ 所围成的曲边梯形,绕 x 轴旋转一周所得的立体的体积值是该曲边梯形面积值的 πt 倍,求该曲线方程.

5. (2012 年数学三)已知函数 $f(x)$ 满足方程 $f''(x)+f'(x)-2f(x)=0$ 及 $f'(x)+f(x)=2e^x$.

(1) 求 $f(x)$ 的表达式;

(2) 求曲线 $y=f(x^2)\displaystyle\int_0^x f(-t^2)\mathrm{d}t$ 的拐点.

6. (2011 年数学三)设函数 $f(x)$ 在 $[0,1]$ 内有连续的导数,$f(0)=1$,且

$$\iint\limits_{D_1}f'(x+y)\mathrm{d}x\mathrm{d}y=\iint\limits_{D_1}f(t)\mathrm{d}x\mathrm{d}y,$$

其中 $D_1=\{(x,y)\,|\,0\leqslant x\leqslant t,0\leqslant y\leqslant t,x+y\leqslant t\}(0<t\leqslant1)$,求 $f(x)$ 的表达式.

7. (2014 年数学三)设函数 $f(u)$ 具有连续导数,$z=f(e^x\cos y)$ 满足

$$\cos y\frac{\partial z}{\partial x}-\sin y\frac{\partial z}{\partial y}=(4z+e^x\cos y)e^x$$

若 $f(0)=0,f'(0)=0$,求 $f(u)$ 的表达式.

第6章 无穷级数

无穷级数是微积分学的重要组成之一,是函数逼近理论的基础,是表示函数、研究函数性质和进行数值计算的有力工具,在科学技术、经济管理等领域的实际问题中有着广泛的应用.

无穷级数讨论的是无穷多项相加的问题,它是有限多项相加概念的推广和发展. 因此,无穷级数与数列极限紧密相关,对于无穷级数的收敛和发散正是通过计算相关的数列极限来进行判断的.

本章将在介绍常数项级数的概念、性质及其审敛法的基础上,进一步介绍函数项级数,主要包括幂级数的收敛域与和函数的概念,以及将函数展开成幂级数的条件和方法.

6.1 常数项级数的概念和性质

学习要求

1. 了解级数的收敛与发散、收敛级数的和的概念.

2. 掌握级数的基本性质及级数收敛的必要条件.

3. 掌握几何级数和调和级数的敛散性.

6.1.1 常数项级数的概念

我们知道,有限个数 $u_1, u_2, \cdots, u_n$ 相加,其结果是一个有限数.那么无穷多个数相加会出现什么情形.先看几个具体的问题.

例如,《庄子·天下篇》中提到"一尺之棰,日取其半,万世不竭",也就是说一根长为一尺的木棒,每天截去剩下的一半,这样的过程可以无限制地进行下去. 如果把每天截下那一部分的长度"加"起来,就是

$$\frac{1}{2} + \frac{1}{2^2} + \frac{1}{2^3} + \cdots + \frac{1}{2^n} + \cdots$$

这就是一个"无穷多个数相加"的例子. 容易得到,这些数相加的结果是 1.

再如

$$1 + (-1) + 1 + (-1) + \cdots$$

这也是"无穷多个数相加",如果将它写成

$$(1-1) + (1-1) + (1-1) + \cdots$$

显然其结果为 0,但如果将它写成

$$1 + [(-1)+1] + [(-1)+1] + \cdots$$

其结果就是 1,两个结果完全不同. 因此,这个表达式的结果是无法确定的.

从以上两个例子可以看出,"无穷多个数相加"的结果可能存在,也可能不存在.可见,"无限个数相加"不能简单地引用有限个数相加的概念,而必须建立它自身的概念.

设 $u_1, u_2, \cdots, u_n, \cdots$,是一个给定的无穷数列,则称表达式

$$u_1 + u_2 + \cdots + u_n + \cdots$$

为**常数项级数**或**无穷级数**,简称为**数项级数**或**级数**,记为 $\sum\limits_{n=1}^{\infty} u_n$,即

$$\sum_{n=1}^{\infty} u_n = u_1 + u_2 + \cdots + u_n + \cdots$$

其中 u_n 称为级数的**通项**或**一般项**.

无穷级数的定义只是形式上表达了无穷多个数相加的"和",至于这个"和"是否存在,还需要通过考察无穷级数前面有限的 n 项的和的变化趋势来判断.

级数 $\sum\limits_{n=1}^{\infty} u_n$ 的前 n 项之和

$$s_n = u_1 + u_2 + \cdots + u_n$$

称为级数 $\sum\limits_{n=1}^{\infty} u_n$ 的**部分和**.当 n 依次取 $1, 2, 3, \cdots$ 时,它们构成一个新的数列 $\{s_n\}$

$$s_1 = u_1, \ s_2 = u_1 + u_2, \ s_3 = u_1 + u_2 + u_3, \cdots, s_n = u_1 + u_2 + \cdots + u_n, \cdots$$

数列 $\{s_n\}$ 称为**部分和数列**.根据数列 $\{s_n\}$ 是否存在极限,我们引入级数收敛与发散的概念.

定义 6.1 如果级数 $\sum\limits_{n=1}^{\infty} u_n$ 的部分和数列 $\{s_n\}$ 存在极限 s,即

$$\lim_{n \to \infty} s_n = s$$

则称级数 $\sum\limits_{n=1}^{\infty} u_n$ **收敛**,极限 s 称为级数 $\sum\limits_{n=1}^{\infty} u_n$ 的**和**,并写成

$$\sum_{n=1}^{\infty} u_n = u_1 + u_2 + \cdots + u_n + \cdots = s$$

如果部分和数列 $\{s_n\}$ 的极限不存在,则称级数 $\sum\limits_{n=1}^{\infty} u_n$ **发散**.

如果级数 $\sum\limits_{n=1}^{\infty} u_n$ 收敛于 s,其部分和 s_n 是 s 的近似值,它们之间的差

$$r_n = s - s_n = u_{n+1} + u_{n+2} + \cdots$$

称为级数 $\sum\limits_{n=1}^{\infty} u_n$ 的**余项**.显然有 $\lim\limits_{n \to \infty} r_n = 0$,而 $|r_n|$ 就是用 s_n 近似代替 s 所产生的误差.

定义 6.1 不仅给出了级数收敛与发散的概念,而且给出了判别级数敛散性的一个重要方法.

【例 6.1】 判别下列级数是否收敛,若收敛求出其和.

(1) $1 + 2 + 3 + \cdots + n + \cdots$

(2) $\dfrac{1}{1 \cdot 2} + \dfrac{1}{2 \cdot 3} + \cdots + \dfrac{1}{n(n+1)} + \cdots$

(3) $\dfrac{1}{2} + \dfrac{2}{2^2} + \dfrac{3}{2^3} + \cdots + \dfrac{n}{2^n} + \cdots$

【解】 (1) 这个级数的部分和为

$$s_n = 1 + 2 + 3 + \cdots + n = \frac{n(n+1)}{2}$$

显然有 $\lim\limits_{n \to \infty} s_n = +\infty$，因此所给级数是发散的.

（2）这个级数的部分和为

$$s_n = \frac{1}{1 \cdot 2} + \frac{1}{2 \cdot 3} + \cdots + \frac{1}{n(n+1)}$$

$$= \left(1 - \frac{1}{2}\right) + \left(\frac{1}{2} - \frac{1}{3}\right) + \cdots + \left(\frac{1}{n} - \frac{1}{n+1}\right) = 1 - \frac{1}{n+1}$$

由于

$$\lim_{n \to \infty} s_n = \lim_{n \to \infty}\left(1 - \frac{1}{n+1}\right) = 1$$

所以这个级数是收敛的，并且它的和为 1.

（3）这个级数的部分和为

$$s_n = \frac{1}{2} + \frac{2}{2^2} + \frac{3}{2^3} + \cdots + \frac{n}{2^n}$$

$$\frac{1}{2}s_n = \frac{1}{2^2} + \frac{2}{2^3} + \frac{3}{2^4} + \cdots + \frac{n}{2^{n+1}}$$

$$s_n - \frac{1}{2}s_n = \frac{1}{2} + \frac{1}{2^2} + \frac{1}{2^3} + \cdots + \frac{1}{2^n} - \frac{n}{2^{n+1}}$$

$$= \frac{\frac{1}{2}\left(1 - \frac{1}{2^n}\right)}{1 - \frac{1}{2}} - \frac{n}{2^{n+1}}$$

于是

$$s_n = 2\left(1 - \frac{1}{2^n} - \frac{n}{2^{n+1}}\right)$$

由于

$$\lim_{n \to \infty} s_n = \lim_{n \to \infty} 2\left(1 - \frac{1}{2^n} - \frac{n}{2^{n+1}}\right) = 2$$

所以该级数收敛，且它的和为 2.

【例 6.2】 讨论几何级数（也称为**等比级数**）

$$\sum_{n=0}^{\infty} aq^n = a + aq + aq^2 + \cdots + aq^n + \cdots (a \neq 0)$$

的敛散性.

【解】 级数的部分和 $s_n = a + aq + aq^2 + \cdots + aq^{n-1}$

当 $q \neq 1$ 时，$s_n = \frac{a(1-q^n)}{1-q} = \frac{a}{1-q} - \frac{aq^n}{1-q}$

如果 $|q| < 1$，有 $\lim\limits_{n \to \infty} q^n = 0$，则

$$\lim_{n \to \infty} s_n = \lim_{n \to \infty}\left(\frac{a}{1-q} - \frac{aq^n}{1-q}\right) = \frac{a}{1-q}$$

如果 $|q| > 1$，有 $\lim\limits_{n \to \infty} q^n = \infty$，则 $\lim\limits_{n \to \infty} s_n = \infty$

如果 $q = 1$，$s_n = na$，则 $\lim\limits_{n \to \infty} s_n = \infty$

若 $q = -1$，当 $n \to \infty$ 时，$s_n = \begin{cases} 0, & n \text{ 为偶数} \\ a, & n \text{ 为奇数} \end{cases}$，故 $\lim\limits_{n \to \infty} s_n$ 不存在.

综上所述，几何级数 $\sum\limits_{n=0}^{\infty} aq^n$ 当 $|q| < 1$ 在时收敛，且和为 $\dfrac{a}{1-q}$；当 $|q| \geqslant 1$ 时发散.

几何级数是一类很重要的级数，它的敛散性在本章后续的内容中将多次用到，上述结论可直接使用.

利用几何级数收敛的条件不难判断，"截杖问题"中的级数是收敛的，并且收敛于1.

6.1.2 常数项级数的性质

性质 1 如果级数 $\sum\limits_{n=1}^{\infty} u_n$ 收敛于和 s，那么级数 $\sum\limits_{n=1}^{\infty} ku_n$ 也收敛，且其和为 ks.

【证】 设级数 $\sum\limits_{n=1}^{\infty} u_n$ 与 $\sum\limits_{n=1}^{\infty} ku_n$ 的部分和分别为 s_n 与 σ_n，则

$$\sigma_n = ku_1 + ku_2 + \cdots + ku_n = ks_n$$

于是

$$\lim_{n \to \infty} \sigma_n = \lim_{n \to \infty} ks_n = ks$$

所以级数 $\sum\limits_{n=1}^{\infty} ku_n$ 收敛，且其和为 ks.

性质 2 如果级数 $\sum\limits_{n=1}^{\infty} u_n$ 与 $\sum\limits_{n=1}^{\infty} v_n$ 分别收敛于 s 和 σ，那么级数 $\sum\limits_{n=1}^{\infty} (u_n \pm v_n)$ 也收敛，且其和为 $s \pm \sigma$.

性质 2 的证明与性质 1 类似，请读者自己完成.

性质 3 在级数中去掉、增加或改变有限项，不会改变级数的敛散性.

这里仅以"在级数的前面部分增加有限项，不会改变级数的敛散性"进行说明，其他情形类似.

设在级数 $u_1 + u_2 + \cdots + u_n + \cdots$ 的前面增加 k 项，则得到级数

$$t_1 + t_2 + \cdots + t_k + u_1 + u_2 + \cdots + u_n + \cdots$$

于是新得到的级数的部分和为

$$\sigma_{k+n} = t_1 + t_2 + \cdots + t_k + u_1 + u_2 + \cdots + u_n$$

而原级数的部分和为

$$s_n = u_1 + u_2 + \cdots + u_n$$

由于增加的 k 项为有限项，因此这 k 项的和为常数，所以当 $n \to \infty$ 时，σ_{k+n} 与 s_n 或者同时存在极限，或者同时没有极限. 所以在级数的前面增加有限项，不会改变级数的收敛性.

由此可见，一个级数是否收敛与级数前面有限项的取值无关. 但是对于收敛级数来说，去掉、增加或改变有限项后，级数的和一般会发生改变.

性质 4 如果级数 $\sum\limits_{n=1}^{\infty} u_n$ 收敛，那么对级数的项任意加括号后所成的新级数仍收敛于原来的和.

需要注意的是,性质 4 的成立是以级数收敛为前提的,否则结论不成立. 同时从级数加括号后收敛,也不能推断它在未加括号前也收敛. 例如,级数

$$(1-1)+(1-1)+\cdots+(1-1)+\cdots$$

收敛于 0,但级数 $1-1+1-1+\cdots$ 却是发散的.

性质 5(级数收敛的必要条件) 如果级数 $\displaystyle\sum_{n=1}^{\infty} u_n$ 收敛,那么 $\displaystyle\lim_{n\to\infty} u_n = 0$.

【证】 设级数 $\displaystyle\sum_{n=1}^{\infty} u_n$ 收敛,其和为 s,显然 $u_n = s_n - s_{n-1}$ $\quad (n \geqslant 2)$

于是 $\displaystyle\lim_{n\to\infty} u_n = \lim_{n\to\infty}(s_n - s_{n-1}) = s - s = 0$.

推论 如果 $\displaystyle\lim_{n\to\infty} u_n \neq 0$,则级数 $\displaystyle\sum_{n=1}^{\infty} u_n$ 发散.

利用此推论可知,级数

$$\sum_{n=1}^{\infty}(-1)^n, \quad \sum_{n=1}^{\infty}\frac{n+1}{n}, \quad \sum_{n=1}^{\infty}\sin n$$

都是发散的.

性质 5 为级数收敛的必要条件,并非充分条件,它的逆命题是不成立的. 即当 $\displaystyle\lim_{n\to\infty} u_n = 0$,级数 $\displaystyle\sum_{n=1}^{\infty} u_n$ 也不一定收敛. 例如,**调和级数**

$$1+\frac{1}{2}+\frac{1}{3}+\cdots+\frac{1}{n}+\cdots$$

虽然满足性质 5 的结论,即 $\displaystyle\lim_{n\to\infty} u_n = \lim_{n\to\infty}\frac{1}{n} = 0$,但是它是发散的. 下面用反证法来证明.

假设调和级数收敛,设它的前 n 项部分和为 s_n,且 $s_n \to s (n \to \infty)$,显然,对级数前 $2n$ 项部分和为 s_{2n},也有 $s_{2n} \to s (n \to \infty)$. 于是

$$\lim_{n\to\infty}(s_{2n} - s_n) = 0$$

而

$$s_{2n} - s_n = \frac{1}{n+1} + \frac{1}{n+2} + \cdots + \frac{1}{2n} > \frac{1}{2n} + \frac{1}{2n} + \cdots + \frac{1}{2n} = \frac{1}{2}$$

所以

$$\lim_{n\to\infty}(s_{2n} - s_n) \neq 0$$

与 $\displaystyle\lim_{n\to\infty}(s_{2n} - s_n) = 0$ 矛盾. 因此,假设不成立,说明原级数发散.

调和级数也是一个重要级数,它的敛散性在后续内容中也经常会用到.

习题 6. 1

1. 写出下列级数的一般项.

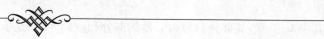

(1) $2 - \frac{3}{2} + \frac{4}{3} - \frac{5}{4} + \cdots$ (2) $\frac{x}{3} + \frac{x^3}{5} + \frac{x^5}{7} + \frac{x^7}{9} + \cdots$

(3) $\dfrac{2}{1 \cdot 3} + \dfrac{2^2}{3 \cdot 5} + \dfrac{2^3}{5 \cdot 7} + \dfrac{2^4}{7 \cdot 9} + \cdots$ (4) $\dfrac{a}{2} + \dfrac{a^2}{4} + \dfrac{a^3}{8} + \dfrac{a^4}{16} + \cdots$

2. 已知级数 $\displaystyle\sum_{n=1}^{\infty} u_n$ 的部分和 $s_n = \dfrac{2n}{n+1}$，求 u_1, u_2 和 u_n.

3. 用定义判别下列级数的敛散性，如果收敛，求其和.

(1) $\displaystyle\sum_{n=1}^{\infty}(\sqrt{n+1} - \sqrt{n})$ (2) $\displaystyle\sum_{n=1}^{\infty} \dfrac{1}{(2n-1)(2n+1)}$

(3) $\displaystyle\sum_{n=2}^{\infty}(a^{\frac{1}{n+1}} - a^{\frac{1}{n-1}})$ (4) $\displaystyle\sum_{n=1}^{\infty} \dfrac{2n}{3^n}$

4. 利用无穷级数的性质，以及几何级数和调和级数的敛散性，判别下列级数的敛散性.

(1) $\displaystyle\sum_{n=1}^{\infty} \dfrac{2}{5}\left(-\dfrac{4}{5}\right)^n$ (2) $\displaystyle\sum_{n=1}^{\infty} \dfrac{1}{2n}$ (3) $\displaystyle\sum_{n=1}^{\infty}\left(\dfrac{1}{2}\right)^n$

(4) $\displaystyle\sum_{n=1}^{\infty} \dfrac{1}{\sqrt[n]{3}}$ (5) $\displaystyle\sum_{n=15}^{\infty} \dfrac{1}{n}$ (6) $\displaystyle\sum_{n=1}^{\infty} \cos\dfrac{\pi}{n}$

(7) $\displaystyle\sum_{n=1}^{\infty}\left(\dfrac{2^n}{3^n} + \dfrac{3^n}{7^n}\right)$ (8) $\displaystyle\sum_{n=1}^{\infty}\left(\dfrac{2}{3n} + \dfrac{2^n}{5^n}\right)$ (9) $\displaystyle\sum_{n=1}^{\infty} \dfrac{n}{2n-3}$

6.2

正项级数及其审敛法

学习要求

1. 了解正项级数收敛的充分必要条件.

2. 掌握正项级数的比较审敛法及其极限形式，掌握正项级数的比值审敛法.

3. 了解正项级数的根值审敛法.

4. 掌握 p-级数敛散性.

如果级数 $\displaystyle\sum_{n=1}^{\infty} u_n$ 的每一项 $u_n \geqslant 0$，则称该级数为**正项级数**.

正项级数是数项级数中特殊而又重要的一类，许多级数的敛散性问题都可以归结为正项级数的敛散性问题.

6.2.1 正项级数收敛的充分必要条件

设正项级数

$$\sum_{n=1}^{\infty} u_n = u_1 + u_2 + \cdots + u_n + \cdots$$

其中 $u_n \geqslant 0$，其部分和为 s_n，显然部分和数列 $\{s_n\}$ 是单调增加的，即

$$s_1 \leqslant s_2 \leqslant \cdots \leqslant s_n \leqslant \cdots$$

一方面，如果级数 $\displaystyle\sum_{n=1}^{\infty} u_n$ 收敛，则有 $\lim\limits_{n \to \infty} s_n = s$，根据存在极限的数列是有界的，可知数列 $\{s_n\}$ 是有界

的. 另一方面, 如果数列 $\{s_n\}$ 有界, 根据单调有界数列必存在极限, 可知 $\lim\limits_{n\to\infty}s_n = s$, 所以级数 $\sum\limits_{n=1}^{\infty}u_n$ 收敛. 因此, 有以下定理.

定理 6.1 正项级数 $\sum\limits_{n=1}^{\infty}u_n$ 收敛的充分必要条件是它的部分和数列 $\{s_n\}$ 有界.

下面介绍正项级数的几种常用的审敛法.

6.2.2 比较审敛法及其极限形式

定理 6.2(比较审敛法) 设 $\sum\limits_{n=1}^{\infty}u_n$ 和 $\sum\limits_{n=1}^{\infty}v_n$ 都是正项级数, 且有 $u_n \leqslant v_n (n=1,2,\cdots)$, 若 $\sum\limits_{n=1}^{\infty}v_n$ 收敛, 则 $\sum\limits_{n=1}^{\infty}u_n$ 收敛; 若 $\sum\limits_{n=1}^{\infty}u_n$ 发散, 则 $\sum\limits_{n=1}^{\infty}v_n$ 发散.

【证】 设 $\sum\limits_{n=1}^{\infty}u_n$ 和 $\sum\limits_{n=1}^{\infty}v_n$ 的部分和分别为 σ_n 和 τ_n, 由 $u_n \leqslant v_n$, 有

$$\sigma_n = u_1 + u_2 + \cdots + u_n \leqslant v_1 + v_2 + \cdots + v_n = \tau_n$$

如果 $\sum\limits_{n=1}^{\infty}v_n$ 收敛, 由定理 6.1 可知数列 $\{\tau_n\}$ 有界, 从而数列 $\{\sigma_n\}$ 有界, 级数 $\sum\limits_{n=1}^{\infty}u_n$ 收敛. 如果 $\sum\limits_{n=1}^{\infty}u_n$ 发散, 由定理 6.1 可知数列 $\{\sigma_n\}$ 无界, 从而数列 $\{\tau_n\}$ 无界, 级数 $\sum\limits_{n=1}^{\infty}v_n$ 发散.

根据级数的性质, 容易得到定理 6.2 的推论.

推论 设 $\sum\limits_{n=1}^{\infty}u_n$ 和 $\sum\limits_{n=1}^{\infty}v_n$ 都是正项级数, 且存在常数 $k>0$ 和自然数 N, 使得当 $n>N$ 时, 有 $u_n \leqslant kv_n$, 则当 $\sum\limits_{n=1}^{\infty}v_n$ 收敛时, $\sum\limits_{n=1}^{\infty}u_n$ 也收敛; 当 $\sum\limits_{n=1}^{\infty}u_n$ 发散时, $\sum\limits_{n=1}^{\infty}v_n$ 也发散.

由定理 6.2 可以看出, 要用比较审敛法判别级数的敛散性就是要找出合适的级数来比较, 其关键就是要建立所给级数的一般项与已知级数的一般项之间的不等式.

【例 6.3】 判别下列正项级数的敛散性.

(1) $\sum\limits_{n=1}^{\infty}\dfrac{1}{3^n+2}$. (2) $\sum\limits_{n=1}^{\infty}\dfrac{1}{n-\sqrt{n}}$.

【解】 (1) 由于 $\dfrac{1}{3^n+2} < \dfrac{1}{3^n}$, 而几何级数 $\sum\limits_{n=1}^{\infty}\dfrac{1}{3^n}$ 是收敛的, 由比较审敛法可得 $\sum\limits_{n=1}^{\infty}\dfrac{1}{3^n+2}$ 收敛.

(2) 由于 $\dfrac{1}{n-\sqrt{n}} > \dfrac{1}{n}$, 而调和级数 $\sum\limits_{n=1}^{\infty}\dfrac{1}{n}$ 是发散的, 由比较审敛法可得 $\sum\limits_{n=1}^{\infty}\dfrac{1}{n-\sqrt{n}}$ 发散.

【例 6.4】 讨论 p 一级数(也称为**广义调和级数**) $1 + \dfrac{1}{2^p} + \dfrac{1}{3^p} + \cdots + \dfrac{1}{n^p} + \cdots$ 的敛散性.

【解】 当 $p \leqslant 1$ 时, $\dfrac{1}{n^p} \geqslant \dfrac{1}{n}$, 由于调和级数 $\sum\limits_{n=1}^{\infty}\dfrac{1}{n}$ 发散. 由比较审敛法, 当 $p \leqslant 1$ 时, 该级数是发散的.

当 $p > 1$ 时, 将该级数按顺序且项数依次为 $1,2,2^2,2^3,\cdots$ 的方式括在一起形成的新级数为

$$1 + \left(\frac{1}{2^p} + \frac{1}{3^p}\right) + \left(\frac{1}{4^p} + \frac{1}{5^p} + \frac{1}{6^p} + \frac{1}{7^p}\right) + \left(\frac{1}{8^p} + \cdots + \frac{1}{15^p}\right) + \cdots$$

它的各项显然小于下列级数的各项

$$1 + \left(\frac{1}{2^p} + \frac{1}{2^p}\right) + \left(\frac{1}{4^p} + \frac{1}{4^p} + \frac{1}{4^p} + \frac{1}{4^p}\right) + \left(\frac{1}{8^p} + \cdots + \frac{1}{8^p}\right) + \cdots$$

$$= 1 + \frac{1}{2^{p-1}} + \frac{1}{4^{p-1}} + \frac{1}{8^{p-1}} + \cdots$$

而后一个级数是几何级数,其公比 $q = \left(\frac{1}{2}\right)^{p-1} < 1$,所以是收敛的. 由比较审敛法可知,当 $p > 1$ 时,新级数收敛. 由于 p 一级数是正项级数,加括号不影响其敛散性,所以原 p 一级数收敛.

综上所述,当 $p \leqslant 1$ 时,p 一级数发散;当 $p > 1$ 时,p 一级数收敛.

在比较审敛法运用中,p 一级数和几何级数常作为比较的对象,所以要牢记它们的敛散性.

运用比较审敛法的关键是建立不等式,但有时直接建立不等式比较困难,而极限形式的比较审敛法显得较为简单.

定理 6.3(比较审敛法的极限形式) 设级数 $\sum\limits_{n=1}^{\infty} u_n$ 和 $\sum\limits_{n=1}^{\infty} v_n$ 都是正项级数,且 $\lim\limits_{n \to \infty} \dfrac{u_n}{v_n} = l$

(1)当 $0 \leqslant l < +\infty$ 时,若 $\sum\limits_{n=1}^{\infty} v_n$ 收敛,则 $\sum\limits_{n=1}^{\infty} u_n$ 收敛;

(2)当 $0 < l \leqslant +\infty$ 时,若 $\sum\limits_{n=1}^{\infty} v_n$ 发散,则 $\sum\limits_{n=1}^{\infty} u_n$ 发散.

【证】 (1)当 $0 \leqslant l < +\infty$ 时,由于极限 $\lim\limits_{n \to \infty} \dfrac{u_n}{v_n} = l$ 存在,由极限的性质可知,数列 $\left\{\dfrac{u_n}{v_n}\right\}$ 有界,即存在 $M > 0$,使得

$$\frac{u_n}{v_n} \leqslant M$$

即

$$u_n \leqslant Mv_n \ (n = 1, 2, 3, \cdots)$$

若 $\sum\limits_{n=1}^{\infty} v_n$ 收敛,由比较审敛法的推论可知,$\sum\limits_{n=1}^{\infty} u_n$ 收敛.

(2)当 $0 < l \leqslant +\infty$ 时,即 $0 < \lim\limits_{n \to \infty} \dfrac{u_n}{v_n} = l \leqslant +\infty$,有 $0 \leqslant \lim\limits_{n \to \infty} \dfrac{v_n}{u_n} = \dfrac{1}{l} < +\infty$,这就化成了(1)的情形,由(1)可知,若 $\sum\limits_{n=1}^{\infty} u_n$ 收敛,则 $\sum\limits_{n=1}^{\infty} v_n$ 收敛,与题设 $\sum\limits_{n=1}^{\infty} v_n$ 发散矛盾,所以 $\sum\limits_{n=1}^{\infty} u_n$ 发散.

【例 6.5】 判别下列级数的敛散性.

(1) $\sum\limits_{n=2}^{\infty} \dfrac{1}{n\sqrt{n^2-1}}$.   (2) $\sum\limits_{n=1}^{\infty} \sin\dfrac{1}{n}$.   (3) $\sum\limits_{n=1}^{\infty} \dfrac{1}{3^n - n}$.

【解】 (1)由于 $\lim\limits_{n \to \infty} \dfrac{\frac{1}{n\sqrt{n^2-1}}}{\frac{1}{n^2}} = 1$,而 $\sum\limits_{n=2}^{\infty} \dfrac{1}{n^2}$ 收敛,由比较审敛法的极限形式可知,

$\sum\limits_{n=2}^{\infty} \dfrac{1}{n\sqrt{n^2-1}}$ 收敛.

(2)由于 $\lim\limits_{n \to \infty} \dfrac{\sin\frac{1}{n}}{\frac{1}{n}} = 1$,而 $\sum\limits_{n=1}^{\infty} \dfrac{1}{n}$ 发散,由比较审敛法的极限形式可知,$\sum\limits_{n=1}^{\infty} \sin\dfrac{1}{n}$ 发散.

（3）由于 $\lim\limits_{n\to\infty}\dfrac{\frac{1}{3^n-n}}{\frac{1}{3^n}}=\lim\limits_{n\to\infty}\dfrac{3^n}{3^n-n}=\lim\limits_{n\to\infty}\dfrac{1}{1-\frac{n}{3^n}}=1$，而 $\sum\limits_{n=1}^{\infty}\dfrac{1}{3^n}$ 是收敛的，由比较审敛法的极限形

式可知，$\sum\limits_{n=1}^{\infty}\dfrac{1}{3^n-n}$ 收敛.

运用比较审敛法或其极限形式，都需要找到一个已知级数做比较，还不是太方便. 如果只需要考虑所给级数的一般项，将会比较方便.

6.2.3 比值审敛法和根值审敛法

定理 6.4（比值审敛法或达朗贝尔判别法） 设 $\sum\limits_{n=1}^{\infty}u_n$ 为正项级数，且 $\lim\limits_{n\to\infty}\dfrac{u_{n+1}}{u_n}=\rho$.

（1）当 $\rho<1$ 时，级数 $\sum\limits_{n=1}^{\infty}u_n$ 收敛；

（2）当 $\rho>1$ 时，级数 $\sum\limits_{n=1}^{\infty}u_n$ 发散；

（3）当 $\rho=1$ 时，比值审敛法失效.

【证】（1）由 $\lim\limits_{n\to\infty}\dfrac{u_{n+1}}{u_n}=\rho<1$，根据数列极限的有界性，存在某个正整数 N 和某个正数 $\rho<M<1$，当 $n\geqslant N$ 时，使得

$$\frac{u_{n+1}}{u_n}<M$$

因此

$$u_{N+1}<Mu_N$$
$$u_{N+2}<Mu_{N+1}<M^2u_N$$
$$u_{N+3}<Mu_{N+2}<M^3u_N$$
$$\cdots$$

由于级数 $\sum\limits_{k=1}^{\infty}M^ku_N$ 为几何级数，公比 $M<1$，故级数 $\sum\limits_{k=1}^{\infty}M^ku_N$ 收敛. 由比较审敛法可知，级数 $\sum\limits_{n=N+1}^{\infty}u_n$ 收敛，从而级数 $\sum\limits_{n=1}^{\infty}u_n$ 收敛.

（2）由 $\lim\limits_{n\to\infty}\dfrac{u_{n+1}}{u_n}=\rho>1$ 可知，当 n 充分大时，有

$$\frac{u_{n+1}}{u_n}>1$$

即

$$u_{n+1}>u_n$$

说明当 n 充分大时，级数的项单调增加，于是 $\lim\limits_{n\to\infty}u_n\neq 0$，所以级数 $\sum\limits_{n=1}^{\infty}u_n$ 发散.

（3）当 $\rho=1$ 时，级数 $\sum\limits_{n=1}^{\infty}u_n$ 可能收敛也可能发散. 例如，级数 $\sum\limits_{n=1}^{\infty}\dfrac{1}{n^2}$ 和 $\sum\limits_{n=1}^{\infty}\dfrac{1}{n}$，利用比值审敛法求

ρ 值均为 1,但是级数 $\sum\limits_{n=1}^{\infty} \dfrac{1}{n^2}$ 收敛而级数 $\sum\limits_{n=1}^{\infty} \dfrac{1}{n}$ 发散. 由此可见,当 $\lim\limits_{n\to\infty} \dfrac{u_{n+1}}{u_n} = 1$ 时,比值审敛法失效,因此,需要利用其他的判别方法进行判别.

【例 6.6】 判别下列级数的敛散性.

(1) $\sum\limits_{n=1}^{\infty} \dfrac{n!}{3^n}$.   (2) $\sum\limits_{n=1}^{\infty} \dfrac{n \cos^2 \dfrac{n\pi}{3}}{2^n}$.

【解】 (1) 由于 $\lim\limits_{n\to\infty} \dfrac{u_{n+1}}{u_n} = \lim\limits_{n\to\infty} \dfrac{\dfrac{(n+1)!}{3^{n+1}}}{\dfrac{n!}{3^n}} = \lim\limits_{n\to\infty} \dfrac{n+1}{3} = +\infty > 1$,由比值审敛法可知,原级数发散.

(2) 因为 $\dfrac{n \cos^2 \dfrac{n\pi}{3}}{2^n} \leqslant \dfrac{n}{2^n}$,考虑级数 $\sum\limits_{n=1}^{\infty} \dfrac{n}{2^n}$,由于

$$\lim_{n\to\infty} \frac{\dfrac{n+1}{2^{n+1}}}{\dfrac{n}{2^n}} = \frac{1}{2} < 1$$

故由比值审敛法可知,级数 $\sum\limits_{n=1}^{\infty} \dfrac{n}{2^n}$ 收敛,再由比较审敛法可得,原级数收敛.

【例 6.7】 讨论级数 $\sum\limits_{n=1}^{\infty} \dfrac{a^n n!}{n^n}$ 的敛散性.

【解】 由于

$$\lim_{n\to\infty} \frac{u_{n+1}}{u_n} = \lim_{n\to\infty} \frac{\dfrac{a^{n+1}(n+1)!}{(n+1)^{n+1}}}{\dfrac{a^n \cdot n!}{n^n}} = \lim_{n\to\infty} a \cdot \left(\frac{n}{n+1}\right)^n = \lim_{n\to\infty} a \cdot \frac{1}{\left(1+\dfrac{1}{n}\right)^n} = \frac{a}{e}$$

当 $a > e$ 时,$\rho > 1$,原级数发散;

当 $a < e$ 时,$\rho < 1$,原级数收敛;

当 $a = e$ 时,由于

$$\frac{u_{n+1}}{u_n} = \frac{e}{\left(1+\dfrac{1}{n}\right)^n}$$

当 $n \to \infty$ 时,$\left(1+\dfrac{1}{n}\right)^n$ 单调增加且以 e 为极限,因此,对一切 n 有 $e > \left(1+\dfrac{1}{n}\right)^n$,于是

$$u_{n+1} > u_n$$

所以 $$\lim_{n\to\infty} u_n \neq 0$$

故原级数发散.

定理 6.5(根值审敛法或柯西判别法) 设 $\sum\limits_{n=1}^{\infty} u_n$ 为正项级数,且 $\lim\limits_{n\to\infty} \sqrt[n]{u_n} = \rho$.

(1) 当 $\rho < 1$ 时,级数 $\sum\limits_{n=1}^{\infty} u_n$ 收敛;

（2）当 $\rho > 1$ 时，级数 $\sum\limits_{n=1}^{\infty} u_n$ 发散；

（3）当 $\rho = 1$ 时，根值审敛法失效.

根值审敛法的证明思路与比值审敛法类似，在此证明从略.

根值审敛法适合一般项 u_n 中含有表达式的 n 次幂，且 $\lim\limits_{n\to\infty} \sqrt[n]{u_n}$ 存在或为 $+\infty$ 的情形.

【例6.8】 判别下列级数的敛散性.

（1）$\sum\limits_{n=1}^{\infty} \left(\dfrac{na}{n+1}\right)^n$ $(a>0)$. （2）$\sum\limits_{n=1}^{\infty} \dfrac{3^n}{\mathrm{e}^n-1}$.

【解】 （1）因为

$$\lim_{n\to\infty} \sqrt[n]{u_n} = \lim_{n\to\infty} \frac{na}{n+1} = a$$

由根值审敛法，当 $0 < a < 1$ 时，原级数收敛；当 $a > 1$ 时，原级数发散；当 $a = 1$ 时，由于 $\lim\limits_{n\to\infty} u_n = \lim\limits_{n\to\infty} \left(\dfrac{n}{n+1}\right)^n = \dfrac{1}{\mathrm{e}} \neq 0$，所以原级数发散.

（2）因为

$$\lim_{n\to\infty} \sqrt[n]{u_n} = \lim_{n\to\infty} \sqrt[n]{\frac{3^n}{\mathrm{e}^n-1}} = \lim_{n\to\infty} \frac{3}{\mathrm{e}} \sqrt[n]{\frac{1}{1-\dfrac{1}{\mathrm{e}^n}}} = \frac{3}{\mathrm{e}} > 1$$

由根值审敛法，原级数发散.

运用比值审敛法和根值审敛法判别级数的敛散性确实比较方便，但也有其缺陷，就是当 ρ 值为1时不能判别，需要用其他的方法进行判别.

以上介绍了判别正项级数敛散性的几种常用方法. 在实际运用时，经常先检查一般项的极限是否为0. 若不为0，则级数发散；若为0，再根据一般项的特点，选择适当的审敛法判别其敛散性.

习题 6.2

1. 用比较审敛法或其极限形式判别下列级数的敛散性.

（1）$\sum\limits_{n=1}^{\infty} \dfrac{1+n}{1+n^2}$ （2）$\sum\limits_{n=1}^{\infty} \dfrac{1}{5^n+1}$ （3）$\sum\limits_{n=1}^{\infty} \dfrac{1}{(n+1)(n+3)}$

（4）$\sum\limits_{n=1}^{\infty} \dfrac{1}{n\sqrt{n^3+1}}$ （5）$\sum\limits_{n=1}^{\infty} \sin\dfrac{\pi}{2^n}$ （6）$\sum\limits_{n=1}^{\infty} \dfrac{1}{\sqrt{n}}\sin\dfrac{3}{\sqrt{n}}$

（7）$\sum\limits_{n=1}^{\infty} \dfrac{1}{4n+1}$ （8）$\sum\limits_{n=1}^{\infty} \dfrac{1}{\ln(n+1)}$ （9）$\sum\limits_{n=1}^{\infty} \dfrac{1}{1+a^n}$ $(a>0)$

2. 用比值审敛法或根值审敛法判别下列级数的敛散性.

（1）$\sum\limits_{n=1}^{\infty} \dfrac{n+1}{2^n}$ （2）$\sum\limits_{n=1}^{\infty} \dfrac{n!}{n^n}$ （3）$\sum\limits_{n=1}^{\infty} n^3 \sin\dfrac{\pi}{3^n}$

（4）$\sum\limits_{n=1}^{\infty} \dfrac{2^{n-1}}{n(n+1)}$ （5）$\sum\limits_{n=1}^{\infty} n\left(\dfrac{3}{5}\right)^n$ （6）$\sum\limits_{n=1}^{\infty} \dfrac{4^n}{5^n-3^n}$

(7) $\sum_{n=1}^{\infty} \left(\frac{n}{2n+1} \right)^{n+1}$ (8) $\sum_{n=1}^{\infty} \frac{2}{[\ln(n+2)]^n}$ (9) $\sum_{n=1}^{\infty} \frac{3^n}{\left(\frac{n+1}{n} \right)^{n^2}}$

(10) $\sum_{n=1}^{\infty} \left(\frac{n}{3n-1} \right)^{2n+1}$ (11) $\sum_{n=1}^{\infty} \frac{1}{2^{2n-1}(2n-1)}$ (12) $\sum_{n=1}^{\infty} \left(1 - \frac{1}{n} \right)^{n^2}$

3. 用适当的方法判别下列级数的敛散性.

(1) $\sum_{n=1}^{\infty} \frac{n^2+3}{(n^2+1)(n^2+2)}$ (2) $\sum_{n=1}^{\infty} \frac{n^p}{n!}$ (3) $\sum_{n=1}^{\infty} n^2 \left(1 - \cos \frac{\pi}{n^2} \right)$

(4) $\sum_{n=1}^{\infty} \sqrt{\frac{n+5}{n+1}}$ (5) $\sum_{n=1}^{\infty} \frac{n}{3^n} \sin^2 nx$ (6) $\sum_{n=1}^{\infty} \sin \frac{\pi}{6^n}$

4. 利用级数收敛的必要条件证明 $\lim_{n \to \infty} \frac{2^n n!}{n^n} = 0$.

5. 根据所给的条件,判别级数 $\sum_{n=1}^{\infty} a_n$ 的敛散性.

(1) $a_1 = 2$, $a_{n+1} = \frac{1+\sin n}{n} a_n$ (2) $a_1 = \frac{1}{3}$, $a_{n+1} = \frac{3n+2}{2n+1} a_n$

(3) $a_1 = \frac{1}{2}$, $a_{n+1} = -\frac{1}{4} a_n$ (4) $a_1 = \frac{1}{3}$, $a_{n+1} = \frac{3}{n+1} a_n$

6.3 任意项级数敛散性的判别

学习要求

1. 了解交错级数的莱布尼兹判别法.

2. 了解绝对收敛与条件收敛的概念以及绝对收敛与收敛的关系.

3. 会判别任意项级数收敛是绝对收敛还是条件收敛.

如果对常数项级数 $\sum_{n=1}^{\infty} u_n$ 的一般项 u_n 的符号不加限制,则称为**任意项级数**. 在本章 6.1 节介绍的判别级数敛散性的方法和收敛级数的性质对任意项级数完全适用. 下面先介绍一种特殊的任意项级数——交错级数及莱布尼兹判别法,然后介绍任意项级数收敛的两种方式:绝对收敛和条件收敛.

6.3.1 交错级数与莱布尼兹判别法

设 $u_n > 0 (n = 1, 2, 3, \cdots)$,称级数 $\sum_{n=1}^{\infty} (-1)^n u_n$ 或 $\sum_{n=1}^{\infty} (-1)^{n-1} u_n$ 为**交错级数**.

例如,$1 - \frac{1}{2} + \frac{1}{3} - \frac{1}{4} + \cdots + (-1)^{n-1} \frac{1}{n} + \cdots$ 就是交错级数.

判别交错级数收敛的方法如下.

定理 6.6(莱布尼兹判别法) 设交错级数 $\sum_{n=1}^{\infty} (-1)^{n-1} u_n$ 满足以下条件.

(1) $u_n \geqslant u_{n+1}$，即数列 $\{u_n\}$ 单调递减；(2) $\lim\limits_{n\to\infty} u_n = 0$，则交错级数 $\sum\limits_{n=1}^{\infty} (-1)^{n-1} u_n$ 收敛，且它的和 $s \leqslant u_1$.

【证】 设级数 $\sum\limits_{n=1}^{\infty} (-1)^{n-1} u_n$ 的部分和为 s_n，那么

$$s_{2n} = (u_1 - u_2) + (u_3 - u_4) + \cdots + (u_{2n-1} - u_{2n}) \geqslant 0$$

因此，数列 $\{s_{2n}\}$ 单调增加. 由条件(1)，又有

$$s_{2n} = u_1 - (u_2 - u_3) - (u_4 - u_5) - \cdots - (u_{2n-2} - u_{2n-1}) - u_{2n} \leqslant u_1$$

因此，数列 $\{s_{2n}\}$ 有界. 所以数列 $\{s_{2n}\}$ 的极限存在，设 $\lim\limits_{n\to\infty} s_{2n} = s$，由条件(2)

$$\lim\limits_{n\to\infty} s_{2n+1} = \lim\limits_{n\to\infty} (s_{2n} + u_{2n+1}) = s$$

于是，$\lim\limits_{n\to\infty} s_n = s$，所以交错级数 $\sum\limits_{n=1}^{\infty} (-1)^{n-1} u_n$ 收敛，且它的和 $s \leqslant u_1$.

【例 6.9】 判别下列级数是否收敛.

(1) $\sum\limits_{n=1}^{\infty} (-1)^{n-1} \dfrac{1}{n}$.　　　　(2) $\sum\limits_{n=1}^{\infty} (-1)^{n-1} \dfrac{1}{n^2}$.

【解】 (1) $\sum\limits_{n=1}^{\infty} (-1)^{n-1} \dfrac{1}{n}$ 为交错级数，$u_n = \dfrac{1}{n}$，$u_{n+1} = \dfrac{1}{n+1}$，满足条件 $u_n \geqslant u_{n+1}$ 且 $\lim\limits_{n\to\infty} u_n = 0$，由莱布尼兹判别法可知，原级数收敛.

(2) $\sum\limits_{n=1}^{\infty} (-1)^{n-1} \dfrac{1}{n^2}$ 为交错级数，$u_n = \dfrac{1}{n^2}$，$u_{n+1} = \dfrac{1}{(n+1)^2}$，满足条件 $u_n \geqslant u_{n+1}$ 且 $\lim\limits_{n\to\infty} u_n = 0$，由莱布尼兹判别法可知，原级数收敛.

【例 6.10】 判别交错级数 $\sum\limits_{n=1}^{\infty} (-1)^{n-1} \dfrac{\ln n}{n}$ 的敛散性.

【解】 级数的一般项满足 $\lim\limits_{n\to\infty} \dfrac{\ln n}{n} = 0$.

要说明 $\dfrac{\ln n}{n} > \dfrac{\ln(n+1)}{n+1}$，即要说明数列 $\left\{\dfrac{\ln n}{n}\right\}$ 单调减少. 于是设 $y = \dfrac{\ln x}{x}$，则

$$y' = \dfrac{1 - \ln x}{x^2}$$

当 $x > e$ 时，$y' < 0$，即当 $n \geqslant 3$ 时，数列 $\left\{\dfrac{\ln n}{n}\right\}$ 单调减少，满足 $\dfrac{\ln n}{n} > \dfrac{\ln(n+1)}{n+1}$. 由莱布尼兹判别法可知，原级数收敛.

莱布尼兹判别法是判别交错级数收敛的特定方法，定理 6.5 中的两个条件是交错级数收敛的充分条件，也就是说该定理只能判别交错级数收敛，而不能判别其发散.

6.3.2 绝对收敛与条件收敛

由任意项级数 $\sum\limits_{n=1}^{\infty} u_n$ 各项的绝对值所构成的级数 $\sum\limits_{n=1}^{\infty} |u_n|$，称为级数 $\sum\limits_{n=1}^{\infty} u_n$ 的**绝对值级数**.

例 6.9 中的级数 $\sum\limits_{n=1}^{\infty} (-1)^{n-1} \dfrac{1}{n}$ 和 $\sum\limits_{n=1}^{\infty} (-1)^{n-1} \dfrac{1}{n^2}$ 均收敛，它们的绝对值级数分别为 $\sum\limits_{n=1}^{\infty} \dfrac{1}{n}$ 和

$\sum\limits_{n=1}^{\infty}\dfrac{1}{n^2}$，而级数 $\sum\limits_{n=1}^{\infty}\dfrac{1}{n}$ 发散，$\sum\limits_{n=1}^{\infty}\dfrac{1}{n^2}$ 收敛，这里正反映了级数收敛的两种收敛方式——绝对收敛和条件收敛.

定义 6.2　如果级数 $\sum\limits_{n=1}^{\infty}u_n$ 的绝对值级数 $\sum\limits_{n=1}^{\infty}|u_n|$ 收敛，那么称原级数 $\sum\limits_{n=1}^{\infty}u_n$ **绝对收敛**；如果级数 $\sum\limits_{n=1}^{\infty}u_n$ 收敛，而其绝对值级数 $\sum\limits_{n=1}^{\infty}|u_n|$ 发散，那么称原级数 $\sum\limits_{n=1}^{\infty}u_n$ **条件收敛**.

例如，级数 $\sum\limits_{n=1}^{\infty}(-1)^{n-1}\dfrac{1}{n}$ 收敛是条件收敛，级数 $\sum\limits_{n=1}^{\infty}(-1)^{n-1}\dfrac{1}{n^2}$ 收敛是绝对收敛.

定理 6.7　如果 $\sum\limits_{n=1}^{\infty}|u_n|$ 收敛，那么 $\sum\limits_{n=1}^{\infty}u_n$ 收敛.

【证】　由于 $0\leqslant u_n+|u_n|\leqslant 2|u_n|$，且 $\sum\limits_{n=1}^{\infty}2|u_n|$ 收敛.

由比较审敛法，可知 $\sum\limits_{n=1}^{\infty}(u_n+|u_n|)$ 收敛，又

$$\sum_{n=1}^{\infty}u_n=\sum_{n=1}^{\infty}(u_n+|u_n|)-\sum_{n=1}^{\infty}|u_n|$$

由收敛级数的性质可知，$\sum\limits_{n=1}^{\infty}u_n$ 收敛.

【例 6.11】　判别下列级数的敛散性.

(1) $\sum\limits_{n=1}^{\infty}\dfrac{\sin nx}{n^2}$.　　　　(2) $\sum\limits_{n=1}^{\infty}(-1)^n\dfrac{1}{\sqrt{n}}$.　　　　(3) $\sum\limits_{n=1}^{\infty}(-1)^{n-1}\dfrac{(n+1)!}{10^n}$.

【解】　(1)该级数为任意项级数，由 $u_n=\dfrac{\sin nx}{n^2}$，则

$$|u_n|=\frac{|\sin nx|}{n^2}\leqslant\frac{1}{n^2}$$

由于级数 $\sum\limits_{n=1}^{\infty}\dfrac{1}{n^2}$ 收敛，根据比较审敛法，级数 $\sum\limits_{n=1}^{\infty}|u_n|$ 收敛.由定理 6.6 可知原级数 $\sum\limits_{n=1}^{\infty}\dfrac{\sin nx}{n^2}$ 绝对收敛.

(2)该级数为交错级数，其绝对值级数 $\sum\limits_{n=1}^{\infty}\dfrac{1}{\sqrt{n}}$ 发散.但该级数满足条件

$$\frac{1}{\sqrt{n}}>\frac{1}{\sqrt{n+1}}\ \text{和}\ \lim_{n\to\infty}\frac{1}{\sqrt{n}}=0$$

由莱布尼兹判别法，级数 $\sum\limits_{n=1}^{\infty}(-1)^n\dfrac{1}{\sqrt{n}}$ 收敛，所以该级数是条件收敛.

(3)该级数的绝对值级数为 $\sum\limits_{n=1}^{\infty}\dfrac{(n+1)!}{10^n}$，由于

$$\lim_{n\to\infty}\frac{\dfrac{(n+2)!}{10^{n+1}}}{\dfrac{(n+1)!}{10^n}}=\lim_{n\to\infty}\frac{n+2}{10}=+\infty$$

于是

$$|u_{n+1}| > |u_n|$$

可知 $\lim\limits_{n\to\infty}|u_n| \neq 0$，从而 $\lim\limits_{n\to\infty}u_n \neq 0$，所以级数 $\sum\limits_{n=1}^{\infty}(-1)^{n-1}\dfrac{(n+1)!}{10^n}$ 发散.

一般情况下，从 $\sum\limits_{n=1}^{\infty}|u_n|$ 发散是不能判别 $\sum\limits_{n=1}^{\infty}u_n$ 发散的. 但从例 6.11(3) 可以看出，若利用比值审

敛法或级数收敛的必要条件判别 $\sum\limits_{n=1}^{\infty}|u_n|$ 发散，则 $\sum\limits_{n=1}^{\infty}u_n$ 也发散.

习题 6.3

1. 判别下列级数的敛散性，如果收敛，是绝对收敛还是条件收敛.

(1) $\sum\limits_{n=1}^{\infty}(-1)^n\sqrt{\dfrac{n}{3n+1}}$　　　(2) $\sum\limits_{n=1}^{\infty}\dfrac{\sin na}{(n+1)^2}$　　　(3) $\sum\limits_{n=1}^{\infty}(-1)^n\dfrac{n}{3^{n+1}}$

(4) $\sum\limits_{n=1}^{\infty}(-1)^n\dfrac{1}{2n+1}$　　　(5) $\sum\limits_{n=1}^{\infty}(-1)^n\left(1-\cos\dfrac{1}{n}\right)$　　　(6) $\sum\limits_{n=1}^{\infty}(-1)^n\ln\left(\dfrac{n+1}{n}\right)$

(7) $\sum\limits_{n=1}^{\infty}(-1)^n\sin\dfrac{1}{n}$　　　(8) $\sum\limits_{n=1}^{\infty}(-1)^n\dfrac{x^{2n-1}}{(2n-1)!}$　　　(9) $\sum\limits_{n=1}^{\infty}(-1)^n\dfrac{\sqrt{n}}{n+1}$

2. 若级数 $\sum\limits_{n=1}^{\infty}u_n$ 和 $\sum\limits_{n=1}^{\infty}v_n$ 绝对收敛，证明下列级数也绝对收敛.

(1) $\sum\limits_{n=1}^{\infty}(u_n \pm v_n)$　　　(2) $\sum\limits_{n=1}^{\infty}ku_n$

6.4

幂级数

学习要求

1. 会求幂级数的收敛半径、收敛区间及收敛域.

2. 了解幂级数在其收敛区间内的基本性质(和函数的连续性、逐项求导和逐项积分).

3. 会求一些简单的幂级数的和函数.

6.4.1 函数项级数的概念

设 $u_0(x), u_1(x), \cdots u_n(x), \cdots$ 为定义在实数集合 X 上的函数序列，称

$$\sum_{n=0}^{\infty}u_n(x) = u_0(x) + u_1(x) + \cdots + u_n(x) + \cdots$$

为定义在 X 上的**函数项无穷级数**，简称为**函数项级数**.

对给定点 $x_0 \in X$，如果常数项级数 $\sum\limits_{n=0}^{\infty}u_n(x_0)$ 收敛，则称函数项级数 $\sum\limits_{n=0}^{\infty}u_n(x)$ 在 x_0 点收敛，x_0

为级数 $\sum\limits_{n=0}^{\infty}u_n(x)$ 的**收敛点**；如果常数项级数 $\sum\limits_{n=0}^{\infty}u_n(x_0)$ 发散，则称函数项级数 $\sum\limits_{n=0}^{\infty}u_n(x)$ 在 x_0 点发散，

x_0 为级数 $\sum\limits_{n=0}^{\infty} u_n(x)$ 的**发散点**. 函数项级数 $\sum\limits_{n=0}^{\infty} u_n(x)$ 所有收敛点构成的集合称为 $\sum\limits_{n=0}^{\infty} u_n(x)$ 的**收敛域**.

对于收敛域 D 中的每一个 x,函数项级数 $\sum\limits_{n=0}^{\infty} u_n(x)$ 都有唯一确定的和 s 与之对应,因此级数 $\sum\limits_{n=0}^{\infty} u_n(x)$ 的和是定义在收敛域 D 上的函数 $s(x)$,称为函数项级数 $\sum\limits_{n=0}^{\infty} u_n(x)$ 的**和函数**,即

$$\sum_{n=0}^{\infty} u_n(x) = s(x) \qquad (x \in D)$$

【**例** 6.12】 求下列函数项级数的收敛域.

(1) $\sum\limits_{n=0}^{\infty} x^n$.　　　　　　(2) $\sum\limits_{n=1}^{\infty} \dfrac{\sin nx}{n^2}$.

【**解**】 (1)该级数为几何级数,当 $|x| < 1$ 时,级数收敛,所以,级数 $\sum\limits_{n=0}^{\infty} x^n$ 的收敛域为 $(-1, 1)$,且其和函数为 $\sum\limits_{n=0}^{\infty} x^n = s(x) = \dfrac{1}{1-x}, x \in (-1, 1)$.

(2)该级数为任意项级数,考虑其绝对值级数 $\sum\limits_{n=1}^{\infty} \left| \dfrac{\sin nx}{n^2} \right|$,由于

$$\left| \frac{\sin nx}{n^2} \right| \leqslant \frac{1}{n^2}$$

级数 $\sum\limits_{n=1}^{\infty} \dfrac{1}{n^2}$ 收敛,由比较审敛法,级数 $\sum\limits_{n=1}^{\infty} \left| \dfrac{\sin nx}{n^2} \right|$ 收敛,故 $\sum\limits_{n=1}^{\infty} \dfrac{\sin nx}{n^2}$ 绝对收敛. 所以对任意的 x,级数 $\sum\limits_{n=1}^{\infty} \dfrac{\sin nx}{n^2}$ 都是收敛的,即级数的收敛域为 $(-\infty, +\infty)$.

6.4.2 幂级数

幂级数是一类最常见、最简单的函数项级数,它是多项式函数的发展,常用于对目标函数的逼近,在理论和实际中有广泛应用.

形如

$$\sum_{n=0}^{\infty} a_n (x-x_0)^n = a_0 + a_1(x-x_0) + a_2(x-x_0)^2 + \cdots + a_n(x-x_0)^n + \cdots$$

的函数项级数称为**幂级数**,其中 a_n 和 x_0 均为常数,并称 a_n 为**幂级数的系数**.

由于在级数 $\sum\limits_{n=0}^{\infty} a_n (x-x_0)^n$ 中,只要令 $t = x - x_0$,就可以转化成 $\sum\limits_{n=0}^{\infty} a_n t^n$. 所以我们将着重讨论 $x_0 = 0$ 的情形,即

$$\sum_{n=0}^{\infty} a_n x^n = a_0 + a_1 x + \cdots + a_n x^n + \cdots$$

容易发现,幂级数 $\sum\limits_{n=0}^{\infty} a_n x^n$ 在 $x = 0$ 处肯定是收敛的. 那么,幂级数 $\sum\limits_{n=0}^{\infty} a_n x^n$ 在除 $x = 0$ 的其他点处的收敛情况如何? 我们先考察两个具体的幂级数.

由例 6.12 我们知道,幂级数 $\sum\limits_{n=0}^{\infty} x^n$ 的收敛域是一个区间 $(-1, 1)$;对于幂级数 $\sum\limits_{n=0}^{\infty} \dfrac{x^n}{n \cdot 3^n}$,考虑

其绝对值级数,由比值审敛法可知,收敛域为 $[-3,3)$. 这两个幂级数的收敛域均是以原点为中心的对称区间(端点除外). 事实上,对一般的幂级数 $\sum\limits_{n=0}^{\infty} a_n x^n$ 都是如此,阿贝尔定理正说明了这一点.

定理 6.8(阿贝尔定理) (1)如果幂级数 $\sum\limits_{n=0}^{\infty} a_n x^n$ 在 $x_0 (x_0 \neq 0)$ 处收敛,则对于满足不等式 $|x| < |x_0|$ 的一切点 x 处绝对收敛;(2)如果幂级数 $\sum\limits_{n=0}^{\infty} a_n x^n$ 在 $x_1 (x_1 \neq 0)$ 处发散,则对于满足不等式 $|x| > |x_1|$ 的一切点 x 处发散.

【证】 (1)设幂级数 $\sum\limits_{n=0}^{\infty} a_n x_0^n (x_0 \neq 0)$ 收敛,根据级数收敛的必要条件,有

$$\lim_{n \to \infty} a_n x_0^n = 0$$

因此,数列 $\{a_n x_0^n\}$ 有界,即存在正数 M,使得

$$|a_n x_0^n| \leqslant M$$

由于

$$|a_n x^n| = |a_n x_0^n| \cdot \left|\frac{x}{x_0}\right|^n \leqslant M \left|\frac{x}{x_0}\right|^n$$

当 $|x| < |x_0|$ 时,$\left|\frac{x}{x_0}\right| < 1$,几何级数 $\sum\limits_{n=0}^{\infty} M \left|\frac{x}{x_0}\right|^n$ 收敛,由比较审敛法可知,级数 $\sum\limits_{n=0}^{\infty} |a_n x^n|$ 收敛,所以,级数 $\sum\limits_{n=0}^{\infty} a_n x^n$ 绝对收敛.

(2)(用反证法)设幂级数 $\sum\limits_{n=0}^{\infty} a_n x_1^n (x_1 \neq 0)$ 发散,假若另有一点 x_2,满足 $|x_2| > |x_1|$ 且级数 $\sum\limits_{n=0}^{\infty} a_n x_2^n$ 收敛,那么由(1)可知,级数 $\sum\limits_{n=0}^{\infty} a_n x_1^n$ 收敛,与题设矛盾. 所以,当 $|x| > |x_1|$ 时,级数 $\sum\limits_{n=0}^{\infty} a_n x^n$ 发散.

阿贝尔定理说明,幂级数 $\sum\limits_{n=0}^{\infty} a_n x^n$ 的收敛域是关于原点对称的(端点除外). 如果幂级数 $\sum\limits_{n=0}^{\infty} a_n x^n$ 除原点外既有收敛点,又有发散点,那么当从原点出发沿 x 轴正向(或负向)走,一定是先碰到收敛点,然后再碰到发散点,在收敛点与发散点间有分界点,两个分界点关于原点对称. 根据以上分析,可得定理 6.7 的推论如下.

推论 如果幂级数 $\sum\limits_{n=0}^{\infty} a_n x^n$ 除原点外既有收敛点,又有发散点,则必存在一个确定的正数 R,使得

(1)当 $|x| < R$ 时,幂级数绝对收敛;

(2)当 $|x| > R$ 时,幂级数发散;

(3)当 $x = R$ 和 $x = -R$ 时,幂级数可能收敛,也可能发散.

这里的正数 R 称为幂级数 $\sum\limits_{n=0}^{\infty} a_n x^n$ 的**收敛半径**,开区间 $(-R, R)$ 称为幂级数 $\sum\limits_{n=0}^{\infty} a_n x^n$ 的**收敛区间**,收敛区间加上区间端点 $x = \pm R$ 处的敛散情况就是幂级数 $\sum\limits_{n=0}^{\infty} a_n x^n$ 的**收敛域**.

特别地,若幂级数 $\sum\limits_{n=0}^{\infty} a_n x^n$ 仅在 $x=0$ 处收敛,则规定它的收敛半径 $R=0$;若幂级数 $\sum\limits_{n=0}^{\infty} a_n x^n$ 对一切 $x \in R$ 都收敛,则规定收敛半径 $R=+\infty$,此时收敛域是 $(-\infty,+\infty)$.

【例 6.13】 求下列幂级数的收敛半径和收敛域.

(1) $\sum\limits_{n=1}^{\infty} \dfrac{x^n}{n}$.　　(2) $\sum\limits_{n=0}^{\infty} n! x^n$.　　(3) $\sum\limits_{n=0}^{\infty} \dfrac{1}{n!} x^n$.　　(4) $\sum\limits_{n=1}^{\infty} (-1)^n \dfrac{x^{2n-1}}{2^n}$.

【解】 (1) 考虑其绝对值级数 $\sum\limits_{n=1}^{\infty} \left| \dfrac{x^n}{n} \right|$,由比值审敛法

$$\lim_{n\to\infty} \left| \frac{u_{n+1}}{u_n} \right| = \lim_{n\to\infty} \left| \frac{nx^{n+1}}{(n+1)x^n} \right| = |x|$$

当 $|x|<1$ 时,级数 $\sum\limits_{n=1}^{\infty} \left| \dfrac{x^n}{n} \right|$ 收敛,级数 $\sum\limits_{n=1}^{\infty} \dfrac{x^n}{n}$ 绝对收敛,即收敛半径 $R=1$.

当 $x=1$ 时,原幂级数为 $\sum\limits_{n=0}^{\infty} \dfrac{1}{n}$ 是发散的.

当 $x=-1$ 时,原幂级数为 $\sum\limits_{n=1}^{\infty} (-1)^n \dfrac{1}{n}$,由莱布尼兹判别法可知,该级数是收敛的.

所以收敛域为 $[-1,1)$.

(2) 考虑其绝对值级数 $\sum\limits_{n=1}^{\infty} |n! x^n|$,由比值审敛法

$$\lim_{n\to\infty} \left| \frac{u_{n+1}}{u_n} \right| = \lim_{n\to\infty} \left| \frac{(n+1)! x^{n+1}}{n! x^n} \right| = \lim_{n\to\infty} |(n+1)x|$$

仅当 $x=0$ 时,$\lim\limits_{n\to\infty} |(n+1)x| = 0 < 1$,级数 $\sum\limits_{n=1}^{\infty} \dfrac{x^n}{n}$ 绝对收敛.所以收敛半径 $R=0$.

(3) 考虑其绝对值级数 $\sum\limits_{n=1}^{\infty} \left| \dfrac{x^n}{n!} \right|$,由比值审敛法

$$\lim_{n\to\infty} \left| \frac{u_{n+1}}{u_n} \right| = \lim_{n\to\infty} \left| \frac{n! x^{n+1}}{(n+1)! x^n} \right| = \lim_{n\to\infty} \left| \frac{x}{n+1} \right| = 0$$

当 x 为一切实数时,级数 $\sum\limits_{n=0}^{\infty} \dfrac{1}{n!} x^n$ 绝对收敛.所以收敛半径 $R=+\infty$,收敛域为 $(-\infty,+\infty)$.

(4) 考虑其绝对值级数 $\sum\limits_{n=1}^{\infty} \left| \dfrac{x^{2n-1}}{2^n} \right|$,由比值审敛法

$$\lim_{n\to\infty} \left| \frac{u_{n+1}}{u_n} \right| = \lim_{n\to\infty} \left| \frac{2^n x^{2n+1}}{2^{n+1} x^{2n-1}} \right| = \frac{x^2}{2}$$

当 $\dfrac{x^2}{2}<1$ 时,级数 $\sum\limits_{n=1}^{\infty} (-1)^n \dfrac{x^{2n-1}}{2^n}$ 绝对收敛,所以收敛半径 $R=\sqrt{2}$.

当 $x=\pm\sqrt{2}$ 时,原级数的一般项均为常数,均发散.所以收敛域为 $(-\sqrt{2},\sqrt{2})$.

【例 6.14】 求幂级数 $\sum\limits_{n=1}^{\infty} \dfrac{(x-1)^n}{2^n \cdot n}$ 的收敛域.

【解】 令 $t=x-1$,则原幂级数变为 $\sum\limits_{n=1}^{\infty} \dfrac{t^n}{2^n \cdot n}$.考虑其绝对值级数 $\sum\limits_{n=1}^{\infty} \left| \dfrac{t^n}{2^n \cdot n} \right|$,由比值审敛法

$$\lim_{n\to\infty}\left|\frac{u_{n+1}}{u_n}\right| = \lim_{n\to\infty}\left|\frac{\dfrac{t^{n+1}}{2^{n+1}\cdot(n+1)}}{\dfrac{t^n}{2^n\cdot n}}\right| = \lim_{n\to\infty}\frac{2^n\cdot n}{2^{n+1}\cdot(n+1)}\,|\,t\,| = \frac{|\,t\,|}{2}$$

当 $\dfrac{|\,t\,|}{2}<1$ 时，级数 $\displaystyle\sum_{n=1}^{\infty}\frac{t^n}{2^n\cdot n}$ 绝对收敛. 所以收敛半径为 $R=2$，收敛点满足 $|\,x-1\,|<2$，即 $-1<x<3$，所以收敛区间为 $(-1,3)$.

当 $x=3$ 时，原级数成为 $\displaystyle\sum_{n=1}^{\infty}\frac{1}{n}$，发散；当 $x=-1$ 时，原级数成为 $\displaystyle\sum_{n=1}^{\infty}\frac{(-1)^n}{n}$，收敛. 因此，原级数的收敛域为 $[-1,3)$.

例 6.13、例 6.14 在求幂级数的收敛半径时用的都是比值审敛法，有时也可以利用根值审敛法，其他解题过程类似.

【思考】 如何利用根值审敛法求例 6.14 所给级数的收敛半径？

6.4.3　幂级数的运算

1. 幂级数的加减运算

设幂级数 $\displaystyle\sum_{n=0}^{\infty}a_n x^n$ 与 $\displaystyle\sum_{n=0}^{\infty}b_n x^n$ 的收敛半径分别为 R_1 和 R_2，在各自的收敛区间上分别收敛到和函数 $s(x)$ 和 $\sigma(x)$. 令 $R=\min\{R_1,R_2\}$，则

$$\sum_{n=0}^{\infty}a_n x^n \pm \sum_{n=0}^{\infty}b_n x^n = \sum_{n=0}^{\infty}(a_n\pm b_n)x^n = s(x)\pm\sigma(x)，\quad |\,x\,|<R.$$

2. 幂级数和函数的分析运算性质

设幂级数 $\displaystyle\sum_{n=0}^{\infty}a_n x^n$ 的收敛半径为 $R(R>0)$，在 $(-R,R)$ 上收敛到和函数 $s(x)$，则

(1) 和函数 $s(x)$ 在收敛区间 $(-R,R)$ 内连续；

(2) 和函数 $s(x)$ 在收敛区间 $(-R,R)$ 内可导，并有逐项求导公式

$$s'(x) = \left(\sum_{n=0}^{\infty}a_n x^n\right)' = \sum_{n=0}^{\infty}(a_n x^n)' = \sum_{n=0}^{\infty}n a_n x^{n-1}，\quad |\,x\,|<R$$

(3) 和函数 $s(x)$ 在收敛区间 $(-R,R)$ 内可积，并有逐项积分公式

$$\int_0^x s(x)\mathrm{d}x = \int_0^x\left(\sum_{n=0}^{\infty}a_n x^n\right)\mathrm{d}x = \sum_{n=0}^{\infty}\int_0^x a_n x^n\mathrm{d}x = \sum_{n=0}^{\infty}\frac{a_n}{n+1}x^{n+1}，\quad |\,x\,|<R$$

利用幂级数的性质可以求一些幂级数的和函数. 在求幂级数的和函数中，常用到公式

$$\sum_{n=0}^{\infty}x^n = \frac{1}{1-x}, x\in(-1,1) \text{ 和 } \sum_{n=1}^{\infty}x^n = \frac{x}{1-x},(-1,1)$$

需要熟练掌握.

【例 6.15】 求下列幂级数的和函数.

(1) $\displaystyle\sum_{n=1}^{\infty}\frac{x^n}{n}$. 　　　　(2) $\displaystyle\sum_{n=1}^{\infty}\frac{(-1)^{n-1}}{n}x^{2n}$. 　　　　(3) $\displaystyle\sum_{n=1}^{\infty}nx^n$.

【解】 (1) 由比值审敛法

$$\lim_{n\to\infty}\left|\frac{u_{n+1}}{u_n}\right| = \lim_{n\to\infty}\left|\frac{n}{n+1}x\right| = |x|$$

当 $|x| < 1$ 时，级数 $\sum\limits_{n=1}^{\infty}\frac{x^n}{n}$ 绝对收敛，故幂级数的收敛区间为 $(-1,1)$.

设 $s(x) = \sum\limits_{n=1}^{\infty}\frac{x^n}{n}$，$x \in (-1,1)$，两边同时求导，由逐项求导公式，有

$$s'(x) = \sum_{n=1}^{\infty}x^{n-1} = \frac{1}{1-x}, \ x \in (-1,1)$$

两边同时求积分，得

$$s(x) = \int_0^x \frac{1}{1-x}\mathrm{d}x = -\ln(1-x), \ x \in (-1,1)$$

由于当 $x=1$ 时，原级数为 $\sum\limits_{n=1}^{\infty}\frac{1}{n}$，级数发散；当 $x=-1$ 时，原级数为 $\sum\limits_{n=1}^{\infty}(-1)^n\frac{1}{n}$，级数收敛，所以

$$s(x) = -\ln(1-x), \ x \in [-1,1)$$

（2）由比值审敛法

$$\lim_{n\to\infty}\left|\frac{u_{n+1}}{u_n}\right| = \lim_{n\to\infty}\left|\frac{n}{n+1}x^2\right| = x^2$$

当 $x^2 < 1$ 时，级数 $\sum\limits_{n=1}^{\infty}\frac{(-1)^{n-1}}{n}x^{2n}$ 绝对收敛，故幂级数的收敛区间为 $(-1,1)$.

设 $s(x) = \sum\limits_{n=1}^{\infty}\frac{(-1)^{n-1}}{n}(x^2)^n$，两边同时求导，由逐项求导公式，有

$$s'(x) = -\sum_{n=1}^{\infty}(-1)^{n-1}\cdot(x^2)^{n-1}\cdot 2x = 2x\sum_{n=1}^{\infty}(-x^2)^{n-1} = \frac{2x}{1+x^2}, \ x \in (-1,1)$$

两边同时求积分，得

$$s(x) = \int_0^x \frac{2x}{1+x^2}\mathrm{d}x = \ln(1+x^2), \quad x \in (-1,1)$$

由于当 $x=\pm 1$ 时，原级数均为 $\sum\limits_{n=1}^{\infty}(-1)^{n-1}\frac{1}{n}$，级数收敛.

所以

$$s(x) = \ln(1+x^2), x \in [-1,1]$$

（3）由比值审敛法

$$\lim_{n\to\infty}\left|\frac{u_{n+1}}{u_n}\right| = \lim_{n\to\infty}\left|\frac{(n+1)x^n}{nx^n}\right| = |x|$$

当 $|x| < 1$ 时，级数 $\sum\limits_{n=1}^{\infty}nx^n$ 绝对收敛，故幂级数的收敛区间为 $(-1,1)$.

设 $s(x) = \sum\limits_{n=1}^{\infty}nx^n = x\sum\limits_{n=1}^{\infty}nx^{n-1}$，当 $x \neq 0$ 时，$\frac{s(x)}{x} = \sum\limits_{n=1}^{\infty}nx^{n-1}$

两边同时求积分，由逐项积分公式，得

$$\int_0^x \frac{s(x)}{x}\mathrm{d}x = \int_0^x \sum_{n=1}^{\infty}nx^{n-1}\mathrm{d}x = \sum_{n=1}^{\infty}\int_0^x nx^{n-1}\mathrm{d}x = \sum_{n=1}^{\infty}x^n = \frac{x}{1-x}, \ x \in (-1,0)\bigcup(0,1)$$

两边同时求导,得

$$\frac{s(x)}{x} = \frac{1}{(1-x)^2}$$

即

$$s(x) = \frac{x}{(1-x)^2} , x \in (-1,0) \bigcup (0,1)$$

当 $x = 0$ 时, $s(0) = 0$, $s(x) = \dfrac{x}{(1-x)^2}$ 也成立,所以幂级数的和函数为

$$s(x) = \frac{x}{(1-x)^2} , x \in (-1,1)$$

【例 6.16】 在 $(-1,1)$ 内求幂级数 $\displaystyle\sum_{n=0}^{\infty} \frac{n(n+1)}{2} x^{n-1}$ 的和函数,并求数项级数 $\displaystyle\sum_{n=0}^{\infty} \frac{n(n+1)}{2^n}$ 的和.

【解】 设 $s(x) = \displaystyle\sum_{n=0}^{\infty} \frac{n(n+1)}{2} x^{n-1}$,则

$$s(x) = \frac{1}{2}\sum_{n=0}^{\infty} n(n+1)x^{n-1} = \frac{1}{2}\sum_{n=0}^{\infty}(n+1)(x^n)' = \frac{1}{2}\sum_{n=0}^{\infty}(x^{n+1})''$$

$$= \frac{1}{2}\left(\sum_{n=0}^{\infty} x^{n+1}\right)'' = \frac{1}{2} \cdot \left(\frac{x}{1-x}\right)'' = \frac{1}{(1-x)^3} , x \in (-1,1)$$

当 $x = \dfrac{1}{2}$ 时,幂级数 $\displaystyle\sum_{n=0}^{\infty} \frac{n(n+1)}{2} x^{n-1}$ 即为级数 $\displaystyle\sum_{n=0}^{\infty} \frac{n(n+1)}{2^n}$,所以

$$\sum_{n=0}^{\infty} \frac{n(n+1)}{2^n} = \frac{1}{\left(1-\frac{1}{2}\right)^3} = 8$$

习题 6.4

1. 求下列幂级数的收敛半径、收敛区间、收敛域.

(1) $\displaystyle\sum_{n=1}^{\infty} (-1)^{n-1} \frac{x^n}{n^2}$

(2) $\displaystyle\sum_{n=1}^{\infty} \frac{x^n}{2^n \cdot n}$

(3) $\displaystyle\sum_{n=1}^{\infty} \frac{2^n}{n^2+1} x^n$

(4) $\displaystyle\sum_{n=1}^{\infty} (-1)^n \frac{x^{2n+1}}{2n+1}$

(5) $\displaystyle\sum_{n=1}^{\infty} \frac{n}{n^2+1} x^n$

(6) $\displaystyle\sum_{n=1}^{\infty} (-1)^n \frac{x^n}{5^n \sqrt{n+1}}$

(7) $\displaystyle\sum_{n=1}^{\infty} \frac{(x-1)^n}{n^2}$

(8) $\displaystyle\sum_{n=1}^{\infty} \frac{(2x-3)^n}{\sqrt{n}}$

2. 求下列幂级数的和函数.

(1) $\displaystyle\sum_{n=1}^{\infty} \frac{x^{2n-1}}{2n-1}$

(2) $\displaystyle\sum_{n=1}^{\infty} \frac{x^n}{n+1}$

(3) $\displaystyle\sum_{n=1}^{\infty} 2nx^{2n-1}$

(4) $\displaystyle\sum_{n=1}^{\infty} \frac{x^n}{n(n+1)}$

3. 求 $\displaystyle\sum_{n=1}^{\infty} \frac{x^{n+1}}{n}$ 的和函数,并求级数 $\displaystyle\sum_{n=1}^{\infty} \frac{1}{n \cdot 2^{n+1}}$ 的和.

6.5

函数的幂级数展开

学习要求

1. 了解泰勒公式、麦克劳林公式及其作用.

2. 了解泰勒级数、麦克劳林级数,了解几个常用初等函数的麦克劳林展开式.

3. 会用间接展开法将函数展开成幂级数.

6.5.1 泰勒公式

对于一些较复杂的函数,为了研究方便,往往希望用一些简单的函数来近似表达. 由于在初等函数中,多项式函数是最为简单的一类函数,因此我们经常用多项式函数来近似表达其他函数. 实际上,在微分的应用中,当 $|x|$ 很小时,有

$$e^x \approx 1+x, \ln(1+x) \approx x$$

这些近似公式就是用一次多项式近似表达函数. 显然,在 $x=0$ 处,这些一次多项式及其一阶导数的值与被表达的函数及其导数的值是相等的. 但这种近似的精确度不高,不能具体估计出误差的大小. 因此,在精确度要求较高且需要估计误差的时候,就必须用高次多项式来近似表达,同时给出误差公式.

设函数 $f(x)$ 在含有 x_0 的开区间内具有直到 $(n+1)$ 阶导数,试找出一个关于 $(x-x_0)$ 的 n 次多项式

$$P_n(x) = a_0 + a_1(x-x_0) + a_2(x-x_0)^2 + \cdots + a_n(x-x_0)^n$$

来近似表达 $f(x)$,要求 $P_n(x)$ 与 $f(x)$ 在 x_0 的直到 $(n+1)$ 阶导数都相等, $P_n(x)$ 与 $f(x)$ 之差是比 $(x-x_0)^n$ 高阶的无穷小,并给出误差 $|f(x)-P_n(x)|$ 的具体表达式.

由 $P_n(x) = a_0 + a_1(x-x_0) + a_2(x-x_0)^2 + \cdots + a_n(x-x_0)^n$,求其各阶导数,得

$$P_n'(x) = a_1 + 2a_2(x-x_0) + \cdots + na_n(x-x_0)^{n-1}$$

$$P_n''(x) = 2a_2 + 3 \cdot 2a_3(x-x_0) + \cdots + n \cdot (n-1)a_n(x-x_0)^{n-2}$$

$$\cdots$$

$$P_n^{(n)}(x) = n!a_n$$

于是

$$P_n(x_0) = a_0, P_n'(x_0) = a_1, P_n''(x_0) = 2!a_2, \cdots, P_n^{(n)}(x_0) = n!a_n$$

因为 $P_n(x)$ 与 $f(x)$ 在 x_0 的函数值和直到 $(n+1)$ 阶导数都相等,即

$$f(x_0) = P_n(x_0) = a_0, f'(x_0) = P_n'(x_0) = a_1, f''(x_0) = P_n''(x_0) = 2!a_2, \cdots, f^{(n)}(x_0) = P_n^{(n)}(x_0) = n!a_n$$

从而有

$$a_0 = f(x_0) , a_1 = f'(x_0) , a_2 = \frac{1}{2!}f''(x_0) , \cdots , a_n = \frac{1}{n!}f^{(n)}(x_0)$$

所以

$$P_n(x) = f(x_0) + f'(x_0)(x - x_0) + \frac{f''(x_0)}{2!}(x - x_0)^2 + \cdots + \frac{f^{(n)}(x_0)}{n!}(x - x_0)^n$$

该多项式称为函数 $f(x)$ 按 $(x - x_0)$ 的幂展开的 **n 次泰勒多项式**. 下面的定理表明, 该多项式就是要找的满足条件的多项式.

定理 6.9(泰勒中值定理) 如果函数 $f(x)$ 在含有 x_0 的某个开区间 (a,b) 内具有直到 $(n+1)$ 阶导数, 则当 $x \in (a,b)$ 时, 有

$$f(x) = f(x_0) + f'(x_0)(x - x_0) + \frac{f''(x_0)}{2!}(x - x_0)^2 + \cdots + \frac{f^{(n)}(x_0)}{n!}(x - x_0)^n + R_n(x)$$

其中 $R_n(x) = \frac{f^{(n+1)}(\xi)}{(n+1)!}(x - x_0)^{n+1}$ (ξ 介于 x 与 x_0 之间). 该公式称为 $f(x)$ 按 $(x - x_0)$ 的幂展开的

n 阶泰勒公式, $R_n(x)$ 称为**拉格朗日型余项**.

当 $n = 0$ 时, 泰勒公式就变成拉格朗日公式

$$f(x) = f(x_0) + f'(\xi)(x - x_0) \quad (\xi \text{ 介于 } x \text{ 与 } x_0 \text{ 之间})$$

因此, 泰勒中值定理是拉格朗日中值定理的推广.

如果在泰勒公式中取 $x_0 = 0$, 即

$$f(x) = f(0) + f'(0)x + \frac{f''(0)}{2!}x^2 + \cdots + \frac{f^{(n)}(0)}{n!}x^n + R_n(x)$$

其中 $R_n(x) = \frac{f^{(n+1)}(\theta x)}{(n+1)!}x^{n+1}$ ($0 < \theta < 1$), 该公式称为**麦克劳林公式**.

由此可以得到几个常用初等函数的麦克劳林公式.

$$e^x = 1 + x + \frac{x^2}{2!} + \frac{x^3}{3!} + \cdots + \frac{x^n}{n!} + \frac{e^{\theta x}x^{n+1}}{(n+1)!} , \quad (0 < \theta < 1)$$

$$\sin x = x - \frac{x^3}{3!} + \frac{x^5}{5!} - \cdots + (-1)^{n-1}\frac{x^{2n-1}}{(2n-1)!} + \frac{\sin\left(\theta x + \frac{2n+1}{2}\pi\right)x^{2n+1}}{(2n+1)!} , \quad (0 < \theta < 1)$$

$$\cos x = 1 - \frac{x^2}{2!} + \frac{x^4}{4!} - \cdots + (-1)^n\frac{x^{2n}}{(2n)!} + \frac{\cos[\theta x + (n+1)\pi]x^{2n+2}}{(2n+2)!} , \quad (0 < \theta < 1)$$

$$\ln(1 + x) = x - \frac{x^2}{2} + \frac{x^3}{3} - \cdots + (-1)^{n-1}\frac{x^n}{n} + \frac{(-1)^n x^{n+1}}{(n+1)(1+\theta x)^{n+1}} , \quad (0 < \theta < 1)$$

6.5.2 泰勒级数

我们知道, 幂级数在其收敛域上收敛到其和函数. 现在考虑一个相反的问题, 对于给定的函数 $f(x)$, 是否能找到这样一个幂级数, 它在某个区间内收敛, 且其和函数恰好就是给定的函数 $f(x)$? 如果能找到这样的幂级数, 我们就称**函数 $f(x)$ 在该区间内能展开成幂级数**, 而此幂级数在收敛区间内就表达了函数 $f(x)$.

在泰勒公式中, 函数 $f(x)$ 的条件是在含有 x_0 的某个开区间内具有直到 $(n+1)$ 阶导数, 现将函

数 $f(x)$ 的条件放宽:函数 $f(x)$ 在含有 x_0 的某个开区间内具有任意阶导数,当 $n \to \infty$ 时,泰勒多项式就成为幂级数

$$f(x_0) + f'(x_0)(x - x_0) + \frac{f''(x_0)}{2!}(x - x_0)^2 + \cdots + \frac{f^{(n)}(x_0)}{n!}(x - x_0)^n + \cdots$$

称该幂级数为函数 $f(x)$ 的**泰勒级数**.显然,该幂级数的前 $n+1$ 项的和即为函数 $f(x)$ 在点 x_0 的 n 阶泰勒多项式 $P_n(x)$,如果当 x 在点 x_0 的某一邻域 $U(x_0)$ 内时,总有

$$\lim_{n \to \infty} P_n(x) = f(x) (x \in U(x_0))$$

则称函数 $f(x)$ 的泰勒级数收敛于 $f(x)$ 或 $f(x)$ 在 $x = x_0$ 处可以展开成泰勒级数.

如果函数 $f(x)$ 的泰勒级数收敛于 $f(x)$,则

$$\lim_{n \to \infty} P_n(x) = f(x) (x \in U(x_0))$$

又由泰勒公式可知

$$f(x) = P_n(x) + R_n(x)$$

所以当 $n \to \infty$ 时

$$\lim_{n \to \infty} P_n(x) + \lim_{n \to \infty} R_n(x) = f(x)$$

于是,得

$$\lim_{n \to \infty} R_n(x) = 0 (x \in U(x_0))$$

反之,如果 $\lim_{n \to \infty} R_n(x) = 0 (x \in U(x_0))$,则有

$$\lim_{n \to \infty} P_n(x) = f(x) (x \in U(x_0))$$

所以,函数 $f(x)$ 的泰勒级数收敛于 $f(x)$.于是,有如下定理.

定理 6.10 设函数 $f(x)$ 在点 x_0 的某一邻域 $U(x_0)$ 内具有各阶导数,则 $f(x)$ 在该邻域内能展开成泰勒级数的充分必要条件是 $f(x)$ 的泰勒公式中的余项 $R_n(x)$ 当 $n \to \infty$ 时的极限为零,即

$$\lim_{n \to \infty} R_n(x) = 0 (x \in U(x_0))$$

如果在泰勒级数中取 $x_0 = 0$,得

$$f(0) + f'(0)x + \frac{f''(0)}{2!}x^2 + \cdots + \frac{f^{(n)}(0)}{n!}x^n + \cdots$$

此级数称为函数 $f(x)$ 的**麦克劳林级数**.

6.5.3 将函数展开成幂级数

1. 直接展开法

将函数展开成幂级数的步骤如下.

(1)计算 $f'(x_0), f''(x_0), \cdots, f^{(n)}(x_0), \cdots$.

(2) 写出对应的 $\sum_{n=0}^{\infty} \frac{f^{(n)}(x_0)}{n!}(x - x_0)^n$,并求出收敛半径 R.

(3) 验证在 $|x - x_0| < R$ 内,$\lim_{n \to \infty} R_n(x) = 0$.

(4)用泰勒级数表示 $f(x)$.

$$f(x) = \sum_{n=0}^{\infty} \frac{f^{(n)}(x_0)}{n!} (x - x_0)^n \quad (|x - x_0| < R).$$

【例 6.17】 求函数 $f(x) = e^x$ 的麦克劳林公式和麦克劳林级数.

【解】 所给函数的各阶导数为 $f^{(n)}(x) = e^x (n = 1, 2, \cdots)$,因此 $f^{(n)}(x) = 1 (n = 1, 2, \cdots)$,所以,$f(x) = e^x$ 的麦克劳林公式为

$$e^x = 1 + x + \frac{1}{2!}x^2 + \cdots + \frac{1}{n!}x^n + R_n(x)$$

其中

$$R_n(x) = \frac{1}{(n+1)!}e^{\theta x}x^{n+1}, \ 0 < \theta < 1$$

于是

$$|R_n(x)| \leqslant \frac{1}{(n+1)!}e^{|x|}|x|^{n+1}$$

考虑正项级数 $\sum_{n=1}^{\infty} \frac{1}{(n+1)!}e^{|x|}|x|^{n+1}$,有

$$\lim_{n \to \infty} \left| \frac{u_{n+1}(x)}{u_n(x)} \right| = \lim_{n \to \infty} \frac{(n+1)! |x|^{n+2}}{(n+2)! |x|^{n+1}} = \lim_{n \to \infty} \frac{|x|}{(n+2)} = 0 < 1$$

于是,由比值审敛法可知,级数 $\sum_{n=1}^{\infty} \frac{1}{(n+1)!}e^{|x|}|x|^{n+1}$ 收敛,故有

$$\lim_{n \to \infty} \frac{1}{(n+1)!}e^{|x|}|x|^{n+1} = 0, \ x \in (-\infty, +\infty)$$

从而有

$$\lim_{n \to \infty} R_n(x) = 0$$

因此,由定理 6.9 可知,$f(x) = e^x$ 能展开成麦克劳林级数

$$e^x = 1 + x + \frac{1}{2!}x^2 + \cdots + \frac{1}{n!}x^n + \cdots = \sum_{n=0}^{\infty} \frac{x^n}{n!}, \ x \in (-\infty, +\infty)$$

将函数展开成幂级数的目的主要是使近似具有较高的精确度,从图 6.1 可以看出,在 $x = 0$ 处附近,用级数的部分和(即多项式)来近似代替函数 e^x,随着项数的增加,这些曲线越来越接近于曲线 e^x.

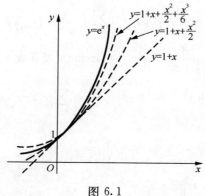

图 6.1

经济数学——微积分

【例 6.18】 将函数 $f(x)=\sin x$ 展开成 x 的幂级数.

【解】 因为 $f^{(n)}(x)=\sin(x+n\cdot\frac{\pi}{2})$ $(n=0,1,2,\cdots)$,所以 $f^{(n)}(0)$ 顺序循环地取 $0,1,0,-1,\cdots$,于是得幂级数

$$x-\frac{x^3}{3!}+\frac{x^5}{5!}-\cdots+(-1)^m\frac{x^{2m+1}}{(2m+1)!}+\cdots$$

它的收敛半径为 $R=+\infty$.

对于任何 $x\in(-\infty,+\infty)$,有

$$|R_n(x)|=\left|\frac{\sin\left[\theta x+\frac{(n+1)\pi}{2}\right]}{(n+1)!}x^{n+1}\right|\leqslant\frac{|x|^{n+1}}{(n+1)!},0<\theta<1$$

与上例相同方法可以得

$$\lim_{n\to\infty}\frac{1}{(n+1)!}|x|^{n+1}=0,x\in(-\infty,+\infty)$$

从而有

$$\lim_{n\to\infty}R_n(x)=0$$

因此 $f(x)=\sin x$ 可以展开成 x 的幂级数

$$\sin x=x-\frac{x^3}{3!}+\frac{x^5}{5!}-\cdots+(-1)^m\frac{x^{2m+1}}{(2m+1)!}+\cdots=\sum_{m=0}^{\infty}(-1)^m\frac{x^{2m+1}}{(2m+1)!},x\in(-\infty,+\infty)$$

2. 间接展开法

从上面两个例子可以看到,利用直接展开法求一个函数的泰勒级数展开式是不太容易的.下面介绍间接展开法,就是利用一些已知的函数幂级数展开式,通过幂级数的逐项求导或逐项积分运算以及变量代换等方法,将所给函数展开成幂级数.

【例 6.19】 将函数 $f(x)=\cos x$ 展开成 x 的幂级数.

【解】 函数 $\sin x$ 的幂级数展开式

$$\sin x=\sum_{n=0}^{\infty}(-1)^m\frac{x^{2m+1}}{(2m+1)!},x\in(-\infty,+\infty)$$

对上式两边求导,得

$$\cos x=\left(\sum_{m=0}^{\infty}(-1)^m\frac{x^{2m+1}}{(2m+1)!}\right)'=\sum_{m=0}^{\infty}(-1)^m\frac{x^{2m}}{(2m)!},x\in(-\infty,+\infty)$$

【例 6.20】 将函数 $f(x)=\frac{1}{1+x^2}$,$g(x)=\arctan x$ 展开成 x 的幂级数.

【解】 因为 $\frac{1}{1-x}=1+x+x^2+\cdots+x^n+\cdots=\sum_{n=0}^{\infty}x^n,x\in(-1,1)$

把 x 换成 $-x^2$,得

$$f(x)=\frac{1}{1+x^2}=1-x^2+x^4-\cdots+(-1)^nx^{2n}+\cdots=\sum_{n=0}^{\infty}(-1)^nx^{2n},\quad x\in(-1,1)$$

由于 $(\arctan x)'=\frac{1}{1+x^2}$,于是

$$\arctan x = \int_0^x \sum_{n=0}^{\infty} (-1)^n x^{2n} \mathrm{d}x = \sum_{n=0}^{\infty} (-1)^n \frac{x^{2n+1}}{2n+1} , \ x \in [-1,1]$$

当 $x = \pm 1$ 时，上式右端为收敛的交错级数，函数 $\arctan x$ 在 $x = \pm 1$ 处也均有定义且连续.

【例 6.21】 将函数 $f(x) = \ln(1+x)$ 展开成 x 的幂级数.

【解】 由于 $\dfrac{1}{1+x} = \sum_{n=0}^{\infty} (-x)^n, x \in (-1,1)$ ，于是

$$f(x) = \ln(1+x) = \int_0^x \frac{1}{1+x} \mathrm{d}x$$

$$= \int_0^x \sum_{n=0}^{\infty} (-1)^n x^n \mathrm{d}x = \sum_{n=0}^{\infty} (-1)^n \frac{x^{n+1}}{n+1} , \ x \in (-1,1]$$

上述展开式对 $x = 1$ 也成立，这是因为上式右端的幂级数当 $x = 1$ 时收敛，而 $\ln(1+x)$ 在 $x = 1$ 处有定义且连续.

下面是几个常用函数的麦克劳林级数.

(1) $\mathrm{e}^x = \sum_{n=0}^{\infty} \dfrac{x^n}{n!} , \ x \in (-\infty, +\infty)$.

(2) $\sin x = \sum_{m=0}^{\infty} (-1)^m \dfrac{x^{2m+1}}{(2m+1)!}, \quad x \in (-\infty, +\infty)$.

(3) $\cos x = \sum_{m=0}^{\infty} (-1)^m \dfrac{x^{2m}}{(2m)!} , \quad x \in (-\infty, +\infty)$.

(4) $\ln(1+x) = \sum_{n=0}^{\infty} (-1)^n \dfrac{x^{n+1}}{n+1} , \ x \in (-1,1]$.

(5) $(1+x)^{\alpha} = 1 + \alpha x + \dfrac{\alpha(\alpha-1)}{2!} x^2 + \cdots + \dfrac{\alpha(\alpha-1)\cdots(\alpha-n+1)}{n!} x^n + \cdots , \ x \in (-1,1)$

特别地，有

$$\frac{1}{1-x} = \sum_{n=0}^{\infty} x^n, x \in (-1,1) , \quad \frac{1}{1+x} = \sum_{n=0}^{\infty} (-1)^n x^n, x \in (-1,1)$$

【例 6.22】 求函数 $f(x) = \ln x$ 在 $x = 2$ 处的泰勒级数，并求其收敛域.

【解】 $f(x) = \ln x = \ln[2 + (x-2)] = \ln 2 \left(1 + \dfrac{x-2}{2}\right)$

$$= \ln 2 + \ln\left(1 + \frac{x-2}{2}\right)$$

而

$$\ln\left(1 + \frac{x-2}{2}\right) = \sum_{n=0}^{\infty} (-1)^n \frac{(x-2)^{n+1}}{(n+1)2^{n+1}} , \ -1 < \frac{x-2}{2} \leqslant 1$$

所以

$$f(x) = \ln 2 + \sum_{n=0}^{\infty} (-1)^n \frac{(x-2)^{n+1}}{(n+1)2^{n+1}} , \ x \in (0,4]$$

【例 6.23】 将函数 $f(x) = \dfrac{1}{x^2 + 4x + 3}$ 展开成 $(x-1)$ 的幂级数.

【解】 $f(x) = \dfrac{1}{x^2 + 4x + 3} = \dfrac{1}{(x+1)(x+3)} = \dfrac{1}{2}\left(\dfrac{1}{1+x} - \dfrac{1}{3+x}\right)$

$$= \frac{1}{4\left(1+\frac{x-1}{2}\right)} - \frac{1}{8\left(1+\frac{x-1}{4}\right)}$$

而

$$\frac{1}{1+\frac{x-1}{2}} = \sum_{n=0}^{\infty} (-1)^n \frac{(x-1)^n}{2^n}, x \in (-1,3)$$

$$\frac{1}{1+\frac{x-1}{4}} = \sum_{n=0}^{\infty} (-1)^n \frac{(x-1)^n}{4^n}, x \in (-3,5)$$

所以

$$f(x) = \frac{1}{4} \sum_{n=0}^{\infty} (-1)^n \frac{(x-1)^n}{2^n} - \frac{1}{8} \sum_{n=0}^{\infty} (-1)^n \frac{(x-1)^n}{4^n}$$

$$= \sum_{n=0}^{\infty} (-1)^n \left(\frac{1}{2^{n+2}} - \frac{1}{2^{2n+3}}\right)(x-1)^n \ x \in (-1,3)$$

习题 6.5

1. 将下列函数展开成麦克劳林级数.

(1) $f(x) = e^{-x}$

(2) $f(x) = \ln(1-x)$

(3) $f(x) = \ln(3+x)$

(4) $f(x) = a^x \ (a > 0 \ 且 \ a \neq 1)$

(5) $f(x) = \cos^2 x$

(6) $f(x) = \frac{x}{x^2-2x-3}$

2. 将函数 $f(x) = \frac{1}{x}$ 展开成 $(x-1)$ 的幂级数.

3. 将函数 $f(x) = \frac{1}{x^2+2x-3}$ 展开成 $(x-2)$ 的幂级数.

4. 求下列函数在指定点处的泰勒级数,并求其收敛域.

(1) $f(x) = e^x, x_0 = 1$

(2) $f(x) = \ln(1+x) , x_0 = 2$

第 6 章 复习题

(A)组

1. 填空题.

(1)已知级数 $\sum_{n=1}^{\infty} u_n$ 的前 n 项部分和 $s_n = \frac{2n^2}{n^2+1}$,则该级数敛散性为 _____ ,其和为 _____ .

(2)若级数 $\sum_{n=1}^{\infty} |u_n|$ 收敛,则 $\sum_{n=100}^{\infty} u_n$ 的敛散性为 _____ .

(3) $\lim\limits_{n\to\infty}u_n = 0$ 是级数 $\sum\limits_{n=1}^{\infty}u_n$ 收敛的_____条件.

(4) 级数 $\sum\limits_{n=1}^{\infty}\dfrac{1}{\sqrt{n+1}}$ 的敛散性为_____.

(5) 数列 $\{u_n\}$ 有界是级数 $\sum\limits_{n=1}^{\infty}u_n$ 收敛的_____条件.

(6) 幂级数 $\sum\limits_{n=1}^{\infty}\dfrac{x^n}{n^2}$ 的收敛半径为_____.

2. 选择题.

(1) 下列级数中条件收敛的级数是(　　　).

(A) $\sum\limits_{n=1}^{\infty}\dfrac{(-1)^n(n+1)}{n}$ 　　(B) $\sum\limits_{n=1}^{\infty}\dfrac{(-1)^n\sin\dfrac{\pi}{n}}{n^n}$ 　　(C) $\sum\limits_{n=1}^{\infty}\dfrac{(-1)^n}{n^2}$ 　　(D) $\sum\limits_{n=1}^{\infty}\dfrac{(-1)^n}{3n+1}$

(2) 下列级数中发散的是(　　　).

(A) $\sum\limits_{n=0}^{\infty}\left(\dfrac{1}{2}\right)^n$ 　　(B) $\sum\limits_{n=0}^{\infty}3^n$ 　　(C) $\sum\limits_{n=1}^{\infty}\dfrac{(-1)^n}{n}$ 　　(D) $\sum\limits_{n=1}^{\infty}\dfrac{1}{n^4}$

(3) 正项级数 $\sum\limits_{n=1}^{\infty}u_n$ 收敛的充分必要条件是(　　　).

(A) $\lim\limits_{n\to\infty}u_n = 0$ 　　　　　　　　(B) 数列 $\{u_n\}$ 单调有界

(C) 部分和数列 $\{s_n\}$ 有上界 　　　　(D) $\lim\limits_{n\to\infty}\dfrac{u_{n+1}}{u_n} < 1$

(4) 若级数 $\sum\limits_{n=1}^{\infty}u_n$ 收敛, 则级数(　　　).

(A) $\sum\limits_{n=1}^{\infty}|u_n|$ 收敛 　　　　　　(B) $\sum\limits_{n=1}^{\infty}(-1)^nu_n$ 收敛

(C) $\sum\limits_{n=1}^{\infty}u_nu_{n+1}$ 收敛 　　　　(D) $\sum\limits_{n=1}^{\infty}\dfrac{u_n+u_{n+1}}{2}$ 收敛

(5) 若幂级数 $\sum\limits_{n=1}^{\infty}a_nx^n$ 在 $x=-2$ 处收敛, 则该级数在 $x=\dfrac{3}{2}$ 处(　　　).

(A) 绝对收敛 　　　(B) 条件收敛 　　　(C) 发散 　　　(D) 敛散性不能确定

3. 判别下列级数的敛散性.

(1) $\sum\limits_{n=1}^{\infty}\dfrac{2n-1}{n^3+1}$ 　　　　　　　　(2) $\sum\limits_{n=1}^{\infty}\dfrac{3^n}{3^n-2^n}$

(3) $\sum\limits_{n=1}^{\infty}\dfrac{n}{3^n}\cos^2\dfrac{n\pi}{6}$ 　　　　　(4) $\sum\limits_{n=1}^{\infty}\left(\sin\dfrac{1}{n}\right)^{\frac{2}{3}}$

(5) $\sum\limits_{n=1}^{\infty}\dfrac{1}{n^p}\sin\dfrac{1}{n}$ 　　　　　　(6) $\sum\limits_{n=1}^{\infty}\dfrac{1}{1+a^n}$ $(a>0)$

4. 判别下列级数是绝对收敛、条件收敛, 还是发散?

(1) $\sum\limits_{n=1}^{\infty}\dfrac{1}{5^n}\sin\dfrac{n\pi}{5}$ 　　　　　　(2) $\sum\limits_{n=2}^{\infty}\dfrac{(-1)^n}{\ln n}$

(3) $\displaystyle\sum_{n=1}^{\infty} \frac{(-1)^{n-1}}{\ln\left(1+\dfrac{1}{n}\right)}$ (4) $\displaystyle\sum_{n=2}^{\infty} \frac{\sin na}{(n+1)^2}$

5. 求下列幂级数的收敛域,并求在收敛域内的和函数.

(1) $\displaystyle\sum_{n=1}^{\infty} \frac{(-1)^n}{n} x^n$ (2) $\displaystyle\sum_{n=0}^{\infty} \frac{(x-1)^n}{2^n}$

(3) $\displaystyle\sum_{n=0}^{\infty} (n+1) x^n$ (4) $\displaystyle\sum_{n=1}^{\infty} \frac{x^{2n+1}}{2n+1}$

6. 将下列函数展开成麦克劳林级数,并求其收敛域.

(1) $f(x) = \dfrac{e^x + e^{-x}}{2}$ (2) $f(x) = 2^x$

(3) $f(x) = \ln(3 - 2x - x^2)$ (4) $f(x) = \dfrac{3x}{x^2 + x - 2}$

(B)组

1. (2011 年数学三)设 $\{u_n\}$ 是数列,则下列命题正确的是( ).

(A) 若 $\displaystyle\sum_{n=1}^{\infty} u_n$ 收敛,则 $\displaystyle\sum_{n=1}^{\infty} (u_{2n-1} + u_{2n})$ 收敛

(B) 若 $\displaystyle\sum_{n=1}^{\infty} (u_{2n-1} + u_{2n})$ 收敛,则 $\displaystyle\sum_{n=1}^{\infty} u_n$ 收敛

(C) 若 $\displaystyle\sum_{n=1}^{\infty} u_n$ 收敛,则 $\displaystyle\sum_{n=1}^{\infty} (u_{2n-1} - u_{2n})$ 收敛

(D) 若 $\displaystyle\sum_{n=1}^{\infty} (u_{2n-1} - u_{2n})$ 收敛,则 $\displaystyle\sum_{n=1}^{\infty} u_n$ 收敛

2. (2012 年数学三)已知级数 $\displaystyle\sum_{n=1}^{\infty} (-1)^n \sqrt{n} \sin\frac{1}{n^a}$ 绝对收敛,级数 $\displaystyle\sum_{n=1}^{\infty} \frac{(-1)^n}{n^{2-a}}$ 条件收敛,则( ).

(A) $0 < \alpha \leqslant \dfrac{1}{2}$ (B) $\dfrac{1}{2} < \alpha \leqslant 1$

(C) $1 < \alpha \leqslant \dfrac{3}{2}$ (D) $\dfrac{3}{2} < \alpha < 2$

3. (2013 年数学三)设 $\{a_n\}$ 为正项数列,下列选项正确的是( ).

(A) 若 $a_n > a_{n+1}$,则 $\displaystyle\sum_{n=1}^{\infty} (-1)^{n-1} a_n$ 收敛

(B) 若 $\displaystyle\sum_{n=1}^{\infty} (-1)^{n-1} a_n$ 收敛,则 $a_n > a_{n+1}$

(C) 若 $\displaystyle\sum_{n=1}^{\infty} a_n$ 收敛,则存在常数 $p > 1$,使 $\displaystyle\lim_{n\to\infty} n^p a_n$ 存在

(D) 若存在常数 $p > 1$,使 $\displaystyle\lim_{n\to\infty} n^p a_n$ 存在,则 $\displaystyle\sum_{n=1}^{\infty} a_n$ 收敛

4. (2009 年数学三)幂级数 $\displaystyle\sum_{n=1}^{\infty} \frac{e^n - (-1)^n}{n^2} x^n$ 的收敛半径为_____.

5. (2014 年数学三)求幂级数 $\displaystyle\sum_{n=0}^{\infty} (n+1)(n+3) x^n$ 的收敛域及和函数.

习题参考答案

第 1 章

习题 1.1

1. (1)不相同;　　　　(2)相同;　　　　(3)相同;　　　　(4)不相同.

2. (1) $(-\infty,-3) \bigcup (1,+\infty)$;　　　　　　(2) $(-\infty,-1] \bigcup [1,+\infty)$;

　(3) $[1,2) \bigcup (2,+\infty)$;　　　　　　　　(4) $(1,2)$.

3. 定义域为 $(-2,2)$; $f(-0.5)=\dfrac{\sqrt{3}}{2}, f(1)=0, f(1.5)=1.25$, 图略.

4. (1)奇函数;　　　　(2)奇函数;　　　(3)非奇非偶函数;

　(4)偶函数;　　　　(5)偶函数;　　　(6)奇函数.

5. (1)有界;　　　　(2)无界;　　　　(3)有界;　　　　(4)有界.

6. (1)偶函数;奇函数;非奇非偶函数;

　(2)偶函数;偶函数;奇函数.

7. $y=\begin{cases} 0.5\,653x, & x \leqslant 2\,160, \\ 0.6\,153x-108, & 2\,160 < x \leqslant 4\,200, \\ 0.8\,653x-1\,158, & x > 4\,200. \end{cases}$ 该用户需缴纳电费 1 737.9 元.

习题 1.2

1. (1) $\dfrac{\pi}{4}$;　　　　(2) $\dfrac{5\pi}{6}$;　　　(3) $\dfrac{1}{2}$;　　　(4) $\dfrac{\pi}{3}$.

2. (1) $f^{-1}(x)=\dfrac{x-1}{1+x},(-\infty,-1) \bigcup (-1,+\infty)$;

　(2) $f^{-1}(x)=\dfrac{1}{3}(x^3+5),(-\infty,+\infty)$;

　(3) $f^{-1}(x)=1-\mathrm{e}^{x+1},(-\infty,+\infty)$;

　(4) $f^{-1}(x)=\log_3(x-1),(1,+\infty)$;

　(5) $f^{-1}(x)=3\arcsin\dfrac{x}{2},[-2,2]$;

　(6) $f^{-1}(x)=\tan(x-1),\left(-\dfrac{\pi}{2}+1,\dfrac{\pi}{2}+1\right)$.

3. (1) $y=\ln\sqrt{\sin x+1}, x \in \left\{x \Big| x \neq 2k\pi-\dfrac{\pi}{2}, k \in Z\right\}$;

　(2) $y=\arctan(1+\sqrt{x}), x \in \{x | x \geqslant 0\}$;

4. (1) $y=\sqrt[3]{u}, u=\ln v, v=s^2, s=\sin x; x \in \{x | x \neq k\pi, k \in Z\}$;

　(2) $y=\mathrm{e}^u, u=\arctan v, v=x^2; x \in R$;

　(3) $y=u^3, u=1+v, v=s^2, s=\ln x; x \in \{x | x > 0\}$;

　(4) $y=\log_2 u, u=\sqrt{v}, v=\cot s, s=\dfrac{x}{2}, x \in \{x | 2k\pi < x < (2k+1)\pi, k \in Z\}$.

5. $f[\varphi(x)] = \sin^3 2x - \sin 2x$；$\varphi[f(x)] = \sin(2x^3 - 2x)$.

习题 1.3

1. 3 045；2 859.3；2 659.5.

2.（1）$3x + 100$，100 元；　　　　　　（2）700 元，3.5 元.

3.（1）$P_e = 80$，$Q_e = 70$；　　　　　　（2）图略；

　（3）表示此时的价格为最低销售价格，市场上供给量为 0.

4.（1）$P_e = 20$，$Q_e = 35$；　　　　　　（2）$P_e = 20.6$，$Q_e = 34$.

5.（1）150 台；　　　（2）亏损 2 500；　　　（3）175 台.

6.（1）$P = \begin{cases} 90, & 0 < x \leqslant 100 \\ -0.05x + 95, & 100 < x < 400; \\ 75, & x \geqslant 400 \end{cases}$

　（2）$\pi(x) = \begin{cases} 30x, & 0 < x \leqslant 100 \\ -0.05x^2 + 35x, & 100 < x < 400; \\ 15x, & x \geqslant 400 \end{cases}$

　（3）15 000 元.

习题 1.4

1.（1）不存在；　　（2）0；　　（3）0；　　（4）不存在.

2.（1）2；　　（2）不存在；　　（3）不存在；　　（4）1；　　（5）$\dfrac{\pi}{2}$；　　（6）不存在.

3.（1）不存在；　　（2）$\lim\limits_{x \to 1} f(x) = 3$，$\lim\limits_{x \to 2} f(x)$ 不存在.

4. $\lim\limits_{x \to 0} f(x)$ 不存在.

习题 1.5

1.（1）无穷小；　　（2）无穷小；　　（3）无穷大；　　（4）无穷大.

2.（1）$x \to +\infty$；$x \to 5^+$；　　　　　　（2）$x \to -1$；$x \to -2^+$ 或 $x \to +\infty$；

　（3）$x \to 3^-$ 或 $x \to -\infty$；$x \to 2$；　　（4）$x \to -\infty$；$x \to +\infty$；

　（5）$x \to 0^+$；$x \to 0^-$；　　　　　　（6）$x \to 3$；$x \to \pm 2$.

3. 略.

4.（1）0；　　　　（2）0.

5.（1）高阶；　　（2）低阶；　　（3）同阶；　　（4）等价.

习题 1.6

1.（1）$\dfrac{1}{3}$；　　（2）0；　　（3）0；　　（4）4；　　（5）$\dfrac{1}{2}$；　　（6）$\dfrac{3}{2}$.

2.（1）$29 - \sqrt{3}$；　　（2）4；　　（3）$-\dfrac{1}{2}$；　　（4）$\dfrac{3}{8}$；

　（5）∞；　　（6）-1.　　（7）∞；　　（8）$\dfrac{1}{2^{20} 3^{30}}$；

　（9）0；　　（10）0；　　（11）0；　　（12）3；

　（13）-2；　　（14）$\dfrac{1}{2}$；　　（15）0；　　（16）$\dfrac{\sqrt{3}}{3}$

3. 1.

习题1.7

1. (1) 3 ；　　　(2) 1 ；　　(3) $\dfrac{3}{5}$ ；　　　(4) 2 ；　　(5) 0 ；

　(6) $\sqrt{2}$ ；　　(7) 3 ；　(8) 0 ；　　　(9) 1 .

2. (1) e^{-1} ；　　(2) e^{2} ；　(3) e^{-k} ；　　　(4) e^{-2} ；　(5) e^{4} ；

　(6) e^{-3} ；　　(7) e ；　(8) e ；　　　(9) $\dfrac{5}{3}$.

3. (1) 3 ；　　　(2) 1 ；　　(3) $\dfrac{3}{5}$ ；　　　(4) 2 ；　　(5) 0 ；　　(6) $\sqrt{2}$ ；　　(7) 3 .

4. (1) 1 ；　　　(2) $\dfrac{1}{2}$.

5. (1) e^{-6} ；　　(2) 2 ；　(3) $\dfrac{1}{\sqrt{2}}$ ；　　　(4) 1 ；

　(5) e^{-1} ；　　(6) $-\sqrt{3}$ ；　(7) $\dfrac{1}{4}$ ；　　　(8) e .

6. (1) 26 764.5 元, 26 997.2 元 ；　　　(2) 14 945.2 元, 14 816.4 元 .

习题1.8

1. (1) $f(x)$ 在 $(-\infty, -1) \bigcup (-1, +\infty)$ 上连续，图略 ；

　(2) $f(x)$ 在 $[0, 2]$ 上连续，图略 .

2. (1) $a = 2$ ；　　(2) $a = 2, b = -1$.

3. (1) $x = 2$ 为可去间断点，令 $f(2) = -4$ ；$x = 3$ 为无穷间断点；

　(2) $x = 0$ 为可去间断点，令 $f(0) = 1$ ；

$$x = k\pi + \dfrac{\pi}{2} \ (k \in Z) \text{ 为可去间断点，令 } f\left(k\pi + \dfrac{\pi}{2}\right) = 0 ;$$

$$x = k\pi, k \in Z \text{ 且 } k \neq 0 \text{ 为无穷间断点；}$$

　(3) $x = 0$ 为振荡间断点 ；

　(4) $x = 1$ 为跳跃间断点 .

4. $(-\infty, -2) \bigcup (-2, 3) \bigcup (3, +\infty)$ ；$\lim\limits_{x \to 1} f(x) = \dfrac{2}{3}$ ；$\lim\limits_{x \to 2} f(x) = \dfrac{5}{4}$ ；$\lim\limits_{x \to 3} f(x) = 2$.

5. (1) $\sqrt{5}$ ；　　(2) $\dfrac{2}{\pi}$ ；　　(3) 0 .

6~9. 略 .

复习题

(A)组

1. (1)必要 ；　　(2)充分必要 ；　　(3)必要 ；　　(4) $\left[-\dfrac{1}{2}, +\infty\right)$ ；　　(5)15, 50 .

2. (1) A ；　　(2) B ；　　(3) D ；　　(4) C ；　　(5) D .

3. $-1 \leqslant x \leqslant 4$.

4. $x > 0$.

5. (1)奇函数；　(2)奇函数.

6. (1) $y = \dfrac{-2x}{(1+x)^2}$, $x \neq -1$；　(2) $y = \ln(x + \sqrt{x^2+1})$, $x \in R$.

7. (1) $y = u^{\frac{1}{2}}$, $u = 5 - x$; $x \leqslant 5$；

　(2) $y = u^3$, $u = 1 + \ln x$; $x > 0$；

　(3) $y = u^{\frac{1}{2}}$, $u = \ln v$, $v = \sqrt{x}$; $x \geqslant 1$；

　(4) $y = \ln u$, $u = \arcsin v$, $v = x^3$; $0 < x \leqslant 1$；

　(5) $y = e^u$, $u = \sqrt{v}$, $v = 1 + x$; $x \geqslant -1$；

　(6) $y = u^2$, $u = \arctan v$, $v = 1 + x$; $x \in R$.

8. (1) $\dfrac{5}{8}$；　(2)0；　(3)1；　(4) $\dfrac{1}{5}$；　(5) πx；　(6) e^2；　(7) $\dfrac{1}{2}$；　(8) $\dfrac{1}{2}$.

9. (1) $-\dfrac{2}{3}$；　　(2)2；　　　(3) $\dfrac{2}{3}$；　　　(4)0；　　　(5)10；

　(6)0；　　　(7) $\dfrac{2}{3}$；　　　(8)2；　　　(9) e^3；　　(10) e^2；

　(11)0；　　(12) $\dfrac{3}{2}$；　　(13) e^{-2}；　　(14) e^2；　　(15) $\cos a$；

　(16) e^{-1}；　　(17) $-\dfrac{1}{2}$；　　(18) 1.

10. $x = 0$ 为无穷间断点，$f(x)$ 在 $x = 2$ 处连续.

11. (1) $x = 1$ 为可去间断点，$x = -1$ 为无穷间断点；

　(2) $x = 0$ 为可去间断点；

　(3) $x = 0$ 为可去间断点.

12. (1) $a = 1$, $b = -2$；　(2) $a = 1$, $b = -1$；　(3) $a = 1$, $b = -1$.

13. 略.

14. 需求函数 $x = -P + 1\,700$，总收益函数 $TR(x) = -x^2 + 1\,700x$.

15. 1 667 只.

(B)组

1. C.　2. A.　3. C.　4. D.　5. C.　6. A.　7. $\dfrac{3}{2}$e.

第2章

习题2.1

1. 3.

2. 18m/s.

3. (1) $-f'(x_0)$；　　(2) $-2f'(x_0)$；　　(3) $\dfrac{3}{2}f'(x_0)$；　　(4) $\dfrac{1}{2}f'(x_0)$.

4. 切线方程：$12x - y - 16 = 0$；法线方程：$x + 12y - 98 = 0$.

5. (1) $\dfrac{1}{2\sqrt{x}}$;　　(2) $\dfrac{5}{2}x^{\frac{3}{2}}$;　　(3) $-\dfrac{1}{x^2}$;　　(4) $3^x\ln 3$;

　　(5) $-\dfrac{1}{2^x}\ln 2$;　(6) $\dfrac{1}{x\ln 3}$;　　(7) $\cos x$;　　(8) $-\sin x$.

6. $f'(0)=1$.

7. 连续, 不可导.

8. 连续, 不可导.

9. $f'(1)=2$.

10. $a=2, b=-1$.

习题 2.2

1. (1) $5+\dfrac{1}{\sqrt{x}}$;　　　　　　(2) $12x^3-2^x\ln 2+\mathrm{e}^x$;　　　　　(3) $3x^2\ln x+x^2$;

　　(4) $\mathrm{e}^x(\cos x-\sin x)$;　　(5) $-\dfrac{x^2+2}{(x^2-2)^2}$;　　　　(6) $\dfrac{\sin x-\cos x-1}{(1+\cos x)^2}$;

　　(7) $2\sec^2 x+\sec x\tan x$;　(8) $\log_3 x+\dfrac{1}{\ln 3}$;　　　　(9) $\dfrac{1-\ln x}{x^2}$;

　　(10) $\sec x+x\sec x\tan x-\csc x\cot x$;　　　　(11) $\dfrac{2}{1+x^2}-\dfrac{1}{\sqrt{1-x^2}}$;

　　(12) $\arccos x-\dfrac{x}{\sqrt{1-x^2}}$;　　　　　(13) $\dfrac{\sin x}{3\sqrt[3]{x^2}}+\sqrt[3]{x}\cos x+(a\mathrm{e})^x(1+\ln a)$;

　　(14) $\mathrm{e}^x\left(\dfrac{1}{x^2}-\dfrac{2}{x^3}\right)$.

2. (1) 25 ;　(2) 1.

3. (1) $18x+30$;　　　　　　(2) $-3\cos(1-3x)$;　　　　(3) $6x\mathrm{e}^{3x^2}$;

　　(4) $\dfrac{x}{(1+x^2)\sqrt{\ln(1+x^2)}}$;　(5) $\dfrac{1}{2\sqrt{x}}\sec^2\sqrt{x}$;　　(6) $\dfrac{2\mathrm{e}^{2x}}{1+\mathrm{e}^{4x}}$;

　　(7) $-\dfrac{1}{\sqrt{x^4-x^2}}$;　　(8) $\cot x$;　　　　　　(9) $2\sin(4x+2)$;

　　(10) $\dfrac{1}{\sqrt{x^2-a^2}}$;　　(11) $\mathrm{e}^{-2x}(3\cos 3x-2\sin 3x)$;　(12) $\dfrac{1}{\sqrt{x}(1-x)}$;

　　(13) $\dfrac{2\arcsin\dfrac{x}{2}}{\sqrt{4-x^2}}$;　　(14) $\dfrac{\mathrm{e}^{\arctan\sqrt{x}}}{2\sqrt{x}(1+x)}$;　(15) $-\dfrac{1}{\sqrt{(x+1)^3(1-x)}}$;

　　(16) $3^{x\tan x}(\tan x+x\sec^2 x)\ln 3$;　(17) $\dfrac{6\ln^2 x^2}{x}$;　(18) $4x^3(\cos 4x-x\sin 4x)$.

4. (1) $\dfrac{y-\mathrm{e}^{x+y}}{\mathrm{e}^{x+y}-x}$;　(2) $\dfrac{x^2-y}{x-y^2}$;　(3) $-\dfrac{y}{x+2y\sin y^2}$;

　　(4) $-\sqrt{\dfrac{y}{x}}$;　(5) $\dfrac{\sin x}{\cos y-1}$;　(6) $\dfrac{x+y}{x-y}$.

5. (1) $(1+x^2)^{\sin x}\left[\cos x\cdot\ln(1+x^2)+\dfrac{2x\sin x}{1+x^2}\right]$;

(2) $2(\cos x)^{2x}(\ln\cos x - x\tan x)$;

(3) $(x^2+1)^3(x+2)^2\left(\dfrac{6x}{1+x^2}+\dfrac{2}{x+2}\right)$;

(4) $\dfrac{(2x+1)^2\sqrt[3]{2-3x}}{\sqrt{x+2}}\left(\dfrac{4}{2x+1}+\dfrac{1}{3x-2}-\dfrac{1}{2x+4}\right)$.

6. $y'(0)=e$；切线方程为 $ex-y+1=0$；法线方程为 $x+ey-e=0$.

7. (1) $20x^3+6$；　(2) $4e^{2x-3}$；　(3) $-(1-x^2)^{-\frac{3}{2}}$；

(4) $8x^2(1+x^2)^{-3}$；　(5) $2xe^{x^2}(2x^2+3)$；　(6) $-\dfrac{2x^2+2}{(x^2-1)^2}$.

8. $\dfrac{2xy+2ye^y-y^2e^y}{(x+e^y)^3}$.

习题 2.3

1. (1) 边际函数：$e^{-x}(2x-x^2)$；弹性函数：$2-x$；

(2) 边际函数：$\dfrac{e^x(x-1)}{x^2}$；　弹性函数：$x-1$；

(3) 边际函数：$-\dfrac{2\,000\ln2}{4^P}$；弹性函数：$-2P\ln2$.

2. 0 元，表示在生产第 21 件时，需要增加的成本为 0 元；50 元，表示平均每件成本 50 元.

3. $-Q^3+3Q^2+24Q-100$；4 吨.

4. 40kg，经济意义：当售价是 4 元时，该食品一周的需求量是 40kg；

-16，经济意义：当售价是 5 元时，需求量将减少 16kg.

5. (1) $100-0.4Q$；$100-0.8Q$；　$\dfrac{250-2Q}{250-Q}$；

(2) 60，经济意义是当销售第 51 个单位的产品时，收益将增加 60 个单位；

(3) $\dfrac{1}{3}$，经济意义是当销售量为 100 个单位时，销售量增加 3%，总收益将增加 1%.

6. 0.6，经济意义：当价格为 3 时，价格上涨 1%，需求量将下降 0.6%；此时可以通过提高价格来增加收益；1，经济意义：当价格为 5 时，价格与需求量变动的百分比相等，但变动方向相反，此时无论提价或降价对总收益无明显影响；1.2，经济意义：当价格为 6 时，价格上涨 1% 时，需求量将下降 1.2%，此时可以通过降价来增加收益（薄利多销策略）.

7. 当 $|E_p|>1$ 时，$10<P<20$；当 $|E_p|=1$ 时，$P=10$；当 $|E_p|<1$ 时，$0<P<10$.

8. (1) -3；　(2) -2；总收益增加 4%.

9. $\dfrac{P}{-1+P}$；1.5，经济意义：表示价格下降 1%，供给量将下降 1.5%.

10. 15% $\sim$ 20%.

习题 2.4

1. -0.271，0.331，$0.030\,301$；-0.3，0.3，0.03.

2. (1) $-\dfrac{2}{(1+x)^2}\mathrm{d}x$; $\qquad$ (2) $2x\mathrm{e}^{2x}(1+x)\mathrm{d}x$; $\qquad$ (3) $\dfrac{x}{x^2-1}\mathrm{d}x$;

(4) $\dfrac{\mathrm{e}^x}{1+\mathrm{e}^{2x}}\mathrm{d}x$; $\qquad$ (5) $\left(-\dfrac{1}{\sqrt{x^4-x^2}}+3^x\ln 3\right)\mathrm{d}x$; $\qquad$ (6) $2(\mathrm{e}^{2x}-\mathrm{e}^{-2x})\mathrm{d}x$.

3. (1) $\dfrac{8}{3}x^3\mathrm{d}x$; $\qquad$ (2) $\dfrac{1}{3}x^3$; $\qquad$ (3) $-2\sin 2x\mathrm{d}x$; $\qquad$ (4) $\dfrac{1}{2}\sin 2x$;

(5) $-2\mathrm{e}^{-2x}\mathrm{d}x$; $\qquad$ (6) $-\dfrac{\mathrm{e}^{-2x}}{2}$; $\qquad$ (7) $-\dfrac{1}{2x\sqrt{x}}\mathrm{d}x$; $\qquad$ (8) $2\sqrt{x}$;

(9) $2\sec^2 x\tan x\mathrm{d}x$; $\quad$ (10) $\tan x$.

4. (1) $\dfrac{\mathrm{e}^y}{1-x\mathrm{e}^y}\mathrm{d}x$; $\qquad$ (2) $\dfrac{\sqrt{1-y^2}}{\sqrt{1-y^2}-1}\mathrm{d}x$; $\qquad$ (3) $\dfrac{b^2 x}{a^2 y}\mathrm{d}x$; $\qquad$ (4) $\dfrac{y\sin x+\sin y}{\cos x-x\cos y}\mathrm{d}x$.

5. (1) $1.000\,04$; $\qquad$ (2) $0.484\,9$; $\qquad$ (3) $2.735\,5$; $\qquad$ (4) 0.002 .

6. $-0.029\,701$; $\quad -0.03$.

习题 2.5

1. (1) 满足，$\xi=\dfrac{1}{4}$; $\qquad$ (2) 不满足； $\qquad$ (3) 满足，$\xi=\dfrac{8}{3}$; $\qquad$ (4) 不满足.

2. 3 个；$(0,1)$，$(1,2)$；$(2,3)$.

3. 提示：先用零点定理证明存在性，再用罗尔中值定理证明唯一性.

4. 略.

5. 验证略；$\xi=\ln\dfrac{\mathrm{e}^3-\mathrm{e}}{2}$.

6. (1) 正确； $\qquad$ (2) 理由略.

7. 略.

8. 略.

习题 2.6

1. (1) 1 ; $\quad$ (2) $\ln\dfrac{a}{b}$; $\quad$ (3) $-\dfrac{1}{2}$; $\quad$ (4) $\cos a$; $\quad$ (5) 1 ;

(6) $\dfrac{4}{\mathrm{e}}$; $\quad$ (7) 1 ; $\quad$ (8) 0 ; $\quad$ (9) 1 ; $\quad$ (10) $+\infty$;

(11) $\dfrac{1}{2}$; $\quad$ (12) 1 ; $\quad$ (13) $\dfrac{1}{2}$; $\quad$ (14) $\dfrac{1}{2}$; $\quad$ (15) 0 ;

(16) 1 ; $\quad$ (17) e^a ; $\quad$ (18) 1 ; $\quad$ (19) $\dfrac{3}{8}$; $\quad$ (20) $-\sqrt{3}$.

2. 提示：$\lim\limits_{x\to\infty}\dfrac{x+\sin x}{x}=\lim\limits_{x\to\infty}\left(1+\dfrac{\sin x}{x}\right)=1$.

3. 连续，$\lim\limits_{x\to 0}f(x)=1$.

习题 2.7

1. (1) 单调增区间 $(-\infty,-3)$，$(5,+\infty)$，单调减区间 $(-3,5)$；

(2)单调增区间 $\left(\frac{1}{2},+\infty\right)$，单调减区间 $\left(0,\frac{1}{2}\right)$；

(3)单调增区间 $(-\infty,-2)$，$(0,+\infty)$，单调减区间 $(-2,-1)$，$(-1,0)$；

(4)单调增区间 $(-\infty,0)$，$(1,+\infty)$；单调减区间 $(0,1)$．

2. 略．

3.(1)极大值 $y\left(\frac{3}{2}\right)=\frac{9}{4}$；　(2)极小值 $y(0)=0$；　(3)极大值 $y\left(\frac{7}{4}\right)=\frac{9}{4}$；

(4)极小值 $y(0)=0$，极大值 $y(2)=4\mathrm{e}^{-2}$；　(5)极小值 $y(0)=0$，极大值 $y(-2)=-4$；

(6)极小值 $y(1)=0$，极大值 $y(\mathrm{e}^2)=4\mathrm{e}^{-2}$．

4.(1)最大值 $y(3)=11$，最小值 $y(2)=-14$；

(2)最大值 $y(2)=\ln 5$，最小值 $y(0)=0$；

(3)最大值 $y\left(\frac{3}{4}\right)=\frac{5}{4}$，最小值 $y(-5)=\sqrt{6}-5$；

(4)最小值 $y(2)=12$，无最大值．

5. 500，12；

6.(1) $TR(x)=800x-x^2$，$\pi(x)=-x^2+790x-2\,000$；

(2) 395 台，154 025 元；

(3) 405 元．

7.(1) $TR(x)=150x-0.5x^2$，$\pi(x)=-0.75x^2+150x-4\,000$；

(2) 100 台，3 500 元；

(3) 100 元．

8. 5，最大总收益为 250．

9.(1) $10-2.5t$；(2) 2 万元，政府最大税收总额为 10 万元．

10. 21.5．

习题 2.8

1.(1)凹区间 $(0,+\infty)$，凸区间 $(-\infty,0)$，无拐点；

(2)凹区间 $(1,+\infty)$，凸区间 $(-\infty,1)$，拐点为 $(1,4)$；

(3)凹区间 $\left(-\infty,-\frac{1}{\sqrt{2}}\right)$，$\left(\frac{1}{\sqrt{2}},+\infty\right)$，凸区间 $\left(-\frac{1}{\sqrt{2}},\frac{1}{\sqrt{2}}\right)$，拐点为 $\left(\pm\frac{1}{\sqrt{2}},\mathrm{e}^{-\frac{1}{2}}\right)$；

(4)凹区间 $(2,+\infty)$，凸区间 $(-\infty,2)$，拐点为 $(2,2\mathrm{e}^{-2})$；

(5)凹区间 $(-\sqrt{2},\sqrt{2})$，凸区间 $(-\infty,-\sqrt{2})$，$(\sqrt{2},+\infty)$，拐点为 $(\pm\sqrt{2},2\ln 2)$；

(6)凹区间 $(2,+\infty)$，凸区间 $(-\infty,-1)$，$(-1,2)$，拐点为 $\left(2,\frac{2}{9}\right)$．

2.(1)垂直渐近线 $x=0$，斜渐近线 $y=x$；

(2)垂直渐近线 $x=-1$，水平渐近线 $y=0$；

(3)垂直渐近线 $x=-1$，水平渐近线 $y=0$；

(4)垂直渐近线 $x=1$,斜渐近线 $y=x+2$.

3.(1)在 $x=-1$ 处取得极大值 $\dfrac{8}{3}$,在 $x=3$ 处取得极大值 -8 ,拐点 $\left(1,-\dfrac{8}{3}\right)$;

单增区间 $(-\infty,-1),(3,+\infty)$,单减区间 $(-1,3)$;

凸区间 $(-\infty,1)$,凹区间 $(1,+\infty)$;

无渐近线.

图略.

(2)在 $x=-2$ 处取得极大值 -4 ,在 $x=0$ 处取得极大值 0 ,无拐点;

增区间 $(-\infty,-2),(0,+\infty)$,减区间 $(-2,-1),(-1,0)$;

凸区间 $(-\infty,-1)$,凹区间 $(-1,+\infty)$;

垂直渐近线 $x=-1$,斜渐近线 $y=x-1$.

图略.

复习题

(A)组

1.(1) -1 ; (2) $2x$, $2(1+x^2)$; (3) $2x$; (4) $9x-y-16=0$; (5)充分必要.

2.(1)C; (2) B; (3) D; (4) A; (5) A.

3. 切线方程: $x-12y+16=0$,法线方程: $12x+y-98=0$.

4. $\left(\dfrac{1}{2},\dfrac{1}{4}\right)$.

5. 函数在 $x=1$ 处可导且连续.

6. 函数在 $x=0$ 处连续但不可导.

7.(1) $\dfrac{1}{2\sqrt{x}}+\dfrac{3}{4\sqrt[4]{x}}$; $\left(\dfrac{1}{2\sqrt{x}}+\dfrac{3}{4\sqrt[4]{x}}\right)dx$;

(2) $-\dfrac{2}{x(1+\ln x)^2}$; $-\dfrac{2}{x(1+\ln x)^2}dx$;

(3) $\sec^2 x-\cot x+x\csc^2 x$; $(\sec^2 x-\cot x+x\csc^2 x)dx$;

(4) $\ln x+\dfrac{x\cos x-\sin x}{x^2}+1$; $\left(\ln x+\dfrac{x\cos x-\sin x}{x^2}+1\right)dx$;

(5) $\dfrac{x}{x^2+1}$; $\dfrac{x}{x^2+1}dx$;

(6) $\dfrac{6e^{3x}\arctan e^{3x}}{1+e^{6x}}$; $\dfrac{6e^{3x}\arctan e^{3x}}{1+e^{6x}}dx$.

8.(1) $\dfrac{1-y\cos xy}{x\cos xy-1}dx$; (2) $\dfrac{2xy^2(1+y^2)}{2y^2+1}dx$;

(3) $\dfrac{y\cos x+\sin(x-y)}{\sin(x-y)-\sin x}dx$; (4) $\dfrac{y-x}{x+y}dx$.

9. (1) $\dfrac{3x^4-6x^2-1}{x(x^4-1)}\sqrt[3]{\dfrac{x\,(x^2+1)^2}{x^2-1}}$;　　　　(2) $2x^{2x}(\ln x+1)+x^{\cos x}\left(\dfrac{\cos x}{x}-\sin x\cdot\ln x\right)$;

(3) $\left(\dfrac{1-x}{x}\right)^x\left[\ln(1-x)-\dfrac{x}{1-x}-\ln x-1\right]$.

10. (1) 2 ;　(2) $-\dfrac{1}{8}$;　(3) 0 ;　(4) $-\dfrac{1}{2}$;　(5) $\dfrac{1}{6}\ln 2$;

(6) 1 ;　(7) ∞ ;　(8) 0 ;　(9) e^{-1} .

11. (1) 单增区间 $(-\infty,-1)$, $(3,+\infty)$, 单减区间 $(-1,3)$;

凸区间 $(-\infty,1)$, 凹区间 $(1,+\infty)$; 拐点 $(1,-29)$;

极大值 $y(-1)=3$, 极小值 $y(3)=-61$.

(2) 单增区间 $\left(\dfrac{\sqrt{2}}{2},+\infty\right)$, 单减区间 $\left(0,\dfrac{\sqrt{2}}{2}\right)$;

凹区间 $(0,+\infty)$; 无拐点;

极小值 $y\left(\dfrac{\sqrt{2}}{2}\right)=\dfrac{1}{2}+\dfrac{1}{2}\ln 2$.

(3) 单增区间 $(0,+\infty)$, 单减区间 $(-\infty,0)$;

凸区间 $(-\infty,-1)$, $(1,+\infty)$, 凹区间 $(-1,1)$; 拐点 $(1,\ln 2)$, $(-1,\ln 2)$;

极小值 $y(0)=0$.

(4) 单增区间 $(-\infty,1)$, 单减区间 $(1,+\infty)$;

凸区间 $(-\infty,2)$, 凹区间 $(2,+\infty)$; 拐点 $(2,2\mathrm{e}^{-2})$;

极大值 $y(1)=\mathrm{e}^{-1}$.

12. (1) 水平渐近线 $y=1$, 垂直渐近线 $x=-1$;

(2) 斜渐近线 $y=x$;

(3) 斜渐近线 $y=x(x\to+\infty)$; 斜渐近线 $y=-x(x\to-\infty)$.

13. 略.

14. $P=\dfrac{1}{\mathrm{e}}$.

15. 140, 176 元.

16. 10, 20.

17. 4, 2.

(B)组

1. B.　2. A.　3. C.　4. C.　5. B.　6. C.　7. C.　8. D.　9. D.

10. -2 .

11. $\mathrm{e}^{3x}+3x\mathrm{e}^{3x}$.

12. $y=-2x$.

13. 3.

14. $\mathrm{e}^{-\sqrt{2}}$.

15. $MR=40-4P$.

16. 8 000.

17. $\dfrac{1}{12}$.

18. $-\dfrac{1}{2}$.

19. $\dfrac{1}{e}$.

20. (1) $\pi'(P) = -2\,000P + 80\,000$;

   (2) $-20\,000$, 表示当价格为 50 元时, 价格提高 1 元, 利润将减少 20 000 元;

   (3) 40 元.

21. $n = 2, a = 7$.

22~26. 略.

第 3 章

习题 3.1

1. (1) $-\dfrac{2}{\sqrt{x}} + C$; (2) $\dfrac{1}{3}(x^3 - 2\sqrt{x}) + C$; (3) $\dfrac{1}{\ln 2 - \ln 3}\left(\dfrac{2}{3}\right)^x - \ln|x| - \dfrac{1}{x} + C$;

   (4) $\dfrac{1}{2}x^2 + \arctan x + C$; (5) $x - \arctan x + C$; (6) $x - 6\ln|x| - \dfrac{9}{x} + C$;

   (7) $\arctan x - 2\arcsin x + C$; (8) $e^t + 2t + C$; (9) $-\cot x - x + C$;

   (10) $\dfrac{x - \sin x}{2} + C$; (11) $\dfrac{\tan x}{2} + C$; (12) $\sin x - \cos x + C$.

2. $y = \ln|x| + 1$.

3. $f(x) = -\dfrac{\sin x}{x}$.

4. $TC(x) = 100\sqrt{x} + 6\,000 \quad (x > 0)$.

习题 3.2

1. (1) $\dfrac{1}{5}$; (2) $-\dfrac{1}{3}$; (3) $\dfrac{1}{2}$; (4) $\dfrac{2}{3}$; (5) 2; (6) $\dfrac{1}{2}$; (7) $\dfrac{1}{2}$; (8) $\dfrac{1}{2}$.

2. (1) $\dfrac{1}{3}e^{3t} + C$; (2) $-\dfrac{1}{12}(2 - 3x)^4 + C$; (3) $-\dfrac{1}{2}\ln|5 - 2x| + C$;

   (4) $-\dfrac{1}{3}(1 - 2x)^{\frac{3}{2}} + C$ (5) $\sec x + C$; (6) $2\sin\sqrt{x} + C$;

   (7) $\dfrac{1}{3}\ln^3 x + C$; (8) $-\ln|1 - \ln x| + C$; (9) $\dfrac{1}{3}e^{x^3} + C$;

   (10) $\dfrac{\sqrt{2}}{2}\arcsin(\sqrt{2}x) + C$; (11) $\dfrac{1}{2}\arctan\dfrac{x}{2} + C$; (12) $\dfrac{1}{3}\arctan\dfrac{x+1}{3} + C$;

   (13) $x^2 - 5x + 5\ln|x + 1| + C$; (14) $-\dfrac{1}{6}\ln\left|\dfrac{x-3}{x+3}\right| + C$;

   (15) $-2\ln|x - 2| + 3\ln|x - 3| + C$; (16) $\arctan x + \ln|x| - \dfrac{1}{2}\ln(1 + x^2) + C$;

(17) $\ln\left|\dfrac{x+1}{x}\right|-\dfrac{2}{x+1}+C$;

(18) $\dfrac{2}{45}(3x+2)^{\frac{5}{2}}-\dfrac{4}{27}(3x+2)^{\frac{3}{2}}+C$;

(19) $4\sqrt{x-2}-4\ln(1+\sqrt{x-2})+C$;

(20) $2\sqrt{1+e^x}+\ln\left(\dfrac{\sqrt{1+e^x}-1}{\sqrt{1+e^x}+1}\right)+C$;

(21) $\ln|x|+C$;

(22) $\arctan^2\sqrt{x}+C$;

(23) $6\ln\dfrac{\sqrt[6]{x}}{\sqrt[6]{x}+1}+C$;

(24) $2\sqrt{x^2+1}-2\ln(\sqrt{x^2+1}+1)+C$;

(25) $2\arcsin\dfrac{x}{2}+\dfrac{x\sqrt{4-x^2}}{2}+C$;

(26) $-\dfrac{\sqrt{1+x^2}}{x}+C$;

(27) $\dfrac{1}{2}\ln\left|\dfrac{2-\sqrt{4-x^2}}{x}\right|+C$;

(28) $\arccos\dfrac{2}{|x|}+C$;

(29) $\sqrt{x^2-4}-2\arccos\dfrac{2}{|x|}+C$;

(30) $\dfrac{1}{2}(\arcsin x-x\sqrt{1-x^2})+C$;

(31) $\dfrac{1}{2}[x-\ln(e^x+2)]+C$;

(32) $\arctan(\ln x)+C$;

(33) $-e^{-x}-\arctan e^x+C$.

习题 3.3

1. (1) $\dfrac{1}{2}xe^{2x}-\dfrac{1}{4}e^{2x}+C$;

(2) $x^2e^x-2xe^x+2e^x+C$;

(3) $-xe^{-x}-e^{-x}+C$.

(4) $x\arccos x-\sqrt{1-x^2}+C$;

(5) $x\ln\sqrt{x}-\dfrac{x}{2}+C$;

(6) $x\ln(1+x^2)-2x+2\arctan x+C$;

(7) $\dfrac{1}{3}x^3\arctan x-\dfrac{1}{6}x^2+\dfrac{1}{6}\ln(1+x^2)+C$;

(8) $\dfrac{1}{2}x\sin 2x+\dfrac{1}{4}\cos 2x+C$;

(9) $\dfrac{2}{3}x^{\frac{3}{2}}\ln x-\dfrac{4}{9}x^{\frac{3}{2}}+C$;

(10) $\dfrac{1}{2}x^2\ln^2 x-\dfrac{1}{2}x^2\ln x+\dfrac{1}{4}x^2+C$;

(11) $\dfrac{1}{2}x[\cos(\ln x)+\sin(\ln x)]+C$;

(12) $\dfrac{1}{5}e^{-x}(2\sin 2x-\cos 2x)+C$;

(13) $\dfrac{1}{2}\tan x\sec x+\dfrac{1}{2}\ln|\sec x+\tan x|+C$;

(14) $-\dfrac{x^2}{2}+x\tan x+\ln|\cos x|+C$;

(15) $2\sqrt{x}\sin\sqrt{x}+2\cos\sqrt{x}+C$;

(16) $e^{\sqrt{2x+1}}(\sqrt{2x+1}-1)+C$;

(17) $\dfrac{x\sqrt{1-4x^2}}{2}+\dfrac{1}{4}\arcsin 2x+C$;

(18) $x-(1+e^{-x})\ln(e^x+1)+C$.

2. $x\cos x-\sin x+C$.

3. $\cos x-\dfrac{2\sin x}{x}+C$.

习题 3.4

1. (1) 2 ;   (2) $\dfrac{\pi a^2}{4}$;   (3) 0 .

2. (1) $S=\displaystyle\int_{-1}^{2}(3x^3+3)dx$;

(2) $S=\displaystyle\int_{-2}^{-\sqrt{2}}(x^2-2)dx-\int_{-\sqrt{2}}^{\sqrt{2}}(x^2-2)dx+\int_{\sqrt{2}}^{2}(x^2-2)dx$.

(3) $\Delta TR = \int_2^5 (35 - 2Q)\mathrm{d}Q$;　　(4) $\Delta TC = \int_{10}^{20}(3x^2 - 20x + 35)\mathrm{d}x$.

3.16.

习题 3.5

1. (1) $\int_0^{\frac{\pi}{4}} \sin x \mathrm{d}x \leqslant \int_0^{\frac{\pi}{4}} \cos x \mathrm{d}x$;　　(2) $\int_0^{\frac{\pi}{2}} \sin x \mathrm{d}x \geqslant \int_0^{\frac{\pi}{2}} \sin^2 x \mathrm{d}x$;

(3) $\int_1^2 x^2 \mathrm{d}x \leqslant \int_1^2 x^3 \mathrm{d}x$;　　(4) $\int_1^e \ln x \mathrm{d}x \geqslant \int_1^e \ln^2 x \mathrm{d}x$;

(5) $\int_0^1 x \mathrm{d}x \geqslant \int_0^1 \ln(x+1)\mathrm{d}x$;　　(6) $\int_0^1 (e^x - 1)\mathrm{d}x \geqslant \int_0^1 x \mathrm{d}x$.

2. (1) $4 \leqslant \int_1^2 (x^3 + 2x^2 + 1)\mathrm{d}x \leqslant 17$;　　(2) $\ln 2 \leqslant \int_1^2 \ln(x+1)\mathrm{d}x \leqslant \ln 3$;

(3) $4e^{-4} \leqslant \int_{-2}^2 e^{-x^2}\mathrm{d}x \leqslant 4e^4$;　　(4) $\frac{\sqrt{3}\pi}{9} \leqslant \int_{\frac{1}{\sqrt{3}}}^{\sqrt{3}} \arctan x \mathrm{d}x \leqslant \frac{2\sqrt{3}\pi}{9}$.

习题 3.6

1. (1) $2\sqrt{2} - 2$;　　(2) $\frac{9}{4}\sqrt[3]{3} - \frac{3}{2}\sqrt[3]{2} + \ln\frac{2}{3}$;　　(3) $\frac{1}{2}e^2 - \frac{1}{2}$;　　(4) $-\frac{\pi}{6}$;

(5) $\frac{\pi}{6}$;　(6) $\frac{1}{2}$;　(7) $\frac{9}{2}$;　(8) 3 ;　(9) $\frac{\pi}{3}$;　(10) $\frac{2\sqrt{3}}{3} - \frac{\pi}{6}$;

(11) $2\sqrt{2} - 2$;　(12) $\frac{1}{2}\ln\frac{7}{3}$.

2. (1) xe^x ;　(2) $\sqrt{1+x^2}$;　(3) $-\ln(1+x)$;　(4) $6x^3 + 4x$;

(5) $\frac{2x}{\sqrt{1+x^2}} - \frac{2}{\sqrt{1+2x}}$;　(6) $xe^x + e^x - 1$.

3. (1) $\frac{1}{3}$;　(2) 0 ;　(3) $\frac{1}{2}$;　(4) e^{-1} .

4. $e - 1$.

5. $F(x) = \begin{cases} 0 & x < a \\ \dfrac{x-a}{b-a} & a \leqslant x \leqslant b \\ 1 & x > b \end{cases}$.

习题 3.7

1. (1) $2 - 4\ln 2 + 2\ln 3$;　(2) $2\sqrt{3} - \frac{4\sqrt{2}}{3}$;　(3) $\frac{\pi}{2}$;　(4) $2\ln(\sqrt{2}+1) - \ln 3$;

(5) 1 ;　(6) $\ln(\sqrt{2}+1)$;　(7) 1 ;　(8) $\frac{1+e^2}{4}$;　(9) -2π ;　(10) $8\ln 2 - 4$;

(11) $8\ln 2 - 3\ln 3 - 1$;　(12) $-2\sqrt{\pi}\cos\sqrt{\pi} + 2\sin\sqrt{\pi}$;　(13) $-\frac{1}{2} + \frac{1}{2}e^{\frac{\pi}{2}}$;

(14) $\frac{\pi}{4} - \frac{1}{2}$;　(15) $2 - \frac{2}{e}$.

2. (1) 0 ;　(2) 0 ;　(3) $\frac{\pi^3}{324}$;　(4) $\frac{\pi}{2}$.

3. (1) $\dfrac{8}{15}$； (2) $\dfrac{5\pi}{32}$； (3) $\dfrac{512}{693}$．

习题 3.8

1. (1) 收敛，1； (2) 发散； (3) 收敛，$\dfrac{1}{2}$； (4) 发散； (5) 收敛，1； (6) 发散；

   (7) 收敛，1； (8) 收敛，$\dfrac{8}{3}$； (9) 发散．

2. (1) 120； (2) $\dfrac{\sqrt{\pi}}{2}$； (3) $\dfrac{1}{2}$．

3. (1) 30； (2) $\dfrac{35\sqrt{\pi}}{32}$．

习题 3.9

1. (1) $\dfrac{1}{6}$； (2) 1； (3) $\dfrac{32}{3}$； (4) $4\ln 2-2$； (5) $e^{2}+e^{-2}-2$； (6) $\dfrac{4}{3}$；

   (7) $\dfrac{16}{3}\sqrt{2}$； (8) $\dfrac{5}{4}-2\ln 3+2\ln 2$．

2. (1) 绕 x 轴：$\dfrac{32\pi}{5}$；绕 y 轴：8π (2) 绕 x 轴：$\dfrac{768\pi}{7}$；绕 y 轴：$\dfrac{96\pi}{5}$．

   (3) 绕 x 轴：$\dfrac{\pi}{10}$；绕 y 轴：$\dfrac{\pi}{10}$ (4) 绕 x 轴：$\dfrac{\pi^{2}}{2}$；绕 y 轴：$\pi^{2}-2\pi$．

3. $\dfrac{2}{3}x^{3}-\dfrac{3}{2}x^{2}+26x+90$．

4. $TR(40)=2\,400(元)$；$\Delta TR=100(元)$．

5. 毛利：60；纯利 50．

6. 产量为 300 吨时平均成本最低．

7. $\Delta W=300(元)$．

8. (1) 总成本函数：$0.2x^{3}-x^{2}+10x+10$，总利润函数：$-0.2x^{3}-3x^{2}+120x-10$；

   (2) 80.8 万元；   (3) 10 万台，690 万元．

9. 约 196.8 万元；约 4.46 年．

10. 133.3．

复习题

(A)组

1. (1) $f(t)\cos t$； (2) $\sin x+C$； (3) $\dfrac{1}{a}F(ax+b)+C$； (4) $\dfrac{1}{2}e^{2x}\left(或\dfrac{1}{2}e^{2x}+C\right)$；

   (5) 0； (6) $a^{2}f(a)$； (7) >1； (8) 2π；

2. (1) A； (2) D； (3) B； (4) D； (5) C； (6) A．

3. (1) $\dfrac{(5e^2)^x}{\ln 5+2}+C$;

(2) $\dfrac{2}{5}x^{\frac{5}{2}}+\dfrac{4}{3}x^{\frac{3}{2}}+2\sqrt{x}+C$;

(3) $\dfrac{1}{4}(1-2x)^{-2}+C$;

(4) $\dfrac{1}{6}\arctan\dfrac{3}{2}x+C$;

(5) $-\sqrt{1-2x}+3\ln(3+\sqrt{1-2x})+C$;

(6) $\dfrac{2}{5}(3-x)^{\frac{5}{2}}-2(3-x)^{\frac{3}{2}}+C$;

(7) $e^x+x\ln x-x+C$;

(8) $x\tan x+\ln|\cos x|+C$;

(9) $-\dfrac{\ln^2 x+2\ln x+2}{x}+C$;

(10) $\sin x-\dfrac{1}{3}\sin^3 x+C$;

4. (1) $\dfrac{\pi}{4}-\dfrac{2}{3}$; (2) $\dfrac{1}{2}(\ln 3-\ln 2)$; (3) $\dfrac{\pi}{2}$; (4) $1-e^{-\frac{1}{2}}$; (5) $\dfrac{32}{3}$;

(6) $2(1+\ln 2)$; (7) $\dfrac{\pi}{16}a^4$; (8) 5 ; (9) $2\ln 2-\dfrac{3}{4}$; (10) $\dfrac{1}{e+1}+\ln(e+1)-1$.

5. $y=\dfrac{1}{2}\left[x^2\ln(1+x^2)+\ln(1+x^2)-x^2\right]+1$.

6. $\dfrac{8}{3}$.

7. $\dfrac{2}{3}$.

8. 最大值为 0 ,最小值为 $-\dfrac{32}{3}$.

9. $\dfrac{9}{4}$.

10. $\dfrac{7}{6}$.

11. $\dfrac{512}{15}\pi$.

12. $\dfrac{2}{5}\pi$.

13. 268(元).

14. (1) 总成本函数 $TC(x)=0.1x^3-0.5x^2+15.2x+15$,总收益函数 $TR(x)=158x-3.5x^2$,

总利润函数 $\pi(x)=-0.1x^3-3x^2+142.8x-15$;

(2) 14(百台),1 121.8(万元); (3) -29.6 (万元).

(B)组

1. A. 2. D. 3. B. 4. -1 . 5. $\dfrac{1}{2}$. 6. $\dfrac{\pi^2}{4}$. 7. $\dfrac{4\pi}{3}$. 8. 4ln2. 9. ln2.

10. $\dfrac{3}{2}-\ln 2$. 11. $\dfrac{1}{2}$.

12. $x\ln\left(1+\sqrt{\dfrac{1+x}{x}}\right)+\dfrac{1}{2}\ln(\sqrt{1+x}+\sqrt{x})-\dfrac{1}{2}\ln(\sqrt{1+x}-\sqrt{x})+C$.

13. $2\sqrt{x}\arcsin\sqrt{x}+2\sqrt{x}\ln x+2\sqrt{1-x}-4\sqrt{x}+C$.

14. (1) $\int_0^1 |\ln t|[\ln(1+t)]^n dt < \int_0^1 t^n |\ln t| \, dt \ (n = 1, 2, \cdots)$；   (2) 0.

15. $7\sqrt{7}$.   16. 略.

第 4 章

习题 4.1

1. 略.

2. 点 M 到 xOy 面、yOz 面、zOx 面的距离依次为：4，3，1；到 x 轴、y 轴与 z 轴的距离依次为：
$\sqrt{17}, 5, \sqrt{10}$.

3. $6x - 2y - 2z = 15$.

4. $(x-3)^2 + (y-2)^2 + (z+1)^2 = 14$.

5. (1) 直线；平面；   (2) 椭圆；椭圆柱面；
   (3) 双曲线；双曲柱面；   (4) 直线；平面.

6. 略.

7. (1) $y - z + 1 = 0$；
   (2) $11x - 3y - z - 9 = 0$；
   (3) $x - 3 = 0$；
   (4) $y + 2z = 0$.

8. (1) 椭球面；   (2) 旋转抛物面；
   (3) 旋转单叶双曲面； (4) 双曲抛物面（马鞍面）；
   (5) 椭圆锥面；   (6) 抛物柱面.

9. 略.

习题 4.2

1. (1) $D = \{(x,y) \mid 4x^2 + y^2 \geqslant 1\}$；   (2) $D = \{(x,y) \mid y^2 - 2x > 0\}$；
   (3) $D = \{(x,y) \mid 4x - y^2 \geqslant 0, 0 < x^2 + y^2 < 1\}$； (4) $D = \{(x,y) \mid |x| \leqslant |y|, y \neq 0\}$.
   图形略.

2. 略.

3. (1) $\ln 2$； (2) 1； (3) $-\dfrac{1}{6}$； (4) 0.

4. (1) 在 $x + y = 0$ 处间断；   (2) 在 $x^2 + y^2 \leqslant 4$ 内间断.

习题 4.3

1. (1) $z_x' = 2x - 2y, z_y' = -2x + 3y^2$；
   (2) $z_x' = \dfrac{y}{x^2 + y^2}, z_y' = -\dfrac{x}{x^2 + y^2}$；
   (3) $z_x' = \dfrac{1}{y} - \dfrac{y}{x^2}, z_y' = -\dfrac{x}{y^2} + \dfrac{1}{x}$；

(4) $u'_x = \dfrac{x^{z-1}z}{y^z}, u'_y = -\dfrac{x^z z}{y^{z+1}}, u'_z = \left(\dfrac{x}{y}\right)^z \ln\left(\dfrac{x}{y}\right)$;

(5) $z'_x = \sin y \cdot x^{\sin y - 1}, z'_y = x^{\sin y} \cdot \ln x \cdot \cos y$;

(6) $z'_x = \dfrac{y^2}{(x^2+y^2)^{3/2}}, z'_y = -\dfrac{xy}{(x^2+y^2)^{3/2}}$;

(7) $z'_x = -\dfrac{2y}{x^2}\csc\dfrac{2y}{x}, z'_y = \dfrac{2}{x}\csc\dfrac{2y}{x}$;

(8) $z'_x = y^2(2+xy)^{y-1}, z'_y = \left[\dfrac{xy}{2+xy} + \ln(2+xy)\right](2+xy)^y$;

(9) $f'_\rho = e^{\theta\omega} - e^{-\rho}, f'_\theta = \rho\omega e^{\theta\omega}, f'_\omega = \rho\theta e^{\theta\omega} + 1$.

2. 略

3. 不存在.

4. $\dfrac{\pi}{4}$.

5. (1) $Q = 5\,000$;(2) $\dfrac{80}{3}, \dfrac{625}{24}$.

6. (1) $\dfrac{\partial^2 z}{\partial x^2} = 2ye^y, \dfrac{\partial^2 z}{\partial x\partial y} = 2x(1+y)e^y, \dfrac{\partial^2 z}{\partial y^2} = (2+y)x^2 e^y$;

(2) $\dfrac{\partial^2 z}{\partial x^2} = 2y(2y-1)x^{2y-2}, \dfrac{\partial^2 z}{\partial x\partial y} = 2(1+4y\ln x)x^{2y-1}, \dfrac{\partial^2 z}{\partial y^2} = 4x^{2y}\ln^2 x$;

(3) $\dfrac{\partial^2 z}{\partial x^2} = -\dfrac{1}{y}(2\sin x^2 + 4x^2\cos x^2), \dfrac{\partial^2 z}{\partial x\partial y} = \dfrac{2x\sin x^2}{y^2}, \dfrac{\partial^2 z}{\partial y^2} = \dfrac{2\cos x^2}{y^3}$.

7. $\dfrac{\partial^3 z}{\partial x^2\partial y} = 0, \dfrac{\partial^3 z}{\partial x\partial y^2} = -\dfrac{1}{y^2}$.

8. $E_{AA} = -1, E_{BB} = -1, E_{AB} = 1, E_{BA} = 2$. 两种商品互为替代品.

9. $E_{AA} = -\alpha, E_{AB} = -\beta, E_y = \gamma$;A 商品为 B 商品的互补品;当 $\alpha > 1$ 时,A 商品为奢侈品,当 $\alpha < 1$ 时,A 商品为必需品.

习题 4.4

1. (1) $dz = \left(2xy + \dfrac{y}{x}\right)dx + (x^2 + \ln x)dy$; (2) $dz = ye^{xy}dx + xe^{xy}dy$;

(3) $du = yz(xy)^{z-1}dx + xz(xy)^{z-1}dy + (xy)^z\ln(xy)dz$.

2. $dz|_{(2,1)} = \dfrac{4}{5}dx + \dfrac{2}{5}dy$.

3. $\Delta z|_{(1,2)} = 0.1, dz|_{(1,2)} = 0.1$.

4. (1)1.02; (2)1.403.

5. 矩形的对角线减少的近似值为 0.018m,面积减少的近似值 0.06m².

习题 4.5

1. (1) $\dfrac{dz}{dt} = -\dfrac{1}{e^t} - 2e^t$; (2) $\dfrac{dz}{dx} = \dfrac{1+\ln x}{1+x^2(\ln x)^2}$; (3) $\dfrac{dz}{dx} = \dfrac{e^x + 3x^2 e^{x^3}}{e^x + e^{x^3}}$.

2. (1) $\dfrac{\partial z}{\partial x} = -\dfrac{2y^2}{x^3}\ln(3x-2y) + \dfrac{3y^2}{(3x-2y)x^2}, \dfrac{\partial z}{\partial y} = \dfrac{2y}{x^2}\ln(3x-2y) - \dfrac{2y^2}{(3x-2y)x^2}$;

(2) $\dfrac{\partial u}{\partial x} = y - \ln y$, $\dfrac{\partial u}{\partial y} = x + 2y - \dfrac{x}{y}$;

(3) $\dfrac{\partial z}{\partial x} = \mathrm{e}^{(x^2+y^2)(\frac{3y}{x}-\frac{2x}{y})} \left(y - \dfrac{6x^2}{y} - \dfrac{3y^3}{x^2} \right)$, $\dfrac{\partial z}{\partial y} = \mathrm{e}^{(x^2+y^2)(\frac{3y}{x}-\frac{2x}{y})} \left(\dfrac{9y^2}{x} + x + \dfrac{2x^3}{y^2} \right)$;

(4) $\dfrac{\partial z}{\partial x} = 2y\ln x + y\ln^2 x + \dfrac{1-\ln x}{x^2 y}$, $\dfrac{\partial z}{\partial y} = x(\ln x)^2 - \dfrac{\ln x}{xy^2}$;

(5) $\dfrac{\partial z}{\partial x} = (x+y)^{xy} \left[y\ln(x+y) + \dfrac{xy}{x+y} \right]$, $\dfrac{\partial z}{\partial y} = (x+y)^{xy} \left[x\ln(x+y) + \dfrac{xy}{x+y} \right]$.

3. (1) $\dfrac{\partial u}{\partial x} = 2xf_1' + yf_2'$, $\dfrac{\partial u}{\partial y} = -2yf_1' + xf_2'$,

$\dfrac{\partial^2 u}{\partial x^2} = 2f_1' + 4x^2 f_{11}'' + 4xy f_{12}'' + y^2 f_{22}''$,

$\dfrac{\partial^2 u}{\partial y^2} = -2f_1' + 4y^2 f_{11}'' - 4xy f_{12}'' + x^2 f_{22}''$,

$\dfrac{\partial^2 u}{\partial x \partial y} = f_2' - 4xy f_{11}'' + (2x^2 - 2y^2) f_{12}'' + xy f_{22}''$;

(2) $\dfrac{\partial u}{\partial x} = f_1' + \dfrac{1}{y} f_2'$, $\dfrac{\partial u}{\partial y} = -\dfrac{x}{y^2} f_2'$,

$\dfrac{\partial^2 u}{\partial x^2} = f_{11}'' + \dfrac{2}{y} f_{12}'' + \dfrac{1}{y^2} f_{22}''$, $\dfrac{\partial^2 u}{\partial y^2} = \dfrac{2x}{y^3} f_2' + \dfrac{x^2}{y^4} f_{22}''$,

$\dfrac{\partial^2 u}{\partial x \partial y} = -\dfrac{1}{y^2} f_2' - \dfrac{x}{y^2} f_{12}'' - \dfrac{x}{y^3} f_{22}''$.

4. (1) $\dfrac{\mathrm{d}y}{\mathrm{d}x} = -\dfrac{x+y}{x+5y}$; (2) $\dfrac{\mathrm{d}y}{\mathrm{d}x} = \dfrac{2x+y}{x-2y}$; (3) $\dfrac{\mathrm{d}y}{\mathrm{d}x} = \dfrac{x^y y^2 - y}{x - x^{y+1} y \ln x}$.

5. (1) $\dfrac{\partial z}{\partial x} = \dfrac{1-2yz}{2xy-1}$, $\dfrac{\partial z}{\partial y} = \dfrac{2-2xz}{2xy-1}$;

(2) $\dfrac{\partial z}{\partial x} = \dfrac{z}{x+yz^2 \mathrm{e}^{yz}}$, $\dfrac{\partial z}{\partial y} = -\dfrac{z^3 \mathrm{e}^{yz}}{x+z^2 y \mathrm{e}^{yz}}$;

(3) $\dfrac{\partial z}{\partial x} = \dfrac{z}{z^2-x}$, $\dfrac{\partial z}{\partial y} = \dfrac{2y}{3x-3z^2}$;

6. $\dfrac{\partial^2 z}{\partial x \partial y} = \dfrac{z\mathrm{e}^{2z} - xyz^2 \mathrm{e}^z - x^2 y^2 z}{(\mathrm{e}^z - xy)^3}$.

7. 略.

8. x .

9. $\mathrm{d}z = (yx^{y-1} + 6x^2 y^2)\mathrm{d}x + (x^y \ln x + 4x^3 y)\mathrm{d}y$, $z_x' = yx^{y-1} + 6x^2 y^2$, $z_y' = x^y \ln x + 4x^3 y$.

习题 4.6

1. (1) 极大值为 $f(2,-2) = 8$;

(2) 极小值为 $f\left(\dfrac{1}{2}, -1\right) = -\dfrac{1}{2}\mathrm{e}$;

(3) 极小值为 $f(1,1) = -1$;

(4) 极大值为 $f(0,-1) = 15$, 极小值为 $f(2,2) = -16$.

2. 最小值为 -1，最大值为 6.

3. 最小值为 $-\dfrac{2\sqrt{3}}{9}$，最大值为 $\dfrac{2\sqrt{3}}{9}$.

4. 甲、乙产量分别为 4 千件和 2 千件时利润最大，且最大利润为 102 万元.

5. 长、宽分别为 8m、10m 时，所用材料费最少.

6. A、B 的数量分别为 100、25 时，生产数量最多.

7. 劳动力数为 225，原料量为 37.5，产量最大.

习题 4.7

1. (1) $\displaystyle\iint\limits_{D} xy^3 \mathrm{d}\sigma > \iint\limits_{D} (xy^3)^2 \mathrm{d}\sigma$;   (2) $\displaystyle\iint\limits_{D} (x+y)^2 \mathrm{d}\sigma > \iint\limits_{D} (x+y)^3 \mathrm{d}\sigma$.

2. (1) $[0,16]$;   (2) $\left[\dfrac{1}{2}\mathrm{e}^{-1}, \dfrac{1}{2}\right]$;   (3) $[4\pi, 4\mathrm{e}^4\pi]$;   (4) $[0, 2\pi]$.

习题 4.8

1. (1) 1;   (2) $\dfrac{3}{2}-\ln 2$;   (3) 1;   (4) $\dfrac{\pi}{4}$.

2. (1) $\dfrac{8}{3}$;   (2) $\mathrm{e}^2+\mathrm{e}^{-2}-2$;   (3) $\dfrac{1}{15}$;   (4) $\dfrac{19}{6}$;

 (5) $\dfrac{9}{4}$;   (6) $\dfrac{6}{55}$;   (7) $\dfrac{1}{2}\mathrm{e}^4 - 2\mathrm{e}$;   (8) $\dfrac{1}{2}-\dfrac{1}{2}\mathrm{e}^{-1}$;

 (9) $\dfrac{1}{2}-\dfrac{\cos 2}{2}$;   (10) $\dfrac{1}{6}$.

3. (1) $\displaystyle\int_0^2 \mathrm{d}y \int_{\frac{y}{2}}^{y} f(x,y)\mathrm{d}x + \int_2^4 \mathrm{d}y \int_{\frac{y}{2}}^{2} f(x,y)\mathrm{d}x$;

 (2) $\displaystyle\int_0^1 \mathrm{d}y \int_{\mathrm{e}^y}^{\mathrm{e}} f(x,y)\mathrm{d}x$;

 (3) $\displaystyle\int_0^1 \mathrm{d}x \int_{1-x^2}^{1} f(x,y)\mathrm{d}y + \int_1^{\mathrm{e}} \mathrm{d}x \int_{\ln x}^{1} f(x,y)\mathrm{d}y$;

 (4) $\displaystyle\int_0^1 \mathrm{d}x \int_{2-x}^{2} f(x,y)\mathrm{d}y + \int_1^2 \mathrm{d}x \int_{\sqrt{x}}^{2} f(x,y)\mathrm{d}y$;

 (5) $\displaystyle\int_0^1 \mathrm{d}y \int_{y}^{2-y} f(x,y)\mathrm{d}x$;

 (6) $\displaystyle\int_{-2}^1 \mathrm{d}x \int_{x^2}^{2-x} f(x,y)\mathrm{d}y$.

4. $\dfrac{5}{6}$.

5. $\dfrac{16}{3}$.

6. $\dfrac{400\,000}{\pi} \approx 127\,324 (\text{m}^3)$.

7. $14\,080$ 万元.

习题 4.9

1. (1) $\displaystyle\int_{-\frac{\pi}{2}}^{\frac{\pi}{2}} \mathrm{d}\theta \int_0^2 f(r\cos\theta, r\sin\theta) r\mathrm{d}r$;   (2) $\displaystyle\int_0^{\pi} \mathrm{d}\theta \int_0^{2\sin\theta} f(r\cos\theta, r\sin\theta) r\mathrm{d}r$;

(3) $\int_{-\frac{\pi}{2}}^{\frac{\pi}{2}}\mathrm{d}\theta\int_{1}^{2}f(r\cos\theta,r\sin\theta)r\mathrm{d}r$; (4) $\int_{0}^{\frac{\pi}{4}}\mathrm{d}\theta\int_{0}^{\sec\theta}f(r\cos\theta,r\sin\theta)r\mathrm{d}r$.

2. (1) $\int_{0}^{\frac{\pi}{2}}\mathrm{d}\theta\int_{0}^{1}f(r\cos\theta,r\sin\theta)r\mathrm{d}r$; (2) $\int_{0}^{\frac{\pi}{2}}\mathrm{d}\theta\int_{\frac{1}{\sin\theta+\cos\theta}}^{1}f(r\cos\theta,r\sin\theta)r\mathrm{d}r$.

3. (1) $\pi(\mathrm{e}^4-1)$; (2) $\frac{3\pi}{4}$; (3) $\left(\frac{5\ln5}{4}-1\right)\pi$; (4) $\frac{3\pi^2}{16}$.

4. (1) $\frac{27}{64}$; (2) $\frac{32}{9}$; (3) 5 ; (4) $2\ln2$.

5. (1) $\frac{1}{2}$; (2) $\frac{\pi}{2}$.

6. 20π .

复习题

(A)组

1. (1)必要; (2)充分; (3)必要; (4)充分; (5)在 D 内相等;
   (6) $f'_x(x_0,y_0)=0, f'_y(x_0,y_0)=0$.

2. (1)A; (2)D; (3)A; (4)B; (5)C; (6)A.

3. (1) $x^2-1>0$ 且 $y^2>2x$; (2) $x\geqslant\sqrt{y}$ 且 $y\geqslant0$.

4. (1) $\frac{\partial z}{\partial x}=3x^2-3y$, $\frac{\partial z}{\partial y}=3y^2-3x$, $\frac{\partial^2 z}{\partial x^2}=6x$;

(2) $\frac{\partial z}{\partial x}=\frac{2y}{(x+y)^2}, \frac{\partial z}{\partial y}=\frac{-2x}{(x+y)^2}$;

(3) $\frac{\partial z}{\partial x}=\mathrm{e}^x\sin y+x\mathrm{e}^x\sin y, \frac{\partial z}{\partial y}=x\mathrm{e}^x\cos y, \frac{\partial^2 z}{\partial x\partial y}=\mathrm{e}^x\cos y+x\mathrm{e}^x\cos y$;

(4) $\frac{\partial z}{\partial x}=2x\left[\arctan(x^2 y\mathrm{e}^x)+\frac{x^2 y\mathrm{e}^x}{1+x^4 y^2 \mathrm{e}^{2x}}\right]+\frac{x^4 y\mathrm{e}^x}{1+x^4 y^2 \mathrm{e}^{2x}}, \frac{\partial z}{\partial y}=\frac{x^4 \mathrm{e}^x}{1+x^4 y^2 \mathrm{e}^{2x}}$;

(5) $\frac{\mathrm{d}u}{\mathrm{d}t}=\frac{1}{2\sqrt{t}\cos 2t}-\frac{2\sqrt{t}\sin 2t}{\cos^2 2t}-2\mathrm{e}^{3t}\sin 2t+3\mathrm{e}^{3t}\cos 2t$;

(6) $\frac{\partial z}{\partial x}=2\mathrm{e}^{x^2+y^2+x^4\sin^2 y}(x+2x^3\sin^2 y), \frac{\partial z}{\partial y}=2\mathrm{e}^{x^2+y^2+x^4\sin^2 y}(y+x^4\sin y\cos y)$;

(7) $\frac{\partial z}{\partial x}=(x+2y)^{x+2y}[\ln(x+2y)+1], \frac{\partial z}{\partial y}=2(x+2y)^{x+2y}[\ln(x+2y)+1]$;

(8) $\frac{\partial z}{\partial x}=yf'_1+2xf'_2, \frac{\partial z}{\partial y}=xf'_1+2yf'_2$;

(9) $\frac{\partial u}{\partial x}=f'_1+yf'_2+yzf'_3, \frac{\partial u}{\partial y}=yf'_2+xzf'_3, \frac{\partial u}{\partial z}=xyf'_3$;

(10) $\frac{\partial z}{\partial x}=2xyf+x^2 y(2xf'_1+yf'_2), \frac{\partial z}{\partial y}=x^2 f+x^2 y(xf'_2-2yf'_1)$;

(11) $\frac{\partial^2 z}{\partial x^2}=f''_{11}-\frac{2y}{x^2}f''_{12}+\frac{y^2}{x^4}f''_{22}+\frac{2y}{x^3}f'_2, \frac{\partial^2 z}{\partial y^2}=\frac{1}{x^2}f''_{22}$;

(12) $\dfrac{\partial^2 z}{\partial x \partial y} = 4y f''_{12} - \dfrac{2y^3}{x^2} f''_{22}$.

5. (1) $\dfrac{\partial z}{\partial x} = \dfrac{z}{x+z}, \dfrac{\partial z}{\partial y} = \dfrac{z^2}{(x+z)y}, \dfrac{\partial^2 z}{\partial x \partial y} = \dfrac{xz^2}{y(x+z)^3}$；　　(2) $\dfrac{1}{5}, -\dfrac{1}{5}$.

6. (1) $-\dfrac{y}{x^2+y^2} \mathrm{d}x + \dfrac{x}{x^2+y^2} \mathrm{d}y$；　(2) $\dfrac{y^2-x^2}{(x^2+y^2)^2} \mathrm{d}x - \dfrac{2xy}{(x^2+y^2)^2} \mathrm{d}y$；

　(3) $\dfrac{x+1}{z+1} \mathrm{e}^{x-z} \mathrm{d}x - \dfrac{y+1}{z+1} \mathrm{e}^{y-z} \mathrm{d}y$.

7. 极大值 $f(3,-2) = 50$.

8. 最大值为 1，最小值为 0.

9. 两种产品各生产 4 千件时，利润最大，最大利润为 20 万元.

10. $\left(\dfrac{21}{13}, 2, \dfrac{63}{26} \right)$.

11. (1) $\dfrac{15}{4} - \ln 2$；　　　(2) $\dfrac{1}{2}$；　　　(3) $1 - \sin 1$；　　　(4) $\dfrac{3}{2}\pi$.

　(5) $\dfrac{\pi^2}{16} - \dfrac{\pi}{8} + \dfrac{1}{4}\ln 2$；　(6) $\sqrt{3} - \dfrac{\pi}{3}$.

12. (1) $\displaystyle\int_0^{\frac{\pi}{2}} \mathrm{d}x \int_{\frac{2}{\pi}x^2}^{x} \dfrac{\sin x}{x} \mathrm{d}y$；　(2) $\displaystyle\int_{\frac{1}{2}}^{1} \mathrm{d}x \int_{x^2}^{x} \mathrm{e}^{\frac{y}{x}} \mathrm{d}y$.

13. (1) $\dfrac{\sqrt{3}}{4} + \dfrac{\pi}{6}$；　(2) $4 - \ln 3$.

14. (1) $\dfrac{5}{2}\pi$；　　　(2) $\dfrac{\pi}{48}$.

(B)组

1. B.　2. B.　3. $2\ln 2 + 1$.　4. $2 - 2\ln 2$.　5. $(1+2\ln 2)(\mathrm{d}x - \mathrm{d}y)$.　6. $2\mathrm{d}x - \mathrm{d}y$.

7. $-\dfrac{1}{\mathrm{e}}$.　8. $-\dfrac{8}{3}$.　9. $f''_{11}(2,2) + f'(2,2) \cdot f''_{12}(1,1)$.　10. $\dfrac{1}{2}$.　11. $\dfrac{416}{3}$.

12. $-\dfrac{3}{4}$.　13. $\dfrac{1}{2}(\mathrm{e}-1)$.　14. $\dfrac{14}{15}$.　15. $5\sqrt{5}, -5\sqrt{5}$.

16. (1) $\dfrac{x^2}{4} + 20x + \dfrac{y^2}{2} + 6y + 10\,000$；

　(2) 甲产品 24 件，乙产品 26 件，最小成本 $C(24,26) = 11\,118$（元）；

　(3) $C'_x(24,26) = 32$（万元），表示甲产品的产量为 24 件时，再生产 1 件，将增加 32 万元的成本.

第5章

习题 5.1

1. (1) 一阶，非线性微分方程；　　　　(2) 二阶，线性微分方程；

　(3) 三阶，线性微分方程；　　　　(4) 一阶，线性微分方程.

2. (1) $y'^2 + y^2 = 1$；　　　　　　(2) $(1-x^2)y' + xy = 0$.

3. (1) 是；　(2) 是；　(3) 是；　(4) 不是.

4. $y = (3 + 5x)e^{-x}$.

5. $y = \dfrac{1}{3}(x^3 + 7)$.

习题 5.2

1. (1) $y = \ln\left(\dfrac{1}{2}e^{2x} + C\right)$;   (2) $y = -\dfrac{1}{3}x^3 + \dfrac{5}{6}x^2 + C$;

(3) $y = \sin\left(\dfrac{1}{2}x^2 + C\right)$;   (4) $e^y \ln|C(x+1)| = -1$;

(5) $y = C\sin x - 1$;   (6) $(1-x^2)(y^2-1) = C$;

(7) $Cy^3 = (y-x)^2$;   (8) $x^2 + y^2 = Cx^4$;

(9) $\ln\dfrac{y}{x} = Cx + 1$;   (10) $x + 2ye^{\frac{x}{y}} = C$;

(11) $y = e^{-x}(x + C)$;   (12) $y = Cx + x^3$;

(13) $y = \dfrac{\sin x + C}{x^2 - 1}$;   (14) $x = \dfrac{C}{y} + \dfrac{1}{3}y^2$;

(15) $y = e^{-\sin x}(x + C)$;   (16) $y = \dfrac{C}{x} - \dfrac{\cos x}{x}$.

2. (1) $2x^3 + 3x^2 = 2y^3 + 3y^2$;

(2) $y^2 = 2x^2(\ln|x| + 2)$;

(3) $y = -\dfrac{2}{3}e^{-\frac{3}{2}x^2} + \dfrac{8}{3}$.

3. $y = 2(e^x - x - 1)$.

4. $Q = 1200 \cdot 3^{-P}$.

5. $TC(x) = \sqrt{x^2 + 8x} + 1$.

6. (1) $y(t) = \dfrac{1000 \cdot 3^{\frac{t}{3}-2}}{1 + 3^{\frac{t}{3}-2}}$;   (2)500.

习题 5.3

1. (1) $y = C_1 e^x + C_2 e^{-2x}$;   (2) $y = (C_1 + C_2 x)e^{\frac{1}{3}x}$;

(3) $y = e^{-2x}(C_1\cos x + C_2\sin x)$;   (4) $y = C_1\cos 2x + C_2\sin 2x$;

(5) $y = \dfrac{4}{5}e^{3x} + \dfrac{1}{5}e^{-2x}$;   (6) $y = (1-3x)e^{5x}$;

(7) $y = \dfrac{1}{3}(1 - e^{-3x})$;   (8) $y = -\dfrac{1}{3}e^x\cos 3x$.

2. (1) $y = C_1 e^{\frac{1}{2}x} + C_2 e^{-x} + e^x$;

(2) $y = C_1 e^{3x} + C_2 e^{-x} - x + \dfrac{1}{3}$;

(3) $y = C_1 e^{-2x} + C_2 e^{-3x} + \left(\dfrac{3}{2}x^2 - 3x\right)e^{-2x}$;

(4) $y = (C_1 + C_2 x)e^{-3x} + \dfrac{1}{289}e^x(15\cos x + 8\sin x)$;

(5) $y = C_1\cos x + C_2\sin x + \left(\dfrac{1}{10}x - \dfrac{13}{50}\right)e^{3x}$;

(6) $y = C_1 e^x + C_2 e^{-x} - 2x + \dfrac{1}{2}xe^x$;

(7) $y = -5e^x + \dfrac{7}{2}e^{2x} + \dfrac{5}{2}$;

(8) $y = e^x(x^2 - x + 1) - e^{-x}$.

3. $P(t) = 8e^{-t} - 2e^{-3t} + 9$.

习题 5.4

1. (1) $\Delta^2 y_t = e^{3t+6} - 2e^{3t+3} + e^{3t}$;   (2) $\Delta^3 y_x = 6$;

   (3) $\Delta^4 y_t = 256 \times 5^t$;   (4) $\Delta^2 y_x = 12x^2 - 12x$.

2. (1) 二阶;   (2) 七阶.

3. (1) $y_t = C\left(\dfrac{2}{3}\right)^t$;   (2) $y_x = C(-1)^x$;

   (3) $y_t = 3\left(-\dfrac{2}{5}\right)^t$;   (4) $y_x = 2\left(\dfrac{3}{2}\right)^x$;

   (5) $y_t = C3^t - \dfrac{3}{2}t - \dfrac{7}{4}$;   (6) $y_x = C(-3)^x + \dfrac{1}{2}$;

   (7) $y_t = C + 3^t\left(\dfrac{1}{2}t - \dfrac{3}{4}\right)$;   (8) $y_t = C2^t + \dfrac{t}{4}(t-1)2^t$;

   (9) $y_t = \dfrac{161}{125}(-4)^t + \dfrac{2}{5}t^2 + \dfrac{1}{25}t - \dfrac{36}{125}$;   (10) $y_x = \dfrac{4}{3}(-1)^x + \dfrac{2}{3}^{x+1}2^x$.

4. $Y_t = C\beta^t + \dfrac{\alpha + I}{1-\beta}$, $C_t = C\beta^t + \dfrac{\alpha + \beta I}{1-\beta}$.

5. $S_{t+1} = 1.004 S_t + 500$; $S_{120} \approx 109\ 175$ (元).

6. $6\ 750$ 元.

复习题

(A) 组

1. (1) $y = \dfrac{1}{6}x^3 + C_1 x + C_2$;   (2) $y_t = C\left(-\dfrac{1}{2}\right)^t$;   (3) $y = Ce^{-\int p(x)dx} + f(x)$;

   (4) $Q = 1000e^{-Pt}$ (5) $y'' + y = 0$.

2. (1) C;   (2) A;   (3) D;   (4) B;   (5) A.

3. (1) $(e^y - 1)(e^x + 1) = C$;   (2) $y^2 = \dfrac{Cx}{x-2}$;

   (3) $\sin\dfrac{y}{x} = -\ln|x| + C$;   (4) $x = (C - e^y)y$;

   (5) $y = \dfrac{1}{x}\left(-\dfrac{1}{2}e^{-x^2} + C\right)$;   (6) $y = \left(\dfrac{1}{4}\sin 2x + \dfrac{1}{2}x + C\right)\dfrac{1}{\cos x}$;

(7) $y = C_1 e^{3x} + C_2 e^{4x}$;   (8) $y = C_1 e^{\frac{3}{2}x} + C_2 x e^{\frac{3}{2}x}$;

(9) $y = e^{-x} (C_1 \cos\sqrt{2}x + C_2 \sin\sqrt{2}x)$;

(10) $y = e^x (C_1 \cos\sqrt{2}x + C_2 \sin\sqrt{2}x) + \dfrac{1}{3}x^2 + \dfrac{1}{9}x + \dfrac{14}{27}$;

(11) $y = C_1 e^{-3x} + C_2 e^x + \dfrac{1}{5}e^{2x}$;   (12) $y = C_1 e^x + C_2 e^{2x} - \left(\dfrac{1}{2}x^2 + x\right)e^x$.

4. (1) $y_x = C2^x$;   (2) $y_t = C\left(-\dfrac{1}{3}\right)^t$;

(3) $y_x = C3^x + 1$;   (4) $y_x = C(-5)^x + \dfrac{1}{6}x^2 + \dfrac{1}{9}x - \dfrac{23}{108}$;

(5) $y_x = C(-1)^x + \left(-\dfrac{1}{2}x^2 + \dfrac{1}{2}x\right)(-1)^x$;   (6) $y_x = C(-2)^x + \left(\dfrac{1}{4}x - \dfrac{1}{8}\right)2^x$.

(B)组

1. A.

2. $e^{\frac{1}{2}x}(C_1 + C_2 x)$.

3. $R(P) = Pe^{\frac{1}{3}(P^3 - 1)}$.

4. $2y + \dfrac{1}{\sqrt{y}} - 3x = 0$.

5. (1) $f(x) = e^x$; (2) $(0, 0)$;

6. $f(t) = \dfrac{4}{(t-2)^2}$.

7. $f(u) = \dfrac{e^{2u}}{16} - \dfrac{e^{-2u}}{16} - \dfrac{u}{4}$.

第 6 章

习题 6.1

1. (1) $(-1)^{n-1}\dfrac{n+1}{n}$;   (2) $\dfrac{1}{2n+1}x^{2n-1}$;

(3) $\dfrac{2^n}{(2n-1)(2n+1)}$;   (4) $\dfrac{a^n}{2^n}$.

2. $u_1 = 1, u_2 = \dfrac{1}{3}, u_n = \dfrac{2}{n(n+1)}$.

3. (1)发散; (2)收敛, $\dfrac{1}{2}$; (3)收敛, $2 - a - a^{\frac{1}{2}}$; (4)收敛, $\dfrac{3}{2}$.

4. (1)收敛;   (2)发散;   (3)收敛;   (4)发散;   (5)发散;   (6)发散;

(7)收敛;   (8)发散;   (9)发散.

习题 6.2

1. (1)发散;   (2)收敛;   (3)收敛;   (4)收敛;   (5)收敛;   (6)发散.

(7)发散;   (8)发散;   (9) $a > 1$ 时,收敛; $0 < a \leqslant 1$ 时,发散.

2. (1)收敛;   (2)收敛;   (3)收敛;   (4)发散;   (5)收敛;   (6)收敛;

(7)收敛;   (8)收敛;   (9)发散;   (10)收敛;   (11)收敛;   (12)收敛.

3. (1)收敛;   (2)收敛;   (3)收敛;   (4)发散;   (5)收敛;   (6)收敛.

4. 提示:级数 $\sum\limits_{n=1}^{\infty} \dfrac{2^n n!}{n^n}$ 收敛.

5.(1)收敛;　　(2)发散;　　(3) 收敛;　　(4) 收敛.

习题 6.3

1.(1)发散;　　(2)绝对收敛;　　(3)绝对收敛;　　(4)条件收敛;　　(5)绝对收敛;

(6)条件收敛;　　(7) 条件收敛;　　(8)绝对收敛;　　(9)条件收敛.

2. 略.

习题 6.4

1. (1) $R = 1,(-1,1),[-1,1]$;　　　　　　　　(2) $R = 2,(-2,2),[-2,2)$;

(3) $R = \dfrac{1}{2},\left(-\dfrac{1}{2},\dfrac{1}{2}\right),\left[-\dfrac{1}{2},\dfrac{1}{2}\right]$;　　　(4) $R = 1,(-1,1),[-1,1]$;

(5) $R = 1,(-1,1),[-1,1)$;　　　　　　　　(6) $R = 5,(-5,5),(-5,5]$;

(7) $R = 1,(0,2),[0,2]$;　　　　　　　　　(8) $R = \dfrac{1}{2},(1,2),[1,2)$.

2. (1) $s(x) = \dfrac{1}{2}\ln\dfrac{1+x}{1-x}, x \in (-1,1)$;

(2) $s(x) = \begin{cases} -1 - \dfrac{1}{x}\ln(1-x), x \in [-1,0)\bigcup(0,1); \\ 0, x = 0 \end{cases}$

(3) $s(x) = \dfrac{2x}{(1-x^2)^2}, x \in (-1,1)$;

(4) $s(x) = \begin{cases} 1 + \left(\dfrac{1}{x} - 1\right)\ln(1-x), & x \in [-1,0)\bigcup(0,1) \\ 0, & x = 0 \\ 1, & x = 1 \end{cases}$

3. $s(x) = -x\ln(1-x), x \in [-1,1); \dfrac{1}{2}\ln 2$.

习题 6.5

1. (1) $\sum\limits_{n=0}^{\infty} \dfrac{(-1)^n}{n!}x^n, x \in (-\infty, +\infty)$;

(2) $-\sum\limits_{n=0}^{\infty} \dfrac{x^{n+1}}{n+1}, x \in [-1,1)$;

(3) $\ln 3 + \sum\limits_{n=0}^{\infty} (-1)^n \dfrac{1}{n+1}\left(\dfrac{x}{3}\right)^{n+1}, x \in (-3,3]$;

(4) $\sum\limits_{n=0}^{\infty} \dfrac{\ln^n a}{n!}x^n, x \in (-\infty, +\infty)$;

(5) $\dfrac{1}{2} + \dfrac{1}{2}\sum\limits_{n=0}^{\infty} \dfrac{(-1)^{n-1}}{(2n-2)!}(2x)^{2n-2}, x \in (-\infty, +\infty)$;

(6) $\dfrac{1}{4}\sum\limits_{n=0}^{\infty}\left[(-1)^n - \left(\dfrac{1}{3}\right)^n\right]x^n, x(-1,1)$.

2. $\displaystyle\sum_{n=0}^{\infty}(-1)^n(x-1)^n, x\in(0,2)$.

3. $\displaystyle\frac{1}{4}\sum_{n=0}^{\infty}(-1)^n\left(1+\frac{1}{5^{n+1}}\right)(x-2)^n, x\in(1,3)$.

4. (1) $\displaystyle e\sum_{n=0}^{\infty}\frac{(x-1)^n}{n!}, x\in(-\infty,+\infty)$.

(2) $\displaystyle\ln 3+\sum_{n=0}^{\infty}(-1)^n\frac{(x-2)^{n+1}}{(n+1)3^{n+1}}, x\in(-1,5]$.

复习题

(A)组

1. (1)收敛, 2; (2)收敛; (3)必要; (4)发散; (5)必要; (6)1.

2. (1)D; (2)B; (3)C; (4)D; (5)A.

3. (1)收敛; (2)发散; (3)收敛; (4)发散;

(5) $p>0$ 时收敛; $p\leqslant 0$ 时发散; (6) $a>1$ 时收敛; $a\leqslant 1$ 时发散.

4. (1)绝对收敛; (2)条件收敛; (3)发散; (4)绝对收敛.

5. (1) $(-1,1], s(x)=-\ln(1+x), x\in(-1,1]$;

(2) $(-1,3), s(x)=\dfrac{2}{3-x}, x\in(-1,3)$;

(3) $(-1,1), s(x)=\dfrac{1}{(1-x)^2}, x\in(-1,1)$;

(4) $(-1,1), s(x)=-x-\dfrac{1}{2}\ln(1-x)+\dfrac{1}{2}\ln(1+x), x\in(-1,1)$.

6. (1) $\displaystyle\sum_{n=0}^{\infty}\frac{x^{2n}}{(2n)!}, x\in(-\infty,+\infty)$ (2) $\displaystyle\sum_{n=0}^{\infty}\frac{x^n\ln^n 2}{n!}, x\in(-\infty,+\infty)$;

(3) $\displaystyle\ln 3+\sum_{n=0}^{\infty}\frac{(-1)^n x^{n+1}}{3^{n+1}(n+1)}-\sum_{n=0}^{\infty}\frac{x^{n+1}}{n+1}, x\in[-1,1)$;

(4) $\displaystyle\sum_{n=0}^{\infty}\left(-\frac{x}{2}\right)^n-\sum_{n=0}^{\infty}x^n, x\in(-1,1)$.

(B)组

1. A.   2. D.   3. D.   4. $\dfrac{1}{e}$.   5. $s(x)=\dfrac{3-x}{(1-x)^3}, x\in(-1,1)$.

附录　常用三角公式

1. 三角函数间的关系.

$\tan\alpha = \dfrac{\sin\alpha}{\cos\alpha}$, $\cot\alpha = \dfrac{1}{\tan\alpha} = \dfrac{\cos\alpha}{\sin\alpha}$;

$\sec\alpha = \dfrac{1}{\cos\alpha}$, $\csc\alpha = \dfrac{1}{\sin\alpha}$;

$\sin^2\alpha + \cos^2\alpha = 1$, $\sec^2\alpha = 1 + \tan^2\alpha$, $\csc^2\alpha = 1 + \cot^2\alpha$.

2. 两角和(差)的公式.

$\sin(\alpha \pm \beta) = \sin\alpha\cos\beta \pm \cos\alpha\sin\beta$;

$\cos(\alpha \pm \beta) = \cos\alpha\cos\beta \mp \sin\alpha\sin\beta$;

$\tan(\alpha \pm \beta) = \dfrac{\tan\alpha \pm \tan\beta}{1 \mp \tan\alpha\tan\beta}$.

3. 倍角公式.

$\sin 2\alpha = 2\sin\alpha\cos\alpha$;

$\cos 2\alpha = \cos^2\alpha - \sin^2\alpha = 2\cos^2\alpha - 1 = 1 - 2\sin^2\alpha$;

$\tan 2\alpha = \dfrac{2\tan\alpha}{1 - \tan^2\alpha}$.

4. 和差化积公式.

$\sin\alpha + \sin\beta = 2\sin\dfrac{\alpha+\beta}{2}\cos\dfrac{\alpha-\beta}{2}$;

$\sin\alpha - \sin\beta = 2\cos\dfrac{\alpha+\beta}{2}\sin\dfrac{\alpha-\beta}{2}$;

$\cos\alpha + \cos\beta = 2\cos\dfrac{\alpha+\beta}{2}\cos\dfrac{\alpha-\beta}{2}$;

$\cos\alpha - \cos\beta = -2\sin\dfrac{\alpha+\beta}{2}\sin\dfrac{\alpha-\beta}{2}$.

5. 积化和差公式.

$\sin\alpha\cos\beta = \dfrac{1}{2}\big[\sin(\alpha+\beta) + \sin(\alpha-\beta)\big]$;

$\cos\alpha\sin\beta = \dfrac{1}{2}\big[\sin(\alpha+\beta) - \sin(\alpha-\beta)\big]$;

$\cos\alpha\cos\beta = \dfrac{1}{2}\big[\cos(\alpha+\beta) + \cos(\alpha-\beta)\big]$;

$\sin\alpha\sin\beta = -\dfrac{1}{2}\big[\cos(\alpha+\beta) - \cos(\alpha-\beta)\big]$.

参 考 文 献

1. 同济大学数学系. 高等数学及其应用(第二版)[M]. 北京:高等教育出版社,2008.6.

2. 吴传生. 经济数学——微积分(第二版)[M]. 北京:高等教育出版社,2009.4.

3. 吴赣昌. 微积分(经管类·第四版)[M]. 北京:中国人民大学出版社,2011.8.

4. 龚德恩,范培华. 微积分(第二版)[M]. 北京:高等教育出版社,2012.7.

5.【美】Deborah Hughes—Hallet,Andrew M. Gleason,等. 实用微积分(第3版)[M]. 朱来义,刘刚,等,译. 北京:人民邮电出版社,2010.8.

6.【美】Dale Varberg,Edwin J. Purcell,Steven E. Rigdom. Calculus(英文版·原书第8版)[M]. 北京:机械工业出版社,2008.4.

7. 朱士信,唐烁,宁荣健. 高等数学[M]. 北京:中国电力出版社,2008.2.

8. 刘建亚. 微积分[M]. 北京:高等教育出版社,2007.8.

9. 谭永基,朱晓明,等. 经济管理数学模型案例教程[M]. 北京:高等教育出版社,2006.6.

10. 杨桂元,李天胜. 数学建模入门——125个有趣的经济管理问题[M]. 合肥:中国科学技术大学出版社,2013.6.